Nah dran, weit weg. Geschichte des Kantons Basel-Landschaft

Nah dran, weit weg. Geschichte des Kantons Basel-Landschaft

Band sechs **Wohlstand und Krisen. 19. und 20. Jahrhundert**

IMPRESSUM

Dieses Werk erscheint als Nr. 73.6 der Reihe Quellen und Forschungen
zur Geschichte und Landeskunde des Kantons Basel-Landschaft.

Autorinnen und Autoren
Ruedi Epple, Dr. phil.
Anna C. Fridrich, lic. phil.
Daniel Hagmann, Dr. phil.

Aufsichtskommission
René Salathé, Dr. phil., Präsident
Roger Blum, Prof. Dr. phil. (bis 1996)
Markus Christ, Pfr.
Jürg Ewald, Dr. phil. (ab 1988)
Beatrice Geier-Bischoff, Landrätin (ab 1996)
Jacqueline Guggenbühl-Hertner, lic. iur., MAES
Bruno Gutzwiller, Dr. iur.
Matthias Manz, Dr. phil.
Guy Marchal, Prof. Dr. phil. (bis 1993)
Martin Schaffner, Prof. Dr. phil.
Jürg Tauber, Dr. phil. (bis 1988)
Achatz von Müller, Prof. Dr. phil. (ab 1993)
Regina Wecker Mötteli, Prof. Dr. phil.
Dominik Wunderlin, lic. phil.

Auftraggeber
Regierungsrat des Kantons Basel-Landschaft

Verlag
Verlag des Kantons Basel-Landschaft

Redaktion
Ruedi Epple, Dr. phil.

Lektorat
Elisabeth Balscheit, Dr. phil.

Gestaltung
Anne Hoffmann Graphic Design, Basel

Satz: Anne Hoffmann Graphic Design, Basel, und Schwabe & Co. AG, Muttenz.
Herstellung: Schwabe & Co. AG, Muttenz. Buchbinderei: Grollimund AG, Reinach.

Diese Publikation wurde mit Mitteln aus dem Lotteriefonds ermöglicht.
ISBN 3-85673-263-2 (Gesamtausgabe). ISBN 3-85673-266-7 (Band 5 und 6)
© Liestal, 2001. Autorinnen, Autoren und der Verlag des Kantons Basel-Landschaft

Alle Rechte vorbehalten

Wohlstand und Krisen

Band sechs der neuen Kantonsgeschichte behandelt das 20. Jahrhundert. Er stellt dar, wie sich der Gegensatz zwischen Armut und Reichtum, der dem fünften Band seinen Namen gab, in diesem Raum nach und nach abschwächte. Dazu beigetragen hat zum einen der Ausbau des Sozialstaats, welcher die herkömmlichen sozialen Netze ersetzte. Zum andern hat die wirtschaftliche Entwicklung dazu geführt, dass breite Bevölkerungskreise an wachsendem Wohlstand teilhaben konnten. Beides, der Ausbau des Sozialstaates wie die wirtschaftliche Entwicklung, sind jedoch weder kontinuierliche noch eindimensionale Prozesse. Phasen der Hochkonjunktur wechseln ab mit wirtschaftlichen Einbrüchen. Als Kehrseite des Wohlstands wächst die Gefahr von Umweltkrisen. Und bei knappen Ressourcen kehren vergangene politische Auseinandersetzungen um den Sozialstaat wieder. Der Kanton Basel-Landschaft war und ist in Bewegung; wohin seine Reise geht, ist grundsätzlich offen und Dauerthema der Politik.

Der vorliegende Band erweitert und ergänzt Themen, die bereits Band fünf behandelt. Vereinzelt greift er auch auf das 19. Jahrhundert zurück. Wie die übrigen Bände folgt er dem Gesamtkonzept, das gemeinsam erarbeitet wurde. Die einzelnen Kapitel verantworten die Autoren und Autorinnen selbst. Serviceseiten mit Anmerkungen und Lesetipps am Ende jeden Kapitels geben die Quellen an und führen zu vertiefender Literatur. Eine chronologische Übersicht, Orts-, Personen- und Sachregister sowie die Bibliographie vervollständigen den Band.

Eine Besonderheit, die Band sechs mit den Bänden eins und drei teilt und die auch in der Gestaltung zum Ausdruck kommt, ist das «Thema». Dieses Kapitel stellt seinen Gegenstand epochenübergreifend dar. Dass in diesem Band Aspekte der Beziehung Mensch – Gesellschaft – Umwelt beleuchtet werden, ist kein Zufall. In dieser Wahl spiegelt sich das 20. Jahrhundert, das Gegenstand des ganzen Bandes ist, und vor allem die Zeit, in der die Kantonsgeschichte entstand.

Eine weitere Besonderheit von Band sechs ist, dass er am nächsten an die Gegenwart heranführt. Dabei stellt sich ein Problem der Zeitgeschichte: Mit abnehmender historischer Distanz wird es schwieriger, Entwicklungen oder Ereignisse einzuordnen, zu gewichten und darüber zu entscheiden, ob sie in der Kantonsgeschichte Erwähnung finden sollen oder nicht. Zudem musste der Redaktionsschluss von Ende 1999 eingehalten werden, so dass spätere Ereignisse keine Berücksichtigung mehr fanden.

Ruedi Epple

Inhaltsverzeichnis

Kapitel 1 Ruedi Epple Seite 9
Konjunkturen, Krisen, Konflikte
• Doppelte Konjunktur;
Hochkonjunktur;
Einbruch;
Von der Selbsthilfe zum Klassenkampf;
Sozialpartnerschaft
• F. St. und der Streik;
Sozialpartnerschaft auf dem Prüfstand

Kapitel 2 Ruedi Epple Seite 27
Vom «Nachtwächterstaat» zum modernen Sozial- und Interventionsstaat
• Pro Landwirtschaft;
Pro Seidenband;
Contra Arbeitskämpfe;
Contra Arbeitslosigkeit;
Pro Sozialversicherung;
Contra Überhitzung
• Das goldene Zeitalter des Sozialstaates;
Frauen zwischen Fabrik und Haushalt

Kapitel 3 Ruedi Epple Seite 45
Wohnen und Fahren
• Wohnungskrise;
Agglomerationsbildung;
Gartenstadt;
Mieterschutz;
Wildwuchs;
Mobilität;
Die Zukunft der Bahn;
Auto-Mobilität;
Verkehrslawine;
Zwei Schübe
• Mit Baupolizist Müller unterwegs;
Wohnen auf dem Birsfeld;
Mobiler Lebensstil;
Blauen im Grünen

Kapitel 4 Ruedi Epple Seite 65
Vielfältige Lebenslagen
• Vielfalt;
Jung sein;
Alt sein;
Unter der AHV
• Schlägerei in Muttenz;
Fremde;
Offen und verschlossen;
Arme und Reiche

Kapitel 5 Ruedi Epple Seite 83
Bewegung im Baselbiet: Vorwärts oder zurück?
• Der Wiedervereinigungsverband;
Anstoss von Links;
Der Wiedervereinigungsverband erwacht;
Der Heimatbund für das Selbständige Baselbiet;
Von der Initiative zum Verfassungsartikel;
Der Bund mischt sich ein
• Oppositionelle Bewegungen;
Frauen auf dem Kampfgelände

Kapitel 6 Daniel Hagmann Seite 101
Kunst und Kulturpolitik
• Bildende Kunst in der Provinz;
Enge und Öffnung;
«Volkskunst»?;
Geschmackssache
• Kunst hat ein Geschlecht;
Wo man singt ...;
Euseri Sprooch

Kapitel 7 Anna C. Fridrich   Seite 117
Kriegserfahrungen – Auswirkungen der beiden Weltkriege im Alltagsleben
• Kriegsausbruch 1914;
Mobilmachung;
Kriegszeit in Grenznähe;
Versorgung und Lebenssituation;
Der Landesstreik;
Aufbruchstimmung am Kriegsende;
Zwischen den Kriegen;
Kriegswirtschaft im Zweiten Weltkrieg;
Landwirtschaftlicher Anbauplan;
Kriegswirtschaft in Biel und Benken;
Radikalisierung der Arbeiterschaft;
Bewältigung des Kriegsendes
• Jüdische Flüchtlinge, 1933 bis 1948;
Flüchtlingslager;
Flüchtlinge am Kriegsende;
Politische Säuberungen

Kapitel 8 Ruedi Epple   Seite 141
Bewegung im Baselbiet: Fortschritt durch Selbständigkeit
• Nicht locker lassen;
Die Aktion Kanton Basel auf Erfolgskurs;
Neues Gewährleistungsverfahren;
Eine neue Verfassung entsteht;
Juristenstreit;
Entscheidungsschlacht;
Von der Wiedervereinigung
zur Partnerschaft
• Das Selbständige Baselbiet;
Cato regiert;
«Fortschritt» statt «Leerlauf»;
Reaktionen

Kapitel 9 Ruedi Epple   Seite 161
Parteien-Landschaft
• Freisinnige Einheit;
Die katholische Minderheit;
Die Linke;
Bunte Mittelgruppe;
Konkordanz;
Bewegung links und rechts
des Spektrums
• Refusiertes Weihnachtsgeschenk;
Baselbieter Mittelparteien

Kapitel 10 Ruedi Epple   Seite 177
Wachstumsbewältigung
• Spitalautarkie;
Bildungsoffensive;
Kanalisieren und Reinigen;
Qualitatives Wachstum
• Gegen das bauliche Chaos;
Basel-Stadt und Basel-Landschaft

Thema Anna C. Fridrich   Seite 191
Umweltvorstellungen – Aspekte der Beziehung Mensch – Gesellschaft – Umwelt
• Anpassung an die Umwelt;
Mittelalterliche Rodungen und
Wüstungen;
Wald und Wasser gehören
allen Menschen;
Konflikte um das Wasser der Birs;
Verknappung der zentralen Ressource
Holz?;
Ein anpassungsfähiges System:
Die Dreizelgenwirtschaft;
Die Ästhetik der Umwelt:
Natur- und Heimatschutz nach 1900;
Ein gescheitertes Sesselbahnprojekt;
Umweltschutz als Politik
• Mit einem künstlerischen Beitrag
von Annette Fischer

Kapitel 11 Ruedi Epple   Seite 207
Risiko – Kehrseite des Wohlstands
• Technik durchdringt den Alltag;
Rationalisierung des Haushalts;
Forschung und Entwicklung;
Gefahr im Anzug;
Konsequenzen der Gefahr;
Rationalisierung der Arbeitswelt
• «Weil wir auch in Zukunft
hier leben wollen»

Kapitel 12 Ruedi Epple   Seite 227
Der Kanton als Heimat
• Identitätsstiftung;
Die Welt im Kasten;
Maibäume wachsen;
Moderne Kulturförderung
• Heimatsuche

Anhang
Literatur	Seite 244
Personenregister	Seite 249
Ortsregister	Seite 251
Sachregister	Seite 252
Chronologie	Seite 254

Konjunkturen, Krisen, Konflikte

Bild zum Kapitelanfang
Schuhfabrikation um 1980
Blick in die ehemalige Fabrikationshalle der Bally in Gelterkinden. Ein Fliessband bringt die Kisten mit den Einzelteilen zu den Näherinnen. Der Gelterkinder Produktionsbetrieb besteht nicht mehr. 1989 stellte Bally den Betrieb dort ein.

Doppelte Konjunktur

Die Baselbieter Wirtschaft setzte sich zu Beginn des 20. Jahrhunderts aus zwei wichtigen Teilen zusammen. Sie bestand einerseits aus einem traditionellen, familienwirtschaftlichen Sektor, dem die heimindustrielle Seidenbandweberei, die Landwirtschaft sowie das Kleingewerbe angehörten. Andererseits existierte ein moderner, industrieller Sektor, der zunehmend an Bedeutung gewann. Zu diesem modernen Teil gehörten etwa die Schuhindustrie, die Metall- und Maschinenindustrie, die Nahrungs- und Getränkeindustrie, die chemische Industrie sowie die Uhrenindustrie. Der Zweiteilung der Wirtschaftsstruktur entsprach während den ersten Jahrzehnten des 20. Jahrhunderts ein doppelter Konjunkturverlauf: Während der traditionelle Teil der Baselbieter Wirtschaft in einer strukturellen Krise steckte, prosperierten ihre modernen Zweige und, weil die beiden Sektoren ungleich über den Kanton verteilt waren, verlief die konjunkturelle Entwicklung im oberen und unteren Kantonsteil nicht gleich. Die serbelnde Posamenterei fand sich vor allem im Oberbaselbiet, während sich die aufstrebenden Industriebetriebe vorwiegend in der Agglomeration Basel oder in den verkehrsgünstigen Talgemeinden des oberen Kantonsteils ansiedelten.[1] Allerdings entwickelte sich auch der moderne Sektor nicht geradlinig. Sein Aufschwung war von konjunkturellen Schwankungen überlagert, und zwischen den einzelnen Branchen verschoben sich die Gewichte. Abgesehen von einer kurzen Depression nach dem Ersten Weltkrieg waren die ersten Jahrzehnte des 20. Jahrhunderts für den modernen Sektor der Baselbieter Wirtschaft günstig. Zahlreiche Unternehmen entstanden in jener Phase und verliehen dem modernen Wirtschaftssektor ein vielfältiges Gepräge. Sie boten den Arbeiterinnen und Arbeitern, die ihr Auskommen bisher als Posamenterinnen, Bauern oder Kleingewerbetreibende im traditionellen Sektor gefunden hatten, neue Verdienstmöglichkeiten. Viele pendelten als «Rucksackbauern» zwischen Wohn- und Arbeitsort. Andere zogen um und verstärkten das Bevölkerungswachstum der Gemeinden des Unterbaselbiets.[2]

Kostproben
Luxusschuhe waren ein trendabhängiges Produkt. Wechselte die Mode, drohte der Verkauf einzubrechen. Die Bilder zeigen Beispiele aus der Bally-Kollektion der 1930er Jahre.

F. St. und der Streik

Im Frühjahr 1925 hat der selbständige Schuhmacher F. St. die Nase voll. Er erinnert sich an das Gespräch, das er im vergangenen November in seinem Geschäft an der Lörracher Strasse in Riehen mit seinem ehemaligen Arbeitgeber, Direktor B. von der Schuhfabrik Allschwil AG, geführt hat. Er setzt sich an den Tisch und schreibt B. einen Brief: «Ich habe das eigene Meisterieren satt, da der Verdienst nicht regelmässig ist u. unsicher […] Im übrigen gefällt mir die Handschuhmacherei schon längst nicht mehr. Ich möchte lieber wieder auf Maschinen arbeiten, da ich zu sehr mit diesen verwachsen bin.»[3] St. bittet B., ihn in der Stanzerei seiner Fabrik zu beschäftigen. Vorerst kann B. ihm keine Arbeit geben. Später bringt St. sein Anliegen erneut vor. Er bittet um eine «dauernde, bleibende Stellung» für sich und seine Frau. St. ist inzwischen verheiratet. Um seinem Ziel näher zu kommen, schreckt St. auch von weitgehenden Zusagen nicht zurück: «Was ich Ihnen schon versprochen habe, verspreche ich Ihnen auch jetzt, nämlich, dass ich mich jeder organisatorischen Tätigkeit enthalten werde, gebe Ihnen sogar das Recht, uns beide fristlos zu entlassen, falls ich mein Versprechen nicht halten sollte.» Schliesslich klappt es. Anfang der dreissiger Jahre gehört F. St. der

KONJUNKTUREN, KRISEN, KONFLIKTE 11

Die dreissiger Jahre waren für den modernen Sektor der Baselbieter Wirtschaft eine schwierige Zeit. Die Weltwirtschaftskrise schlug mit einiger Verzögerung auch auf den Kanton Basel-Landschaft durch. Arbeitslosigkeit und Verdiensteinbussen beschränkten sich nicht mehr länger auf die Heimposamenterinnen und Heimposamenter. Auch die Arbeitskräfte des modernen Sektors waren davon betroffen. Zudem erhöhten die Unternehmen den Rationalisierungsdruck. Henry Ford, der eine auf hoher industrieller Arbeitsteilung beruhende Massenproduktion propagierte, fand seine Anhänger auch im Baselbiet. Ein beliebtes Rationalisierungsinstrument stellten Akkordlohnsysteme dar.

Zu Beginn des Jahrhunderts war noch immer die exportorientierte Seidenbandindustrie Leitbranche der Baselbieter Wirtschaft. Sie selbst zerfiel in einen fabrik- und einen heimindustriellen Teil. Letzterer war in den traditionellen Wirtschaftssektor eingebettet, was den Posamenterfamilien einen hohen Selbstversorgungsgrad erlaubte: Lief das Geschäft mit den Seidenbändern schlecht und blieb der Verdienst aus, lieferte die Kleinlandwirtschaft das Nötigste. Der heim- und familienwirtschaftliche Teil der Seidenbandindustrie war deshalb vergleichsweise krisenresistent. Trotz der strukturellen Krise hielt er sich lange, bis dann sein Niedergang endgültig besiegelt war.[3] Die Ergänzung des Lohneinkommens durch den Gemüseanbau im eigenen Garten oder auf einem Pflanzplätz blieb auch bei der Arbeiterschaft des modernen Sektors noch lange gebräuchlich.[4] Und noch in der Weltwirtschaftskrise der dreissiger Jahre zeigte sich, dass viele Frauen und Männer, die einige Zeit im modernen Sektor Arbeit gefunden hatten, in der Not wieder auf Formen der traditionellen Wirtschaft zurückgriffen. So nahm die Zahl der gewerblichen und landwirtschaftlichen Kleinbetriebe in den Krisenjahren vorübergehend wieder zu. Auch die Krisenpolitik der kantonalen Behörden zu Gunsten der Not leidenden Posamenterinnen und Posamenter war nicht nur darauf ausgerichtet, sie als Pendlerinnen und Pendler in den modernen Sektor zu schleusen. Mit ihrem Kursangebot

Belegschaft der Schuhfabrik Allschwil an. Die Schuhfabrik Allschwil ist ein moderner industrieller Fabrikationsbetrieb. Sie setzt nicht nur Maschinen ein, sie produziert auch in einem hochgradig arbeitsteiligen Prozess. Die einzelnen Arbeiterinnen und Arbeiter verrichten nur wenige spezialisierte Handgriffe, und die 260 bis 300 Paar Schuhe, welche das Werk täglich verlassen, wandern von Abteilung zu Abteilung und von Hand zu Hand, bis sie fertig sind. Allein in der Bodenabteilung sind 14 verschiedene Arbeitsgänge zu verrichten. Die Schuhe durchlaufen aber, bis sie fertig sind, auch die Stanzerei, die Näherei, die Zwickerei, die Fertigmacherei sowie die Einpackerei, die ähnlich arbeitsteilig aufgebaut sind. Die meisten Arbeiterinnen und Arbeiter arbeiten im Akkord. Das heisst, sie sind nicht pro Zeiteinheit, sondern pro 100 Paar Schuhe bezahlt, an denen sie ihren Arbeitsgang verrichtet haben. Für die Arbeiterinnen und Arbeiter hat das Akkordsystem den Vorteil, dass sie ihren Lohn aufbessern können, wenn sie es zu grosser Fertigkeit bringen und ihren Arbeitsgang immer rascher ausführen. Allerdings bringt ihr individuell rationales Verhalten die Betriebsorganisation und das Verhältnis der Löhne zwischen den verschiedenen Arbeiterkategorien immer wieder durcheinander. Erstens lassen sich

BAND SECHS/KAPITEL 1

Fabrikation in der Zwischenkriegszeit
Der Arbeitsprozess war in viele einzelne Arbeitsschritte unterteilt. Noch fehlten Fliess- oder Transportbänder. Die Halbfabrikate stapelten sich zwischen den Arbeitsplätzen. An den Nähmaschinen arbeiteten vorwiegend Frauen. Höher qualifizierte Arbeitsschritte waren meistens Männern vorbehalten. Die Aufteilung der Produktion in kleine Einzelschritte war Voraussetzung für den Einsatz von Maschinen und Automaten, welche das Arbeitstempo diktierten.

wollten sie ihnen auch eine neue Existenz als Gemüseproduzenten oder in der Hauswirtschaft ermöglichen. Erst nach dem Zweiten Weltkrieg verlor der traditionelle Wirtschaftssektor seine Bedeutung endgültig. Allein in Nischen konnte er sich noch halten.

Hochkonjunktur

Nach dem Zweiten Weltkrieg setzte nicht, wie befürchtet, eine Nachkriegsdepression, sondern eine anhaltende Phase wirtschaftlichen Aufschwungs ein. Wie der schweizerischen, so öffneten sich auch der Baselbieter Wirtschaft im kriegsversehrten Ausland einträgliche Märkte. Ihnen kam dabei entgegen, dass sie mit intaktem Produktionsapparat in den Konkurrenzkampf einsteigen konnten. Die Gründungsphase der ersten Hälfte des 20. Jahrhunderts hinterliess dem Baselbiet der Nachkriegszeit einen vielfältigen und modernen Industriesektor. Die volkswirtschaftlich belastende Krise der Posamenterei war ausgestanden, die Seidenbandindustrie auf wenige Restbestände zusammengeschrumpft. Die wirtschaftlichen Startchancen der Agglomeration Basel standen gut. Die beiden Basel gehörten denn auch zur Spitzengruppe der industrialisierten Kantone der Schweiz und vollzogen den wirtschaftlichen Wachstumsprozess der Nachkriegszeit in besonders ausgeprägter Form. Die Bevölkerung des Kantons Basel-Landschaft nahm in einem Ausmass zu wie sonst in keinem andern Stand der Eidgenossenschaft. Auch die Wachstumsfolgen wie beispielsweise die Umweltbelastung und die Engpässe im Verkehrswesen zeigten sich in der Nordwestecke der Schweiz besonders krass. In diesen Bereichen geriet der Kanton Basel-Landschaft früher als andere Kantone unter Zugzwang, so dass er sich zu Pionierleistungen genötigt sah. Dabei kam ihm entgegen, dass sich aus der Auseinandersetzung um die Wiedervereinigung häufig politische Mehrheitsverhältnisse ergaben, welche einen raschen Auf- und Ausbau der kantonalen Infrastrukturen stützten: Ein grosser Teil der Wiedervereinigungsgegner befürwortete den Aufbau, weil sie der Forderung nach

nicht alle Arbeitsgänge in gleichem Ausmass perfektionieren, so dass einzelne Abteilungen mit ihrer Arbeit bereits fertig sind, wenn vorgelagerte Abteilungen noch beschäftigt sind. Deshalb kommt es immer wieder zu Wartezeiten, die nicht bezahlt sind. Zweitens haben die Mitarbeiter jener Abteilungen, die nicht im Akkord, sondern im Zeitlohn arbeiten, keine Möglichkeit, ihr Gehalt durch schnellere Arbeit aufzubessern. Sie verdienen den gleichen Stundenlohn, ob sie ihre Arbeit rascher oder langsamer verrichten. Das innerbetriebliche Lohngefüge gerät dadurch in Bewegung. Geschickte Frauen, die im Akkord Hilfsarbeiten verrichten, verdienen mit der Zeit annähernd so viel wie beispielsweise die männlichen Zuschneider, die im Stundenlohn arbeiten.

1931 sind die Verhältnisse in der Schuhfabrik soweit aus dem Gleichgewicht geraten, dass sowohl Arbeitnehmer wie Unternehmer Abhilfe schaffen wollen. Die Arbeiterinnen und Arbeiter der Akkordabteilungen wollen ihre Wartezeiten mit einem minimalen Stundenlohn überbrückt wissen. Die Arbeiter im Zeitlohn verlangen eine Lohnaufbesserung. Die Betriebsleitung ihrerseits möchte den Vorteil nutzen, den das Akkordsystem aus ihrer Sicht hat: Der Rationalisierungseffekt der Akkordarbeit lässt sich nur ummünzen und

KONJUNKTUREN, KRISEN, KONFLIKTE 13

BAND SECHS / KAPITEL 1

einem Zusammenschluss der beiden Basel Wind aus den Segeln nehmen wollten. Viele ihrer politischen Widersacher hielten zwar am Ziel der Wiedervereinigung fest, stellten sich dem Ausbau der kantonalen Infrastruktur aber nicht entgegen, sondern trugen ihn mit.

Das anhaltende Wirtschaftswachstum der Nachkriegszeit beruhte nicht nur auf dem Export. Gestützt wurde es auch durch die grosse Binnennachfrage, welche das Bevölkerungswachstum, der zunehmende Wohlstand breiter Bevölkerungskreise und die neuen Konsumgewohnheiten auslösten. Die gute Wirtschaftslage erhöhte die Nachfrage nach Arbeitskräften. Zuwanderer aus dem oberen Kantonsteil, aus anderen Gegenden der Schweiz und aus dem Ausland deckten sie. Damit wuchs die Zahl der Konsumentinnen und Konsumenten und der Wohnungsbestand sowie die Infrastruktur mussten durch grosse Investitionen dem neuen Bedarf angepasst werden. Gleichzeitig stieg das Lohnniveau, und die Selbstversorgung verlor an Bedeutung. Immer mehr Güter des täglichen Bedarfs erwarb man sich über den Markt. Mit dem Lohn stiegen auch die Ansprüche. Einkaufszentren, die nur noch mit dem Privatauto zu erreichen waren, verdrängten die familienwirtschaftlichen Gewerbe- und Detailhandelsbetriebe im Dorf.

Auch die Familienarbeit wandelte sich. Erstens bildete sich die innerfamiliäre Arbeitsteilung stärker aus. Die Männer übernahmen die Aufgabe, das Familieneinkommen sicherzustellen. Bei den Frauen konzentrierte sich dagegen die Hausarbeit, welche zudem mechanisiert und rationalisiert wurde. Handarbeit und herkömmliche Konservierungsmethoden verloren an Bedeutung. Haushaltsgeräte wie Näh- und Waschmaschinen, Eisschränke und Tiefkühler, Elektroherde und elektrische Bügeleisen wurden erschwinglich und rationalisierten den Haushalt. Henry Fords Wunsch, wonach die Industriearbeiterschaft durch steigenden Wohlstand in die Lage kommen sollte, die industriell hergestellten Massengüter auch selbst zu konsumieren, ging in Erfüllung. Zudem weckte die Werbung neue Bedürfnisse und verhalf neuen Konsumnormen zum Durchbruch. Die Kleinfamilie mit zwei Kindern,

Schichtpause, um 1940
Wie in vielen Industriebetrieben der Textilbranche war auch in der Schappe in Arlesheim die Mehrheit der Belegschaft weiblichen Geschlechts. In der Mittagspause standen die Maschinen für eine halbe Stunde still. Die Arbeiterinnen behielten ihre Arbeitskleider an.

weiter treiben, wenn sie die Akkordansätze von Zeit zu Zeit nach unten anpasst. Das tönt sie allerdings nicht an, als sie ihre Belegschaft im Juni 1931 davon unterrichtet, dass neue Akkordansätze in Kraft treten sollen.
Am 11. Juni 1931 unterzeichnen 61 Arbeiterinnen und Arbeiter der Schuhfabrik Allschwil eine Erklärung, dass sie jeden Lohnabbau entschieden ablehnen. Zudem versprechen sie einander Solidarität für den Fall, «dass von der Fabrikleitung der Lohnabbau nicht zurückgenommen wird». Unterstützung findet der Belegschaftsprotest der Allschwiler Schuhfabrik auch bei der politischen Linken und beim schweizerischen Verband der Bekleidungs- und Lederarbeiter. In einem Schreiben an das kantonale Einigungsamt in Liestal und an die Direktion der Schuhfabrik fordert dieser den Verzicht auf die Senkung des Akkordtarifs. Stattdessen verlangt er eine Lohnerhöhung für die Zuschneider, die Übernahme der Kosten für Faden und anderes Material der Näherinnen durch den Betrieb sowie für die gesamte Belegschaft eine Woche bezahlte Ferien.
Direktion und Gewerkschaft treten in Verhandlungen ein, die sich in die Länge ziehen. Man kommt sich zwar näher, aber keine Seite ringt sich zum entscheidenden Schritt durch. Die Betriebsleitung kann

KONJUNKTUREN, KRISEN, KONFLIKTE 15

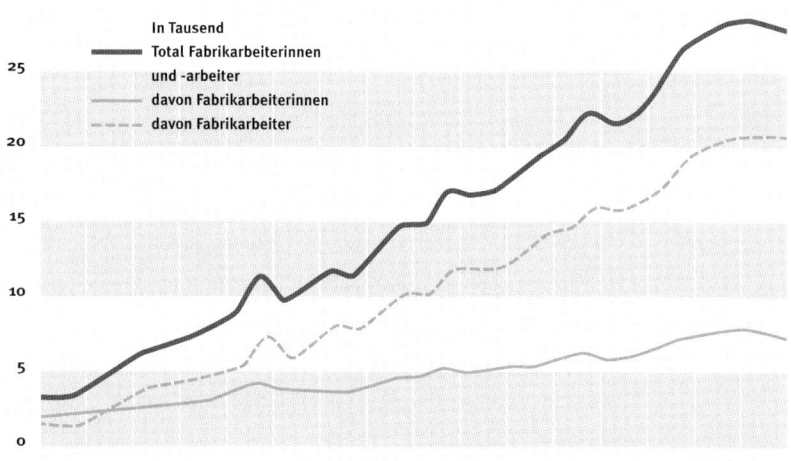

Frauen und Männer
Im ausgehenden 19. Jahrhundert war Fabrikarbeit überwiegend Frauenarbeit. Die Frauen stellten mehr als die Hälfte der Belegschaften in den Fabriken, welche die eidgenössische Fabrikstatistik im Kanton Basel-Landschaft erfasste. Erst im Verlauf des 20. Jahrhunderts konzentrierten sich Frauen verstärkt und auf breiter Basis auf die Hausarbeit. Ihr Anteil an der Fabrikarbeiterschaft ging zurück.

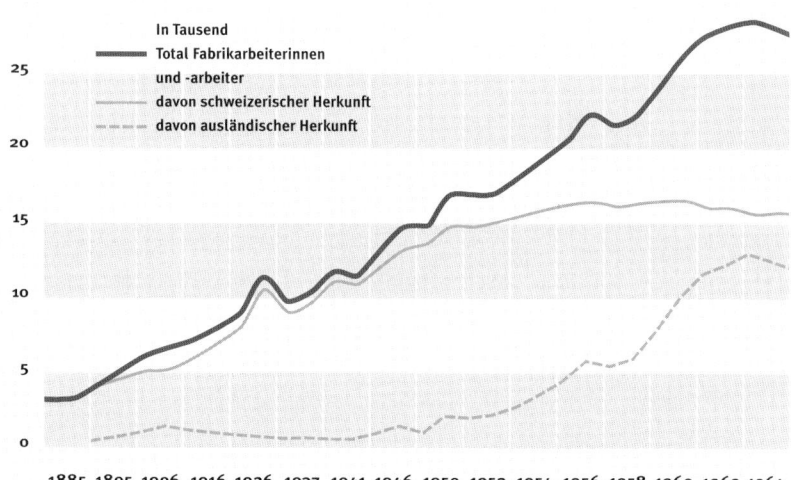

Ausländerinnen und Ausländer
Der Anteil ausländischer Fabrikarbeiterinnen und -arbeiter war in der ersten Hälfte des 20. Jahrhunderts klein. Erst in der Aufschwungphase der Nachkriegszeit nahm ihre Zahl rasch zu. Die wenig qualifizierten Zuwanderinnen und Zuwanderer aus südeuropäischen Ländern ersetzten die Fabrikarbeiterinnen schweizerischer Herkunft und erlaubten zahlreichen Schweizern den sozialen Aufstieg in Angestellten- und Vorgesetztenpositionen.

nicht handeln, wie es ihr beliebt, weil die Schuhfabrik Allschwil dem Schweizerischen Verband der Schuhindustriellen angehört. Dieser will ein zu weit gehendes Nachgeben verhindern, weil andere Mitgliedsfirmen in Zugzwang geraten könnten. Zudem steht die Betriebsleitung auch unter dem Druck der Volksbank, der das grösste Aktienpaket gehört und die langfristige Geschäftsinteressen verfolgt. Die Vertreter der Arbeiterschaft können nicht handeln, wie sie wollen, weil sie der Kritik einer radikalen gewerkschaftlichen Opposition ausgesetzt sind. Diese will sich nicht mit Kompromissen abfinden. In der Arbeiterpresse, an Betriebsversammlungen und an Demonstrationen, die zu Gunsten der Schuhfabrikarbeiterinnen und -arbeiter in Allschwil stattfinden, bringen sich die oppositionellen Gruppen immer wieder mit Nachdruck ein.

Nach erfolglosen Einigungsbemühungen beschliesst die Betriebsversammlung, am Freitag, dem 28. August 1931, in den Streik zu treten. Wieder setzen Verhandlungen ein. Am Freitag, dem 25. September 1931, sitzen sich F. St. und Direktor B. im Zimmer 34 des Liestaler Gerichtsgebäudes gegenüber. Die Belegschaft der Allschwiler Schuhfabrik steht seit vier Wochen im Streik. Auf Antrag der Gemeindebehörden hat sich das kantonale Einigungsamt in

Arbeitskampf
1945 kämpfte die Belegschaft der Arlesheimer Schappe um einen Gesamtarbeitsvertrag. Während sieben Wochen trat die vorwiegend weibliche Arbeiterschaft in den Streik. In der Packereihalle gab es während dieser Arbeitsniederlegung nichts zu verpacken und nichts auszuliefern.

Erfolg
Der Streik der Schappe-Belegschaft war von Erfolg gekrönt. Der erkämpfte Kollektivarbeitsvertrag trat am 23. Juli 1945 in Kraft. Wenige Tage später warb die Geschäftsleitung, die sich dem Vertragswerk vehement widersetzt hatte, mit der neuen fortschrittlichen Regelung der Arbeitsbedingungen um neue Mitarbeiterinnen.

Auto und Eigenheim setzte sich als Modell durch, obwohl der grösste Teil der Familien in Mietwohnungen untergebracht blieb.

In den sechziger Jahren erreichte der Wirtschaftsboom der Nachkriegszeit seinen Höhepunkt. Die Geldentwertung provozierte eine Flucht in Sachwerte und heizte die Bodenspekulation an. Die Lohn-Preis- oder Preis-Lohn-Spirale drehte sich immer schneller. Konjunkturberichte und Politiker sprachen von «Überhitzung». Bund und Kantone versuchten der «Hochkonjunktur» mit Dämpfungsmassnahmen die Spitze zu brechen. Dem weiteren Zuzug ausländischer Arbeitskräfte stellten sich politische Hindernisse entgegen. Fremdenfeindliche Bewegungen machten sich Luft. Die Schwarzenbach-Initiativen erzwangen eine restriktivere Ausländerpolitik. Auf dem Weltmarkt verloren einzelne Baselbieter Industriezweige an Boden. Das Nachkriegswachstum war in erster Linie Breitenwachstum gewesen. Einige Unternehmer hatten es verpasst, ihre Produktionsprozesse rechtzeitig anzupassen oder mit innovativen Produkten ihre Marktpositionen zu stärken. Anfang der siebziger Jahre hatte sich der Vorsprung, mit dem die Baselbieter Industrie nach dem Krieg gestartet war, für diese Betriebe in einen Rückstand verkehrt. Für einzelne Industriezweige wie etwa die wichtige Uhrenindustrie oder die Pneufabrikation bedeutete dies den Todesstoss. Für den Wettbewerb mit elektronischen Uhren aus Japan waren viele Baselbieter Uhrenfirmen schlecht gewappnet. Und in Südostasien waren neue Produktionsstandorte herangewachsen, auf denen sich Autopneus billiger produzieren liessen als bei der Firestone in Pratteln oder der Maloja in Gelterkinden. Unternehmen aber, die rechtzeitig Nischen für hochwertige Produkte entdeckten, bestanden den Konkurrenzkampf erfolgreich.

Einbruch

Der weltwirtschaftliche Einbruch zu Beginn der siebziger Jahre traf die Baselbieter Wirtschaft unvorbereitet. Was während Jahrzehnten der Vergangenheit anzugehören schien – sinkende Wachstumsraten, Arbeitslosigkeit, ab-

Liestal eingeschaltet, um einen Ausweg aus dem verhärteten Allschwiler Arbeitskonflikt zu suchen. Direktor B. und Dr. A., Sekretär des Schuhindustriellenverbandes, vertreten die Unternehmerseite. W. G., Vertreter der Sektionen Allschwil und Basel des Bekleidungs- und Lederarbeiterverbandes, F. St. und vier weitere Arbeiter der Schuhfabrik nehmen die Interessen der Arbeiterschaft wahr. Das Einigungsamt setzt sich aus Regierungsrat Ernst Erny, dem Fabrikanten Walter Schild aus Liestal sowie dem Arbeitervertreter Jakob Wagner aus Hölstein zusammen. Protokoll führt der Vorsteher des kantonalen Arbeitsamtes Ernst Seiler.

Weder die Schuhfabrik noch die Volksbank, die hinter ihr stehe, sei zu weiteren Konzessionen bereit, meint Dr. A. Es sei zwar bedauerlich, dass die Löhne abgebaut werden müssten. Doch drängten sich solche Massnahmen schon lange auf. Die Schuhindustrie stecke zur Zeit in einer Krise. Schuhwerk, das vor Jahresfrist 17.50 Franken gekostet habe, könne man noch für 13 Franken verkaufen. Die ganze Branche müsse sich reorganisieren, um der ausländischen Konkurrenz gewachsen zu sein. Jede Woche, die vergehe, ohne dass die Arbeit wieder aufgenommen werde, bringe die Schuhfabrik Allschwil ihrer Schliessung näher. Von einem 50-prozen-

KONJUNKTUREN, KRISEN, KONFLIKTE 17

Betriebsgemeinschaft
Die Industrieunternehmen waren daran interessiert, eine Stammarbeiterschaft heranzubilden, die dem Betrieb lange Jahre angehört. Betriebsausflüge stärkten das Zusammengehörigkeitsgefühl unter der Belegschaft. Mitarbeiterinnen und Mitarbeiter der Oris in Hölstein in den 1940er Jahren unterwegs.

nehmende Bevölkerung –, trat überraschend wieder auf. Der Kanton Basel-Landschaft kam vergleichsweise glimpflich davon. Erstens konnte auch er einen Teil der Probleme über die Grenzen exportieren. Viele ausländische Arbeitskräfte kehrten, weil sie keine Arbeit mehr fanden, gezwungenermassen in ihre Heimatländer zurück. Zweitens verfügte er mit der chemischen Industrie über einen Wirtschaftszweig, welcher in der Nachkriegszeit zur neuen Leitbranche herangewachsen war und sich auf dem Weltmarkt zu behaupten verstand. Ihm standen in der Stadt Basel Dienstleistungszweige wie Handel, Banken und Versicherungen zur Seite, die ebenfalls einen expansiven Kurs zu verfolgen in der Lage waren. Beide Branchen konnten einen Teil der Arbeitskräfte übernehmen, die ihre Arbeit in den serbelnden Industriezweigen verloren hatten. Allerdings waren sie unter dem Druck der internationalen Konkurrenz und der Globalisierung selbst immer wieder zu

tigen Lohnabbau könne keine Rede sein, sekundiert Direktor B. Die vier Tage, die unter dem neuen Tarif gearbeitet worden seien, hätten gezeigt, dass auch mit den neuen Ansätzen fast die gleichen Löhne zu erzielen seien wie früher.
Für die Arbeiterschaft spricht zunächst Gewerkschaftssekretär G. Die Betriebsleitung habe einen Abbau von 12 bis 57 Prozent angekündigt. Eine Einigung sei nicht möglich gewesen. Lohnsenkungen würden rascher vorgenommen als -erhöhungen. Die Gehälter der Schuhfabrik Allschwil seien jetzt schon sehr tief. Eine weitere Reduktion sei nicht mehr tragbar. Die Belegschaft fordere einen Mindestlohn, einen Tarifvertrag, einen Zuschlag für die Zuschneider sowie eine Regelung des Materialbezugs der Näherinnen. Die Arbeiterschaft werde sich durch die Ausführungen der Gegenseite nicht beeinflussen lassen, ergänzt F. St. Die Rendite der Firma sei auch ohne Lohnabbau zu verbessern. Warum spare man beispielsweise nicht bei der Direktion und den Angestellten? Früher seien auf eine Belegschaft von 130 Personen vier Angestellte gekommen. Heute brauche man auf 60 Arbeiterinnen und Arbeiter sechs Angestellte.
Schritt für Schritt nähern sich die Parteien. Schliesslich einigen sie sich. Am 12. Oktober, nach rund sechs Wochen Streik,

einschneidenden Restrukturierungsmassnahmen gezwungen. Auch im Kanton Basel-Landschaft gingen Arbeitsplätze verloren, weil Banken Filialen schlossen und Chemiekonzerne Produktionszweige konzentrierten oder auslagerten. 1970 fusionierten Ciba und Geigy. 1997 verbanden sich CIBA und Sandoz zur Novartis und 1998 tat sich der Schweizerische Bankverein mit dem Zürcher Konkurrenten Bankgesellschaft zu einem der weltweit grössten Finanzinstitute zusammen. Weder die Auffangkapazität der expandierenden Industrie- und Dienstleistungsbranchen noch die Restrukturierungsmassnahmen der Grosskonzerne reichten jedoch aus, um zum anhaltenden Wirtschaftswachstum der Nachkriegszeit zurückzufinden. Die Krise der siebziger Jahre wurde zwar bald überwunden. Seither aber folgen sich Aufschwungphasen und wirtschaftlich kritische Jahre in raschem Wechsel. Die sozialen und wirtschaftlichen Folgen dieser konjunkturellen Höhen und Tiefen sind seit den siebziger Jahren auf der politischen Agenda stehen geblieben.

Von der Selbsthilfe zum Klassenkampf

Als sich die Posamenterinnen und Posamenter um die Jahrhundertwende mit der Gründung von Elektra-Genossenschaften und mit der Elektrifizierung ihrer Webstühle gegen den Niedergang ihres Erwerbszweigs zur Wehr setzten, nutzten sie Krisenstrategien, die ihnen ihre traditionelle politische Kultur anbot. Noch während des Ersten Weltkriegs, als sie in Konkurrenz zu den Basler Fabrik- und Verlagsunternehmen ihren genossenschaftlichen Produktionsbetrieb gründeten, hielten sie sich an diesen Rahmen: Kollektive Selbsthilfe, nicht Kampfmassnahmen war ihre Losung. Doch wiederholt erlitten sie damit Schiffbruch. Die genossenschaftliche Elektrifizierung der Webstühle schob den Niedergang der Heimposamenterei nur auf, und die Seidenbandproduktion in eigener Regie endete im wirtschaftlichen Ruin. Die politische Kultur der kollektiven Selbsthilfe war den Problemen, welche sich im Übergang von traditionellen, familienwirtschaftlichen zu modernen Wirtschaftsformen stellten, nicht gewachsen. Die Baselbieter Posamente-

Wirtschaftlicher Wandel 1
Zu Beginn des 20. Jahrhunderts verfügte der Kanton Basel-Landschaft bereits über einen starken industriellen Sektor. Der landwirtschaftliche Sektor stagnierte und der ebenfalls expandierende Dienstleistungssektor blieb noch deutlich hinter der Industrie zurück. In der Nachkriegszeit setzte in der Landwirtschaft ein deutlicher Schrumpfungsprozess ein, während die beiden anderen Sektoren weiter stark zunahmen. Mit dem wirtschaftlichen Einbruch der 1970er Jahre verlor die Industrie ihren ersten Platz an die Dienstleistungsbranchen. In den 1990er Jahren des 20. Jahrhunderts gingen weit mehr als die Hälfte der Erwerbspersonen ihrem Verdienst in Dienstleistungsbetrieben nach.

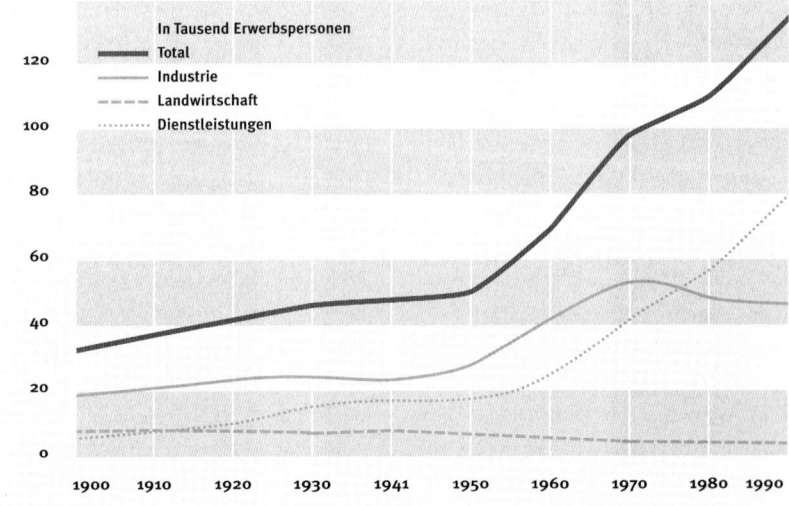

rinnen und Posamenter waren zum Lernen gezwungen: Nach und nach überwanden sie ihre hergebrachte Organisationsfeindlichkeit und auch ihr Widerstand gegen den Ausbau staatlicher Einrichtungen und Eingriffe in den Wirtschaftsprozess liess langsam nach. Nach dem Fiasko, das ihre Seidenbandgenossenschaft erlitten hatte, waren sie um die Unterstützung froh, die ihnen der Kanton gewährte.[5]

Mit dem anwachsenden modernen Wirtschaftssektor hielten auch im Kanton Basel-Landschaft neue Konfliktformen Einzug. Der Streik in der Allschwiler Schuhfabrik von 1931 war weder der erste noch der letzte Arbeitskampf im Kantonsgebiet. Eine Streikstatistik für die Jahre 1880 bis 1914 weist für den Kanton Basel-Landschaft 1887 die erste kollektive Arbeitsniederlegung aus. Damals traten 50 Bauarbeiter für drei Tage in den Ausstand. Die Arbeitskämpfe blieben aber vereinzelte Ereignisse. Erst in den Jahren vor dem Ersten Weltkrieg nahm ihre Zahl und Heftigkeit auch im Kanton Basel-Landschaft zu. 1911 fanden Streiks in Binningen und Sissach statt. Im gleichen Jahr traten erstmals Laufentaler Arbeiter in den Ausstand. 65 Steinbrucharbeiter legten ihren Betrieb für einen Tag lahm. 1912 streikten in Hölstein während zwei Wochen 200 Arbeiter der Uhrenindustrie. Ein Jahr

Uhrenindustrie

Nachdem die Eisenbahnstrecke von Basel nach Olten den Oberen Hauenstein und Waldenburg um einen grossen Teil des Transitverkehrs zu bringen drohte, beschloss der Waldenburger Gemeinderat 1853, sich um die Ansiedlung der Uhrenindustrie zu bemühen. Louis Tschopp und Gedeon Thommen übernahmen 1860 den gemeindeeigenen Betrieb und fassten die Ateliers 1860 in der ersten Uhrenfabrik Waldenburgs zusammen. Nach der Inbetriebnahme der Waldenburgerbahn baute Thommen 1883 die zweite, 1917 die dritte Fabrik (auf dem Bild rechts). Die Uhrenindustrie verbreitete sich nicht nur in Waldenburg, sondern auch in anderen Gemeinden des oberen Baselbiets, so etwa in Hölstein oder Tecknau. Bis in die 1970er Jahre des 20. Jahrhunderts war sie für die Baselbieter Wirtschaft von zentraler Bedeutung. Danach verloren viele Firmen der Uhrenbranche den Anschluss an die technische Entwicklung in der Uhrenproduktion und gingen ein. Die Revue Thommen AG war einer der Betriebe, die mit dem Weltmarkt mithielten. Er hatte schon 1936 mit dem Instrumenten- und Apparatebau ein zweites Produktionsgebiet aufgebaut.

nimmt die Belegschaft die Arbeit wieder auf. Die Firma erklärt sich bereit, alle streikenden Arbeiterinnen und Arbeiter wieder einzustellen. Nur an der Entlassung von F. St. hält sie fest. Dieser habe sich als Sprecher der Streikbewegung zur Verfügung gestellt und damit sein Versprechen nicht gehalten. Die Weiterbeschäftigung St.s bleibt die letzte Differenz zwischen der Direktion und der Belegschaft. Die Entlassung ihres Vertrauensmannes will die Gewerkschaft nicht hinnehmen. Schliesslich einigt man sich darauf, dass St. nicht sofort entlassen wird. Der 31. Januar 1932 aber bleibt für F. St. der letzte Arbeitstag in der Schuhfabrik Allschwil.

Sozialpartnerschaft auf dem Prüfstand

Als die Geschäftsleitung der Firestone AG und die Vertreter der Belegschaft der Prattler Niederlassung am 10. Juli 1973 einen neuen Kollektivarbeitsvertrag unterschrieben, florierte das Unternehmen. 1450 Beschäftigte produzierten gegen tausend verschiedene Grössen und Sorten Gummireifen, die in über 40 Ländern Abnehmer fanden. Keiner der Vertragsunterzeichner dachte 1973 daran, dass es fünf Jahre später ganz anders aussehen würde. Die Beschäftigten der Firestone arbeiteten zum grossen Teil im Akkord sowie im Schichtbetrieb. Das Arbeitstempo war hoch, die Belastung durch die Schicht-

später folgten ihnen 215 Waldenburger Kollegen für elf Wochen. Auch die Allschwiler Schuhfabrik war 1912 bereits einmal bestreikt worden. Im Zentrum der damaligen Arbeitskämpfe standen Lohnfragen.

«Die Arbeiterschaft Basellands wird dem Rufe des Oltener Aktionskomitees einig und geschlossen folgen», liessen die Sozialdemokratische Partei und das Gewerkschaftskartell Baselland am Montag, 11. November 1918, in einer gemeinsamen Erklärung verlauten. Sie riefen «die Bevölkerung von Baselland» zur Teilnahme am Generalstreik auf, den das Oltener Aktionskomitee für die ganze Schweiz ausgerufen hatte. Baselbieter Betriebe waren aber nur vereinzelt vom Generalstreik betroffen. So beklagte sich beispielsweise die Firma Hanro in Liestal beim Regierungsrat darüber, dass sie am Dienstag «durch eine sozialistische Gruppe unter Androhung von weitern Massnahmen gezwungen» gewesen sei, ihren Betrieb einzustellen. Am Mittwoch aber konnte sie ihre Produktion bereits wieder aufnehmen.[6] Wie in anderen ländlichen Gegenden der Schweiz hielt sich die Beteiligung auf der Landschaft in Grenzen. Der Regierungsrat stellte am 13. November in einer öffentlichen Erklärung mit sichtlicher Befriedigung fest, dass sich im Kanton Basel-Landschaft bisher keine Unruhen gezeigt hätten. Für alle Fälle hielt er aber Polizei und Militär in Alarmbereitschaft. Erst am Freitag gab er Entwarnung und am Samstagabend läuteten auf sein Geheiss im ganzen Kanton die Kirchenglocken. Das viertelstündige Geläut sollte das Ende des Ersten Weltkrieges und des Landesstreiks symbolisch unterstreichen und ein «Zeichen des äussern und innern Friedens» setzen.[7]

In der Zwischenkriegszeit häuften sich die Konflikte zwischen Belegschaften und Unternehmern. Das kantonale Einigungsamt hatte alle Hände voll zu tun.[8] Grössere Streikbewegungen Anfang der zwanziger Jahre betrafen beispielsweise die Firmen BBC in Münchenstein (1920), Handschin & Ronus in Liestal (1920), Oris in Hölstein (1921) und Buss AG in Pratteln (1923). Wieder wurde hauptsächlich um den Lohn gestritten. Immer mehr aber forderten die Streikparolen auch bessere Arbeitsbedingungen oder den

arbeit gross. Dafür verdienten Firestone-Leute vergleichsweise gut. Zudem genossen sie die Vorteile eines sozialen Arbeitgebers. Ihre Pensions- und Krankenkassen waren vorbildlich ausgebaut. Eine betriebseigene Blasmusik, Firmenclubs für Fuss- und Faustballer sowie für Kegler und Schützen sorgten für Abwechslung und Entspannung in der Freizeit.[2] Im Gesamtarbeitsvertrag räumte das Unternehmen der Arbeiterkommission als Vertreterin der Belegschaft weitgehende Informations- und Mitbestimmungsrechte ein. So schrieb der Vertrag vom 10. Juli 1973 unter anderem vor, dass Kündigungen aus wirtschaftlichen Gründen vorher mit den Gewerkschaften und der Arbeiterkommission zu besprechen seien. Im Prattler Firestone-Werk hatte ein ungewöhnlich hoher Anteil gewerkschaftlich organisierter Mitarbeiterinnen und Mitarbeiter dazu geführt, dass die Gewerkschaften grosse Bedeutung erlangt hatten und günstige Vertragsbedingungen aushandeln konnten.

Schon bald nach Vertragsabschluss verfinsterte sich der Konjunkturhimmel für die Prattler Firestone. Seit dem Zweiten Weltkrieg war sie gewachsen und hatte immer Gewinne ausgewiesen. Im Geschäftsjahr 1974/75 aber erlitt die Schweizer Niederlassung des Firestone-Konzerns einen Verlust von 7,67 Millionen Franken. Die fol-

Abschluss von Gesamtarbeitsverträgen. In den dreissiger Jahren, während der Weltwirtschaftskrise, nahm die Heftigkeit der Arbeitskonflikte nochmals zu. Selbst Arbeitskräfte, die in kantonalen Arbeitsbeschaffungsprogrammen eingesetzt wurden, nahmen den Kampf auf. So streikten zum Beispiel 1933 die Notstandsarbeiter in Pratteln, wo man in Kanalisationsprojekten Arbeitsmöglichkeiten schuf, für höhere Minimallöhne und bessere Ausrüstung. Überhaupt waren die Arbeitslosen in den dreissiger Jahren gut organisiert und politisch aktiv. 1935 reichte eine Basellandschaftliche Arbeitslosenkommission dem Landrat eine Petition mit 1075 Unterschriften ein. Diese verlangte zusätzliche Unterstützung für ausgesteuerte Arbeitlose.[9]

Im März 1936 rief die gleiche Kommission «die Arbeitslosen des Kantons Basellandschaft» per Flugblatt zu einem «Marsch nach Liestal» auf. Doch der Regierungsrat verbot die Veranstaltung. In seinem Entscheid berief er sich auf die Kantonsverfassung, welche ihm die Pflicht und Kompetenz einräumte, die öffentliche «Sicherheit und Ordnung» im Kanton zu gewährleisten. Die Polizei wies er an, den Arbeitslosen, die sich in Pratteln zum Marsch nach Liestal treffen wollten, das Verbot zu verlesen. Trotzdem zogen die 450 Arbeitslosen nach Liestal. Allerdings machten sie vor den Toren des Städtchens Halt. Am 29. Dezember des gleichen Jahres wurde der Marsch nach Liestal wiederholt. Diesmal sah der Regierungsrat von einem Demonstrationsverbot ab und erlaubte den rund 400 Arbeitslosen, sich zu versammeln. Die 36 aufgebotenen Polizisten, die in Bereitschaft standen, um «event. Ausschreitungen zu begegnen», waren mit «Stahlhelm, Gummiknüttel, Gasmaske» und Schlauchwagen der Feuerwehr ausgerüstet, hielten sich aber im Hintergrund. In der Allee, in der Nähe des Regierungsgebäudes, versammelten sich die Arbeitslosen zu einer Kundgebung. In ihrem Auftrag verlangte eine Delegation, dass ein Vertreter der Regierung zu ihnen sprechen solle. Diese Forderung erfüllte der Regierungsrat jedoch nicht.[10]

Die zahlreicheren und heftigeren Arbeitskonflikte stiessen nicht überall auf Unterstützung. So stellte der Gemeinderat Allschwil nach dem Basler

Sozialpartnerschaft, 1941

Mit dem Arbeitsfrieden gingen mehr und mehr Unternehmen dazu über, Arbeiterkommissionen zu bilden. Diese stellten ein Bindeglied zwischen Geschäftsleitung und Belegschaft dar und dienten dazu, die Arbeiterinnen und Arbeiter zu informieren und anzuhören. Der ersten Arbeiterkommission der Firma van Baerle & Cie. in Münchenstein gehörten neben dem Direktor vier Arbeiter und eine Arbeiterin an. Die Kommission wurde 1941 erstmals von der Belegschaft gewählt. Die Sozialpartnerschaft war eine der Voraussetzungen für die lange wirtschaftliche Aufschwungphase der Nachkriegszeit. Gleichzeitig ermöglichte das Wirtschaftswachstum breiteren Kreisen, am gesellschaftlich erwirtschafteten Wohlstand teilzuhaben.

---

genden Geschäftsabschlüsse zeigten keine wesentlichen Verbesserungen. Die Konzernleitung mit Sitz in Akron im US-amerikanischen Bundesstaat Ohio führte die Schwierigkeiten auf eine veränderte «Situation auf dem Reifenmarkt» und andere negative Faktoren zurück. Die Gewerkschaften machten dafür das Management und den Konzern wegen dessen Renditeinteressen verantwortlich. Zu Massnahmen, die dem Betrieb aus den roten Zahlen verhelfen sollten, sahen sich beide Seiten veranlasst: Man einigte sich darauf, die Belegschaft über die üblichen Abgänge, durch Frühpensionierungen und mit sozial abgefederten Entlassungen zu verkleinern. 1978 arbeiteten noch 837 Mitarbeiterinnen und Mitarbeiter im Prattler Werk. Auch zu finanziellen Einbussen boten Gewerkschaften und Belegschaft Hand. Sie verzichteten auf Gratifikationen, waren mit Kurzarbeit einverstanden und stimmten einer Arbeitszeitverkürzung ohne Lohnausgleich zu. Im März 1977 glaubte man am Ende der Durststrecke zu sein und verlängerte den Kollektivarbeitsvertrag. Doch ein Jahr darauf schockierte der Entscheid der Konzernleitung, die Reifenproduktion in Pratteln einzustellen, Belegschaft wie Baselbieter Öffentlichkeit. Über 600 Beschäftigte sollten den Kündigungsbrief erhalten. Nur noch eine kleine Restbeleg-

Generalstreik im August 1919 dem Regierungsrat den Antrag, bei der städtischen Regierung Protest einzureichen. Allschwil hatte während achteinhalb Tagen auf die Tramverbindung in die Stadt verzichten müssen und wollte sich «dies unter keinen Umständen wieder bieten lassen».[11] Wenig später liess die Firma Handschin & Ronus ihren Anwalt beim Regierungsrat ein Verbot von Streikposten beantragen. Während einer Arbeitsniederlegung hatten Streikende ihre arbeitswilligen Kolleginnen und Kollegen daran gehindert, die Arbeit aufzunehmen. In die gleiche Richtung wies auch eine Eingabe des Gewerbeverbandes Baselland, der es als «ein Verbrechen an der Gesamtheit der Bevölkerung» betrachtete, «wenn in der gegenwärtigen Zeit mit ihrer ungeheuren Arbeitslosigkeit und Wohnungsnot in leichtsinniger Weise Streiks vom Zaune gerissen werden und unter der Leitung von unverantwortlichen Führern ein derartiger Terror auf Arbeitswillige ausgeübt wird».[12] Obwohl der Regierungsrat der Polizeidirektion den Auftrag gab, ein Verbot von Streikposten auszuarbeiten, unterblieben entsprechende Schritte, so dass diese Frage auch in den dreissiger Jahren zu Diskussionen Anlass gab. 1932 sah sich der Verband der Industriellen von Baselland jedenfalls veranlasst, mit der Bitte an den Regierungsrat zu gelangen, künftig für einen grösseren Schutz bestreikter Betriebe besorgt zu sein.[13] Die Arbeitgeber führten die häufigen Streiks nicht auf die wirtschaftliche Not der Arbeiter zurück, sondern sahen sie als Folge politischer Aufwieglung.

Die wirtschaftlichen Schwierigkeiten und die heftigen Arbeitskonflikte verursachten im Baselbiet der Zwischenkriegszeit angespannte Beziehungen zwischen Arbeitgebern und Arbeitnehmern. Die politische Sprache bediente sich dabei klassenkämpferischer Ausdrucksweisen. Von «Bonzen» und «Terroristen» war die Rede. Die staatlichen Stellen griffen häufig vermittelnd ein. Oft aber konnten sie Streiks und Aussperrungen nicht verhindern. Die Kämpfe, wie sie sich in der Zwischenkriegszeit einspielten, stellten einen Bruch dar mit den auf Ausgleich und Kompromiss bedachten Konfliktformen, wie sie die Arbeitswelt des traditionellen Wirtschaftssektors geprägt

schaft des einst grössten Baselbieter Industrieunternehmens sollte Vertriebs- und Serviceleistungen aufrechterhalten.
Die Arbeiterschaft, gewerkschaftlich gut organisiert, war kampfbereit und trat unmittelbar nach Bekanntwerden des Schliessungsentscheids vorübergehend in den Streik. Sie orientierte den Regierungsrat in Liestal und den Bundesrat in Bern über die bevorstehende Betriebsschliessung und forderte beide auf, Massnahmen gegen die drohenden Entlassungen zu ergreifen. Die Gewerkschaftsverbände protestierten scharf. Als besonders stossend empfanden sie, dass die Entscheidung zur Betriebsschliessung trotz Opferbereitschaft der Mitarbeitenden und ohne vorausgehende Anhörung der Arbeiterkommission gefällt worden war. Den Belegschaftsvertretern schwebte vor, die Pneuproduktion als gemischtwirtschaftliches Unternehmen weiterzuführen. Der Kanton sollte den Betrieb finanziell unterstützen, die Bundesbetriebe PTT und Militär sollten Abnahmegarantien leisten. Zur Unterstützung ihrer Forderungen organisierten die Gewerkschaften Protestversammlungen und Demonstrationszüge. Gleichzeitig traten sie aber auch in Verhandlungen über einen Sozialplan ein, der die von der Kündigung Betroffenen finanziell absichern sollte. Schliesslich sammelten sie Unterschriften

hatten. Sie waren denn auch vorwiegend im modernen Sektor und in der Stadt und ihrer Agglomeration anzutreffen. Dort hatte die politische Kultur der kollektiven Selbsthilfe keinen Rückhalt mehr. Dort spielten sich die neuen Konfliktformen ein. Allerdings waren Streiks und Aussperrungen eine wirtschaftliche Belastung. Weder Unternehmer noch Arbeiterschaft konnten es sich auf die Dauer leisten, den Produktionsprozess allzu häufig zu unterbrechen. Einerseits konnten die Unternehmer ihre Waren nur absetzen, wenn sie ihre Kundschaft zuverlässig und pünktlich belieferten. Andererseits reichten die Streikkassen der Gewerkschaften nicht weit, so dass mit jeder Arbeitsniederlegung Lohneinbussen verbunden waren. Mit jedem Arbeitskonflikt, der zu Streik und Aussperrung führte, wuchs deshalb hier wie dort das Interesse, andere Formen der Auseinandersetzung zu finden.

Protest, 1978
Wegen der Schliessung der Firestone AG in Pratteln kam es auch zu Demonstrationen.

Sozialpartnerschaft

1937 schlossen die Gewerkschaften und Unternehmerverbände der schweizerischen Metallindustrie das bahnbrechende «Friedensabkommen». Dieses sah sozialpartnerschaftliche Verhandlungen und Verträge vor. Im Konfliktfall sollte ein Schiedsgericht entscheiden. Zugunsten dieses Verfahrens verzichteten beide Seiten auf den Arbeitskampf. Das Abkommen setzte ein Signal. Auch der Kanton Basel-Landschaft nahm es wahr und förderte die Suche nach entspannteren Beziehungen zwischen Belegschaften und Unternehmern. So nahm der Regierungsrat das Recht in Anspruch, gesamtarbeitsvertragliche Lösungen für eine ganze Branche gültig zu erklären. Zudem schrieb er in die Submissionsbestimmungen, dass nur Betriebe kantonale Aufträge erhielten, die sich an die Gesamtarbeitsverträge hielten.

Die Erfahrungen mit Streiks und Aussperrungen sowie die Folgen der Weltwirtschaftskrise kamen den Bestrebungen zur sozialpartnerschaftlichen Regelung der innerbetrieblichen Beziehungen entgegen. Zudem übertünchten die bedrohlichen Vorboten des Zweiten Weltkriegs und die Geistige Landesverteidigung die gesellschaftlichen Risse, welche in den Krisenjah-

für eine Initiative, welche ein kantonales Wirtschaftsförderungsgesetz verlangte.
Auch Regierungsrat und Landrat protestierten dagegen, dass die Geschäftsleitung ihre vor Jahresfrist eingegangenen Versprechungen nicht eingehalten habe. Sie forderten die Konzernführung auf, nach einer Lösung ohne Schliessung des Prattler Betriebes zu suchen. Eine regierungsrätliche Delegation flog zum Hauptsitz des Unternehmens nach Akron, um diese Möglichkeit im direkten Gespräch zu prüfen. Für die Forderungen der Belegschaft zeigten die Behörden Verständnis. Die staatliche Beteiligung an einer Auffanggesellschaft aber lehnte der Regierungsrat ab. Die Volksinitiative der Gewerkschaften fand hingegen im Landrat und bei der Regierung Zustimmung.

Die Schliessung der Prattler Firestone-Niederlassung war nicht mehr zu verhindern. Ein Jahr nach der Kündigung, im Sommer 1979, waren noch gegen 50 der über 600 entlassenen Arbeitskräfte ohne Arbeit. Aber auch diejenigen, welche wieder Arbeit gefunden hatten, mussten Opfer bringen. Im Durchschnitt hatten sie Lohneinbussen von monatlich 750 Franken in Kauf zu nehmen. Wie eine soziologische Umfrage zeigte, waren auch diesmal vor allem Frauen die Leidtragenden. Zwar traf es sie nicht als Arbeiterinnen,

Grafik 3
Arbeitslosigkeit
Die Vollbeschäftigung, welche der konjunkturelle Aufschwung der Nachkriegszeit zur Folge hatte, und die wirtschaftlich schwierigen Zeiten zwischen den Weltkriegen und seit Mitte der 1970er Jahre bilden sich in der Kurve, welche die Zahl der Arbeitslosen zeigt, deutlich ab. In den Jahrzehnten nach dem Zweiten Weltkrieg sind praktisch keine Arbeitslosen zu verzeichnen. Zwischen den beiden Weltkriegen und seit Mitte der 1970er Jahre war und ist das Problem aber offenkundig. Würde man für die Zwischenkriegszeit die Arbeitslosigkeit unter den Posamenterinnen und Posamentern in Abzug bringen, gäbe es keinen Ausschlag Mitte der zwanziger Jahre. Es springt ins Auge, dass das Ausmass der Arbeitslosigkeit in den 1990er Jahren in absoluten Zahlen weit grösser ist als während der Weltwirtschaftskrise. Setzt man die absoluten Werte allerdings zur Zahl der unselbständigen Erwerbspersonen ins Verhältnis, kommt zum Ausdruck, dass die Weltwirtschaftskrise der 1930er Jahre aber doch gravierendere Folgen zeitigte, als die Krise der 1990er Jahre.
Stellt man zudem in Rechnung, dass das soziale Netz am Ende des 20. Jahrhunderts wesentlich besser ausgebaut war als damals, wird der Unterschied nochmals deutlicher. Schliesslich fällt auf, dass seit dem Einbruch der 1970er Jahre bei jeder Konjunkturerholung ein grösserer Anteil von Arbeitskräften arbeitslos blieb. Fachleute sprechen von struktureller Arbeitslosigkeit.

ren aufgebrochen waren. Die unmittelbare Nachkriegszeit leistete einen weiteren Beitrag: Der Bund führte die Alters- und Hinterbliebenenversicherung ein und gab sich mit den Wirtschaftsartikeln der Bundesverfassung die Kompetenz, aktiver in die Wirtschaft einzugreifen. Nach dem Zweiten Weltkrieg kam es deshalb im Kanton Basel-Landschaft nur noch vereinzelt zu Streiks. So traten beispielsweise im Juni 1945 400 Frauen der Florettspinnerei Schappe in Arlesheim und Angenstein in den Ausstand. 1946 legten die Arbeiterinnen und Arbeiter der Tuchwarenfabrik Schild AG in Liestal die Arbeit nieder. 1958 streikten Arbeiter der Firestone AG in Pratteln. In allen Fällen setzten sich die Belegschaften durch und errangen gesamtarbeitsvertragliche Regelungen. Die sozialpartnerschaftliche Beilegung von Konflikten setzte sich auf der ganzen Linie durch. Als das Statistische Amt Ende 1944 112 grössere Baselbieter Firmen nach den Beziehungen zwischen Arbeitnehmern und -gebern befragte, stellte es bereits in 52 Firmen so genannte «Fabrikkommissionen» fest, in denen Direktion und Belegschaft gemeinsame Anliegen aufnehmen und besprechen konnten. Von den insgesamt über 11 000 Fabrikarbeiterinnen und -arbeitern waren rund zwei Drittel in Unternehmen beschäftigt, die über eine Fabrikkommission verfügten.[14] Die neuen Konfliktmechanismen beruhigten die Situation: Während die Zahl der Streiks und Aussperrungen rückläufig war, verfünffachte sich innert weniger Jahre die Zahl der Gesamtarbeitsverträge, welche allein für den Kanton Basel-Landschaft Geltung hatten. Sie stieg von acht im Jahre 1944 auf über 41 im Jahre 1948.[15]

Wenn die Sozialpartnerschaft in einem solchen Ausmass durchdringen konnte, so waren dafür vor allem zwei Gründe ausschlaggebend: Erstens erlaubte die günstige Wirtschaftslage der Nachkriegszeit annehmbare Kompromisse für beide Seiten. Weil der Wohlstandskuchen gesamthaft grösser wurde, fielen für alle Beteiligten grössere Stücke ab. Umgekehrt trug die Entspannung der Beziehungen zwischen Arbeitgebern und -nehmern, welche die Sozialpartnerschaft zur Folge hatte, ihren Teil dazu bei, dass dieser

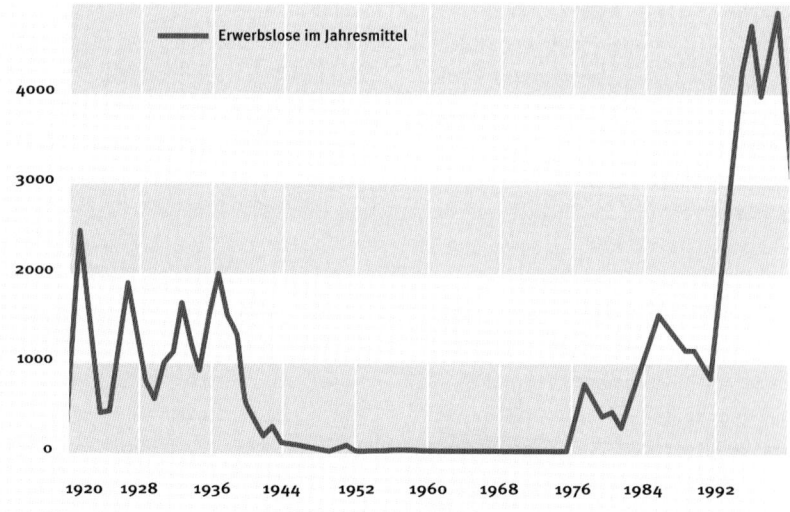

Kuchen auch grösser werden konnte. Die Zuverlässigkeit des «Made in Switzerland» und die Attraktivität des Standorts Schweiz beruhten nicht zuletzt auf dem Arbeitsfrieden, den die Sozialpartnerschaft sicherte. Zweitens lebten die traditionellen, korporativen Lösungsmuster in der Sozialpartnerschaft wieder in veränderter Form auf. Mit dem Klassenkampf der Zwischenkriegszeit hatten breite Kreise der Baselbieter Arbeiterschaft ihre Mühe. Mit den sozialpartnerschaftlichen Mechanismen konnten sie sich rascher und besser anfreunden, weil diese zu den Konfliktmustern passten, welche sie in ihren Köpfen behalten hatten.

Wirtschaftlicher Wandel 2
Im Zuge der so genannten Dritten industriellen Revolution, welche den Vormarsch der Elektronik in der Arbeitswelt bezeichnet, ändert Arbeit ihr Gesicht. An die Stelle der Bedienung von Maschinen tritt vermehrt die Kontrolle automatisierter Produktionsabläufe in computergestützten Kommandozentralen. Der Computer und sein Bildschirm tauchen aber auch im Büro oder in modernen Fabrikationshallen auf.

Seit dem wirtschaftlichen Einbruch der siebziger Jahre wächst der Kuchen kaum mehr. Die Verteilungskämpfe sind wieder härter geworden. Allerdings sind die industriellen Beziehungen davon bisher weitgehend verschont geblieben. Nur in Ausnahmefällen, etwa bei der Schliessung der Firestone in Pratteln 1978 oder beim Streit um den Gesamtarbeitsvertrag im Steinhauergewerbe 1992, brachen erneut Arbeitskämpfe aus. Die meisten Kollektivstreitigkeiten werden von Unternehmern und Belegschaften im ausgehenden 20. Jahrhundert mit sozialpartnerschaftlichen Verfahren ausgetragen. Und obwohl die Arbeitslosenrate zeitweise wieder Ausmasse angenommen hat, die mit den Krisenjahren der Zwischenkriegszeit vergleichbar sind, gibt es im Kanton Basel-Landschaft kaum eine nennenswerte Arbeitslosenbewegung. In diesem Zusammenhang tut ein weiteres Element der Sozialpartnerschaft seine Wirkung: Wer seinen Arbeitsplatz verliert, ist gegen Arbeitslosigkeit versichert, und wer ausgesteuert ist, wird vom sozialen Netz der Fürsorge aufgefangen. Zwar nimmt die Armut wieder zu, ein kritisches Mass, welches spürbare soziale Unrast auslösen würde, hat sie bisher aber nicht erreicht. Hinzu kommt, dass soziale Not und Arbeitslosigkeit heute vielfach wie im 19. Jahrhundert als selbstverschuldet wahrgenommen werden. Unter solchen Umständen haben es Argumente und Forderungen schwer, die gesellschaftliche Ursachen benennen und entsprechende Veränderungen verlangen.

Wirtschaftlicher Wandel 3
Der wirtschaftliche Wandel hinterlässt seine Spuren in der Landschaft. Wo sich zu Beginn des Jahrhunderts noch unverbautes Land ausdehnte wie beispielsweise am Rheinufer bei Birsfelden oder Muttenz, breiten sich um die Jahrtausendwende ausgedehnte Infrastrukturbauten (Rheinhäfen) und Industriesiedlungen (Schweizerhalle) aus. Dazwischen liegt der für die regionale Wasserversorgung zentrale Hardwald.

weil die Firestone AG nur wenige weibliche Arbeitskräfte beschäftigt hatte. Betroffen aber waren sie als Partnerinnen von Männern, welche in der Firestone einen «Ernährerlohn» verdient und das Familieneinkommen bestritten hatten. 57 Prozent der befragten Frauen gaben an, seit der Schliessung mit finanziellen Problemen zu kämpfen. 56 Prozent wussten von grösseren Schwierigkeiten in der Partnerschaft zu berichten. 55 Prozent beklagten sich über eine grössere Belastung im Haushalt, und 88 Prozent litten unter psychischen Beeinträchtigungen, was sich teilweise auch in körperlichen Symptomen äusserte.[3]

Die Betriebsschliessung der Firestone hatte ein gerichtliches Nachspiel. Die Belegschaft und ihre Gewerkschaften wollten den Vertragsbruch ihres Sozialpartners nicht hinnehmen. Sie reichten beim Einigungsamt Klage ein und forderten eine Konventionalstrafe sowie Schadenersatz. In seinem Spruch vom 23. November 1979 gab das Schiedsgericht den Klägern teilweise Recht und verurteilte die beklagte Firestone AG zu einer Konventionalstrafe in der Höhe von 2,6 Millionen Franken. Sein Entscheid hielt auch vor dem Obergericht des Kantons Basel-Landschaft und schliesslich vor Bundesgericht stand und der Konzern musste die Strafe bezahlen.[4]

Lesetipps

Über die Konjunkturgeschichte des Kantons Basel-Landschaft orientieren Meier (1997) und Ballmer (1964) für die erste Hälfte des 20. Jahrhunderts und Blanc (1996) für die Nachkriegszeit.

Die Unterscheidung zwischen einem traditionellen und einem modernen Wirtschaftssektor führt Epple (1998a) im Anschluss an Brassel (1994) und Lutz (1984) ein.

Eine Streik-Geschichte existiert für den Kanton Basel-Landschaft nicht. Der kompakte Archivbestand des kantonalen Einigungsamtes im Staatsarchiv in Liestal harrt noch einer eingehenden Auswertung. Da die Baselbieter Streikbewegungen oft im Zusammenhang mit städtischen Konflikten standen, liefern Degen (1986) und Häberlin (1986 und 1987) nützliche Hinweise.

Die Geschichte des Posamenterverbandes und seiner Auseinandersetzung mit dem Bandfabrikantenverein behandelt Grieder (1985). Einige wichtige Dokumente zu Arbeitskonflikten sind bei Epple (1993 und 1998b) zusammengetragen.

Gut dokumentiert ist zudem auch die gerichtliche Auseinandersetzung nach der Schliessung des Prattler Firestone-Werkes (Herausgeberkommission Recht und Politik 1984).

Abbildungen

Max Mathys, Muttenz: S. 9, 25.
Bally Schuhmuseum, Schönenwerd: S. 10–13.
A. Urech, Arlesheim: S. 14.
Anne Hoffmann: Grafiken S. 15. Quelle Historische Statistik der Schweiz, S. 646.
Ortsmuseum Trotte, Arlesheim.
Foto: Lothar Jeck: S. 16.
Volks-Zeitung, 27. Juli 1945: S. 16.
Kantonsmuseum Baselland.
Foto: Lothar Jeck, Basel: S. 17.
Anne Hoffmann: Grafik S. 18. Quelle Statistisches Jahrbuch Kanton Basel-Landschaft 1963ff.
Thommens Uhrenfabriken AG (Hg.): Aus der Geschichte der Baselbieter Uhrenindustrie. Gedenkschrift herausgegeben anlässlich des 90-jährigen Jubiläums, Waldenburg o.J. (1943): S. 19.
Van Baerle & Cie., Münchenstein: S. 21.
Albert Wirth, Liestal: S. 23.
Anne Hoffmann: Grafik S. 24. Quelle Ballmer 1964; Statistisches Jahrbuch Kanton Basel-Landschaft 1963ff.
Foto-Archiv Jeck, Basel und Reinach.
Foto: Rolf Jeck: S. 25.

Reproduktionen durch Mikrofilmstelle.

Anmerkungen

1 Vgl. Bd. 5, Kap. 1 und 2.
2 Vgl. Bd. 5, Kap. 5.
3 Vgl. Bd. 5, Kap. 2.
4 Vgl. Bd. 5, Kap. 1.
5 Vgl. Bd. 5, Kap. 2.
6 Schreiben der Firma Hanro vom 13. November 1918 an den Regierungsrat, StA BL, NA, Straf und Polizei D 1.
7 Schreiben des Regierungsrates vom 15. November 1918 an die Gemeinderäte, NA, StA BL, Straf und Polizei D 1.
8 Vgl. Bd. 6, Kap. 2.
9 Protokoll LR 3. Oktober 1935.
10 Flugblätter, Polizeiberichte und Korrespondenz, StA BL, NA, Arbeit F 6.
11 Schreiben des Gemeindepräsidenten von Allschwil vom 18. August 1919 an den Regierungsrat, StA BL, NA, Straf und Polizei D 1.
12 Schreiben des Gewerbeverbandes Baselland vom 24. Dezember 1920 an den Regierungsrat. StA BL, NA, Straf und Polizei D 1.
13 Schreiben des Verbandes der Industriellen von Baselland an den Regierungsrat vom 9. Januar 1932. Protokoll RR, 13. Januar 1933.
14 Umfrage des Statistischen Amtes über den Ausbau der Betriebsgemeinschaften in den Fabriken des Kantons Basel-Landschaft, in: Direktion des Innern (Hg.) 1947, S. 88–89.
15 Amtsbericht des Regierungsrates 1940ff.

1 Sämtliche in diesem Abschnitt zitierten Aktenstücke befinden sich im Archivbestand des kantonalen Einigungsamtes, StA BL, VR, Einigungsamt, Kollektivstreitigkeiten 1931–1937.
2 Firmenporträt in: Von Pratteln in alle Welt, Sonderbeilage zum Baselbieter Anzeiger, 23. August 1963.
3 BZ 26. Juni 1979.
4 Herausgeberkommission Recht und Politik 1984.

Vom «Nachtwächterstaat» zum modernen Sozial- und Interventionsstaat

Bild zum Kapitelanfang
Sozialstaat
Ende des 20. Jahrhunderts waren Kindergärten eine Aufgabe des Staates. Dem war nicht immer so. Die Kinder, welche 1941 im Garten der Kleinkinderschule Neufeld in Frenkendorf spielten, wurden von einer privaten Einrichtung betreut. Die finanziellen Mittel für die bis 1966 einzigen Kindergärten Frenkendorfs stammten aus einer Stiftung, welche die Basler Fabrikantenfamilien Stehelin-Miville und Iselin-Merian geäufnet hatten. Die Inhaber der Florett-Spinnerei Ringwald im Schöntal waren daran interessiert, auch Mütter mit Betreuungspflichten zu beschäftigen. Deshalb gründete einer von ihnen, Markus Bölger, 1855 die erste Kleinkinderschule des Kantons. Das Unternehmen und ab 1884 die Stiftung der Fabrikantenfamilien kamen voll für die Kindergärten auf. Als Betreuerinnen gewannen sie Diakonissinnen, welche die Aufgabe, die drei- bis siebenjährigen Frenkendörfer Kinder zu beaufsichtigen, praktisch für Gottes Lohn erfüllten. 1952, vier Jahre bevor die Schöntaler «Floretti» ihren Betrieb wegen Absatzschwierigkeiten einstellte, trat die Firma die beiden Kindergärten an die Gemeinde ab. Das Beispiel der Frenkendörfer Kindergärten lässt sich verallgemeinern: Viele soziale Aufgaben waren noch im 19. Jahrhundert eine Angelegenheit privater Initiative, karitativer Einrichtungen und kollektiver Selbsthilfe. Oft wurden sie aus wirtschaftlichem Interesse von privater Hand wahrgenommen. Der Sozialstaat, wie er sich Ende des 20. Jahrhunderts darstellte, musste sich zuerst herausbilden. Er ist Ergebnis langer und intensiver politischer Auseinandersetzungen, das neuerdings wieder umstritten ist.

«Die soziale Frage, das Alpdrücken unserer Staatsmänner, die schwere Not unserer Zeit!», rief Emil Frey am 16. März 1908 seinen Zuhörern an einer freisinnig-demokratischen Versammlung in St. Gallen zu.[1] Der ehemalige Baselbieter Regierungsrat und alt Bundesrat war damals schon seit zehn Jahren Direktor bei der Internationalen Telegraphen-Union. Mit den politischen Tagesgeschäften war er nicht mehr befasst, und als 70-jähriger Older Statesman stand es ihm an, grundsätzliche Gedanken «Über die soziale Frage» zu entwickeln. Frey mutete seinen bürgerlichen Parteifreunden denn auch einiges zu. Alle Gesellschaftsklassen, auch die Arbeiter, hätten die gleiche Berechtigung zur «Teilnahme an der Kultur», führte Frey aus. «Als Republikaner können wir die Forderung der Arbeiter, in höherem Masse als bisher an den Segnungen der Kultur teilzunehmen, nicht verwerfen, sondern wir müssen diese Forderung unterstützen. Daraus folgt, dass es unsere Pflicht ist, auch die Verbesserung ihrer ökonomischen Lage mit allen Mitteln anzustreben. […] Wir wollen auch in wirtschaftlichen Dingen den Grundsatz der Freiheit hochhalten; wir wollen die Freiheit, aber nicht die Freiheit des Starken zur Unterdrückung des Schwachen, sondern die Freiheit unter dem Schutze der Gerechtigkeit.»

Das auf Adam Smith zurückgehende Staatsverständnis der Freisinnigen, wonach sich der Staat aus allen wirtschaftlichen Belangen heraushalten müsse, nehme an, das Wohl der Allgemeinheit resultiere aus dem freien Konkurrenzkampf der ihren Eigennutz verfolgenden Individuen, führte Frey weiter aus. Doch habe sich diese Erwartung nicht erfüllt. Sie sei von der falschen Voraussetzung ausgegangen, dass die einzelnen Menschen sich auch gleich stark gegenüberständen: «Allein der wirtschaftliche Kampf wogt nicht zwischen wirtschaftlich Ebenbürtigen», erklärte der freisinnige Vordenker, «sondern zwischen wirtschaftlich Starken und Schwachen. Dadurch, dass das Manchestertum nicht nur die hemmenden Schranken, sondern auch die den wirtschaftlich Schwachen schützenden Schranken niederriss, überlieferte es diese schutz- und wehrlos dem Kampfe mit den

Das goldene Zeitalter des Sozialstaates
Am 30. August 1953 haben die Baselbieter Stimmberechtigten über vier kantonale Abstimmungsvorlagen zu befinden. Nur gerade 32 Prozent nehmen ihr politisches Mitbestimmungsrecht wahr. Die geringe Stimmbeteiligung weist darauf hin, dass die Abstimmungsvorlagen nicht sehr umstritten sind. Die 10 873 Urnengänger zeigen sich denn auch recht zustimmungsfreudig. Eine Steuergesetzänderung und zwei sozialpolitische Vorhaben passieren problemlos. Nur das Gesetz über die Ausrichtung von Mietzinszuschüssen an minderbemittelte kinderreiche Familien vom 21. Mai 1953 findet keine Gnade. Es wird mit 5947 gegen 4676 Stimmen abgelehnt. Dieses Gesetz ist nicht die erste, aber sie ist für lange Zeit die letzte kantonale sozialpolitische Abstimmungsvorlage, die auf mehrheitliche Ablehnung stösst. Sozialpolitik hat in den Nachkriegsjahrzehnten ihr goldenes Zeitalter.

Die Sorge um die in Not geratenen Mitbürgerinnen und Mitbürger ist im 19. Jahrhundert bei den Gemeinden und privaten Vereinen aufgehoben. Die Bürgergemeinden, welche das Gemeindevermögen verwalten, führen Armenkassen und unterstützen damit jene, die nicht mehr selbst in der Lage sind, für ihren Lebensunterhalt aufzukommen. Die Gemeinderäte oder Armen-

wirtschaftlich Starken.» Die Folge davon, so Frey weiter, seien die «massenhaften Niederlagen der Schwachen» gewesen. Die «Kluft zwischen Besitzenden und Besitzlosen» sei nicht kleiner, sondern grösser geworden, und die Zahl der Besitzlosen habe in «wahrhaft erschreckendem Masse» zustatt abgenommen. Emil Frey forderte seine freisinnigen Parteifreunde auf, sich nicht länger darauf zu beschränken, staatliche Eingriffe ins wirtschaftliche Geschehen abzuwehren. Um der schlimmsten Feinde der heutigen Gesellschaftsordnung, der Arbeitslosigkeit und der Trusts, Herr zu werden, müssten sie ihren alten Standpunkt überwinden: «Das laisser faire und laisser passer muss [...] aufgegeben werden und an dessen Stelle das Bewusstsein der Verantwortlichkeit und der Pflicht treten. Der Staat muss einschreiten», schloss Frey seinen eindringlichen Appell.

Was Frey seinen Zuhörern 1908 skizzierte, war das Projekt eines modernen Sozial- und Interventionsstaates. Dieses neue Staatsverständnis war nicht nur für die St. Galler Freisinnigen ungewohnt. Auch in seiner Heimat, in der Frey in seinen jungen Jahren politisch gewirkt hatte, stiess es auf Ablehnung. Frey erinnerte auch in St. Gallen an seine Baselbieter Zeit: «Als ich als Mitglied des basellandschaftlichen Regierungsrates im Jahre 1867 ein Fabrikgesetz vor die Behörden brachte, das die Nachtarbeit abschaffte und die Frauen- und Kinderarbeit einschränkte, erklärten sich zahlreiche basellandschaftliche Fabrikarbeiter gegen das Gesetz, weil sie dem Staate die Befugnis nicht einräumen wollten, zu bestimmen, wie sie ihre Frauen und Kinder zu verwenden hätten.» Neben dem Staatsverständnis des «Manchestertums», gegen das Emil Frey in St. Gallen antrat, war es im Baselbiet die noch stark vertretene politische Kultur der kollektiven Selbsthilfe, welche dem Projekt eines modernen Staates entgegenstand. Dieser bedurfte der Kompetenzen und finanziellen Ressourcen, welche ihm die Mehrheit der Baselbieter Stimmberechtigten nur zögernd einräumte.

Freys Fabrikgesetz hiessen die Baselbieter Stimmbürger 1868 zwar deutlich gut. Es blieb aber auf lange Zeit das einzige interventionistische

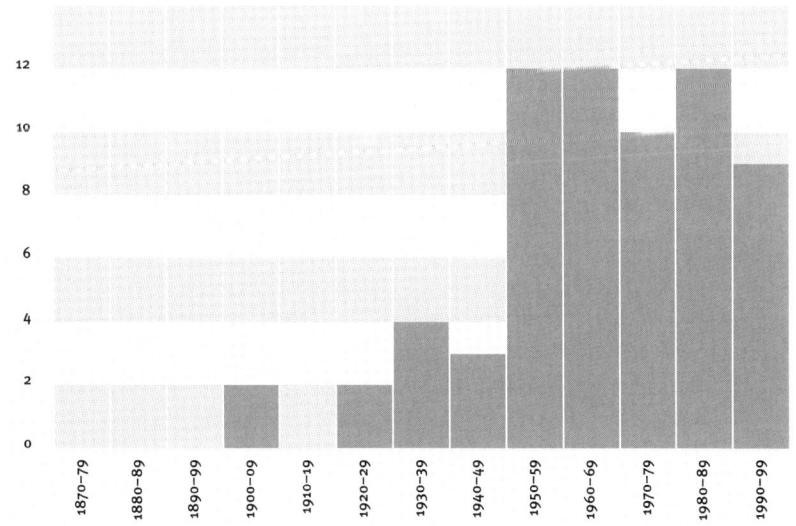

Sozialpolitische Vorlagen
Der Ausbau des Sozialstaates schlug sich in den Vorlagen nieder, die Regierung und Landrat den Baselbieter Stimmberechtigten unterbreiteten. Während in der ersten Hälfte des 20. Jahrhunderts erst wenige Abstimmungen über sozialpolitische Vorlagen stattfanden, hatten die Stimmberechtigten in der Nachkriegszeit im Schnitt mindestens über zehn Sozialvorlagen pro Jahrzehnt zu befinden.

Gesetz. Statt auf staatliche Eingriffe setzte man damals noch in erster Linie auf genossenschaftliche Krisenstrategien sowie auf kommunale oder karitative Sozialhilfe. Erst die neue Staatsverfassung von 1892 legte erste zaghafte Grundlagen für einen modernen Sozial- und Interventionsstaat. Doch als der Bauern- und Arbeiterbund in den neunziger Jahren aufgrund der neuen Verfassungsbestimmungen konkrete staatliche Eingriffe zugunsten der verschuldeten Kleinbauern und Posamenter forderte, erlitt er Schiffbruch. In der Auseinandersetzung um die Einschränkung der ärztlichen Praxis und um die Erhebung kantonaler Steuern hielt der Widerstand noch bis tief ins 20. Jahrhundert an. Der moderne Sozial- und Interventionsstaat war keine Selbstverständlichkeit. Die politischen Kräfte, die ihn befürworten, mussten sich zuerst organisieren und durchsetzen.[2]

Pro Landwirtschaft
«Es war überhaupt erst das Bundesgesetz von 1893 betr. die Förderung der Landwirtschaft, welches den Anstoss gegeben hat zu einer regeren Tätigkeit des Kantons auf landwirtschaftlichem Gebiete», meinte Matthias Hofer, Vorsteher der kantonalen landwirtschaftlichen Winterschule, 1926 rückblickend. Zuvor sei die Landwirtschaftspolitik wenig wirksam gewesen. Die Selbsthilfe der landwirtschaftlichen Genossenschaften sowie die fördernde Belehrung durch den kantonalen Landwirtschaftlichen Verein seien bedeutender gewesen. Seither aber sei zu beobachten, dass auch der Kanton «der Landwirtschaft seine Fürsorge angedeihen» lasse.[3]

Wenn die Landwirtschaft der erste Wirtschaftszweig war, zu dessen Gunsten der Kanton aktiv und konkret eingriff, so hatte das damit zu tun, dass die Bauernschaft ihre Interessen schon früh gebündelt hatte. Der Landwirtschaftliche Verein war bereits vor der Kantonstrennung entstanden und hatte seine auf den Kanton Basel-Landschaft beschränkte Tätigkeit bald nach dieser Zäsur wieder aufgenommen. Seit 1884 bezog er eine jährliche Subvention des Kantons. 1895 betrug diese 1500 Franken. Zudem stellte ihm

kommissionen, welche die Kassen verwalten, sind meistens sehr knauserig. Sie versuchen ihre Kassen zu schonen, schieben Arme und Fremde ab oder verbieten ihnen die Heirat, damit sich ihre Not und Zahl nicht noch vermehre. Sind Hilfeleistungen unumgänglich, verlangen die Armenbehörden Wohlverhalten. Ihre Unterstützung ist nicht nur Hilfe, sondern immer auch ein Mittel, um herrschende Normen durchzusetzen.[1]

Neben den Gemeinden besteht eine Reihe von Vereinen, welche sich auf privater Basis um soziale Aufgaben kümmern. Im Baselbiet sind dies die Frauenvereine, der Armenerziehungsverein sowie die Gesellschaft für das Gute und Gemeinnützige. Getragen sind sie von wohlmeinenden und wohlhabenden Männern und Frauen, denen Mildtätigkeit moralische Verpflichtung ist. Dabei verfolgen sie auch sehr konkrete Eigeninteressen. Nur gesunde, wohlgenährte und starke Arbeitskräfte bewähren sich in der Fabrik. Zudem entschärfen milde Gaben soziale Gegensätze und beugen sozialer Unrast und politischen Konflikten vor.

Mit dem Übergang von traditionellen zu modernen Wirtschaftsformen, mit dem Niedergang der Seidenbandindustrie und der Krise der Landwirtschaft nimmt die soziale Not auch im Kanton Basel-Land-

der Regierungsrat kostenlos ein Lokal im neuen Verwaltungsgebäude zur Verfügung. Der Landwirtschaftliche Verein war damit bereits in den neunziger Jahren eine Verbandsorganisation, die für den Kanton öffentliche Aufgaben übernahm und dafür auf seine Unterstützung zählen konnte. Hinzu kam, dass nicht nur die Familien der Vollbauern, sondern auch zahlreiche Handwerker-, Posamenter- und Arbeiterfamilien zumindest eine Kleinstlandwirtschaft betrieben. Zählt man sie dazu, gehörten mehr als die Hälfte der Haushalte im Kanton dem so genannten Nährstand an.

Zunächst unterstützten die kantonalen Behörden in kleinerem Rahmen die Güterzusammenlegung, das Anlegen von Feldwegen und Massnahmen zur Bodenverbesserung. Zudem förderten sie die Viehzucht und den Viehhandel. Suchten Tierseuchen den Kanton heim, standen sie den betroffenen Landwirten mit Unterstützungsgeldern zur Seite. 1917 eröffnete der Kanton die landwirtschaftliche Winterschule. In der Zwischenkriegszeit erreichte die staatliche Förderung der Landwirtschaft neue Dimensionen: Im Jahre 1900 hatte der Kanton insgesamt rund 36 000 Franken für das landwirtschaftliche Bildungswesen und 8000 Franken für die Tierzucht aufge-

Maul- und Klauenseuche
Grassierten Viehseuchen im Kanton, waren die Eingriffe des Staates ins Wirtschaftsleben massiv und seine Leistungen zu Gunsten der Landwirtschaft besonders hoch. Betroffene Landwirte erhielten Unterstützung. Auf dem Bild übergibt ein Feuerwehrmann einer Bäuerin einen Einkaufskorb. Der Bauernhof steht unter Quarantäne, weil er von der Maul- und Klauenseuche heimgesucht wurde. Um deren Verbreitung zu vermeiden, darf der Hof ohne aufwendige Desinfektion weder betreten noch verlassen werden.

schaft zu. Die kantonalen Behörden ergänzen schrittweise die Sozialhilfe der Gemeinden und Vereine. Das erste Fabrikgesetz von 1868 steuert den schlimmsten Formen der Ausbeutung in den Fabriken. Die Arbeitszeitregelung in den Heimarbeitsbetrieben beugt den Auswüchsen der Selbstausbeutung von Posamenterinnen und Posamentern vor. Die Naturalverpflegungsstationen unterstützen Handwerksgesellen auf der Wanderschaft und ordnen das Bettelwesen. Der Krieg verschärft die soziale Not und in der Zwischenkriegszeit nimmt sie unter Posamenterfamilien und unter ausgesteuerten Arbeitslosen Dimensionen an, denen die Sozialhilfe der privaten Vereine und der Armenkassen der Gemeinden nicht mehr gewachsen sind «Es waren Arbeiterfamilien mit vielen Kindern aus sehr bescheidenen Verhältnissen, die vor den Toren der Stadt Basel ein Heim suchten und suchen mussten, um ihre Arbeit und ihr Auskommen in der nahen Stadt zu finden. Die Stadt erhielt dadurch den Arbeiter, der Vorort den Bewohner. Die Vorortsgemeinden wurden durch diese Verhältnisse vor harte Aufgaben gestellt. Die Armenlasten wuchsen ins Unermessliche und gingen über die Kräfte der Gemeindewesen hinaus. Fast alljährlich lagen Gesuche um Klassenvermehrung vor, und alle paar Jahre wurde

Steuerwiderstand
Der Kanton Basel-Landschaft hatte es schwer, zu regelmässigen und ausreichenden Staatseinnahmen zu kommen. Steuergesetze hatten in der Volksabstimmung lange Zeit nur eine Chance, wenn sie zeitlich begrenzt oder zweckgebunden waren. Dem ersten definitiven Steuergesetz stimmten die Baselbieter Stimmberechtigten 1928 zu. Die Einsicht, dass ein armer Staat kein sozialer Staat sein kann, hatte sich damit vergleichsweise erst spät durchgesetzt.

wendet. 1930 beliefen sich die Ausgaben im landwirtschaftlichen Bildungswesen auf den sechsfachen, im Bereich der Viehzucht beinahe auf den dreifachen Betrag. Dazu kamen im gleichen Jahr zusätzlich 88 000 Franken für die Bodenverbesserung und 68 000 Franken für andere Massnahmen. Innert drei Jahrzehnten war der jährliche Gesamtbetrag, den der Kanton zugunsten der Landwirtschaft aufwendete, von 36 000 auf über 200 000 Franken angestiegen. In Ausnahmejahren, wenn beispielsweise Tierseuchen grassierten, konnten die Leistungen der öffentlichen Hand noch weit höher ausfallen. Zudem profitierte die Landwirtschaft auch von eidgenössischen Massnahmen zugunsten der Bauern, so zum Beispiel von der Zollpolitik des Bundes.[4]

Pro Seidenband

Unter den Erwerbstätigen der Seidenbandindustrie hielten sich die Vorbehalte gegenüber einer aktiven Wirtschaftspolitik des Kantons am hartnäckigsten. Zwar organisierten sich die Arbeiterinnen und Arbeiter der Seidenbandfabriken der Stadt schon früh. Doch die Versuche, auch die Heimposamenterinnen und -posamenter der Landschaft zu organisieren, scheiterten immer wieder. Erst unter dem Druck der Krise überwand die Heimarbeiterschaft zu Beginn des 20. Jahrhunderts ihre sprichwörtliche Organisationsfeindlichkeit. Mit dem Posamenterverband, der eine sehr moderate Politik verfocht, und mit den lokalen Elektrizitäts-Genossenschaften, welche die Elektrifizierung der Heimwebstühle ermöglichten, fanden sie eine Organisationsform, die ihrer politischen Kultur entsprach. Sie nahmen auch die Vermittlung der kantonalen Behörden in ihren Auseinandersetzungen mit dem Verband der Seidenbandverleger und -fabrikanten zu Beginn des 20. Jahrhunderts in Anspruch. Bis sie allerdings direkte staatliche Unterstützung verlangten, dauerte es noch einige Jahre. Erst im Moment, als alle andern Krisenstrategien versagt hatten, forderten sie direkte Staatshilfe. In den zwanziger Jahren beauftragte der Regierungsrat eine Kommission, ein Notstandsprogramm für die krisengeschüttelte heimindustrielle

der Ruf nach weiteren neuen Schulhäusern laut. Jene Zeiten riesiger Entwicklung brachten den Gemeindewesen derart schwere Lasten, dass wiederholt ihre Existenz in Frage gestellt wurde.»[2] Drastisch bringt 1930 der freisinnige Landrat Rudolf Scheibler die Situation der überforderten Gemeinden zum Ausdruck. Scheibler kennt die Situation im unteren Kantonsteil aus direkter Anschauung. Er ist Gemeindeverwalter in Birsfelden und hat täglich mit dem «Vorortsproblem» zu tun. Unter dem Druck der Vororte, der Parteien und der im unteren Kantonsteil weit verbreiteten Sympathien für die Wiedervereinigung mit dem sozialpolitisch fortschrittlichen Nachbarkanton Basel-Stadt bauen die kantonalen Behörden die Sozialpolitik aus. Ein erster Schritt ist eine obligatorische Arbeitslosenversicherung. Ein zweiter Schritt ist die Gemeindehilfe, welche den überforderten Gemeinden des unteren Kantonsteils durch regelmässige Zahlungen des Kantons über die finanziellen Engpässe hinweghilft. Die Ausgaben des Kantons für die soziale Wohlfahrt steigen rasant an. In den zwanziger Jahren bewegen sie sich in einer Höhe, die unter einer Million Franken pro Jahr liegt. 1945 aber gibt der Kanton pro Jahr weit über fünf Millionen Franken aus.[3]

Seidenbandindustrie zu erarbeiten. Diese schlug an erster Stelle vor, hauswirtschaftliche Kurse für Heimarbeiterinnen durchzuführen und an zweiter Stelle Notstandsarbeiten zum Beispiel beim Strassen- oder beim Gewässerschutzbau. Als weitere Massnahmen empfahl sie eine Krisenkasse für ältere Heimposamenterinnen und -posamenter, denen keine Umschulung mehr zuzumuten war. Den Banken legte sie Zinserleichterungen, den Behörden Steuerreduktionen nahe. Schliesslich forderte sie den Kanton auf, die Verkehrserschliessung der Posamenterdörfer durch neue Autobusverbindungen zu verbessern. Das neue Verkehrsmittel sollte den mit ihrer Scholle verbundenen Heimarbeitern das tägliche Pendeln in die Industrien des unteren Kantonsteils erleichtern.[5]

Contra Arbeitskämpfe

Mit der zunehmenden Bedeutung, die der moderne Wirtschaftssektor für den Kanton Basel-Landschaft gewann, und mit dem Schwund der traditionellen, familienwirtschaftlichen Branchen stellten sich neue Konfliktlinien und -formen ein. Die Gemeinden und ihre traditionelle Art, mit Meinungs- und Interessengegensätzen umzugehen, waren den neuen Auseinandersetzungen nicht gewachsen, die im Zuge der Industrialisierung auftraten. Früher war es zum Beispiel der Konflikt zwischen den Tauern und Bauern, zwischen Unterschicht und Elite im Dorf, der auszutragen war. In der modernen Arbeitswelt trat die Auseinandersetzung zwischen Industrieunternehmern und ihrer Arbeiterschaft in den Vordergrund. Diese Streitparteien waren nicht mehr lokal verankert wie vordem Bauern und Tauner. Auch gaben die Gemeinden nicht mehr den Rahmen ab, in dem deren Gegensätze auszutragen waren. In industriellen Konflikten traten die Klassengegensätze deutlicher hervor und spielten Bindungen innerhalb einer Klasse eine grosse Rolle. Demgegenüber waren in traditionellen Auseinandersetzungen die sozialen Gegensätze von dörflichen und familiären Bindungen überlagert gewesen. Mit so genannten Kollektivstreitigkeiten, welche in Streiks

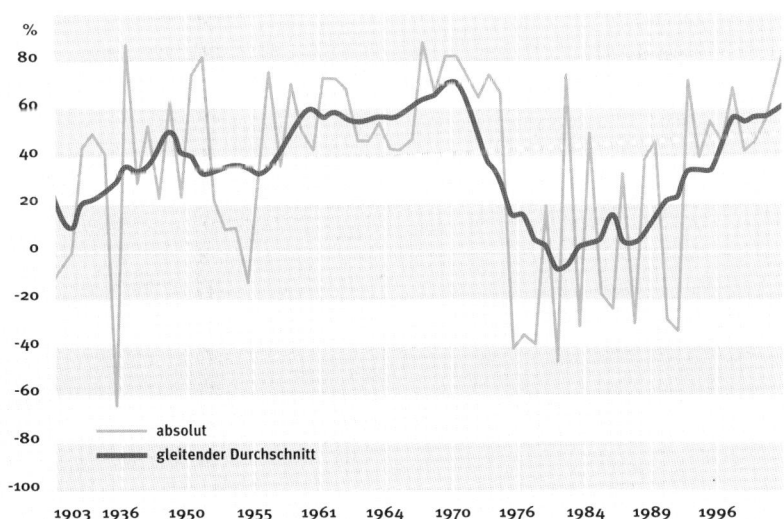

Sozialpolitische Abstimmungen
Die Grafik zeigt die Differenz zwischen Ja- und Nein-Stimmen bei Abstimmungen über sozialpolitische Vorlagen von 1903 bis 1999. Ausschläge in den negativen Bereich bedeuten, dass die Vorlagen abgelehnt wurden. Aus dem Verlauf der Linie, welche die absoluten Werte anzeigt, geht hervor, dass während einer langen Phase der Nachkriegszeit sämtliche sozialpolitischen Vorlagen Zustimmung fanden. Erst in den 1970er Jahren stiessen sie wieder auf Ablehnung. Der Verlauf des gleitenden Durchschnitts lässt in der ersten Hälfte des Jahrhunderts eine noch schwankende, in der Tendenz aber steigende Zustimmungsbereitschaft der Baselbieter Stimmberechtigten erkennen. In der Nachkriegszeit stabilisierte sich diese auf hohem Niveau, brach in den 1970er und 1980er Jahren aber stark ein. Sozialpolitische Vorlagen, die nach 1968 und während des wirtschaftlichen Einbruchs der 1970er Jahre von linken Parteien initiiert wurden, lehnten die Stimmberechtigten in den meisten Fällen ab. Seit Ende der 1980er Jahre aber nahm die Zustimmungsbereitschaft wieder zu. Sozialpolitische Vorlagen, die im Rahmen des herkömmlichen Ausbaugrades des Sozialstaates blieben, fanden nach wie vor die Unterstützung einer Mehrheit.

Arbeitsamt Pratteln, 1989
Das Kantonale Arbeitsamt entwickelte sich in der Zwischenkriegszeit zum Ausführungsorgan der kantonalen Wirtschafts- und Sozialpolitik. Unter anderem veranlasste es Notstandsarbeiten, vermittelte Stellen, förderte den Hochbau und organisierte die Arbeitslosenversicherung.

und Aussperrungen mündeten, waren die herkömmlichen Verfahren, Konflikte auszutragen, überfordert.

«Unter Kollektivstreitigkeiten sind Differenzen zu verstehen, die sich aus den entgegengesetzten Interessen der Arbeitgeber und der Arbeiter in den Arbeitsbedingungen sowie in der Auslegung und Ausführung von Gesamtarbeits- oder Normalarbeitsverträgen ergeben», hielt Paragraph 2 des Regierungsratsbeschlusses vom 9. März 1918 zur Errichtung eines kantonalen Einigungsamtes fest. Kurz zuvor hatte der Bundesrat das Fabrikgesetz aus dem Jahre 1914 in Kraft gesetzt, das solche kantonalen Einrichtungen vorsah. Mit seinem Beschluss führte der Baselbieter Regierungsrat den Auftrag des Bundes aus. Die kantonalen Behörden erhielten damit ein Instrument, mit dem sie bei Kollektivstreitigkeiten schlichtend eingreifen konnten. Das Einigungsamt setzte sich paritätisch zusammen. Seine Mitglieder waren je zur Hälfte Vertreter der organisierten Arbeitgeber und der Gewerkschaften. Den Präsidenten stellten die kantonalen Behörden. Als Vertreter des Staates galt er als unabhängig und neutral. Schon im ersten Jahr seiner Existenz griff das Einigungsamt in 13 Kollektivstreitigkeiten ein. In drei Fällen, so im Tonwerk Lausen, in der Saline Schweizerhalle sowie in der Verzinkerei Pratteln schritt es erst ein, nachdem in diesen Betrieben Streiks ausgebrochen waren. In den übrigen Fällen konnte es einer Zuspitzung des Konflikts vorbeugen. Inhaltlich ging es im ersten Jahr ausschliesslich um Lohndifferenzen. Später, wie etwa im Falle der Schuhfabrik Allschwil, traten auch die Folgen der zunehmenden Arbeitsteilung oder die Frage der vertraglichen Regelungen zwischen Arbeitgeber und Arbeitnehmer zu Tage. Indem das Einigungsamt Kollektivstreitigkeiten schlichtete, förderte es die sozialpartnerschaftliche Lösung wirtschaftlicher Konflikte. Das zeigt sich nicht nur in der paritätischen Zusammensetzung des Einigungsamtes, das die Streitparteien an einen Tisch zwang. In die gleiche Richtung weisen Vermittlungsvorschläge, die vertragliche Regelungen zwischen Belegschaften und Betriebsleitungen enthielten.[6]

Höhere Sozialausgaben zu tragen ist dem Kanton Basel-Landschaft möglich, weil ihm das erste definitive Steuergesetz, das die Stimmbürger Ende der zwanziger Jahre gutgeheissen haben, verlässliche und steigende Einnahmen bringt. Zuvor haben die Steuereinnahmen des Kantons ausschliesslich auf einer zeitlich begrenzten und provisorischen Gesetzesgrundlage beruht. Der Steuerwiderstand einer Mehrheit der Baselbieter Stimmberechtigten war lange Zeit notorisch. So ungern sie dem Kanton vermehrte Kompetenzen einräumten, so wenig waren sie bereit, ihm ausreichende finanzielle Mittel zu überlassen. Er hätte das Geld für Projekte ausgeben können, mit denen die Mehrheit nicht einverstanden war. Also hielt man ihn an kurzer Leine und damit unter Kontrolle. Nur mit zeitlich begrenzten oder zweckgebundenen Steuervorlagen erklärte sich eine Mehrheit jeweils einverstanden. Die erste regelmässige, aber provisorische Steuer, welche in den Übergangsartikeln der Kantonsverfassung von 1892 enthalten war, passierte die Volksabstimmung nur, weil die Verfassung mit dem obligatorischen Finanzreferendum auch ein zusätzliches Kontrollinstrument brachte.

Bevor man dem Kanton die Finanzmittel gewährte, deren er als moderner Sozialstaat bedurfte, musste die soziale Not

Notstandsarbeiten, um 1935
Der Arbeitslosigkeit begegnete der Kanton unter anderem mit Notstandsarbeiten. So wurden zum Beispiel Strassen oder Kanalisationen gebaut. Bei dieser Gelegenheit mussten auch Männer zu Schaufel und Pickel greifen, welche Schwerarbeit nicht gewohnt waren.

Contra Arbeitslosigkeit

«Die Krise in unserm Kanton ergreift immer mehr weitere Volksschichten. Ganze Gemeinden stehen vor dem Ruin, tausende von Arbeitslosen, welche bis vor kurzem noch ihrem täglichen Verdienst nachgehen konnten, fliegen aufs Pflaster, einer trostlosen Zukunft preisgegeben, stehen vor dem Nichts. Die Regierung in Liestal ist machtlos, oder scheint es wenigstens zu sein.» Die Kantonale Arbeitslosenkommission brauchte drastische Worte, als sie die «Arbeitslosen des Kantons Basellandschaft» aufrief, die kantonalen Behörden mit einem «Marsch nach Liestal» auf ihre Not aufmerksam zu

zunehmen und mussten vor allem die individuellen Gegenstrategien ausgeschöpft und die Möglichkeiten der kollektiven Selbsthilfe gescheitert sein. Erst in dem Moment, als nur noch der Kanton sozialer Not in ausreichendem Mass abhelfen konnte, brach der Widerstand gegen eine regelmässige Steuer zu Gunsten des Kantons zusammen. In Abstimmungskämpfen hatten die kantonalen Behörden wiederholt beteuern müssen, dass sie die zusätzlichen Einnahmen brauchten, um «die gegenwärtigen staatlichen Aufgaben und die künftigen sozialen Verpflichtungen des Staates» erfüllen zu können.[4] Zudem betonten sie immer wieder die verteilungspolitische Bedeutung einer Steuer. Sie würde es erlauben, argumentierten sie, sozial ausgleichend zu wirken. Die dem Einkommen und dem Vermögen angepassten Steuertarife würden untere Einkommensschichten ent- und wohlhabendere Kreise belasten. Ende der zwanziger Jahre hat der Regierungsrat die Mehrheit der Stimmbürger endlich auf seiner Seite. Das erste definitive Steuergesetz des Kantons Basel-Landschaft passiert die Volksabstimmung. Die finanzielle Basis des modernen Sozialstaates ist geschaffen.

Das goldene Zeitalter der Sozialpolitik geht Mitte der siebziger Jahre zu Ende.[5] Der Kanton gibt für die soziale Wohlfahrt

Bau der Rheinhäfen
Um die Folgen der Weltwirtschaftskrise zu lindern, beschlossen Regierung und Landrat, in Birsfelden und Muttenz Grossprojekte in die Tat umzusetzen. Am 6. Dezember 1936 stimmten die Baselbieter Stimmberechtigten dem Gesetz betreffend die Errichtung von Hafen-, Strassen- und Geleiseanlagen in Birsfelden und in der «Au» Muttenz mit überwältigendem Mehr zu.

machen. «Soll es so weitergehen?», fuhr die Kommission weiter und reichte die Antwort gleich nach: «Wir sagen nein, und abermals nein. Wir wollen uns nicht mehr mit schönen Worten vertrösten lassen, es heisst nun handeln [...] Es gibt keinen andern Ausweg mehr, wollen wir nicht ganz verelenden.»[7]

Schon unmittelbar nach dem Ersten Weltkrieg waren die Gemeindebehörden mit Unterstützung von Bund und Kanton gegen die grassierende Arbeitslosigkeit eingeschritten. Im Winter 1921/22 meldeten 52 Gemeinden beim Kanton insgesamt 179 Notstandsprojekte an. Sie legten Wasser- und Kanalisationsleitungen sowie Wald-, Feld- und Quartierwege an, sie durchforsteten den Wald oder korrigierten Bachläufe und Strassen. Auch waren die Gemeinden verpflichtet, Arbeitslosen Fürsorgeleistungen zu gewähren. Dank der guten Konjunktur im modernen, industriellen Wirtschaftssektor beschränkten sich solche Massnahmen in den zwanziger Jahren wieder

inzwischen rund 42 Millionen Franken aus, was etwa sieben Prozent seiner Gesamtausgaben entspricht. Noch bedeutender als auf kantonaler Ebene ist der Ausbau des Sozialstaates beim Bund. Wichtige soziale Einrichtungen sind die Alters- und Hinterbliebenenversicherung (1947), die Invalidenversicherung, die obligatorische Pensionskassenversicherung, die eidgenössische Arbeitslosenversicherung. Am 26. September 1976 kommt im Kanton Basel-Landschaft eine Volksinitiative der Partei der Arbeit zur Abstimmung. Sie verlangt eine Erhöhung der Kinderzulagen für Arbeitnehmerinnen und Arbeitnehmer. Wieder gehen lediglich knapp über 30 Prozent der Stimmberechtigten zur Urne. Dem Antrag der Partei der Arbeit stimmen sie nicht zu. Mit einem Stimmenverhältnis von zwei zu eins lehnen die stimmenden Frauen und Männer den Vorstoss ab. Dieser Entscheid bildet keine Ausnahme. Weitere sozialpolitische Begehren folgen und scheitern ebenfalls. Nur eine Volksinitiative für zusätzliche kantonale Beihilfen für Bezügerinnen und Bezüger von Renten findet Zuspruch. Die über zwei Jahrzehnte dauernde Phase, in der im Kanton Basel-Landschaft alle sozialpolitischen Vorlagen Zustimmung gefunden haben, ist vorbei. Die Gegner der Vorlagen argumentieren, die Vorstösse gingen zu weit. Die vorhan-

vorwiegend auf die arbeitslosen Heimarbeiterinnen und Heimarbeiter der Seidenbandindustrie. Doch die Folgen der Weltwirtschaftskrise in den dreissiger Jahren betrafen zeitweise sämtliche Wirtschaftszweige und forderten ihre Opfer auch im modernen Sektor der Baselbieter Wirtschaft. Auf dem Höhepunkt der Krise sah sich der Kanton gezwungen, seine Hilfe nicht nur den Heimarbeitern, sondern auch den Fabrikarbeitern der Uhren-, Metall-, Maschinen- und Textilindustrie, dem Bau- und Holzgewerbe, den kaufmännischen Angestellten, den Handlangern und Taglöhnern sowie dem graphischen Gewerbe angedeihen zu lassen.[8]

Im Vordergrund standen für die organisierten Arbeitslosen wie für die Kantonsbehörden Massnahmen der so genannten «produktiven Arbeitslosenhilfe». Eine Versammlung Arbeitsloser, die am 15. März 1935 in Binningen zusammentrat, verlangte an erster Stelle sofortige Notstandsarbeiten, dazu ein Verbot der Überzeitarbeit und die Verkürzung der Arbeitszeit sowie andere Massnahmen.[9] Und auch für die Arbeitslosen, welche am 29. Dezember 1936 nach Liestal marschierten, stand die «sofortige Inangriffnahme grösserer Arbeiten» an oberster Stelle des Forderungskataloges. Bei den verantwortlichen Politikern rannten sie damit offene Türen ein.

Seit 1918 hatte der Regierungsrat in Zusammenarbeit mit der Kantonalbank auf dem Birsfelder Sternenfeld und in der Au Landreserven erworben. Man dachte an den Bau eines Kraftwerks sowie eines Hafens. Während das Kraftwerkprojekt zunächst in den Hintergrund rückte, gab der Aufschwung des baselstädtischen Rheinhafens dem Birsfelder Projekt Auftrieb. Studien, die der Regierungsrat Anfang der dreissiger Jahre in Auftrag gab, wiesen nach, dass das Projekt sowohl baulich und verkehrstechnisch durchführbar als auch wirtschaftlich lohnend sein würde. Am 11. September 1936 legte er dem Landrat deshalb den Gesetzesentwurf über die Errichtung von Hafen-, Geleise- und Strassenanlagen auf dem Sternenfeld und in der Muttenzer Au vor. Am 26. Oktober 1936 hiess dieser das Vorhaben einstimmig gut. In der Volksabstimmung vom 6. Dezember 1936 erklärte sich das

Jugendschutz
Erziehungsanstalt Erlenhof in Reinach, 1944.

VOM «NACHTWÄCHTERSTAAT» ZUM MODERNEN SOZIAL- UND INTERVENTIONSSTAAT

Baselbieter Volk mit 13 141 Ja gegen 871 Nein für die Hafenanlage.[10] Das Birsfelder Hafenprojekt bot zahlreichen Arbeitslosen eine willkommene Beschäftigung. Mit der Abwertung des Schweizer Frankens, welche der Bundesrat veranlasst hatte, und anderen Massnahmen trug es dazu bei, dass sich die Situation auf dem Arbeitsmarkt in den unmittelbaren Vorkriegsjahren entspannte. Waren Ende September 1936 noch 2299 Personen arbeitslos gemeldet, so verringerte sich ihre Zahl innert eines Jahres auf rund einen Drittel.[11]

Pro Sozialversicherung

Neben der produktiven Arbeitslosenhilfe übernahm der Kanton Basel-Landschaft in den dreissiger Jahren auch die direkte finanzielle Unterstützung Arbeitsloser. In den zwanziger Jahren hatten einzelne Gewerkschaften freiwillige Arbeitslosenkassen eingeführt. Zudem verfügten neun andere Kantone, so beispielsweise auch Basel-Stadt, bereits über Arbeitslosenversicherungen, als sich der Kanton Basel-Landschaft 1928 ebenfalls daran machte, dem «Versicherungsgedanken» Nachachtung zu verschaffen.[12] Auf den 1. Januar 1931 trat das kantonale Gesetz über die Arbeitslosenversicherung in Kraft. Es erklärte die Versicherung für gewisse Arbeiterkategorien obligatorisch. Zudem erlaubte es dem Kanton, die freiwilligen Kassen zu unterstützen und eine eigene Arbeitslosenkasse aufzubauen. Deren Zahlungen lösten die ehemaligen Arbeitslosenfürsorgeleistungen der Gemeinden ab. Die Arbeitslosenversicherung war die erste moderne Sozialversicherung, welche der Kanton Basel-Landschaft einführte. Sie befreite die Unterstützung Arbeitsloser vom Geruch der «Armenfürsorge». Statt der Armenkassen der Gemeinden waren es nun die Arbeitgeber und Arbeitnehmer selbst, welche durch ihre Prämien Zahlungen im Fall von Arbeitslosigkeit finanzierten.

Alle Arbeiterinnen, die pro Jahr nicht mehr als 4000 Franken, und Arbeiter, die nicht mehr als 5000 Franken verdienten, mussten sich im Kan-

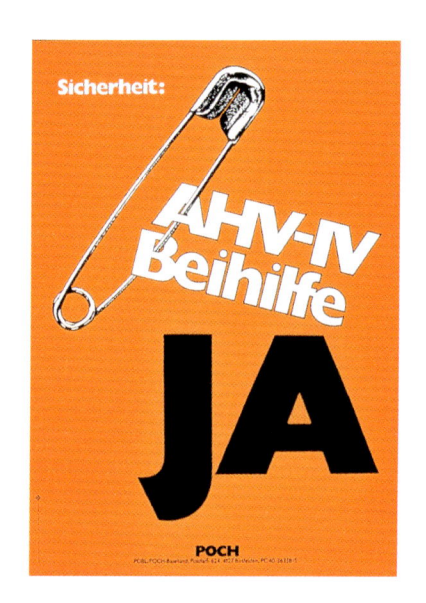

Vorsorge für das Alter
Das Vorhaben, auf kantonaler Ebene eine Altersversicherung einzurichten, scheiterte im Kanton Basel-Landschaft. Dem Bundesgesetz über die Alters- und Hinterlassenenversicherung stimmten 1947 aber auch die Baselbieter Stimmberechtigten mit überwältigendem Mehr zu. Den Vorschlag der Progressiven Organisationen, AHV-Bezügern kantonale Beihilfen auszurichten, lehnten sie 1977 ab.

denen sozialen Einrichtungen reichten aus. Zudem weisen sie auf die Staatsfinanzen hin, die mit dem wirtschaftlichen Einbruch der siebziger Jahre knapper geworden seien. Vorerst stossen nur Vorlagen linker Parteien auf Ablehnung, die über das bisher Erreichte hinausgehen wollen. Vorlagen hingegen, welche die Behörden zur Abstimmung bringen und sich an den bisherigen Rahmen halten, finden nach wie vor Zustimmung. Allerdings mehren sich in den achtziger und neunziger Jahren die Stimmen, welche auch in der Sozialpolitik einen Rückzug des Staates verlangen. Sie fordern mehr Selbstverantwortung und wollen die Sozialhilfe vermehrt an private Vereine und Stiftungen delegieren. Soziale Wohlfahrt als staatliche Aufgabe ist wieder umstritten.

Frauen zwischen Fabrik und Haushalt

Der Bericht, den Marietta Linder und ihre Kolleginnen über die Situation der Arbeiterinnen in der Nordwestecke der Schweiz geben können, ist nicht erhebend. Für die Schweizerische Ausstellung für Frauenarbeit (SAFFA), welche 1928 in Bern stattfindet, haben sie in den beiden Basel unter werktätigen Frauen eine Umfrage durchgeführt. Ihr Ergebnis fassen sie in folgenden Worten zusammen: «Ungefähr ein Viertel aller Arbeiterinnen in den Fabriken ist

ton Basel-Landschaft gegen Arbeitslosigkeit versichern. Wer einen Jahresverdienst erzielte, der über diese Grenze hinausging, oder wer Lehrling, Bediensteter, Beamter oder Mitarbeiter eines Land- oder Forstwirtschaftsbetriebs war, entging der Versicherungspflicht, konnte sich unter Umständen aber freiwillig anschliessen. Der Anspruch auf ein Taggeld von mindestens 3 Franken für Alleinstehende und höchstens 7 Franken für Familien bestand im ersten Versicherungsjahr für höchstens 50 Tage, ab dem fünften Versicherungsjahr für höchstens 90 Tage. Das Taggeld durfte bei Alleinstehenden höchstens 50, bei Unterstützungspflichtigen höchstens 60 Prozent des ausfallenden Lohnes ersetzen.[13]

Die obligatorische Arbeitslosenversicherung trat in Kraft, bevor die Strudel der Weltwirtschaftskrise das Baselbiet erreicht hatten. Vom Ausmass der Arbeitslosigkeit aber war die junge Versicherung bald hoffnungslos überfordert. Ihre Leistungen waren angesichts der Dauer der Krise unzureichend. Zahlreiche Versicherte waren nach 50 bis 90 Tagen ausgesteuert und hatten Mühe, die 150 Pflichtarbeitstage zu erfüllen, welche ihre Anspruchsberechtigung erneuert hätten. Sie mussten sich wieder an die Armenkassen der Gemeinden wenden, um über die Runden zu kommen. Je länger die Krise dauerte und je gravierender ihre Folgen waren, desto lauter meldeten sich die Arbeitslosen und ihre Vertreter im Landrat zu Wort. Ein Teil ihrer Forderungen wären auf Staatseingriffe hinausgelaufen, welche die Grenzen der Unternehmensfreiheit überschritten hätten. Überzeitarbeit wollte der Staat zwar kontrollieren, verbieten mochte er sie ebenso wenig, wie er eine Verkürzung der Arbeitszeit befehlen wollte. Andere Forderungen stiessen an finanzielle Grenzen. Um das Defizit der Arbeitslosenkasse im Griff zu behalten, sahen sich die Kantonsbehörden sogar gezwungen, die Versicherungsprämien zu erhöhen. Wo aber auch sie Möglichkeiten zum Handeln sahen, so zum Beispiel bei der «produktiven Arbeitslosenhilfe», bei der Durchführung weiterer und grösserer Notstandsarbeiten, fielen die Forderungen der Arbeitslosen auf fruchtbaren Boden.

verheiratet. Die verheiratete Fabrikarbeiterin aber ist genötigt, zwei Berufe gleichzeitig auszuüben. Sie muss in der Fabrik 48 Stunden, oft sogar 52 Stunden in der Woche arbeiten; und daneben führt sie den Haushalt, daneben hat sie ihre Pflichten als Gattin und oft auch als Mutter zu erfüllen. Wer aber kann gleichzeitig zwei Berufe ausüben? Wer bringt es fertig, gleichzeitig eine tüchtige, zuverlässige, arbeitsfrohe Arbeiterin an Maschine oder Packtisch zu sein, daneben noch einen Haushalt sorgfältig, sauber, sparsam zu führen und dem Manne Lebensgefährtin, den Kindern Mutter zu sein? Das kann wohl nur eine gesunde, kräftige, geistig bewegliche Frau, die über ein aussergewöhnliches Mass von Spannkraft und Arbeitsfreudigkeit verfügt; eine Frau, die vor und nach der Fabrikarbeit des Tages die Hausarbeit aufnimmt, als eigene Herrin alles wohl überlegend, flink wirtschaftet bis zum späten Abend, und am Sonntag noch Zeit findet zur Erholung und inneren Sammlung.»[6]

Die starke Belastung weiblicher Arbeitskräfte und die negativen Folgen für deren Gesundheit und für die Erziehung der Kinder bereiten nicht nur Marietta Linder und ihren Kolleginnen Sorge. Sie fallen auch zahlreichen männlichen Zeitgenossen auf. Das «Lebensglück und der Aufstieg einer

Krankenversicherung

Bis 1994 bestand kein Krankenversicherungsobligatorium. Verschiedene Versuche, dieses auf kantonaler Ebene einzuführen, waren gescheitert. Dem eidgenössischen Krankenversicherungsgesetz, das ein Obligatorium für die medizinische Grundversorgung vorschrieb, stimmten die Baselbieter Stimmberechtigten 1994 aber knapp zu. Die weitergehende Initiative «für eine gesunde Krankenversicherung», die gleichentags zur Abstimmung gelangte, lehnten sie deutlich ab.

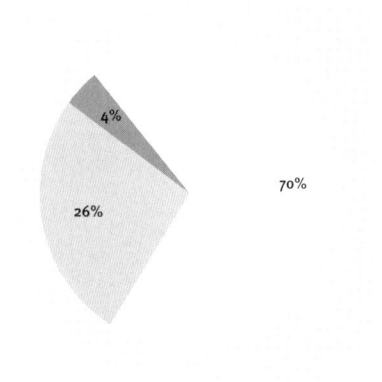

Contra Überhitzung

Während des Zweiten Weltkrieges befürchtete man, dass nach Kriegsende eine wirtschaftliche Depression eintreten werde. Das von schweren sozialen Konflikten geprägte Ende des Ersten Weltkriegs sowie die gravierenden Folgen der Weltwirtschaftskrise in den dreissiger Jahren waren vielen aktiven Politikern noch in Erinnerung. Die für die Bekämpfung der Arbeitslosigkeit zuständige Erziehungsdirektion hatte deshalb noch während des Krieges Vorarbeiten geleistet und legte dem Regierungsrat schon im Juni 1945 ein ganzes Paket von Arbeitsbeschaffungsmassnahmen vor. Der Bericht brachte den Grundsatz einer Wirtschaftspolitik, welche die Konjunktur durch staatliche Eingriffe zu beeinflussen versuchte, auf den Punkt: Die Aufgabe der kantonalen Wirtschaftspolitik bestehe darin, «den Arbeitsmarkt auszuregulieren», schrieben die Beamten der Abteilung Arbeitslosenfürsorge in der Erziehungsdirektion. Und weiter: «Als Mittel dieser Regulierung durch die öffentliche Investitionstätigkeit dienen im grossen gesehen die eigentlichen Arbeitsbeschaffungsprogramme. Im einzelnen soll damit bezweckt werden, durch Einsatz entsprechender öffentlicher Arbeiten oder durch Unterstützung privater Arbeiten namentlich das Bauvolumen so zu gestalten, dass neben der Beschäftigung der normalerweise im Baugewerbe tätigen Arbeitskräfte auch zusätzliche aus anderen Gebieten frei werdende Arbeitskräfte beschäftigt werden können. Der Staat als Auftraggeber oder als Förderer der privaten Investitionslust durch entsprechende Beihilfen in Form von Subventionen erhält dadurch die Möglichkeit, ein bestimmtes Bauvolumen auszulösen, das vorübergehend oder wenn es sein muss auch auf mehr oder weniger längere Zeit hinaus für die Beschäftigung einer bestimmten Zahl Arbeitsloser ausreichen sollte. Ob der Staat dies vornehmlich durch die Auslösung eigener Arbeiten [...] oder ob er durch entsprechende Ankurbelungsmassnahmen die private Investitionslust anzuregen versucht, hängt schliesslich weitgehend von der allgemeinen wirtschaftlichen und sozialen Lage der betreffenden Krisenperiode ab.»[14]

Arbeitsgründe, 1928
Aus welchen Gründen arbeiten Frauen?

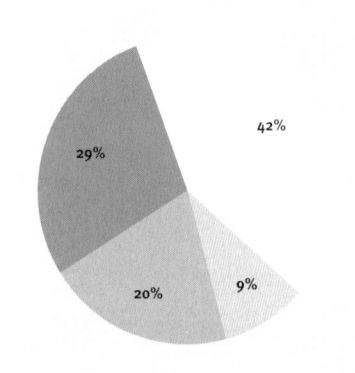

- Ungenügender Verdienst des Mannes (70%)
- Verbesserung der Lage, um Verpflichtungen nachzukommen oder um Ersparnisse zu machen (26%)
- Krankheit und Arbeitsunfähigkeit des Mannes (4%)

Aufenthaltsort der Kinder, 1928
Wo halten sich die Kinder der arbeitenden Frauen auf?

- Bei Verwandten (29%)
- In Krippe, Tagesheim oder Kinderheim (20%)
- In Kostort, fremder Pflege (9%)
- In Schule und Haus (42%)

Familie» hänge zum grossen Teil von der «Tüchtigkeit der Frau» ab, meint beispielsweise die Kommission, welche der Regierungsrat damit beauftragt hat, ein Notstandsprogramm für die krisengeschüttelte heimindustrielle Seidenbandweberei zu erarbeiten. Deshalb schlägt sie diesem an erster Stelle hauswirtschaftliche Kurse vor. Die Posamenterinnen sollen darauf vorbereitet werden, als Dienst-, Hotel- oder Wirtschaftspersonal Arbeit zu finden. Die hohe Priorität, welche die Kommission der Hauswirtschaft einräumt, ist einmal darauf zurückzuführen, dass der grössere Teil der arbeitslosen Posamenter weiblichen Geschlechts ist. Gleichzeitig aber entsprechen die Vorschläge der Kommission auch den modernen Vorstellungen über die innerfamiliäre Arbeitsteilung. Die männlichen Kommissionsmitglieder unterstreichen die Bedeutung der Hauswirtschaftskurse, weil ihnen ein Modell vorschwebt, das sich erst nach dem Zweiten Weltkrieg auf breiter Basis durchsetzen kann: Es ist der Mann, dem die Aufgabe zukommt, einen für die ganze Familie ausreichenden Ernährerlohn zu verdienen. Die Frau konzentriert sich dagegen auf die Haus- und Erziehungsarbeit. In der traditionellen Familienwirtschaft sind diese Bereiche noch nicht so klar geschieden. Die Grenzen und Übergänge sind fliessender.

VOM «NACHTWÄCHTERSTAAT» ZUM MODERNEN SOZIAL- UND INTERVENTIONSSTAAT 41

Die Befürchtungen der kantonalen Behörden waren allerdings fehl am Platz. Ihre Vorbereitungen für ein umfassendes Beschäftigungsprogramm zur Ankurbelung der Nachkriegskonjunktur erwiesen sich als überflüssig. Nicht die befürchtete Depression, sondern eine beispiellose wirtschaftliche Wachstumsphase setzte 1945 ein. Nach wenigen Jahren verlor das Problem der Arbeitslosigkeit an Brisanz. Der Kanton konnte die wirtschaftliche Entwicklung wieder weitgehend sich selbst überlassen und sich auf seine sozialpolitischen Aufgaben konzentrieren. Auch diese waren neu. Sie dienten aber nicht in erster Linie dazu, die wirtschaftliche Entwicklung regulierend zu beeinflussen. Ihr Ziel war es, die sozialen Folgen des Übergangs von den traditionellen zu den modernen, industriellen Wirtschaftsformen abzufedern und für eine gerechtere Verteilung des zunehmenden Wohlstands zu sorgen.

Erst in den sechziger Jahren nahm die wirtschaftliche Entwicklung einen Verlauf, der Bund und Kantone veranlasste, erneut steuernd einzugreifen. Doch diesmal war es nicht eine verlangsamte Konjunktur, die hätte angekurbelt werden müssen, sondern es war die konjunkturelle Beschleunigung, welche den Behörden Sorgen bereitete. In den Wirtschaftsberichten war von «Hochkonjunktur» und «Überhitzung» die Rede. Die Teuerung entwickelte sich vergleichsweise rasant. Die Bodenspekulation trieb die Landpreise hoch. Der ungebremste Zuzug ausländischer Arbeitskräfte weckte die Angst vor einer «Überfremdung». Der Bund sah sich zu «Dämpfungsmassnahmen» gezwungen, in die er die Kantone als ausführende Organe einspannte. Mit Preiskontrollen, Kredit- oder Baubeschlüssen versuchte er die konjunkturelle Entwicklung zu steuern. Seine Massnahmen fanden bis auf eine Ausnahme auch bei den Baselbieter Stimmbürgern Unterstützung. Die Ausnahme war der so genannte Baubeschluss.[15] An einer Konferenz mit Vertretern der kantonalen Wirtschaftsverbände argumentierte Regierungsrat Ernst Boerlin, die Umsetzung der Konjunkturdämpfung, welche vor allem den Bausektor betreffe, sei im Kanton Basel-Landschaft deshalb umstritten, weil das überdurchschnittliche Bevölkerungswachstum auch einen grossen

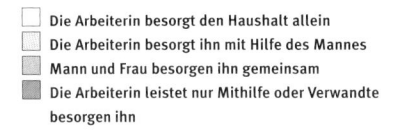

☐ Die Arbeiterin besorgt den Haushalt allein
☐ Die Arbeiterin besorgt ihn mit Hilfe des Mannes
☐ Mann und Frau besorgen ihn gemeinsam
☐ Die Arbeiterin leistet nur Mithilfe oder Verwandte besorgen ihn

Haushaltsführung 1, 1928
Wer erledigt die Hausarbeit arbeitender Frauen?

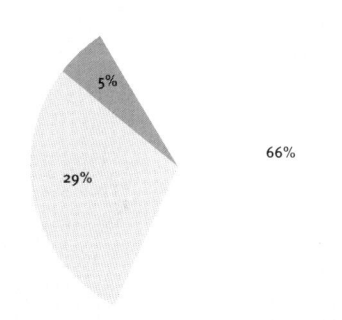

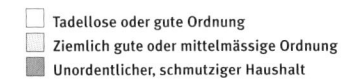

☐ Tadellose oder gute Ordnung
☐ Ziemlich gute oder mittelmässige Ordnung
☐ Unordentlicher, schmutziger Haushalt

Haushaltsführung 2, 1928
Wie beurteilen die Befragerinnen den Zustand des Haushalts arbeitender Frauen?

Selbst die Hälfte der von Marietta Linder befragten Fabrikarbeiterinnen gibt an, dass sie die Hausarbeit mit Hilfe von oder sogar gemeinsam mit ihren Männern erledigen. Zudem verhindern es die geringen Löhne der unteren sozialen Schichten, nach dem bürgerlichen Familienmodell zu leben. 70 Prozent der befragten Fabrikarbeiterinnen haben erklärt, dass der ungenügende Verdienst ihres Mannes ihnen die Doppelbelastung aufdränge. Staatliche Massnahmen zu Gunsten der arbeitslosen Posamenterinnen tragen dazu bei, weibliche und männliche Rollen klarer zu definieren und die innerfamiläre Arbeitsteilung zu vertiefen. Auch für Männer sehen sie geschlechtsspezifische Arbeitseinsätze mit «erzieherischer» Wirkung vor. Wie die Frauen, so müssen auch die Männer für die industrielle Arbeit und die konsequentere innerfamiläre Arbeitsteilung vorbereitet sein.

In den Krisenjahren nach 1930 verschärft sich der Druck auf die Frauen, ihre Arbeitsplätze zugunsten arbeitsloser «Ernährer» aufzugeben. So verlangt zum Beispiel Landrat Jules Blunschi von der Katholischen Volkspartei 1932 in einem Vorstoss, dass in der kantonalen Verwaltung «bei Neueinstellungen von Personal auf weibliche Arbeitskräfte verzichtet» werde und in erster Linie «Familienväter» berücksichtigt

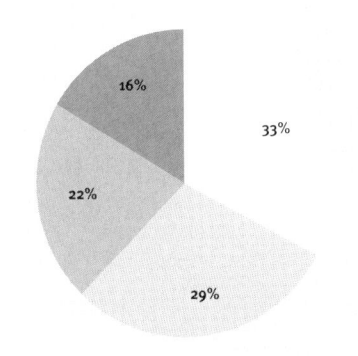

Baubedarf wecke. Doch kamen die Kantonsbehörden nicht darum herum, sich auch am Baubeschluss zu beteiligen. Da dieser auf eidgenössischer Ebene eine zustimmende Mehrheit gefunden hatte, war er auch für den Kanton Basel-Landschaft bindend. In der Folge unterstanden zahlreiche Baselbieter Gemeinden den Massnahmen zur «Stabilisierung des Baumarktes». 1971 durften beispielsweise in diesen Gemeinden keine Wohn- und Geschäftshäuser mehr abgebrochen und gewisse Bauprojekte nicht ausgeführt werden. So unterstand etwa das neue Zeughaus einem Baustopp, das im Liestaler Oristal im Entstehen begriffen war.

Nachdem die Massnahmen zur Dämpfung der Konjunktur lange Zeit wirkungslos geblieben waren, schienen sie Anfang der siebziger Jahre endlich zu greifen. Zusammen mit dem «Ölpreisschock» von 1973 bremsten sie das Wirtschaftswachstum in einem Ausmass ab, das für die Nachkriegszeit einmalig war. Unversehens sahen sich die Kantonsbehörden veranlasst, das Ruder herumzuwerfen. Es war zum Beispiel das «Sachverständigen-Gremium Baselland», das die Stabilisierung auf kantonaler Ebene umzusetzen hatte, welches sich im November 1974 beim Regierungsrat für eine Umkehr einsetzte. Es forderte diesen auf, sich beim Bundesrat dafür einzusetzen, dass der Baubeschluss aufgehoben und der Kreditbeschluss gelockert werde. Die Sachverständigen hatten den regionalen Baumarkt beobachtet und dabei festgestellt, dass mit «Fug und Recht von einem Zusammenbruch der Baukonjunktur» gesprochen werden könne. Es sei darum höchste Zeit, die unnötig gewordene Übung abzublasen. Es sei damit zu rechnen, dass auch ohne weitere Dämpfungsmassnahmen im Baugewerbe eine «Gesund-Schrumpfung» um rund einen Viertel der bestehenden Kapazität eintreten werde. Die tiefe Nachfrage durch neue Stützungsvorkehrungen wieder zu stimulieren sei verfrüht. Die Konjunkturbremsen aber sollten aus der Sicht dieses kantonalen Expertengremiums sofort gelockert werden.

Der wirtschaftliche Einbruch Mitte der siebziger Jahre war nachhaltiger, als man zunächst geglaubt hatte. Was während Jahrzehnten kaum mehr

würden.[7] Auch die regierungsrätliche Krisenhilfe, welche ausgesteuerten Arbeitslosen zusteht, bevorzugt männliche gegenüber weiblichen Arbeitskräften. So nimmt das Reglement über die Krisenunterstützung für Arbeitslose, das der Regierungsrat am 7. Mai 1937 erlassen hat, weibliche kaufmännische Angestellte, Handlangerinnen sowie Taglöhnerinnen ausdrücklich vom Anspruch auf Krisenhilfe aus.[8] Langfristig zeigt diese Politik Wirkung. Der Anteil weiblicher Fabrikarbeiterinnen und Erwerbstätiger geht seit den dreissiger Jahren stetig zurück. Die Aufgabe, durch Lohnarbeit das Familieneinkommen zu sichern, konzentriert sich immer stärker beim Familienvater. Voraussetzung dazu aber ist, dass dieser allein einen ausreichenden Lohn verdienen kann. Während des langen Wirtschaftsaufschwungs der Nachkriegszeit schafft die Sozialpartnerschaft mit einer ausgeglicheneren Verteilung des wachsenden Wohlstandskuchens genau diese Voraussetzungen.

vorgekommen war, machte plötzlich wieder Schlagzeilen. Entlassungen, Betriebsschliessungen und Arbeitslosigkeit gehörten bald zur Tagesordnung. Zwar erholte sich die Konjunktur wieder, zu einem anhaltenden Wachstum fand sie aber nicht wieder zurück. Wirtschaftlich gute Phasen wechselten vergleichsweise rasch mit eher kritischen Zeiten. Ob der Kanton seine Wirtschaftspolitik fortführen und sogar verstärken sollte, war allerdings eine umstrittene Frage. Während die politischen Kräfte der Linken an den Rezepten festhielten, welche staatliche Eingriffe vorsahen, propagierten bürgerliche Kräfte eine neoliberale Wirtschaftspolitik. Der Staat sollte sich wieder darauf beschränken, der Marktwirtschaft günstige Rahmenbedingungen zu bieten. Je freier und unbelasteter sich das Spiel der Marktkräfte entwickeln könne, desto stärker wachse die Investitions- und Risikobereitschaft der Verantwortlichen in der Wirtschaft, lautete ihr Argument. Nur daraus könne neues wirtschaftliches Wachstum spriessen.

In seiner St. Galler Rede hatte alt Regierungs- und Bundesrat Frey als konkrete Aufgaben des von ihm skizzierten Interventions- und Sozialstaates den Arbeiterschutz, die schiedsrichterliche Schlichtung von Erwerbsstreitigkeiten, die Gewährung des Rechts der Arbeiterschaft zum gewerkschaftlichen Zusammenschluss sowie die Errichtung von Sozialversicherungen vorgeschlagen. Hätte Frey nach dem Zweiten Weltkrieg Bilanz ziehen können, wäre er vermutlich sehr zufrieden gewesen. Der Schutz der Arbeiterinnen und Arbeiter war ausgebaut worden. Mit dem Einigungsamt und der Sozialpartnerschaft hatte sich die schiedsrichterliche Schlichtung von Erwerbsstreitigkeiten und die Koalitionsfreiheit eingespielt. Und mit der Arbeitslosenversicherung, der AHV und anderen Sozialversicherungen war auch dieser Teil seines Programms auf breiter Basis verwirklicht. Nur in den wirtschafts- und sozialpolitischen Debatten der neunziger Jahre hätte er vermutlich Parallelen zu jenen Fronten erkannt, denen er selbst 1908 gegenübergestanden hatte.

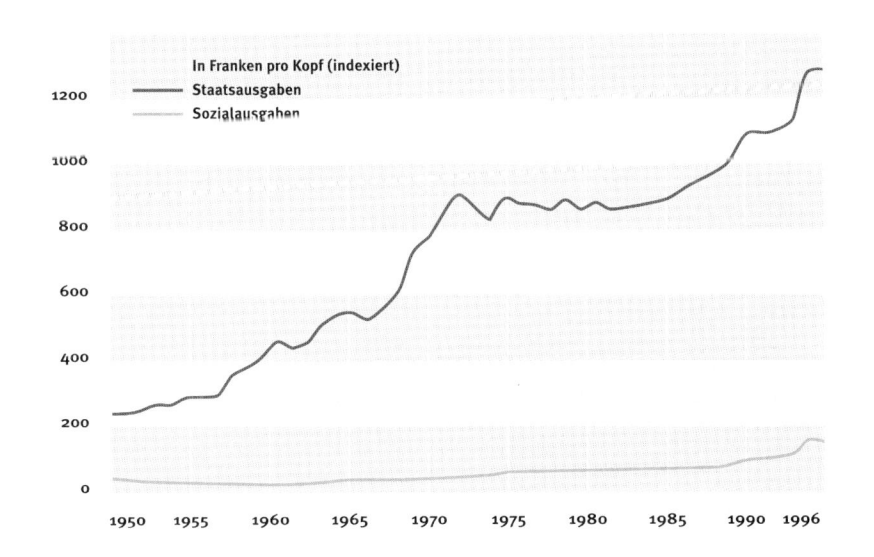

Sozialausgaben

Der Auf- und Ausbau des Sozialstaates führte mit einiger Verzögerung zu einem starken Anstieg der Sozialausgaben des Kantons. Sie stiegen von rund 4 Millionen Franken 1940 auf rund 280 Millionen Franken 1997. Allerdings verläuft die Kurve wesentlich flacher, wenn man die allgemeine Geldentwertung berücksichtigt und die Sozialausgaben auf die Bevölkerungszahl umschlägt.

Lesetipps

Eine Geschichte der Verwaltungsinstitutionen oder eine systematische Darstellung der staatlichen Aufgaben gibt es für den Kanton Basel-Landschaft bisher nicht. Am Rand geht Epple (1998a) darauf ein.

Nützliche Informationen und Statistiken liefern die finanzwissenschaftlichen Studien von Grieder (1926) und Auer (1964b).

Als guter Überblick über das Arbeitsamt und seine Tätigkeit empfiehlt sich die Arbeit von Manz (Red.) (1988). Über die sozialpolitisch wichtige Wohnbau- und Mietpreispolitik orientieren Christen (1952) und Siegrist (1964a).

Aufschlussreiche Quellen über die Entwicklung des Interventions- und Sozialstaates sind in den entsprechenden Kapiteln der Bände 4 und 5 der Reihe Basel-Landschaft in historischen Dokumenten zusammengetragen (Epple 1993 und 1998b).

Abbildungen

G. Martin, Frenkendorf: S. 27.
Anne Hoffmann: Grafiken S. 29 und S. 33.
Quelle Abstimmungsverzeichnis der Forschungsstelle Baselbieter Geschichte.
Foto-Archiv Jeck, Basel und Reinach.
Foto: Lothar Jeck: S. 31, 36, 37.
Plakatsammlung Basel: S. 32, 38, 39.
Foto Mikrofilmstelle: S. 34.
Kantonsmuseum Baselland. Foto: Lothar Jeck, Basel: S. 35.
Anne Hoffmann: Grafiken S. 40–41.
Quelle Linder 1928.
Anne Hoffmann: Grafik S. 43. Quelle Auer 1964 und Statistisches Jahrbuch Kanton Baselland 1963ff.

Reproduktionen durch Mikrofilmstelle.

Anmerkungen

1 Freys Rede ist abgedruckt in: Schweizerische Blätter für Wirtschafts- und Sozialpolitik, Halbmonatsschrift, 16. Jg./Bd. 1, Bern 1908, S. 1–15.
2 Vgl. Bd. 5, Kap. 17.
3 Hofer 1926.
4 Epple 1993, S. 9–29.
5 Bericht der Kommission zur Erhaltung der Heimindustrie vom 8. September 1925, S. 9–18. StA BL, NA, Handel und Gewerbe F 5e.
6 Vgl. Bd. 6, Kap. 1.
7 Flugblatt Arbeitslosenkommission, StA BL, NA, Arbeit F 6.
8 Epple 1993, S. 326–341.
9 Eingabe der Arbeitslosen vom 18. März 1935, Protokoll RR 2. April 1935.
10 Erster Geschäftsbericht Rheinhafen-Anlage (Entwurf), S. 1–3, StA BL, NA, Schiffahrtsakten C 3.
11 Bericht betreffend Notstandsarbeiten, (vom 29. Oktober 1937).
12 Bericht zum Gesetz über die Arbeitslosenversicherung (vom 17. August 1928).
13 GS BL 17, S. 413–466.
14 Arbeitsbeschaffungsvorlage des Kantons Baselland, 20. Juni 1945, StA BL, NA, Arbeit F 8b.
15 Die folgenden Ausführungen stützen sich auf: Epple 1998b, S. 46–51.

1 Vgl. Bd. 5, Kap. 8.
2 LS 3. Februar 1930
3 Auer 1964, S. 466.
4 Vorlage für die kantonale Volksabstimmung vom 2. Dezember 1928 (Steuergesetz), S. III.
5 Zum Folgenden: Epple 1998b, S. 229–252.
6 Linder 1928, S. 3–11.
7 Antwort des Regierungsrats betreffend Anstellung von weiblichen Arbeitskräften in staatlichen Verwaltungen vom 1. April 1948, StA BL, NA, Arbeit F 6.
8 GS BL 18, S. 219–223.

Wohnen und Fahren

WOHNEN UND FAHREN

Bild zum Kapitelanfang
Hauptstrasse Birsfelden
Verkehr dominiert in vielen Gemeinden das Ortsbild. 1947 kamen im Kanton Basel-Landschaft auf 1000 Einwohnerinnen und Einwohner 420 Velos, 38 Personenwagen und 23 Motorräder. 1960 hatten Personenwagen und Motorräder stark zugelegt, während die Fahrräder an Bedeutung eingebüsst hatten. Noch einmal zehn Jahre später hatten allein die Personenwagen zugenommen, während die anderen individuellen Verkehrsmittel rückläufig waren. Auf 1000 Einwohnerinnen und Einwohner kamen in diesem Jahr 230 Personenwagen, aber nur noch 13 Motorräder und 307 Velos. 1980 lagen Personenwagen und Fahrräder mit 365 und 372 etwa gleich, während der Bestand an Motorrädern stabil geblieben war. Das Velofahren hatte also seit den siebziger Jahren wieder an Bedeutung gewonnen. Im Unterschied zur Zwischenkriegszeit diente es aber nicht mehr in erster Linie als alltägliches Transportmittel für den Pendelverkehr, sondern vorwiegend als Fahrzeug für den Schulweg der Kinder oder als Sport- und Freizeitgerät. Ähnliches gilt für die Motorräder und Motorroller, welche in den letzten Jahren vor allem als Zweitfahrzeuge aufgeholt haben.

Notunterkünfte
Der Kanton Basel-Landschaft war in der Nachkriegszeit zeitweise der Kanton der Schweiz, der das stärkste Bevölkerungswachstum aufwies. Um der grossen Nachfrage nach Wohnraum zu entsprechen, mussten auch Notunterkünfte zur Verfügung gestellt werden. Das Bild zeigt eine Barackensiedlung beim Bahnhof Laufen. Die Stadt hatte die ehemaligen Armeebaracken aus dem Zweiten Weltkrieg erstanden und stellte diese zwischen 1946 und 1960 einheimischen und ausländischen Familien als provisorischen Wohnraum zur Verfügung.

Wohnungskrise

Ende Jahr sollte Hochzeit sein. Doch dem Fabrikarbeiter H. S. und seiner Verlobten fehlte noch eine Wohnung. Vergeblich hatte sich der Bräutigam in Pfeffingen nach einem Logis umgeschaut. Zwar hatte er im Hotel Bellevue vier freie Mansardenzimmer entdeckt und auch im Haus der Witwe K. wähnte er freie Wohnräume, doch waren die Besitzer nicht willens, ihm die Räume zu vermieten. In seiner Not wandte er sich an den Gemeinderat. «Ich bringe Ihnen hierdurch zur gefl. Kenntnisnahme», schrieb H. S. am St. Nikolaustag 1921, «dass ich mich gegen Ende dieses Monats verehelichen werde und ersuche Sie um gefl. Anweisung eines Logis per 25. Dezember 1921. Trotz aller Mühe und Nachfrage ist es mir angesichts der herrschenden Wohnungskrise nicht gelungen, ein solches zu erhalten.» Der Gemeinderat konnte H. S. nicht helfen. Er amtete zwar als «Mieterschutzkommission» der Gemeinde, verfügte aber über keine freie Wohnung. Auch wusste er von keiner, die demnächst frei würde und die er hätte beschlagnahmen können. Also beschied er dem Gesuchsteller, dass er nicht verpflichtet sei, ihm ein Logis zu suchen und dass er im Übrigen Wohnungen «auch nicht aus dem Ärmel schütteln» könne. Dem frisch gebackenen Ehepaar S.-F. blieb somit nichts anderes übrig, als seine Flitterwochen in getrennten Wohnungen zu verbringen: der Ehemann im Dachzimmer der elterlichen Wohnung, in deren vier Zimmern und Küche sieben Personen lebten, die Ehefrau auf dem Hof ihrer Eltern bei Nunningen.[1] Die Schwierigkeit, eine geeignete Wohnung zu finden, war nicht allein das Problem der Eheleute S. Die Wohnungsnot war in allen Städten der Schweiz gross, und im Kanton Basel-Landschaft traf es die Gemeinden der Agglomeration Basel. Im Sog der Stadt wuchsen auch die Gemeinden der Umgebung, und der städtische Wohnungsmangel drängte die Wohnungssuchenden in die Vororte. Die Wohnungsnot sei zur «Kalamität» geworden und werde sich weiter «zuspitzen», klagten 1919 Vertreter der Gemeindebehörden und Mieterschutzkommissionen aus der Agglomeration in einer gemeinsamen Eingabe an den Regierungsrat.[2]

WOHNEN UND FAHREN

Arbeitersiedlung

In den 1920er Jahren errichtete der Verband Schweizerischer Konsumgenossenschaften in Muttenz ein genossenschaftlich organisiertes Musterdorf, das seinen Angestellten als «Heimstätte der Nächstenliebe, des Friedens und der Freiheit» dienen sollte. Wie es für alle Arbeitersiedlungen jener Zeit typisch war, gehörte auch im Muttenzer Freidorf zu jeder Wohnung und zu jedem Haus ein Gemüse- und Obstgarten. Die Löhne reichten damals knapp aus, das Lebensnotwendige zu kaufen. Das Familieneinkommen bestand nicht nur aus Geld-, sondern auch aus selbst erwirtschaftetem Naturaleinkommen. Obst und Gemüse aus dem eigenen Garten war eine willkommene Entlastung des Familienbudgets.

In der Stadt selbst hatte das Baugebiet zu Beginn des 20. Jahrhunderts fast überall die Kantonsgrenze erreicht. Erschwingliches Land, das sich speziell für den Bau von Mietwohnungen geeignet hätte, war knapp. Entlang der Kantonsgrenze in der Bachletten beispielsweise kostete das Bauland 40 Franken pro Quadratmeter. Auf der unmittelbar gegenüberliegenden Seite der Kantonsgrenze war es für 10 Franken zu haben.[3] Nicht nur die Wohnungssuchenden, auch die Bauherren wichen auf die Landschaft aus: Die Unterbaselbieter Gemeinden standen unter dem Siedlungsdruck des städtischen Zentrums in ihrer unmittelbaren Nachbarschaft.

Agglomerationsbildung

Der Siedlungsdruck auf die Vororte war keine neue Erscheinung. Bereits im 19. Jahrhundert waren diese stark gewachsen. Im 20. Jahrhundert aber nahm die Agglomeration neue Dimensionen an und erfasste immer mehr

Mit Baupolizist Müller unterwegs

Im Mai 1936 erhielt die Sanitätsdirektion in Liestal ein Schreiben der Therwiler Gemeindebehörde. Diese machte auf unhaltbare hygienische und bauliche Zustände in einer Liegenschaft aufmerksam und beantragte, die Wohnung unverzüglich als unbewohnbar zu erklären. Baupolizist Adolf Müller reiste nach Therwil und nahm einen Augenschein. Im Erdgeschoss des einstöckigen Gebäudes fand er ein Zimmer von 3,6 mal 2,5 Metern sowie eine ähnlich bemessene Küche vor, welche zugleich die Treppe zum Obergeschoss enthielt. Im ersten Stock standen der siebenköpfigen Familie, die in diesem Häuschen «eingepfercht» war, wie der Gemeinderat schrieb, noch zwei kleine Schlafkammern zur Verfügung. Zu ebener Erde lag neben der Küche der ehemalige Stall. Zur einen Hälfte diente er als Werkstatt, zur andern als Abstellraum und Abort. «Der Zustand des Hauses ist in Bezug auf hygienische Anforderungen ein ganz bedenklicher», fasste Müller seine Eindrücke zusammen. «Es bestehen hier Verhältnisse, die kaum die allerelementarsten Wünsche an Behaglichkeit und Wohnhygiene zu befriedigen vermögen und daher dringend einer Änderung bedürfen. Es erübrigt sich hier auf Details einzugehen, da sämtl. Räume in höchstem Masse abgewohnt und verwahr-

Gemeinden in immer grösserer Entfernung zur Stadt. Dabei trat eine ganze Kette von Ursachen und Wirkungen in Erscheinung:
– Die grosse Nachfrage nach Wohnungen sowie das knapper werdende Bauland trieben in der Stadt die Boden- und Mietpreise in die Höhe. Der Wohnungsmangel und die Differenz zwischen den Mietpreisen in der Stadt und in den Vororten veranlassten viele Mieter, in der unmittelbaren Umgebung der Stadt Wohnungen zu suchen.
– Dabei spielte die Verkehrserschliessung der Vororte eine Rolle: Je besser sie mit dem öffentlichen Verkehrsmittel oder dem Velo zu erreichen waren, desto eher kamen sie als Wohnort für Pendlerinnen und Pendler in die Stadt in Frage.
– Auch Bauherren, die nicht für den Eigenbedarf investieren wollten, sondern nach rentablen Anlagen suchten, drängten auf die Landschaft. Dort versprachen wachsende Nachfrage und billigeres Bauland guten Absatz und grosse Rentabilität.
– Nach und nach wurde das Bauland auch in den Vororten knapper und teurer, so dass die gleiche Entwicklung, die sich zunächst zwischen Stadt und Vororten abspielte, sich später zwischen den Vororten und einem weiteren Kreis von Agglomerationsgemeinden wiederholte.

Gartenstadt

In der Zwischenkriegszeit war in den Agglomerationsgemeinden eine rege Bautätigkeit im Gang, wobei der «Eigenbau» den «spekulativen Wohnungsbau» überwog. Unter «spekulativem Wohnungsbau» verstand man die Erstellung von Mehrfamilien-, unter Eigenbau diejenige von Einfamilienhäusern.[4] Der Bau von Einfamilienhäusern beanspruchte in jenen Jahren immer mindestens 50 Prozent des Gesamtbauvolumens. Es sei im Einfamilienhäuserbau in letzter Zeit und voraussichtlich sogar für die nächste Zukunft in der Stadt und ihren Vororten mehr als genug getan worden, meinte der Basler Architekt Emil Dettwiler allerdings bereits 1912. Damit sei dem Bedarf der mit «Glücksgütern gesegneten» Leute Genüge getan. Was jedoch

lost sind. Die Abortverhältnisse sind unhaltbar, im ganzen Haus ist weder ein Anstrich noch eine Tapete zu finden, sämtl. Wände sind roh und partienweise sogar unverputzt.»[1] Die Baupolizei hielt Renovationsarbeiten für dringlich. Da die finanziellen Mittel der betroffenen Familie aber sehr knapp waren, erklärte sie sich bereit, Geduld zu üben.
Eine andere beispielhafte Anzeige ging am 4. April 1939 beim «Gesundheitsamt Liestal» ein. Diesmal war es ein Mieter, der sich meldete: «Ich möchte Sie höflichst bitten, sofort bei uns vorbei zu kommen. Da wir ein Logis haben, in dem wir nicht wohnen können, da alles zu feucht ist.»[2]

Die Familie, welche die Wohnung zuvor bewohnt habe, sei krank geworden, und der Arzt habe ihr dazu geraten, die Wohnung zu wechseln. Doch hätten die neuen Mieter davon erst im Nachhinein erfahren, weshalb sie sich nun an die Behörde wendeten. Eine Woche später begab sich Baupolizist Müller in Begleitung von Dr. Emil Gerhard, Lebensmittelinspektor, nach Reinach. Was die Liestaler Beamten vorfanden, veranlasste sie, der Vermieterin dringendst Renovationsarbeiten zu empfehlen: «Im ersten Zimmer sind es 3 Wände, von denen sich zufolge der Mauerfeuchtigkeit die Tapeten abgelöst haben. Auch in der nach hinten liegenden Küche

Not täte, sei, auch den «Beamten, Angestellten und Arbeitern […] solid gebaute und bequem eingerichtete Wohnhäuser inmitten von dazugehörigem Garten- und Pflanzland zu erstellen». Dettwiler schwebte vor, nach ausländischem Modell eine «Gartenstadt» mit Gebäuden, Strassen, Plätzen, Brunnen, Gärten und Alleen zu errichten. Bei Münchenstein hatte er ausreichend günstiges und im Grünen gelegenes Bauland aufgespürt. Sein Bebauungsplan sah vor, auf einer Fläche von 100 000 Quadratmetern 250 Einheiten mit rund 500 Wohnungen zu erstellen. Die Gartenstadt Neu-Münchenstein sollte im Endausbau 2500 bis 3000 «Seelen» beherbergen. In seiner «Gartenstadt» sollten schwergewichtig Zwei- und Dreizimmerlogis in Mehrfamilienhäusern entstehen, so dass sie auch «dem kleinen Mann» und den «weniger Bemittelten», den «Arbeitern» und «Subalternbeamten» Aufenthalt gewähren konnte: «Jedem Bedürfnisse, dem anspruchsvollen, wie dem einfachen will man Rechnung tragen», warb er. Sein Projekt rechnete deshalb mit ausgesprochen günstigen Mietpreisen. Für 280 Franken Jahresmiete sollte eine Zweizimmerwohnung, für 500 Franken eine komfortable Dreizimmerwohnung zu erhalten sein. Selbst ein Reiheneinfamilienhaus mit fünf geräumigen Zimmern, Bad, Loggia, zwei Mansarden und rund 280 Quadratmetern Umschwung sollte nicht mehr als 700 Franken Jahreszins kosten und damit für viele finanzierbar bleiben.

Mieterschutz

Dettwilers Projekt Gartenstadt Neu-Münchenstein, für das er mit seiner Broschüre Genossenschafter warb, wurde 1913 teilweise realisiert. Wie später auch die Münchensteiner Baugenossenschaft «Wasserhaus» (1921) oder das Muttenzer «Freidorf» (1921) leistete es einen Beitrag zur «Lösung der Wohnungsfrage», wie es im Untertitel von Dettwilers Werbeschrift hiess, und bot einigen Wohnungssuchenden Gelegenheit, zu erschwinglichen Mieten in Logis mit gehobenem Komfort Unterkunft zu finden. Doch Standard war diese Art zu wohnen keineswegs. Im Gegenteil.

Schöner Wohnen, um 1920
Der Innenausbau der Wohnungen, die der Architekt Dettwiler für seine Siedlung Neu-Münchenstein vorsah, entsprach den damaligen Vorstellungen vom schöner Wohnen. In seiner Werbebroschüre schrieb Dettwiler: «Was den Ausbau der Wohnungen anbelangt, so sei besonders hervorgehoben, dass schon für Zweizimmer-Logis Bad und Mansarde vorgesehen sind; je nach Grösse und Bauart des Wohnobjektes werden Lauben, Loggien und Erker den Reiz der Häuslichkeit erhöhen. Wohnküchen und Wohndielen erhalten Kachelöfen, Buffets und Sitzbänke, wodurch diese Räume ein einladendes, heimeliges Aussehen gewinnen; für grössere Wohnzimmer soll je nach Disposition als Wärmespender die früher auf dem Lande so beliebt gewesene ‹Kunst› wieder zu Ehren gezogen werden. Eine weitere Annehmlichkeit dürften in den komfortableren Wohnungen die an passender Stelle eingebauten Wandschränke bilden. So wird denn nichts versäumt, um die schmucken Häuser von Neu-Münchenstein auch im Innern ebenso praktisch, wie behaglich auszubauen, damit sie zu einem trauten Heim werden, das seine Bewohner an die Gartenstadt fesselt.»

wurde in der Ecke des Schüttsteins ein starker Feuchtigkeitsgrad festgestellt; der als Verputz dienende Gips ist verfault. Gleichzeitig machen wir Sie auch darauf aufmerksam, dass einzelne Tragbalken im Keller verfault sind, so dass die Gefahr besteht, dass eines Tages der Fussboden der Parterrewohnung in den Keller stürzt. Der festgestellte Feuchtigkeitsgrad der Parterrewohnung macht ein Wohnen in diesen Räumen im jetzigen Zustand zur Unmöglichkeit.»³
Nach dem Zweiten Weltkrieg verbesserten sich mit den zahlreichen Neubauten und dem steigenden Wohlstand auch die Wohnverhältnisse. Kontrollen erfolgten trotzdem. Allerdings betrafen sie nun weniger die von Einheimischen besetzten Wohnungen. In der Nachkriegszeit waren es in erster Linie ausländische Arbeitskräfte, welche enge und schlechte Unterkünfte belegten. 1963 führte die Sanitätspolizei in 466 «Fremdarbeiterunterkünften», aber lediglich in 12 von Schweizer Familien besetzten Wohnungen Kontrollen durch. Bei den Unterkünften führte die Überprüfung in 53 Fällen zu Beanstandungen, bei den Wohnungen nur in einem Fall.⁴

Wohnen auf dem Birsfeld

Birsfelden verdankt seine Existenz seiner günstigen Verkehrslage an der Kantons-

Der Mangel an Wohnungen führte dazu, dass die Mietpreise stiegen. Der Mietindex, der 1914 auf 100 angesetzt worden war, stand 1926 auf 166 und 1932 auf 187. Erst in der Krise der dreissiger Jahre sank er wieder leicht und erreichte 1938 einen Stand von 174.[5] Im Herbst 1925 kostete zum Beispiel in Birsfelden eine leerstehende Zweizimmerwohnung pro Jahr 900 Franken Jahresmiete. Für drei Zimmer waren 1300 bis 1450 Franken, für vier Zimmer 2000 Franken aufzubringen. Drei Familien, die zu jener Zeit in Birsfelden eine Unterkunft suchten, erzielten aber ein Jahresgehalt zwischen 2200 und 2600 Franken.[6] Das Missverhältnis zwischen Miete und Lohn führte aber auch dazu, dass Hausbesitzer Räume vermieteten und arme Familien Wohnungen belegten, die unter hygienischen Gesichtspunkten nicht mehr bewohnbar waren. Bekamen die Behörden davon Kenntnis, griffen sie ein. Die Wohnungsnot bewog Bund und Kanton auch dazu, Massnahmen zum Schutze der Mieter zu veranlassen. So mussten Gemeinden, in denen Wohnungsnot herrschte, eine örtliche Mieterschutzkommission ernennen. Bis zum Abklingen der ärgsten Not Mitte der zwanziger Jahre konnte diese Mietzinserhöhungen prüfen, Kündigungen als unzulässig erklären und freien Wohnraum beschlagnahmen.[7] In den schlimmsten Phasen richteten die Gemeindebehörden auch Notunterkünfte ein. So unterhielten im Winter 1919/20 zehn Baselbieter Gemeinden 17 Notwohnungen und 15 Familien galten als obdachlos.[8] Zudem förderten Bund und Kanton den Wohnungsbau im Rahmen ihrer Arbeitsbeschaffungsprogramme. Sowohl nach dem Ersten Weltkrieg als auch in der Krise der dreissiger Jahre richteten sie an Neu- und Umbauten Subventionen aus.[9]

Da die Wohnungsnot in erster Linie die unteren sozialen Schichten betraf, galt die «Wohnungsfrage» als wichtiges sozialpolitisches Problem. Es waren denn auch die links stehenden Parteien, die sich auf der politischen Ebene für die Interessen der Mieter einsetzten. Ihnen standen die bürgerlichen Parteien gegenüber, welche sich eher auf die Seite der Hausbesitzer und Vermieter schlugen. 1920 wurde der Haus- und Grundeigen-

Agglomerationsbildung Phase 1
Noch in den 1950er Jahren zog, wer in der Stadt arbeitete, nach Möglichkeit in ihre Nähe. Zuziehende aus dem Ausland oder aus andern Kantonen der Schweiz liessen sich in der Stadt selbst oder in den Agglomerationsgemeinden nieder. Sie waren bestrebt, den Arbeitsweg kurz zu halten, und sorgten dafür, dass in einer ersten Phase der Agglomerationsbildung die Gemeinden in unmittelbarer Umgebung der Stadt stark wuchsen. Die Bevölkerung der abgelegenen Dörfer stagnierte oder nahm sogar ab. Es gab zwar so genannte Rucksackbauern, die in den abgelegenen Gemeinden wohnen blieben und täglich zur Arbeit pendelten. Doch sie bildeten eine Minderheit.

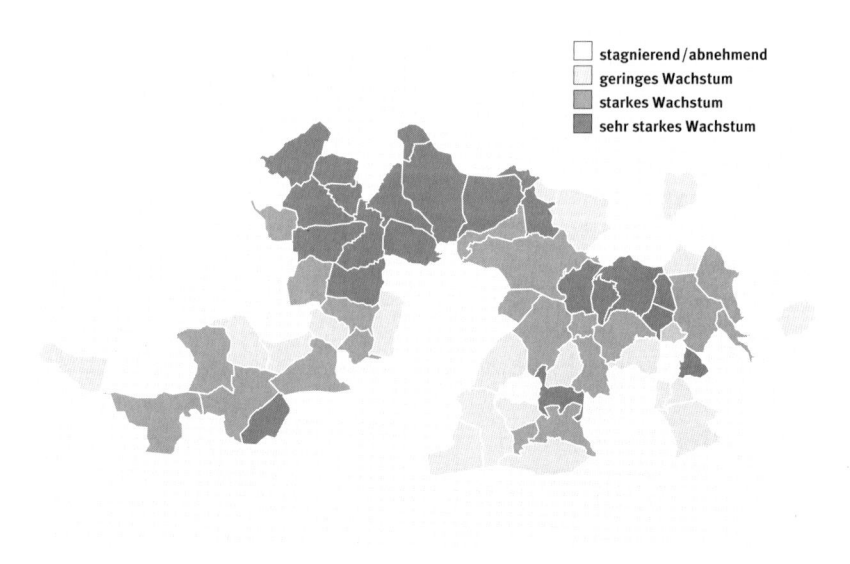

tümerverband Baselland gegründete. Der seit 1918 geltende Mieterschutz und das Wirken der Mieterschutzkommissionen waren ihm ein Dorn im Auge. In einer Eingabe beantragte er 1924 dem Regierungsrat, sämtliche Vorschriften zur Bekämpfung der Miet- und Wohnungsnot aufzuheben. Da sich die Lage auf dem Wohnungsmarkt allgemein etwas entspannt hatte, rannte der Hausbesitzerverband beim Regierungsrat offene Türen ein.[10]

Die «Wohnungsfrage» blieb aber akut und in der Nachkriegszeit entwickelte sich der Mieterschutz, die Mietzinskontrolle sowie die Förderung des sozialen Wohnungsbaus zu einem festen Bestandteil der staatlichen Sozialpolitik auf kantonaler und eidgenössischer Ebene.[11] Selbst der Haus- und Grundeigentümerverband, der sich immer wieder für den Abbau der staatlichen Eingriffe in der Wohnwirtschaft stark machte, musste 1970 mit einer «gewissen Resignation» feststellen, dass aus sozialpolitischen Gründen ein vollständiger Abbau der in Notzeiten gerechtfertigten staatlichen Eingriffe nicht mehr zur Diskussion stehe.[12]

Wildwuchs
Die rege Bautätigkeit, welche in den Vororten unter dem Siedlungsdruck des benachbarten städtischen Zentrums einsetzte, verlief weitgehend ungeordnet. Von Ausnahmen wie den Gesamtüberbauungen abgesehen, wie sie Baugenossenschaften oder Industrieunternehmen als Personalsiedlungen realisierten, herrschte eine chaotische Bauweise vor. Zeitgenossen fielen die Mängel bereits in der Zwischenkriegszeit auf. So diskutierte man beispielsweise 1929 im Kreis der Binninger Ortsgruppe des Wiedervereinigungsverbandes über die städtebaulichen Probleme der Vororte. Man kritisierte die mangelhafte Erschliessung schnell wachsender Aussenquartiere, vermisste ein einheitliches Dorfbild und beklagte das unkoordinierte Zusammenwachsen der Vororte untereinander und mit der Stadt. Da die Bebauung schon weit fortgeschritten und viele Eingriffe bereits versäumt waren, forderte man rasches Handeln. Die bauliche Entwicklung der Vororte

☐ stagnierend/abnehmend
☐ geringes Wachstum
▨ starkes Wachstum
▨ sehr starkes Wachstum

Agglomerationsbildung Phase 2
In den 1990er Jahren wuchs nicht mehr in erster Linie die Bevölkerung der Agglomerationsgemeinden, sondern diejenige der weiter von der Stadt entfernten Dörfer der Region. Viele Leute, die in der Stadt arbeiten, sind nicht mehr bestrebt, den Arbeitsweg zu verkürzen, sondern nehmen wieder grössere Distanzen in Kauf, um auf dem Land und im Grünen zu wohnen. Voraussetzung für diesen mobilen Lebensstil sind ausgebaute Verkehrswege und -mittel sowie ausreichender Wohlstand.

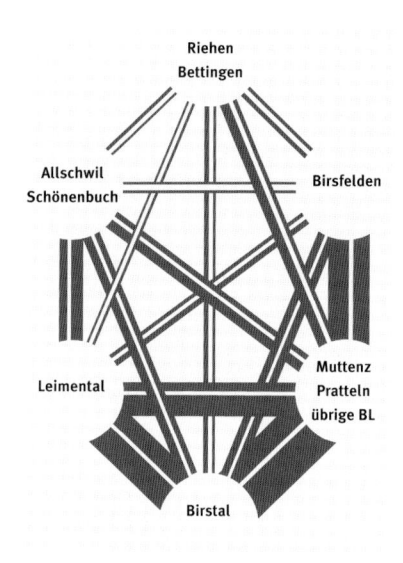

Agglomerationsbildung

Die Agglomerationsbildung komplizierte sich, weil von der Bodenknappheit und -teuerung in der Stadt nicht nur der Wohnungsbau, sondern auch Industrieansiedlungen betroffen waren. Neue Industriebauten und -anlagen entstanden auf der Landschaft. Zum einen Teil waren es städtische Unternehmen, die ihre Erweiterungsbauten in den Vororten errichteten. Zum anderen Teil liessen sich neu gegründete Unternehmen dort nieder, wo es Platz hatte und der Boden günstig war. Auch hier spielten die Verkehrswege eine bedeutende Rolle. Die neuen Industriegebiete entstanden dort, wo Rhein, Eisenbahn oder Strassen für Anschluss an die Märkte sorgten. Arbeitsplätze boten deshalb nicht allein städtische Unternehmen, sondern mehr und mehr auch Betriebe auf der Landschaft, so zum Beispiel in Münchenstein, Muttenz und Pratteln. Aber auch die regionalen Zentren Laufen und Zwingen oder Liestal, Sissach, Gelterkinden und Waldenburg kamen als Industriestandorte in Frage. In der Folge ergaben sich Pendlerbeziehungen nicht nur zwischen der Stadt und den umliegenden Gemeinden, sondern auch zwischen den Gemeinden des weiteren Umlandes und regionalen Zentren sowie Industriestandorten in der Agglomeration. Die Pendlerinnen- und Pendlerströme der Nachkriegszeit spiegeln die komplizierten Agglomerationsverhältnisse.

sollte «planmässig und einheitlich» vonstatten gehen.[13] Für die Binninger Wiedervereinigungsfreunde gab es zur Lösung der städtebaulichen Probleme der Vororte nur einen Weg: Es war die rasche Wiedervereinigung der beiden Basel und die anschliessende Eingemeindung der Vororte in die Stadt. Eine andere Lösung aber bestand darin, den Gemeinden planerische Instrumente in die Hand zu geben, mit denen sie in die Lage kamen, die bauliche Entwicklung zu steuern. Das Notrechtsregime während des Zweiten Weltkriegs ebnete den Planern der Nachkriegszeit den Weg.[14]

Mobilität

Obwohl vereinzelt bereits Velos und Autos auf den Baselbieter Strassen anzutreffen waren, gehörte die Verkehrszukunft zu Beginn des 20. Jahrhunderts noch der Eisenbahn. Das Auto war teuer. Nur wenige konnten sich diesen Luxus leisten. Bei vielen Menschen stiess es auf Ablehnung. Sie würden in unserem Kanton oft von Kindern mit Schimpfnamen bedacht und mit allerlei Gegenständen beworfen, beklagten sich die im Verkehrsverein Baselland organisierten «Automobil- & Motorradfahrer» 1923 gegenüber der Erziehungsdirektion. Sie forderten diese auf, über die Lehrerschaft für Abhilfe zu sorgen.[15] Doch der Regierungsrat sah keinen Grund einzuschreiten. Er verhängte im Gegenteil während der Sommermonate ein Sonntagsfahrverbot. «Um den Verkehr des Publikums auf der Landstrasse an Sonn- und Festtagen vom Frühjahr bis zum Herbst erträglich zu gestalten», begründete er seinen Entscheid.[16] Es war vor allem von Autos verursachter Staub, der für Ärger sorgte. Die damaligen Motorfahrzeuge waren aber auch lärmig und bedeuteten mit ihrem ungewohnt hohen Tempo eine Gefahr. Um dem Staub Herr zu werden, bespritzten die Gemeinden ab und zu ihre Strassen. Zudem teerte man nach und nach die wichtigsten Verbindungswege. Bis zum Zweiten Weltkrieg waren von insgesamt 377 Kilometern Staatsstrassen 257 Kilometer oder 68 Prozent «staubfrei» gemacht, wie man damals sagte. Von den Hauptstrassen mit Vortrittsrecht waren es sogar 98 Prozent.[17]

grenze unmittelbar vor den Toren der Stadt Basel.[5] Bis 1875 ist Birsfelden ein Teil der Gemeinde Muttenz, der seit der Kantonstrennung als «Baseltrutz» einen rasanten Aufschwung genommen hat: es ist Zollstation, Herberge für Reisende, die es vorziehen, vor den Stadttoren Rast zu machen, Zufluchtsort für Flüchtlinge, welche die Grenznähe schätzen. Zudem stehen in Birsfelden die Pferde bereit, welche an der St. Alban-Steigung Vorspanndienste leisten.

Mit der Eröffnung der Eisenbahnlinien Basel–Olten (1858) und Pratteln–Brugg (1875) verliert Birsfelden seine hervorragende Stellung. Doch dauert der Einbruch der inzwischen selbständigen Gemeinde nur kurz. Bald schon profitiert sie erneut von ihrer stadtnahen Lage: In ihren Häusern und Strassen leben mehr und mehr Leute, die in der Stadt Arbeit, aber keine Wohnung gefunden haben. Um 1900 sind fast die Hälfte der Birsfelder Gebäude Wohnhäuser. Der Rest dient gewerblichen, öffentlichen und landwirtschaftlichen Zwecken. Von den 3614 Einwohnerinnen und Einwohnern, die Birsfelden in diesem Jahr zählt, stammen nur 33 Prozent aus Birsfelden selbst. 21 Prozent sind aus dem übrigen Kanton Basel-Landschaft, 28 Prozent aus der übrigen Schweiz zugezogen. 18 Prozent sind aus dem Ausland zuge-

Die Zukunft der Bahn

Hauptverkehrsmittel der ersten Hälfte des 20. Jahrhunderts aber blieb die Bahn.[18] Die Schweizerischen Bundesbahnen eröffneten 1916 mit dem Hauenstein-Basistunnel den zweiten Juradurchstich im Baselbiet. Der alte Scheiteltunnel zwischen Läufelfingen und Trimbach war an die Kapazitätsgrenzen gestossen. Zudem war die grosse Steigung, welche die Züge auf der Strecke nach Läufelfingen zu überwinden hatten und die eine Vorspannlokomotive ab Sissach nötig machte, zu einem Hindernis geworden. Die neue Bahnlinie über Gelterkinden und Tecknau führte zur Aufhebung der elektrisch betriebenen Sissach-Gelterkinden-Bahn, welche die beiden Oberbaselbieter Orte seit 1891 verbunden hatte. Auch verringerte sie die Bedeutung der Strecke über Läufelfingen. Diese diente fortan als Ausweich- und Nebenstrecke. In der Zwischenkriegszeit elektrifizierten die SBB nach und nach alle Eisenbahnlinien auf dem Gebiet des Kantons Basel-Landschaft. 1924 wurde die elektrifizierte Strecke Basel–Olten in Betrieb genommen.

Die Linien der Bundesbahnen bildeten ein zu grobmaschiges Verkehrsnetz, um der Feinerschliessung des Kantonsgebietes zu dienen. Teilweise lagen die Bahnhöfe auch verhältnismässig weit von den Siedlungsgebieten auf der Landschaft entfernt. Ausgehend vom Verkehrszentrum Basel war deshalb noch im ausgehenden 19. Jahrhundert ein strahlenförmiges Netz von Schmalspurbahnen entstanden, das die städtischen Aussenquartiere und die Vororte mit dem Stadtzentrum verknüpfte. Zu Beginn des 20. Jahrhunderts waren dadurch die Gemeinden des Leimentals sowie Birsfelden erschlossen. Zudem bestand seit 1880 eine Schmalspurverbindung zwischen Liestal und Waldenburg. Diese war 1856 im Zusammenhang mit der Konzession an die Centralbahn-Gesellschaft ausgehandelt und in den späten siebziger Jahren realisiert worden. Nach der Jahrhundertwende folgten in kurzen zeitlichen Abständen weitere Schmalspurverbindungen nach Dornach (1902), Allschwil (1905) und Aesch (1907). 1908 machten sich die kantonalen Behörden im Zusammenhang mit dem Eisenbahngesetz über

Baustile, um 1980
Die rege Bautätigkeit der Nachkriegsjahrzehnte und ändernde Bauvorschriften hatten zur Folge, dass in den Baselbieter Gemeinden Baustile aufeinander prallen. Noch in den 1950er Jahren sahen die Zonenreglemente vieler Gemeinden den Bau von Hochhäusern nicht vor und die Änderung solcher Bestimmungen war höchst umstritten.

einen möglichen Ausbau des kantonalen Schmalspurnetzes Gedanken. In Aussicht nahmen sie die Strecken von Therwil über Reinach nach Arlesheim, von Oberwil nach Biel und Benken, von Basel nach Liestal und Sissach, von Gelterkinden nach Anwil, von Bad Bubendorf nach Reigoldswil, von Waldenburg nach Langenbruck, von Sissach nach Gelterkinden, von Sissach nach Läufelfingen sowie von Buus nach Maisprach. Schmalspurbahnen auf diesen Strecken hätte der Kanton finanziell unterstützt, wenn sie realisiert worden wären. In den Genuss kantonaler Subventionen kam allerdings nur die Überlandbahn von Basel über Muttenz nach Pratteln. Sie war die einzige Strecke, die später auch verwirklicht wurde. Der Rest geriet in Vergessenheit.

Die Gründe, weshalb nur der kleinste Teil des ambitiösen Schmalspurnetzes gebaut wurde, das man 1908 ins Auge gefasst hatte, waren folgende: Erstens konnten die Bundesbahnen die Kapazität ihrer Regionalverbindungen auf den Strecken Basel–Rheinfelden, Basel–Dornach und Basel–Olten dank der Elektrifizierung stark erhöhen. Da einige der Schmalspurstrecken parallel zu den bestehenden Linien geplant waren, erübrigten sie sich.

Zweitens erwiesen sich unter den topographischen Verhältnissen des oberen Kantonsteils Autobusverbindungen, die an die Bahnlinie führten, als zweckmässigere Lösung. Seit 1905 verkehrte ein Autobus zwischen Liestal und Reigoldswil. 1917 folgten die Verbindungen zwischen Waldenburg und Langenbruck sowie zwischen Sissach und Eptingen. Weitere Linien oder Streckenverlängerungen kamen zwischen 1920 und 1954 dazu. Schrittmacherdienste beim Ausbau des Autobusnetzes im oberen Kantonsteil leisteten die staatlichen Massnahmen zugunsten der krisengeschüttelten Seidenbandindustrie. Als Notstandsarbeiten verbesserten arbeitslose Posamenter die Strassenverbindungen zwischen den Talgemeinden und den abgelegenen Posamenterdörfern. Und mit der Verbilligung der Arbeiterabonnemente trug der Kanton dazu bei, dass die Autobuslinien auch auf eine entsprechende Nachfrage stiessen.

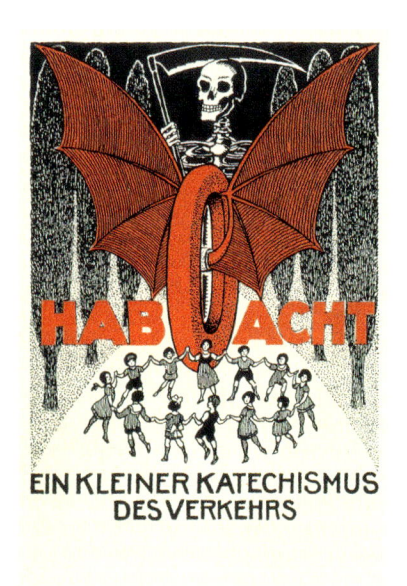

Verkehrserziehung, um 1935
Um die Gefahren des Verkehrs zu bannen, der sich vervielfältigte und beschleunigte, musste man das Verhalten der Strassenbenützer aufeinander abstimmen. Bereits in der Zwischenkriegszeit setzte dazu eine umfassende Verkehrsdisziplinierung und -erziehung ein. Einerseits erliessen Bund und Kanton ein sich verdichtendes Regelwerk für den Strassenverkehr. Andererseits rief man die bisherigen Verkehrsteilnehmer immer wieder dazu auf, ihr Verhalten den neuen Gegebenheiten anzupassen. «Fussgänger bei Nacht sind der Schrecken der Landstrasse», schrieb beispielsweise die ‹Basellandschaftliche Zeitung› 1934, und sie forderte diese auf, strikte links zu gehen und sich nachts hell zu kleiden. Nach dem Zweiten Weltkrieg wurde die Verkehrserziehung fester Bestandteil des Schulunterrichts. «Links gehen – Gefahr sehen» oder «Luege – Loose – Laufe» hiessen die Regeln, welche die Lehrkräfte den Schülerinnen und Schülern einbleuten. Regelmässige Besuche des Verkehrsgartens in der staubigen Liestaler Militärhalle oder praktischer Verkehrsunterricht mit Polizisten ergänzten das Programm.

wandert. Der Zustrom hält auch in den kommenden Jahrzehnten an. 1960 ist Birsfelden mit 10 068 Einwohnerinnen und Einwohnern eine Stadt neuen Typs: Nicht mehr ein historisches Stadtrecht, sondern ein Bevölkerungsbestand von über 10 000 Personen macht es dazu. 1970 arbeiten rund 70, 1990 über 80 Prozent der Erwerbstätigen ausserhalb der Gemeinde. Die meisten pendeln in die Stadt. Der Ausländeranteil ist 1990 mit 21,3 Prozent überdurchschnittlich hoch. Bürgerinnen und Bürger von Birsfelden gibt es nur wenige. Bei der Trennung von Muttenz verzichtete man nämlich darauf, eine Bürgergemeinde zu schaffen, und die Einwohnergemeinde hat erst seit 1966 das Recht, ein Birsfelder Bürgerrecht zu verleihen.

Die bauliche Entwicklung hält mit der Bevölkerungsentwicklung Schritt. 1970 sind drei Viertel der Gebäude Wohnhäuser. Die landwirtschaftlichen Gebäude sind fast vollständig verschwunden. Der Anteil gewerblicher Bauten ist stabil geblieben. Die grosszügigen Einkaufsgelegenheiten in der nahen Stadt haben verhindert, dass sich in Birsfelden selbst ein ausgedehntes Versorgungs- und Dienstleistungsgewerbe entwickelt hat. Nach 1900 sind es zunächst wohlhabende Leute aus der Stadt, welche in Birsfelden bauen. Sie bevorzugen die schöne Wohnlage am Rand Birsfeldens

Auto-Mobilität

Dort aber, wo weder die Schweizerischen Bundesbahnen noch Tram oder Bus für Anschluss sorgten, blieb, wer pendeln wollte, auf seine Beine angewiesen. Sei es, dass er die nächstgelegene Haltestelle zu Fuss erreichte; sei es, dass er sich mit einem Fahrrad behalf. Das Velo entwickelte sich nämlich zum ersten individuellen Massenverkehrsmittel. In der Zwischenkriegszeit tauchte es immer häufiger im Verkehr auf.[19] Seine Zahl wuchs damals deutlich stärker als die der Motorfahrzeuge. Zu Beginn des Jahrhunderts hatte man im Kanton Basel-Landschaft um die 1000 Fahrräder gezählt. Nach dem Ersten Weltkrieg waren es bereits 7000, vor dem Zweiten Weltkrieg 33 000 Stück. 1938 fuhren im ganzen Kanton erst etwas über 3000 Motorfahrzeuge – Lastwagen, Autobusse und Motorräder eingeschlossen. Bei der Verkehrszählung 1928/29 sorgte das Velo selbst auf den wichtigsten Strassen für 25 bis 68 Prozent des gesamten Verkehrs.

Im oberen Kantonsteil mit seinen starken Steigungen war das tägliche Pendeln mit dem Fahrrad eine beschwerliche Angelegenheit. Es versteht sich deshalb, dass die Zahl der Kleinmotorräder («Zehnderli»), die günstiger zu kaufen waren als Autos, in der Zwischenkriegszeit ebenfalls stieg. In den zwanziger und frühen dreissiger Jahren waren sie ebenso oft oder öfter anzutreffen wie die Personenwagen. Da sie jedoch in vielen Fällen das «Auto des kleinen Mannes» waren, sank ihre Zahl in den Krisenjahren wesentlich deutlicher als die der Personenwagen. Nach dem Zweiten Weltkrieg erlebten sie mit den Rollern einen neuen Aufschwung. In ihrer Bedeutung aber wurden sie von den Personenwagen verdrängt.

Die starke Zunahme des Personenwagens als individuelles Verkehrsmittel in der Nachkriegszeit lag nicht allein im wachsenden Bedarf an Transportleistungen zwischen Wohn- und Arbeitsort begründet, der mit dem Auseinandertreten von Wohn- und Arbeitsort entstand. Das Auto war in der Zwischenkriegszeit den wohlhabenderen Leuten vorbehalten gewesen. Als Zeichen des Wohlstands galt es auch nach dem Zweiten Weltkrieg. Die

gegen den Hardwald und profitieren von den günstigen Baulandpreisen. Bei diesen Bauten handelt es sich in erster Linie um Einfamilienhäuser. In den zwanziger Jahren folgen zahlreiche ein- bis zweistöckige Mehrfamilienhäuser und Häuserzeilen. Sie enthalten Wohnungen für zwei und mehr Mietparteien. Eine der ersten dreistöckigen Wohnblockanlagen entsteht Anfang der dreissiger Jahre. Sie mutet städtisch an und setzt einen neuen Akzent ins Dorfbild. Für das heutige Siedlungsbild entscheidend aber sind die Wohnbauten, welche nach dem Zweiten Weltkrieg entstehen. Auf der grossen Ebene zwischen Hafen und Schleuse einerseits, Hardwald anderseits entstehen weitläufige Wohnblock- und Hochhausquartiere. Die Bauten am Rheinpark, am Stausee und auf dem Sternenfeld ragen imposant aus der weiten Ebene und setzen städtebauliche Akzente. Auch im alten Kern der neuen Stadt weichen alte Bauten neuen Hochhäusern. So verschwindet zum Beispiel das alte Gasthaus «Bären» und macht dem klotzigen Bären-Center Platz. Die neue Bauweise, die sich vermehrt in die Höhe statt in die Breite ausdehnt, findet anfänglich nicht nur Zustimmung. Um die ersten Hochhäuser Birsfeldens entbrennt in den fünfziger Jahren eine heftige Debatte. Birsfeldens Zukunft liege in der Höhe, meint

Verteilung des Automobils über das Kantonsgebiet zeigt nämlich, dass die höchste Dichte an Personenwagen nicht in den Gemeinden vorkam, die abseits der Linien des öffentlichen Verkehrs lagen. Der Besitz eines Personenwagens war in der Nachkriegszeit zunächst eine Frage des Einkommens, nicht des Bedarfs. Wer ein kleines Einkommen erzielte, benutzte in erster Linie die öffentlichen Verkehrsmittel. Die Verkehrspolitik der ersten Nachkriegszeit war denn auch vor allem Sozialpolitik: Die staatliche Unterstützung für Bahn- und Busbetreiber, die in finanzielle Engpässe geraten waren, diente der Verbilligung der so genannten Arbeiterabonnemente. Sie sollte sicherstellen, dass die Pendlerinnen und Pendler zu günstigen Tarifen an ihren Arbeitsort gelangen konnten. Sobald sich aber der Wohlstand verbreitete und auch die unteren sozialen Schichten ein Einkommen erzielten, das den Kauf eines Klein- oder Gebrauchtwagens erlaubte, nahm der Autobesitz auch in diesen Kreisen zu. Mit dem eigenen Wagen liess sich die bessere Verdienstsituation öffentlich dokumentieren. In vielen Fällen half der Autohandel nach, vermittelte Kleinkredite und bot zu Abzahlungsgeschäften Hand. Viele Benutzer von Bahn und Bus stiegen auf ihr individuelles Verkehrsmittel um. Denn die Anschaffung war erfolgt und die fixen Unterhaltskosten fielen in jedem Fall an.

Zum Zwang wurde der Besitz eines Autos schliesslich für alle jene Leute, die sich abseits der Hauptlinien der öffentlichen Verkehrsmittel ein Haus im Grünen bauten. Mochten die wenigen Verbindungen des öffentlichen Verkehrsmittels für den Arbeitsweg noch ausreichen, für den Besuch der Einkaufszentren ausserhalb der Siedlungskerne sowie den Anschluss ans städtische Kulturangebot blieb der Besitz eines Autos trotzdem nötig. Erst die Erdölkrise und die Umweltdiskussion der siebziger Jahre bremsten den starken Trend zum eigenen Auto. Sie führten schliesslich zu einer Renaissance des öffentlichen Verkehrs.

zum Beispiel ein Befürworter 1953 in der ‹Basellandschaftlichen Zeitung›. Die nach der Fläche viertkleinste, nach der Bevölkerung aber viertgrösste Gemeinde im Unterbaselbiet müsse sich die Möglichkeit erschliessen, Wohngebäude in die Höhe zu bauen. Mit einem Hochhaus werde Birsfelden ein neues Wahrzeichen erhalten und sich vom Vorort zur städtischen Siedlung erheben. Anderer Ansicht sind die Gegner von Hochbauten. Diese führten zu einer Verschandelung der Landschaft, entgegnete einer von ihnen in der gleichen Ausgabe der ‹Basellandschaftlichen Zeitung›. Zudem widersprächen Hochhäuser den gültigen Bauvorschriften. So sei zum Beispiel im Zonenreglement rechtskräftig festgehalten, dass zur Erhaltung eines guten Orts- und Landschaftsbildes der bodenständige Baucharakter möglichst gewahrt werden müsse.[6] Wie das Siedlungsbild Birsfelden dokumentiert, ging die Auseinandersetzung schliesslich zu Gunsten der Hochbauten aus.

Mobiler Lebensstil
Am 28. August 1998 besteigt der 20-jährige Martin G. gegen 18 Uhr beim Missionshaus in Basel ein Tram der Linie 3. Der in Rünenberg aufgewachsene G. ist Student der Theologie. Unweit der Universität, vor dem Spalentor, hat er bei einer Schlum-

mermutter eine möblierte Studentenbude bezogen. Jetzt, am Freitagabend, kehrt er übers Wochenende in sein Elternhaus zurück. Beim Bankverein wechselt Martin G. auf den Achter zum Bahnhof. Dort wartet der Regionalzug nach Olten mit Abfahrt um 18.30 bereits. 28 Minuten später erreicht der junge Mann den Bahnhof Gelterkinden, wo er in den gelben Bus der Post umsteigt. Eine gute Stunde, nachdem er aufgebrochen ist, kommt Martin G. um Viertel nach sieben in Rünenberg an. Martin G. müsste nicht in der Stadt wohnen. Die Verbindungen zwischen Rünenberg und Basel sind verhältnismässig günstig. Zudem könnte er auch mit dem Auto fahren. Er hat den Führerschein noch vor der Matura erworben. Täglich nach Basel in die Vorlesungen zu pendeln, wäre kein Problem. Ob ihm sein Vater den alten «Golf» überlässt, wenn er demnächst ein neues Auto kauft? Das attraktive Freizeit- und Kulturangebot der Stadt, das ihn dazu bewogen hat, in Basel Wohnsitz zu nehmen, könnte er dann auch von Rünenberg aus nutzen.

Den Theologiestudenten Martin G. gibt es nicht. Ähnlichkeiten mit tatsächlich lebenden Personen wären rein zufällig. Aber Martin G. ist dem jungen Martin Birmann nachempfunden, der 1849 in Basel Theologie studierte, aus Rünenberg stammte und im Haus seiner späteren Adoptivmutter

Siedlung und Landschaft, um 1980
Im Raum Basel sind die Siedlungsgebiete stellenweise scharf von der siedlungsfreien Landschaft getrennt. Darin zeigt sich die Wirkung regionalplanerischer Massnahmen, die dafür sorgen, dass auch in dicht besiedelten Gebieten zwischen den überbauten Talsohlen siedlungsfreie Hügelzüge verbleiben. Sie sollen wie «grüne Finger» in den Siedlungsraum hineingreifen.
Das Bild zeigt im Hintergrund die Stadt Basel und die angrenzende Agglomerationsgemeinde Allschwil. Im Vordergrund das Wochenendhaus-Quartier Eigene Scholle in Oberwil.

BAND SECHS / KAPITEL 3

Variantenstreit

Um die Linienführung der T18 im Birstal kam es in den siebziger Jahren ebenfalls zu einem Variantenstreit. Doch während in der Auseinandersetzung um die Autobahn in den frühen sechziger Jahren boden- und landwirtschaftspolitische Argumente im Vordergrund standen, waren es im Streit um die T18 umweltpolitische Fragen. Ob Gegnerin oder Befürworter einer rechts oder links der Birs geführten Autobahn, alle führten sie den Landschafts- und Umweltschutz als Grund für ihre Position an. Die Bauarbeiten waren bereits im Gang, als die Gegnerinnen und Gegner der linksufrigen Variante versuchten, ihre Position auf dem Weg einer Gesetzesinitiative durchzubringen. Am 24. September 1978 fand die Abstimmung statt. 23 379 der stimmberechtigten Frauen und Männer stimmten für, 34 155 gegen den Vorstoss. Die Bauarbeiten konnten beendet, die T18 eröffnet werden. Immerhin aber hatte der Widerstand zur Folge, dass auf die Fernverkehrsstrasse T18-A verzichtet und das Planungsreferendum eingeführt wurde. Dieses räumt Gegnerinnen und Gegnern eines Strassenprojekts das Recht ein, schon in der Planungsphase ein Referendum zu ergreifen.

Verkehrslawine

«Unsere Hauptstrassen sind während eines grossen Teiles des Jahres zu den verschiedensten Tageszeiten überlastet», schrieb der Regierungsrat 1960. Verkehrsstockungen und Strassenverstopfungen seien an den Wochenenden im Sommer an der Tagesordnung. Und weiter: «Das Anschwellen des motorisierten Verkehrs übertraf in den letzten Jahren die kühnsten Prophezeiungen. Fachkreise glauben, dass die vor 5 Jahren für das Jahr 1980 errechneten Verkehrsziffern schon 1965 erreicht sein werden. Wir werden von der Entwicklung recht eigentlich überrumpelt. Unsere Kantonsstrassen haben neben dem grossen Verkehr aus der Stadt Basel und den Rheinhäfen besonders im Sommer einen stetig steigenden Verkehr aus dem Ausland aufzunehmen. Durch den Bau der deutschen Autobahn bis nahe an die Schweizergrenze wird dieser in den nächsten Jahren noch enorm ansteigen. Wir laufen Gefahr, dass sich in unserem Kanton eine eigentliche Verkehrskalamität ergibt. Dem kann nur mit der ungesäumten Inangriffnahme des Ausbaues der Autobahn begegnet werden.»[20]

Dass der Regierungsrat in seiner Strassenbaupolitik 1960 auf die Autobahn setzte, war relativ neu. In den ersten Nachkriegsjahren hatte der Ausbau des Kantonsstrassennetzes im Vordergrund gestanden. Erst nachdem der Bund 1958 die Kompetenz zum Autobahnbau übernommen hatte, drängte sich dieser Weg ins Zentrum. Für den Kanton Basel-Landschaft als klassisches Durchgangsland waren zwei dieser modernen vierspurigen und kreuzungsfreien Strassen vorgesehen. Ein erster Ast führte von Basel nach Augst und von dort Richtung Bölchen (N2, heute: A2). Ein zweiter Ast zweigte in Augst Richtung Rheinfelden ab (A3). Während über dieses Grobkonzept im Kanton Basel-Landschaft schon bald Einigkeit herrschte, hob über das Teilstück Augst–Bölchen ein langwieriger Variantenstreit an, wobei sich unterschiedlichste Interessen gegenüberstanden. Während die Gemeinden des mittleren Ergolztals und der Frenkentäler befürchteten, vom Verkehrsstrom abgeschnitten zu sein, wenn die Autobahn über Arisdorf führen

Juliana Birmann, das vor dem Spalentor lag, ein Zimmer bewohnte. Nur: «Am Anfang seines Stadtlebens nahm er jeden Samstagnachmittag den Weg unter die Füsse und lief sechs Stunden weit in sein Dorf; am Sonntagnachmittag dann wieder nach Basel zurück.»[7] Auch der Student Martin Birmann war mobil. Aber seine Mobilität war beschwerlicher, zeitraubender und beschränkte sich auf Distanzen, die er zu Fuss bewältigen konnte. Eine Kutschenfahrt wäre zu teuer gewesen. Das Mitfahren auf Fuhrwerken war nur ausnahmsweise möglich, wenn zufällig ein Gefährt zur gleichen Zeit dem gleichen Weg folgte. Die Wahl zwischen dem Wohnort Rünenberg und Basel hatte Martin Birmann nicht. Wollte er in Basel studieren, musste er auch dort Unterkunft nehmen.

In den neunziger Jahren des 20. Jahrhunderts ist Mobilität bequem und rasch über grosse Distanzen möglich. Das Pendeln zwischen Wohn- und Arbeitsort, die beim Übergang von traditionellen zu modernen Wirtschaftsformen auseinander getreten sind, ist alltäglich geworden. Mobilität hat sich derart eingespielt, dass sie als Merkmal eines modernen Lebensstils gelten kann. Nicht nur für die Arbeit, auch für die Freizeit ist sie zentral geworden. Häufige Fahrten über kurze Strecken sind alltäglich, lange Reisen an Ferienorte selbstver-

würde, wehrten sich die Gemeinden im Arisdörfer- und im Diegtertal gegen eine Linienführung durch ihren Bann. Unzählige Varianten kamen ins Spiel. Schliesslich entschieden sich eidgenössische und kantonale Behörden für die Autobahn über Arisdorf. Den Gemeinden im Ergolztal kam man mit einer Talentlastungsstrasse (T2, heute: J2) entgegen.

Der Bau der Autobahn durchs Baselbiet begann Anfang der sechziger Jahre und stiess auf grosse geologische Schwierigkeiten. Bei Diegten und Eptingen ereigneten sich schwere Bergrutsche, welche den Bau verzögerten. Trotzdem konnte schon 1969 ein erstes Teilstück von der Hagnau bei Birsfelden bis Augst eröffnet werden. Der Hauptteil von Augst über Sissach und durch den Bölchen nach Egerkingen stand dem Autoverkehr Ende 1970 zur Verfügung. Die Umfahrungsstrasse Liestal, welche das Ergolztal entlasten sollte, wurde Mitte 1970 eröffnet. Eine weitere Talentlastung durchs Birstal nach Aesch war 1982 fertiggestellt.

«Die Verwirklichung der Nationalstrassen wird [...] zu einer beträchtlichen Entlastung des jetzigen Haupt- und späteren Sekundärstrassennetzes führen», hoffte Felix Auer, der nachmalige Nationalrat, 1964 in einer verkehrspolitischen Bestandesaufnahme.[21] Teilweise erfüllten sich seine Erwartungen. Jedenfalls ging der Verkehr auf dem Hauptstrassennetz mit jeder Autobahneinweihung zurück. Doch in vielen Fällen war die Entlastung nur vorübergehend. Nach einer gewissen Zeit der Entspannung sorgte die zunehmende Zahl der Motorfahrzeuge und ein höherer Mobilitätsgrad der Bevölkerung dafür, dass die Belastung erneut stieg und Stockungen wieder im alten Ausmass auftraten. So stauten sich zum Beispiel in den Stosszeiten die Fahrzeuge vor dem Restaurant Reblaube an der Rheinstrasse in Liestal in den neunziger Jahren wieder genau so wie während der verkehrsreichen Sommermonate der sechziger Jahre. An anderen Stellen verschoben sich die Engpässe zu neuen Flaschenhälsen. So zog die Eröffnung der T18 durchs Birstal den Bau der Umfahrung Grellingen nach sich. Und auch in Sissach drängte sich 20 Jahre nach der Eröffnung der Autobahn A2 der aufwendige

Erdrutsche
Die schwierigen geologischen Verhältnisse im engen Diegtertal führten beim Bau der Autobahn bei Diegten (1967) und Eptingen (1969) zu Hangrutschen. Die Erdmassen zerstörten Kunstbauten und Bauanlagen. Die Bauarbeiten verzögerten sich.

Autobahnbau, um 1980
Wie der Eisenbahnbau im 19. Jahrhundert, so hatte auch der Bau von Autobahnen und Schnellstrassen massive Eingriffe in die Landschaft zur Folge. Das Bild zeigt den Bau der J18 bei Münchenstein.

ständlich. Selbst für Kurzferien bucht man in letzter Minute Billigflüge an ferne Gestade. Am Rande der Agglomeration, die sich in den vergangenen Jahrzehnten in den abgelegeneren Gemeinden des oberen Kantonsteils und des Laufentals verbreitet hat, besteht sogar ein Zwang zur Mobilität: Sie ist die unabdingbare Voraussetzung des schönen Wohnens im Grünen. In nur 150 Jahren ist eine Infrastruktur entstanden, die eine Vielzahl von Transportmöglichkeiten zur Auswahl stellt. Damit verbunden ist eine bemerkenswerte Veränderung der Mentalität: Die Menschen haben sich Raum und Distanzen verfügbar gemacht. Rasche und häufige Ortswechsel sind die Folge. Das Auto als individuelles Transportmittel oder Statussymbol ist in unseren Breitengraden selbstverständlich. Nicht wer ein Auto fährt oder besitzt, sondern wer darauf verzichtet, muss sich erklären. Schliesslich haben sich die Menschen auch an den riesigen Koordinationsbedarf gewöhnt, der das zunehmend raschere und vielfältigere Verkehrsgeschehen überhaupt erst ermöglicht.

WOHNEN UND FAHREN

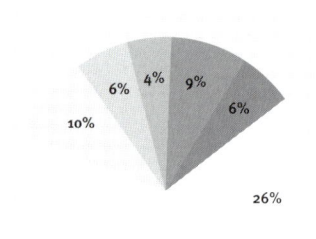

☐ Öffentliche Verkehrsmittel (ÖV)
☐ Individuelle Verkehrsmittel (IV)
☐ Velo/Mofa
☐ ÖV/IV kombiniert
☐ ÖV/Velo kombiniert
☐ Kein Arbeitsweg
☐ Zu Fuss

Mobilität, 1990
Die Volkszählung im Jahre 1990 gab Aufschluss über die bevorzugten Verkehrsmittel der Pendlerinnen und Pendler. Fast die Hälfte der Leute, die zur Arbeit pendelten, benutzten ein motorisiertes individuelles Verkehrsmittel. Am häufigsten war es das Auto. Genau ein Drittel der Pendelnden legte den Weg mit öffentlichen Verkehrsmitteln zurück. Weitere fünf Prozent kombinierten Bahn oder Bus und Velo. Ausschliesslich mit einem Velo oder Motorfahrrad waren sechs Prozent unterwegs. Der Rest legte seinen Arbeitsweg zu Fuss zurück oder kombinierte öffentliche mit motorisierten Verkehrsmitteln.

Wohnen in Blauen, 1998
Die Distanzen zwischen Wohn- und Arbeitsorten haben sich mit dem mobilen Lebensstil vergrössert. Das Wohnen im Grünen ist abseits der Hauptlinien des öffentlichen Verkehrs nicht mehr ohne Auto möglich.

Bau eines Umfahrungstunnels auf. Selbst auf den Autobahnen hat der Verkehr in den neunziger Jahren Ausmasse erreicht, die häufig Stockungen und Staus zur Folge haben.

Zwei Schübe

1964, noch vor der Eröffnung der Autobahnen, beobachtete der Stadtplaner Lucius Burckhardt in der Agglomeration Basel Industrieansiedlungen, die sich «fingerartig auf den Talsohlen und entlang den Verkehrssträngen» hinzogen. Zudem beschrieb er einen «stadtorientierten Wohngürtel», der das Zentrum Basel umgab. Beides, die Industriegebiete wie der Wohngürtel, hoben sich aus seiner Sicht verhältnismässig scharf vom weiteren Umland ab. Dieses liess für ihn noch immer «das alte Siedlungsnetz aus der vorindustriellen Zeit» erkennen und wies selbst entlang der wichtigen Verkehrsstränge des Unteren und Oberen Hauensteins landwirtschaftliches Gepräge auf.[22] Was Burckhardt beschrieb, war das Ergebnis des ersten Schubs der Agglomerationsbildung. In dieser Phase waren in der Nachkriegszeit in der unmittelbaren Umgebung von Basel Städte neuen Typs entstanden. Sie gelten nicht als Stadt, weil sie über alte Rechte verfügen, sondern weil sie über 10 000 Einwohnerinnen und Einwohner zählen. Da sie in vielen Fällen nur wenige Arbeitsplätze aufweisen und vor allem zum Wohnen dienen, bezeichnet man sie auch als «Schlafstädte». In der zweiten Phase bezog die Agglomeration auch abgelegenere Dörfer der Region ein. Auch diese Gemeinden sind in erster Linie Wohnort von Pendlerinnen und Pendlern und verfügen über wenige eigene Arbeitsplätze. Man könnte sie folglich als «Schlafgemeinden» bezeichnen. Trotzdem besteht ein entscheidender Unterschied zu den Vororten: Der erste Schub der Agglomerationsbildung war die Folge einer Wanderung, die vom Rand gegen das Zentrum führte und dazu diente, die Distanz zwischen Arbeits- und Wohnort gering zu halten. Der zweite Schub, der in den letzten Jahrzehnten zu beobachten war und auch Ende der neunziger Jahre noch im Gang ist, vollzog sich im Gegensatz dazu als Bewegung vom Zentrum an den Rand. Die Distanz zwischen Wohn- und Arbeitsort vergrösserte sich wieder, lässt sich aber mit dem Auto oder dank guten Verbindungen mit dem öffentlichen Verkehrsmittel rasch und bequem überwinden. Dieser zweite Agglomerationsschub setzt einen massiv gestiegenen Mobilitätsgrad voraus und produziert ihn gleichzeitig auch. Zudem ist er an ein vergleichsweise hohes Einkommen gebunden, weil weder der Bau eines Eigenheims im Grünen noch die Mobilität billig ist. Allerdings setzt der serienmässige Eigenheimbau die Latte in diesem Zusammenhang inzwischen deutlich niedriger: Industriell hergestellte Einfamilien- und Reihenhäuser an wenig bevorzugten Wohnlagen erlauben auch weniger bemittelten Familien, sich den Wunsch nach einem eigenen Haus zu erfüllen.

Es war der Bau des Autobahnnetzes mit den Nationalstrassen A2 und A3 von Basel Richtung Bölchen und Rheinfelden sowie mit den Talentlastungsverbindungen Basel–Aesch und Basel–Liestal, welcher den zweiten Schub der Agglomerationsbildung in Gang setzte. Die scharfen Grenzen zwischen städtischer Agglomeration und ländlichem Umland, die Burckhardt Anfang der sechziger Jahre aufgefallen waren, verwischten sich. Schon in der Zwischenkriegszeit hatte es Arbeitskräfte gegeben, die in der Stadt oder in regionalen Zentren arbeiteten und in abgelegenen Dörfern schliefen. Es waren vor allem so genannte Rucksackbauern, welche in ihrer Wohngemeinde Hof und Land besassen und deshalb an die Scholle gebunden waren. Sie nahmen den täglichen Pendelweg mit den öffentlichen Verkehrsmitteln in Kauf, obwohl er noch zeitraubend und beschwerlich war. In der Nachkriegszeit erleichterte die Motorisierung das tägliche Pendeln. In grossem Umfang setzten sich lange Pendelfahrten aber erst infolge der Eröffnung der Autobahnen durch. Selbst Gemeinden am Rande der Agglomeration wie etwa Känerkinden oder Blauen boten sich jetzt als Wohnorte für Leute an, die täglich in die Stadt zur Arbeit pendelten. Das «schöner Wohnen» im Grünen gewann an Attraktivität und war dank tieferen Landpreisen

Mobilitätstempel, 1999
Autobahnraststätten dienen nicht nur den Durchreisenden. Lange Öffnungszeiten und attraktive Angebote locken auch eine regionale Kundschaft an. Sonntags kehren Tausende zum Shopping ein.

Blauen im Grünen
Die kleine Laufentaler Gemeinde Blauen liegt hoch über dem Birstal auf einer Terrasse, die dem Hügelzug Blauen vorgelagert ist.[8] Im ehemaligen Bauerndorf wohnen Mitte 1998 knapp 650 Einwohnerinnen und Einwohner. Nur noch ein halbes Dutzend Familien lebt ausschliesslich von der Landwirtschaft. Zwei Wirtshäuser, die Schweizerische Baudokumentation mit rund 70 Mitarbeiterinnen und Mitarbeitern, die Post sowie einige Handwerksbetriebe vervollständigen das kleine Angebot an Arbeitsplätzen. Drei Viertel der Blauener Erwerbstätigen gehen im Tal einer Beschäftigung nach. Doch die landwirtschaftliche Vergangenheit ist in Blauen auf Schritt und Tritt zu erkennen. Viele Wohngebäude im alten Dorfkern sind umgebaute Bauernhäuser. Auf der unter Naturschutz stehenden Weide am Blauenabhang sömmern Rinder. Schon auf der brunnerschen Karte aus dem 18. Jahrhundert sind die Viehgassen eingezeichnet, die noch heute zur Weide führen und von einem Lebhag überwölbt sind.
Blauen ist eine Gemeinde, die alle Vorzüge des Wohnens im Grünen bietet. Seit der Eröffnung der Talentlastungsstrasse von Basel nach Aesch 1982 und der Grellinger Umfahrungsstrasse 1999 ist sie für motorisierte Pendler gut erschlossen. Seit weni-

in abgelegenen Dörfern erschwinglich. An die Kerne abgelegener Gemeinden wuchsen nach und nach neue Einfamilienhausquartiere, in verkehrsgünstiger gelegenen Dörfern wie Frenkendorf, Füllinsdorf oder Itingen schon in den sechziger und siebziger Jahren, in den entfernteren Gemeinden wie beispielsweise Blauen, Nenzlingen oder Dittingen in den achtziger und neunziger Jahren. Christoph Oberer, der dieses Phänomen am Beispiel des Kantons Basel-Landschaft unter die Lupe genommen hat, bezeichnet diesen Prozess im Anschluss an die Planungstheorie als «Periurbanisierung»: Auch die Gemeinden am Rand der Agglomeration durchlaufen einen Verstädterungsprozess.[23] Das soziale Gefüge der Dörfer veränderte sich nachhaltig. Menschen mit städtischen Lebensweisen und Ansprüchen ziehen aufs Land und treffen dort auf Einheimische, die zum Teil noch von Erfahrungen im landwirtschaftlichen Lebenszusammenhang geprägt sind und eine eher bewahrende und konservative Haltung an den Tag legen.

Auch die Talsohlen bleiben vom neuen Wachstumsschub, den der Autobahnbau auslöste, nicht verschont. Neue Mehrfamilienhausquartiere schiessen aus dem Boden und füllen Baulandreserven auf. Die Industrie- und Gewerbezonen greifen weiter aus. Die Einfamilienhausquartiere kriechen die Talhänge hinauf, welche die Gemeinden in den sechziger Jahren grosszügig als Baugebiet eingezont haben. Die einst deutlichen und grünen Grenzen zwischen den einzelnen Dörfern verwischen sich. Der Abstand zwischen Baugebiet und Waldgrenze verringert sich. Das Siedlungsbild glich sich auch im oberen Kantonsteil immer mehr dem Modell einer mehrgliederigen Grossstadt an, welche sich von Basel ausgehend zwischen den bewaldeten Hügelzügen fingerartig in die umliegenden Täler ausbreitet.

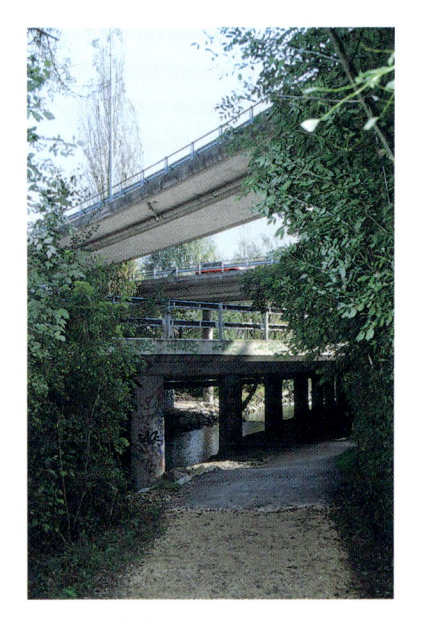

Strassenskulptur

gen Jahren verkehrt zudem ein Autobus. Die Hangterrasse, auf der Blauen liegt, ist klimatisch begünstigt. Sie ist nach Süden ausgerichtet und gut besonnt. Oft liegt sie über den Luftschichten, die dem Laufener Becken Frost bringen. Die Aussicht von Blauen auf das Birstal und die gegenüberliegenden Hügelzüge des Faltenjuras ist überwältigend. Der Dorfkern ist locker bebaut und bietet dem Grün viel Platz. Entdecker der klimatischen und landschaftlichen Reize Blauens waren Städterinnen und Städter aus Basel, die eine schön und nah gelegene Wochenendbleibe suchten. Etwas abseits des Dorfkerns entstand nach dem Zweiten Weltkrieg eine locker bebaute Kolonie von Ferien- und Wochenendhäusern. Bereits 1943 bauten die Basler Verkehrsbetriebe das Bergheim Blauen Reben, ein Erholungs- und Ferienheim für ihr Personal. In den achtziger Jahren beginnen Leute nach Blauen zu ziehen, die nicht nur übers Wochenende oder während der Ferien, sondern dauernd Wohnsitz nehmen wollen. Innert weniger Jahre nimmt die Bevölkerung sprunghaft zu. Sie steigt von 410 Personen 1980 um nahezu 60 Prozent auf 649 Personen im Jahre 1998. Um den alten Dorfkern herum legt sich nach und nach ein Kranz moderner Einfamilienhäuser. Mit dem Siedlungsbild verändert sich auch das soziale Ge-

WOHNEN UND FAHREN

Mobilität und Landschaft
Die Autobahnbänder, welche den Kanton Basel-Landschaft in verschiedenen Richtungen durchqueren, prägen die Landschaft stark. Das Bild zeigt die A2 bei Diegten.

füge. Die Zuzüger treten als neue, aber uneinheitliche soziale Gruppe in Erscheinung. Spannungen zwischen der eingesessenen und der zugezogenen Einwohnerschaft bleiben nicht aus. Doch treten auch zwischen den Altblauenern selbst Konflikte auf. Einzelne verdienen am Landverkauf an die Auswärtigen. Andere stören sich daran und empfinden die Veränderungen als Verlust. Auch die Auseinandersetzung um die Kantonszugehörigkeit des Laufentals belastet das Dorf. Trotzdem soll die Stimmung im Dorf vergleichsweise gut sein, bestätigen Neu- wie Altblauener. Sie führen die geringe Konfliktintensität darauf zurück, dass sich mit den «Wochenendhäuslern» schon länger Fremde im Dorf aufgehalten hätten. Zudem weisen sie auf den Verein «Zämme rede – zämme schaffe – zamme labe» hin, der sich seit den achtziger Jahren erfolgreich darum bemühe, Einheimische und Zuzüger zusammenzubringen.

Lesetipps

Zur Siedlungsgeschichte des Kantons Basel-Landschaft im 20. Jahrhundert empfehlen sich die Arbeiten von Suter (1971, 1976 und 1982) sowie der Band 16 des Baselbieter Heimatbuches, der eine Vielzahl interessanter Beiträge zum Thema «Siedlung und Umwelt» versammelt. Hervorzuheben sind die Aufsätze von Oberer (1987) und Wronsky (1987). Die Geschichte der Orts- und Regionalplanung hat Blanc (1996) bearbeitet.

Eine sehr gute Übersicht über die Verkehrs- und Mobilitätsgeschichte des Kantons Basel-Landschaft liefert Auer (1964a). Seine kritischen Einschätzungen aus damaliger Sicht sind erfrischend. Eine materialreiche und auch die neuesten Entwicklungen berücksichtigende Fortsetzung hat Oberer (1991) als Projekt der Forschungsstelle Baselbieter Geschichte verfasst. Während Auer den Fortschrittsglauben der sechziger Jahre zum Ausdruck bringt, lässt Oberer in der unveröffentlichten Studie seine kritische Haltung gegenüber der Automobilität durchblicken. Verkehrsgeschichte aus der Perspektive beteiligter Beamter und Politiker liefern die Jubiläumsschrift des Tiefbauamts des Kantons Basel-Landschaft (1982) und ein Beitrag von Messmer (1987) im Baselbieter Heimatbuch.

Blauen ist Gegenstand mehrerer geografischer Untersuchungen. Hervorzuheben ist die vergleichende Studie von Huber (1989).

Über Birsfeldens Siedlungsgeschichte orientiert ein ausführliches und sehr materialreiches Kapitel der Heimatkunde (Rüdisühli [Hg.] 1976).

Abbildungen

Walter Bucher, Birsfelden: S. 45.
Laufentaler Museum, Laufen: S. 46.
Museum Muttenz Bildersammlung: S. 47.
Dettwiler 1912: S. 49.
Anne Hoffmann: Karten S. 50–51. Quelle Statistisches Jahrbuch Kanton Basel-Landschaft 1963ff.
Amt für Regionalplanung: Die Entwicklung der Pendlerbewegung, Liestal o. J.: S. 52.
Max Mathys, Muttenz: S. 53, 57 und 59 oben.
StA BL, NA, Erziehungsakten F 15: S. 54.
Plakatsammlung Basel: S. 58.
Foto Mikrofilmstelle: S. 59 unten.
Anne Hoffmann: Grafik S. 60. Quelle Ergebnisse der Volkszählung 1990.
Lomografie. Ruedi Epple, Sissach: S. 60.
Foto Mikrofilmstelle: S. 61–62.
Peter Suter, Arboldswil: S. 63.

Reproduktionen durch Mikrofilmstelle.

Anmerkungen

1 Briefwechsel in Sachen H. S. jun., StA BL, NA, Justiz-Akten L.
2 Eingabe vom 28. Oktober 1919, StA BL, NA, Justiz-Akten L.
3 Dettwiler 1912, S. 11.
4 Zum Folgenden: Dettwiler 1912.
5 Christen 1952, S. 13.
6 Statistik Mietwohnverhältnisse vom 25. November 1925, StA BL, NA, Justiz-Akten L.
7 RRB Mieterschutz vom 21. September 1918, GS BL 16, S. 595–597.
8 Schreiben des RR vom 23. Januar 1920 an das eidgenössische Amt für Arbeitslosenfürsorge, StA BL, NA, Bau-Akten GG 9.
9 Bericht des Hochbau-Inspektorats vom 28. Dezember 1922, StA BL, NA, Arbeit F 6.
10 Eingabe des Haus- und Grundeigentümerverbandes Baselland vom 23. Februar 1924, StA BL, NA, Justiz-Akten L.
11 Epple 1998b, S. 236–246.
12 Haus- und Grundeigentümerverband Baselland (Hg.) 1970.
13 NZ 2. Januar 1929.
14 Vgl. Bd. 6, Kap. 10.
15 Zit. nach: Epple 1993, S. 174–175.
16 Zit. nach Epple 1993, S. 175–177.
17 Auer 1964a, S. 252.
18 Zum Folgenden: Oberer 1994, S. 282; Auer 1964a, S. 253.
19 Zum Folgenden: Epple 1993, S. 157–181; Epple 1998b, S. 323–371.
20 Zit. nach: Epple 1998b, S. 326.
21 Auer 1964a, S. 257.
22 Burckhardt 1964, S. 298.
23 Oberer 1991.

1 Zit. nach: Epple 1993, S. 142–143.
2 Zit. nach: Epple 1993, S. 144.
3 Schreiben des Hochbau-Inspektorats vom 18. April 1939 an Wwe. G., Reinach, StA BL, NA, Bau-Akten GG 7.
4 StJ BL 1963, S. 242.
5 Zum Folgenden: Rüdisühli (Hg.) 1976.
6 BZ 22. Januar 1953.
7 Birmann 1990, S. 52–53.
8 Zum Folgenden: Huber 1989.

Vielfältige Lebenslagen

Bild zum Kapitelanfang
... Und es kamen Menschen
Das starke Bevölkerungswachstum der Nachkriegszeit beruhte weitgehend auf der Einwanderung aus der übrigen Schweiz und aus dem Ausland. Die Nachfrage von Industrie- und Bauunternehmen nach wenig qualifizierten Arbeitskräften war gross. In vielen Fabrikhallen und auf den meisten Baustellen gerieten die Arbeiterinnen und Arbeiter schweizerischer Herkunft in die Minderheit. Das Bild zeigt einen Teil der Belegschaft der Firma Rosenmund in Liestal während einer Mittagspause 1990.

Vielfalt

Wenn Ende des 19. Jahrhunderts ein stimmberechtigter Mann eine Initiative unterzeichnete, setzte er hinter seine Unterschrift oft seinen Beruf. So steht denn hinter vielen Namen «Landmann» oder «Landwirt», «Posamenter» oder «Fabrikarbeiter». Auch die Handwerker sind dabei. So finden sich «Gipser», «Schreiner», «Zimmermann», «Maler», «Maurer» und «Erdarbeiter» als Vertreter des Baugewerbes, «Fuhrmann», «Schmied», «Seiler» und «Wagner» als Vertreter des Transportwesens, «Sattler», «Schneider», «Schuhmacher» als Hersteller von Bedarfsartikeln, «Bäcker», «Wirt» und «Metzger» als Nahrungsmittelproduzenten. Vor allem im unteren Kantonsteil sind zudem zahlreiche «Bahnarbeiter» anzutreffen, welche bei der Centralbahn in Arbeit standen. Insgesamt lassen sich auf den Bogen der Initiativen, welche der Bauern- und Arbeiterbund in den neunziger Jahren des 19. Jahrhunderts startete, rund 170 verschiedene Berufsbezeichnungen feststellen. Die Unterschriftenbogen vermitteln einen Eindruck von den Berufen der stimmberechtigten Männer des ausgehenden 19. Jahrhunderts. Mit der Bedeutung, welche der moderne Wirtschaftssektor im 20. Jahrhundert gewann, nahm die berufliche Vielfalt zu. Auf den Unterschriftenbogen, die der Wiedervereinigungsverband in den dreissiger Jahren auflegte und die in erster Linie im unteren Kantonsteil im Umlauf waren, erhöhte sich die Zahl der Berufsbezeichnungen auf über 320.[1] Martin Sandreuter, der in der ersten Hälfte des 20. Jahrhunderts als Pfarrsohn in Frenkendorf aufwuchs, beschrieb die Veränderung aus eigener Anschauung: In seiner Jugendzeit habe in der Bevölkerung Frenkendorfs noch knapp das bäuerliche Element dominiert, schrieb er in seinen Lebenserinnerungen. Dann aber hätten mehr und mehr auch «Scharen von Fabrikarbeitern» sowie «Bähnler», «Stehkragenarbeiter» und «kantonale Beamte» im Dorf Wohnsitz genommen.[2] Eine Liste der Lehrberufe von 1996 verzeichnet schliesslich 672 unterschiedliche Berufsabschlüsse.[3]

Die zunehmende Zahl der Tätigkeitsfelder und Berufe war nur ein Aspekt der Vervielfältigung der Lebenslagen und Lebensweisen, die sich im

Schlägerei in Muttenz
Es ist Sonntag, kurz nach Mittag. Der Kalender zeigt den 7. Juni 1914. In Muttenz ist eine Versammlung angesagt. Italien feiert seinen Nationalfeiertag und das italienische Konsulat in Basel richtet im Restaurant «Rössli» ein Fest aus. Der Konsul selbst will die Ansprache halten. Schon kurz nach zwei Uhr versammeln sich auf dem Bahnhof Muttenz Männer und Frauen italienischer Muttersprache. Laut Presseberichten sollen es 80 bis 100 Personen gewesen sein. Auch eine italienische Musikkapelle spielt bereits auf. Sie lässt im Auftrag des Konsuls nationale Weisen ertönen. Doch dieses Programm gefällt den Leuten nicht. Sie fordern die Musikanten auf, Arbeiterlieder anzustimmen. Ohne Murren wechselt die Kapelle zum Wunschkonzert. Gegen drei Uhr wächst die Spannung unter den Wartenden. Zwei Männer steigen auf Handkarren der Bahn und sprechen zu den Umstehenden. Es sei nicht recht, meinen sie, einen Nationaltag zu feiern, wenn ein grosser Teil der Landeskinder gezwungen sei, sein Brot im Ausland zu verdienen. Beide fordern die Gesinnungsgenossen auf, die Anhängerinnen und Anhänger des Konsuls, die demnächst aus Basel kommend in Muttenz eintreffen würden, mit Protest zu empfangen. Etwa um drei Uhr fährt der Zug im Bahnhof Mut-

Laufe des 20. Jahrhunderts im Kanton Basel-Landschaft einstellte. Mit den Wanderungsbewegungen und der demographischen Entwicklung bildeten sich noch weitere soziale Unterschiede stärker aus:

– Unterschiede der Herkunft: Im unteren Kantonsteil erhöhte sich der Anteil der Bevölkerung, dessen Herkunfts- oder Geburtsort ausserhalb der Wohngemeinde, ausserhalb des Kantons Basel-Landschaft oder auch ausserhalb der Schweiz lag. Neben den Einheimischen, welche an ihrem Wohnort Bürgerrecht genossen, lebten mehr und mehr Zugezogene mit auswärtigem Bürgerort. In den Vororten vollzog sich dieser Wandel früher, in den oberen Bezirken und im Laufental später.[4]

– Unterschiede des Alters: Deutlicher als im 19. Jahrhundert traten im 20. Jahrhundert die Unterschiede des Alters hervor. Die «Jugend» und das «Alter» als soziale Kategorien waren moderne Erscheinungen. In den vorangehenden Jahrhunderten spielte diese Unterscheidung eine geringere Rolle. Kinder waren junge, Senioren alte Erwachsene. Erst die Bestrebungen des 19. Jahrhunderts zur allgemeinen Volksbildung, welche sich der Erziehung der Heranwachsenden annahmen, erst die neuen Wirtschaftsformen, welche Arbeits- und Wohnort trennten und die Betreuung der Kinder und Jugendlichen zum Problem werden liessen, erst die Fortschritte der Hygiene und Medizin, welche die Lebenserwartung erhöhten, liessen junge und alte Menschen deutlicher als wahrnehmbare soziale Kategorie hervortreten.

1930 lebten im Kanton Basel-Landschaft nahezu 9000 Personen ausländischer Herkunft. Sie machten rund 10 Prozent der Bevölkerung aus. Vor dem Ersten Weltkrieg waren sie weit zahlreicher gewesen. Damals betrug ihr Anteil 14 Prozent. Mehr als die Hälfte der Ausländerinnen und Ausländer, die sich 1930 im Kanton Basel-Landschaft aufhielten, stammte aus Deutschland. 2000 waren italienischer Abstammung, und 1200 kamen aus Frankreich. Der Rest verteilte sich auf eine Vielzahl weiterer Herkunftsländer.[5] Sie waren in erster Linie als Arbeitskräfte in die Schweiz gekommen. Der expandierende moderne Sektor der Basler und Baselbieter Wirtschaft bot

Auf Zeit in der Schweiz
Ein Teil der Fremdarbeiter, welche in der Nachkriegszeit einwanderten, besass keine dauernde Aufenthaltsbewilligung, sondern unterstand dem so genannten Saisonnierstatut. Sie mussten nach neun Monaten Arbeit in der Schweiz für mindestens drei Monate in ihre Heimat zurückkehren. Obwohl ein Einkommensausfall bevorstand und keiner sicher war, ob er auch im kommenden Jahr wieder in der Schweiz Arbeit finden würde, gestaltete sich die Rückkehr in die Heimat oft zum Fest.

68   VIELFÄLTIGE LEBENSLAGEN

zahlreiche und attraktive Arbeitsplätze. Zum Beispiel kamen beim Bau des Hauenstein-Basistunnels zahlreiche Italiener zum Einsatz. Sie wohnten in Tecknau in einer Barackensiedlung, die man eigens für sie hatte errichten lassen. Bei den Einheimischen stiess ihr fremdartiges Aussehen und Verhalten auf Neugierde, wie es Traugott Meyer in seinem «Tunälldorf» eindrücklich beschrieb.[6] Doch diese schlug rasch in Feindseligkeit um, wenn sich dazu Anlass bot. Und solche Anlässe waren meist dann gegeben, wenn die wirtschaftliche Entwicklung die Arbeit knapp werden liess. Auch die Fremdenfeindlichkeit hatte ihre Konjunkturen. 1921, die Nachkriegsdepression hatte gerade zahlreiche Arbeiterinnen und Arbeiter arbeitslos gemacht, wusste der Polizeiposten Allschwil zu berichten: «Anlässlich der vielen polizeil. Mietausweisungen & der Arbeitslosigkeit begegnet der Unterzeichnete bei Ausübung seines tägl. Dienstes bei der hiesigen Arbeitsbevölkerung viel auf die Äusserung & Vorwürfe, es sei nicht recht, dass immer noch so viele Elsässer aus den anstossenden Gemeinden hier beschäftigt würden & schweizerische Angehörige arbeitslos sind.»[7] Stimmen, die sich gegen die Anwesenheit von Ausländerinnen und Ausländern wandten, waren also keine Ausnahme. Auch die Behörden von Bund und Kanton teilten die Sorgen ihrer Wählerschaft. So griff das kantonale Arbeitsamt zugunsten schweizerischer Arbeitskräfte ein, wenn Firmen ohne Bewilligung Ausländer beschäftigten. Und der Bund ergriff Ende der zwanziger Jahre Massnahmen gegen die so genannte Überfremdung, indem er die Einbürgerung von Kindern ausländischer Väter und schweizerischer Mütter erleichterte. Die entsprechende Verfassungsänderung, über die man am 20. Mai 1928 abstimmte, hiessen auch die Baselbieter Stimmberechtigten grossmehrheitlich gut. In den dreissiger Jahren drängten die Wirtschaftskrise und die Vorboten des Zweiten Weltkriegs viele Ausländer in ihre Herkunftsländer zurück. 1941 hielten sich noch rund 5000 Ausländer im Kanton auf. Ihr Anteil an der Gesamtbevölkerung betrug etwas über fünf Prozent. Die grösste Gruppe stellten auch zu diesem Zeitpunkt die deutschen Staatsangehörigen. Unter dem Eindruck des erfolg-

Flüchtlinge

Die Flüchtlinge aus Ungarn, die ihre Heimat 1956 aus politischen Gründen verliessen, wurden von der Schweiz und dem Kanton Basel-Landschaft mit offenen Armen empfangen.

BAND SECHS / KAPITEL 4

reichen Dritten Reiches waren sie auch wohlgelitten, wenn sie sich als Anhängerinnen und Anhänger Hitlers hervortaten. Erst nach dem Krieg entlud sich eine Woge der Feindseligkeit gegen die Deutschen.[8]

Die fremdenfeindliche Haltung, wie sie in der Zwischenkriegszeit und später dann auch in den sechziger und siebziger Jahren zu verzeichnen war, lässt sich nicht isoliert betrachten. Sie ist Teil einer allgemeinen Abwehrhaltung, wie sie in Phasen raschen gesellschaftlichen Umbruchs auftreten kann. Die sozialen Veränderungen, denen die Menschen in der Zwischenkriegszeit ausgesetzt waren, befremdeten. Sie liessen vieles neu, ungewohnt oder fremd erscheinen und waren mit dem Verlust alter Gewohnheiten und Sicherheiten verknüpft. Fremd aber waren nicht nur Ausländerinnen und Ausländer, fremd waren einem auch die Zuzüger schweizerischer Abstammung, fremd wurden einem die Wegzüger, welche andernorts ihr Glück versuchten, unbekannt waren die neuen Berufe, die zu ergreifen man gezwungen war, ungewohnt waren die neuen Denk- und Verhaltensweisen, mit denen man zum Beispiel als Pendler konfrontiert war. An den Fremden zeigte sich lediglich besonders deutlich, was auch den Rest der Bevölkerung betraf: die Vervielfältigung und Vermischung der Lebenslagen und -weisen, die häufigere Konfrontation kultureller Unterschiede und die Verschärfung sozialer Gegensätze. Als besonders anders und fremd fielen Frauen und Männer aus dem Ausland deshalb auf, weil sie die öffentliche Diskussion und das alltägliche Gespräch dazu machten oder weil ihre Sprache oder ihr Verhalten Anlass boten, die Unterschiede als besonders stark herauszustreichen. Dem kam die psychische Neigung vieler Menschen entgegen, ihre verdrängten und ungelebten Seiten auf andere Menschen zu übertragen und an diesen abzulehnen. Weil ihr so viel Eigenes und Zufälliges anhaftet, betraf die Abwehrhaltung auch nicht alleine Ausländerinnen und Ausländer. Sie konnte sich im Kanton Basel-Landschaft auch gegen Projekte wie die Hochspannungsleitung richten, welche eine auswärtige Elektrizitätsgesellschaft über Baselbieter Boden ins benachbarte Elsass führen wollte. Oder

Gegen die Fremden, 1970

In den 1960er und 1970er Jahren lancierten die Nationale Aktion gegen die Überfremdung von Volk und Heimat sowie die Republikaner eine Reihe von Volksinitiativen, welche die Einwanderung ausländischer Arbeitskräfte unterbinden oder sogar rückgängig machen wollte. Die Baselbieter Stimmberechtigten lehnten diese Vorstösse jeweils mehrheitlich ab. Der populärste Vorstoss, die so genannte Schwarzenbach-Initiative, wollte innert vier Jahren den Ausländerbestand auf zehn Prozent der Wohnbevölkerung der Kantone senken. Diese Initiative wurde 1970 auf schweizerischer Ebene mit einem Ja-Stimmenanteil von 46 Prozent relativ knapp abgelehnt. Im Kanton Basel-Landschaft erzielte sie lediglich 39,5 Prozent.

tenz ein. 200 bis 250 Italienerinnen und Italiener, die der Einladung des Konsulats gefolgt sind, steigen aus. Pfiffe und Protestrufe nehmen sie in Empfang. Der Fahnenträger des Italienervereins «Patria», G. V., versucht sich an die Spitze des Zuges zu stellen, der sich in Richtung «Rössli» in Bewegung setzen will. Beim Ausrollen seines Banners stört ihn E. M., ein 37-jähriger Ladengehilfe. Der Verein «Patria» sei kein politischer Zusammenschluss, protestiert M. lauthals, sondern ein neutraler Unterstützungsverein. Ohne entsprechenden Vereinsbeschluss dürfe die Fahne nicht zu politischen Zwecken verwendet werden. Auch um die Fahne des Vereins «Anziana» kommt es zu ersten Handgreiflichkeiten. In Wortgefechten erhitzen sich die Gemüter und die beiden Gruppen geraten sich in die Haare. Eine Schlägerei bricht aus. Eines der Banner wird zerfetzt. Fäuste schlagen zu. Stöcke und Schirme krachen auf Köpfe und Körper. Rote und blaue Flecken blühen auf. Blutende Schwären klaffen. Nach etwa 15 Minuten ist der Spuk vorbei. Nach und nach trennen sich die Streithähne. Die Parteien gruppieren sich neu. Drohend und fluchend gehen sie langsam ihres Wegs. Die national gesinnten Anhängerinnen und Anhänger des Konsuls bewegen sich Richtung «Rössli». Ihre Gegnerinnen

VIELFÄLTIGE LEBENSLAGEN

Fremd sein, 1995
Sritharan Thiyagarajah ist Tamile. Er kam 1967 in Navatkuly bei Jaffna im Norden der Insel Sri Lanka zur Welt. Er besuchte die Schulen und zuletzt auch das Gymnasium in Jaffna. Doch in seinem Heimatland, wo viele Menschen aus Europa ihre Ferien verbringen, hielt es Sritharan Thiyagarajah nicht länger. Der Bürgerkrieg zwischen der tamilischen Untergrundarmee und den Regierungstruppen Sri Lankas trieb ihn zur Flucht. 1987 kam er als Asylbewerber in die Schweiz. Seit 1990 lebt er in Laufen. Er arbeitete in verschiedenen Restaurants und ein Jahr in der Fabrik. Später beauftragte ihn die Gemeinde Laufen mit Betreuungs- und Übersetzungsaufgaben. Seit seiner Heirat mit einer Schweizerin und der Geburt einer Tochter ist er vorwiegend Hausmann. Als Sritharan Thiyagarajah auf seiner Flucht in die Schweiz gelangte, fühlte er sich fremd. Zunächst sei es die Sprache gewesen, die ihm Schwierigkeiten bereitete, beschreibt er im Baselbieter Heimatbuch von 1995. Die deutsche und die tamilische Sprache entstammten unterschiedlichen Sprachfamilien. So bestehe das Alphabet im Deutschen aus rund einem Zehntel der Silben, die ihm in seiner Sprache zur Verfügung ständen. In zweiter Linie habe ihm die Mentalität der Schweizerinnen und Schweizer Kopfzerbrechen verursacht. Kaum konnte er einige Worte

sie konnte Fremde aus dem eigenen Land treffen. Das mussten zum Beispiel während der dreissiger Jahre die Baselstädter und Baselbieter Befürworter der Wiedervereinigung spüren, denen im oberen Kantonsteil kaum verhohlene Feindseligkeit entgegenschlug.[9] Das erlebten in der Nachkriegszeit Leute, welche sich politisch verdächtig gemacht hatten. So zum Beispiel die Mundartdichterin Helene Bossert, die man mit Verachtung und Berufsverbot bestrafte, weil sie eine Reise nach Russland unternommen hatte.[10]

In den sechziger und frühen siebziger Jahren erlebte die Schweiz und mit ihr der Kanton Basel-Landschaft eine neue Welle der Fremdenfeindlichkeit. Sie war zunächst wie in der Zwischenkriegszeit eine Folge des rasanten gesellschaftlichen Wandels, der sich in der Hochkonjunktur einstellte und beim Spitzenreiter der Wachstumskantone, im Kanton Basel-Landschaft, besonders ausgeprägte Formen annahm. Die unübersehbaren Wachstumsfolgen wie die Wohnungsnot, die Teuerung, die Mängel im Gesundheits- und Bildungswesen sowie der Rückstand der Infrastruktur boten rechts stehenden politischen Kreisen Gelegenheit, die Verantwortung für die Missstände den im Kanton Basel-Landschaft wohnenden ausländischen Arbeitskräften zuzuschieben. Später, mit dem Einbruch der Konjunktur 1974/75 und der wieder ansteigenden Arbeitslosigkeit, kamen auch wieder wirtschaftliche Gründe dazu. Gleichzeitig aber entschärfte sich das Problem, weil zahlreiche Ausländerinnen und Ausländer in der Wirtschaftskrise in ihre Herkunftsländer zurückkehrten.

Das vereinfachende Rezept, die Wachstumsfolgen durch den Stopp der Zuwanderung oder durch die Rückschaffung ausländischer Arbeitskräfte zu beheben, fand in den unteren sozialen Schichten starken Rückhalt. Dieser setzte zum Beispiel die Gewerkschaften als traditionelle Vertretung der Arbeiterschaft starken Spannungen aus. Auch die eidgenössischen und kantonalen Behörden nahmen die politischen Grenzen, welche das fremdenfeindliche Unbehagen einer weiteren Zuwanderung aus dem Ausland setzte, zur Kenntnis und passten sich diesen in ihrer Ausländerpolitik an.

und Gegner marschieren über die Hard nach Basel. Die Kapelle schliesst sich der zweiten Gruppe an. Vermutlich sind die Musiker mehrheitlich sozialistisch oder republikanisch gesinnt und blasen auf den Auftrag des Konsuls.
Die sonntägliche Schlägerei auf dem Muttenzer Bahnhof hat ein gerichtliches Nachspiel. Drei Männer, die Verletzungen davon getragen haben, darunter der Fähnrich V., klagen wegen Körperverletzung. Drei Tage nach dem Vorfall, am 10. Juni 1914, setzt die Polizei sechs Verdächtige, unter ihnen E. M., in Untersuchungshaft. Die Abklärungen der Staatsanwaltschaft ergeben, dass sich die Italienerinnen und Italiener, wel-

che sich am Muttenzer Bahnhof zum Empfang der Gäste des Konsuls bereit hielten, bereits am Morgen in der Kleinbasler Wirtschaft «Kellerhals» getroffen haben. Der Staatsanwalt rechnet sie den Sozialisten und Anarchisten zu. Über den Maurer E. S. beispielsweise hat er bei der Stadt-Polizei in Erfahrung gebracht, dass dieser häufig als Anstifter und Anführer von Streiks und Gewalttaten aufgetreten sein soll. Sein Vorstrafenregister führt mehrfach «Streikvergehen» und «konstante Nichtbezahlung der Steuern» an. Der Staatsanwalt unterstellt den Angeklagten, den tätlichen Angriff auf die national gesinnten Landsleute abgesprochen und die Schlägerei

Mehrheitsfähig waren die fremdenfeindlichen Postulate der rechts gerichteten Gruppierungen im Kanton Basel-Landschaft zunächst aber nicht. Sämtliche fremdenfeindlichen Vorstösse der ersten Phase wie etwa die Schwarzenbach-Initiativen lehnten die Baselbieter Stimmbürgerinnen und -bürger ab. Später aber wich die verhältnismässig offene Haltung auch im Baselbiet einer zunehmenden Verschlossenheit. Die anhaltenden wirtschaftlichen Schwierigkeiten und die stetige Wiederholung vereinfachender Argumente taten ihre Wirkung. War der Kanton Basel-Landschaft im Chor der Kantone anfänglich noch eine besonders offene Stimme, so rückte er in den achtziger und neunziger Jahren immer mehr gegen die Mitte und in Abstimmungen über ausländer- oder asylpolitische Vorlagen glich sich seine Haltung dem schweizerischen Durchschnitt an.[11] Unter diesen weniger günstigen Bedingungen lebten 1996 40 936 Ausländerinnen und Ausländer sowie 1833 asylsuchende Menschen im Kanton Basel-Landschaft. Der Ausländeranteil lag Ende der neunziger Jahre bei rund 17 Prozent.[12]

Jung sein

Das Leben der Kinder und Jugendlichen war in der ersten Hälfte des 20. Jahrhunderts von strengen Lehrerinnen und Lehrern, von autoritären Vätern, von hohen moralischen Ansprüchen und viel Arbeit geprägt. Über ihre Schulzeit von 1913 bis 1921 berichtete etwa Dora Buser-Tschan in der Heimatkunde Känerkinden. Damals drückten die Schülerinnen und Schüler aus Känerkinden die Schulbank im Nachbardorf Buckten: «Frau Bürgin war […] eine stramme, resolute Person; es hätte aus ihr gut einen Oberst gegeben. Sie hatte ja auch 70 Schüler zu unterrichten. Bei ihr konnte man erst ins Schulzimmer, wenn sie ans Fenster klopfte. Dann mussten wir neben der Hauswand in Zweierkolonne einstehen und ins Schulzimmer eintreten. Am Montagmorgen gab es jeweils Inspektion. Man musste saubere Hände und ein sauberes Nastuch haben, ebenfalls eine saubere Schürze und saubere Schuhe tragen. Die Tafel musste sauber geputzt und der Rahmen gefegt

vorsätzlich vom Zaun gebrochen zu haben. Das Kriminal-Gericht des Kantons Basel-Landschaft tritt am 11. Juli 1914 zur Verhandlung über acht Männer italienischer Staatsangehörigkeit zusammen. Zwei der Angeklagten kommen direkt aus der Untersuchungshaft. Die andern waren frei geblieben oder inzwischen gegen Kaution entlassen worden. Die Richter folgen weitgehend der Argumentation und den Anträgen des Staatsanwalts. Sie erklären die Angeklagten der einfachen Körperverletzung sowie der Störung der öffentlichen Ruhe schuldig. Gegen drei Verurteilte sprechen sie sechs-, gegen je zwei drei- und zweiwöchige Gefängnisstrafen aus.

Zudem verpflichten sie diese, Schadenersatz von zusammen 227 Franken zu leisten sowie die Gerichtskosten aufzubringen. E. S. soll zudem des Landes verwiesen werden. Nur gegenüber E. R. lässt das Gericht Milde walten. Der mit 53 Jahren älteste Angeklagte arbeitet seit 16 Jahren als Schriftgiesser in Basel. Sein Arbeitgeber stellt ihm ein gutes Zeugnis aus. Das Gericht betrachtet es als nicht erwiesen, dass er sich aktiv an der Schlägerei beteiligt hat, und spricht ihn frei – «ohne Entschädigung», wie das schriftliche Urteil festhält. Eine solche hätte er vermutlich beanspruchen können, weil er zwölf Tage in Untersuchungshaft gesessen hatte. Die Anwälte

deutsch sprechen, hätten sich Missverständnisse eingestellt, weil er mit den Worten andere Vorstellungen verband als seine schweizerischen Gesprächspartner. Aus dieser Erfahrung heraus sei er beim Sprechen und in seinem Verhalten vorsichtiger geworden, meint Sritharan Thiyagarajah rückblickend. Mit der Zeit fielen Sritharan Thiyagarajah zahlreiche kulturelle Unterschiede zwischen der Schweiz und Sri Lanka auf. So wunderte er sich zum Beispiel darüber, dass junge Schweizerinnen und Schweizer ihre Ehepartner aus freien Stücken wählen können. In seiner Heimat bestimmten die Eltern über die Partner ihrer Söhne und Töchter. Dieses Auswahlverfahren betrachtet Sritharan Thiyagarajah als weniger riskant als das europäische. In seiner Heimat seien Scheidungen denn auch eine grosse Ausnahme, weiss er zu berichten. Aber auch in Sri Lanka stelle sich zwischen den Eheleuten Liebe ein. Nur flamme diese erst nach der Heirat auf. Als stossend empfand Sritharan Thiyagarajah, dass in der Schweiz Frauen und Männer bereits vor der Ehe zusammenleben. In Sri Lanka komme das nicht vor. Auch könne sich keine Frau erlauben, alleine zu wohnen. Sie würde sofort ihren guten Namen verlieren. Was Sritharan Thiyagarajah vermisst, sind die engen Kontakte zu seiner Sippe, wie er sie in Sri Lanka erlebt hat. In der Schweiz müsse er häufig mit fremden Leuten zusammenarbeiten und -leben. Er schätzt aber, dass er damit geringerer Kontrolle durch Verwandte und Nachbarn ausgesetzt ist. Man könne hier ohne deren Einfluss arbeiten und finanziell selbständig sein. Sehr wohl fühle er sich in den katholischen Kirchen, gesteht Sritharan Thiyagarajah. Ihre Atmosphäre erinnere ihn stark an die Hindutempel, die ihm in der Schweiz fehlen würden. Insgesamt empfindet Sritharan Thiyagarajah das Leben in der Schweiz als kompliziert. Wirklich wohl fühle er sich nicht. Er habe sich aber an das neue Leben gewöhnt und er tröstet sich damit, dass er inzwischen auch in Sri Lanka ein Fremder wäre.

sein. Dann gehörten auch ein sauberer Lappen und ein gespitzter Griffel dazu. Wenn die Lehrerin sagte: ‹So, d Händ uf e Rugge, grad im Bank sitze und d Bei zäme, denn verzell i euch e Gschicht›, begann eine richtige Tortur. Die Schüler in der hintersten Reihe mussten aufpassen, dass alles schön befolgt wurde. Es gab damals noch Tatzen oder ‹e Watsch an d Oore›.»[13] Von strengen Eltern wussten Auskunftspersonen von Eduard Strübin zu berichten: «Miir häi im Vatter grüüseli müese folge» oder «miir häi gwüsst, dass mer e Vatter häi».[14] Die hohen moralischen Anforderungen brachte zum Beispiel John Schneider, Pfarrer in Oltingen und Sissach, 1915 in seinem «Konfirmandenbuch» zum Ausdruck. Dort verlangt er von den jungen Männern und Frauen, sie sollten im «Denken, Reden und Tun» anständig sein. Schneider sah vor allem im Alkohol sowie in der Gesellschaft schlechter Kameraden eine Gefahr für die jungen Menschen. Wer in ihren Bann geriet, führe «schlüpfrige Reden», phantasiere «unanständige Bilder» und streiche Mädchen oder jungen Burschen nach. Wo die «sittlichen Kräfte» dem «Trieb» und den «Leidenschaften» wichen, mahnte Schneider, drohten «Unsittlichkeit» und «geschlechtliche Ausschweifungen».[15] Schliesslich die Arbeit: Sie war für die meisten Kinder und Jugendlichen alltäglich. Vor allem in Posamenter- und Bauernfamilien war es selbstverständlich, dass schon die Kinder vor, nach und manchmal auch statt der Schule anpackten. Aber auch in den Handwerkerfamilien wuchsen die Nachkommen fast unbemerkt in den Arbeitsalltag hinein. Anders erging es den Kindern von Eltern, die im modernen Wirtschaftssektor tätig und für die Arbeits- und Wohnort getrennt waren. Sie waren weitgehend sich selbst oder Verwandten überlassen. Ihre Betreuung und Versorgung entwickelte sich zu einem Problem, dessen sich Schule und Sozialstaat zunehmend annahmen. Das Rezept, das sie dabei lange Zeit verfolgten, lief darauf hinaus, den Frauen die Haushalts- und Erziehungsarbeit zuzuweisen und den Familienvätern zu ermöglichen, einen ausreichenden Ernährerlohn zu verdienen. Erst allmählich finden auch andere Formen der familiären Arbeits-

Multikulturell
Kindern fällt es leicht, im Spiel kulturelle Grenzen abzubauen.

der Verurteilten akzeptieren den Schuldspruch der ersten Instanz nicht. Am 14. Oktober 1914 kommt es vor Obergericht zu einer neuen Verhandlung. Da es die zweite Instanz nicht für bewiesen erachtet, dass die Muttenzer Schlägerei eine abgekartete Sache war, korrigiert sie das Urteil der Vorinstanz. Die drei Hauptangeklagten erhalten nicht sechs, sondern nur noch vier Wochen Gefängnis aufgebrummt. Zudem darf E. S. auch weiterhin in der Schweiz bleiben.[1]
Die Richter, die über den Fall zu befinden haben, und die Presse, die darüber berichtet, greifen in ihrer Beurteilung auf eingefahrene Vorstellungen über italienische Landsleute zurück. So nimmt beispielsweise die ‹Basellandschaftliche Zeitung› nach der Schlägerei verwundert zur Kenntnis, dass «von der bekannten italienischen Waffenanwendung» kein Gebrauch gemacht worden sei und «keine Schwerverletzten» zu beklagen seien.[2] Und das Obergericht bezieht sich in seiner schriftlichen Urteilsbegründung auf die «ohnehin leicht aufbrausenden Gemüter der Italiener».[3] Solche Klischees mögen zwar noch heute verbreitete Vorurteile gegenüber Fremden bestätigen, den beteiligten Menschen und dem Konfliktverlauf entsprechen sie aber nicht. Peter Manz, ein Tessiner Historiker, der die Muttenzer

Jugend, um 1980
Wer in den 1960er und 1970er Jahren ein Töffli besass, war «in» und gehörte dazu.

teilung Unterstützung. Teilzeitarbeit, Tageskrippen und Tagesschulen gehören in diesen Zusammenhang.

Auch die Kinder und Jugendlichen des frühen 20. Jahrhunderts hatten Möglichkeiten, sich der strengen Zucht und Arbeit zu entziehen. Gemeinsame Ausflüge am Sonntag, Feste, spontane Tanzanlässe, Ferienlager, Nacht- und Bubenstreiche, Händel zwischen Quartier- und Dorfbanden, Spiel und Spass boten in der kargen Freizeit Gelegenheit, die engen Grenzen zu weiten und ab und zu über die Schnur zu schlagen. Einige schlossen sich dem Wandervogel an, einer Vereinigung junger Menschen, die sich einem natur-

Vorfälle näher untersucht hat, kommt denn auch zur Einschätzung, dass von den Italienerinnen und Italienern schon damals nicht gesprochen werden konnte. Die italienische Kolonie, 1910 in Basel um 4600, im Kanton Basel-Landschaft um 3000 Köpfe zählend, war äusserst unterschiedlich zusammengesetzt. Die Konfliktlinie zwischen national gesinnten Leuten einerseits, sozialistisch oder republikanisch denkenden Kräften andererseits beschreibt nur einen zentralen Unterschied innerhalb der italienischen Gruppe. Andere Differenzen ergaben sich aus der unterschiedlichen Herkunft und Verweildauer in der Schweiz. So standen beispielsweise junge Italiener, die aus ländlichen Gegenden stammten und erst vor kurzer Zeit in die Schweiz eingewandert waren, älteren Landsleuten städtischer Herkunft gegenüber, welche sich schon länger oder mehrfach in der Schweiz aufgehalten hatten. Manz hat Hinweise darauf gefunden, dass die ländlich geprägten Italienerinnen und Italiener von ihren eigenen Landsleuten abschätzig behandelt wurden und dass erstmals in der Emigration lebende Männer schlecht in die italienische Kolonie und ihre Vereine eingebunden waren. Sie trafen sich nicht in den Vereinslokalen, sondern auf Bahnhöfen. Dabei war zum Beispiel Muttenz günstiger als der Haupt-

Schulweg in Wahlen

nahen Lebensstil, dem Wandern, der Geselligkeit, dem Volkslied und dem Volkstanz verschrieb. Andere gehörten den Pfadfindern oder kirchlichen und abstinenten Jugendgruppen wie der Jungschar, der Blaukreuzjugend, dem Blauring oder der Jungwacht an. Interessant gestaltete sich der Schulunterricht für jene Schülerinnen und Schüler, die bei einer von der Reformpädagogik beeinflussten Lehrkraft zur Schule gingen. Um den Baselbieter Schulinspektor Ernst Grauwiller und den Schweizerischen Verein für Knabenhandarbeit und Schulreform sammelte sich eine ganze Anzahl Baselbieter Lehrkräfte, welche die Forderung des alten Pestalozzi ernst nahmen. In ihrem Unterricht wurden neben dem Kopf auch Herz und Hand gebildet.[16]

Am 28. Dezember 1957 hob die Baselbieter Polizei in Allschwil einen «Existentialistenkeller» aus. Dieser war kurz zuvor von Basel nach Allschwil verlegt worden. Diese Nachricht ist eines der frühesten Zeugnisse dafür, dass die unter den Jugendlichen aktuellen Moden und Bewegungen nach dem Zweiten Weltkrieg jeweils auch auf das Baselbiet überschwappten. Die Existenzialisten hatten ihre Hochblüte in den fünfziger Jahren. Sie waren eine der ersten Jugendszenen der Nachkriegszeit. Wer sich ihnen zugehörig fühlte, pfiff auf bürgerliche Konventionen, las Bücher von Jean-Paul Sartre und Albert Camus, hörte Jazz und kleidete sich mit schwarzem Pullover und Baskenmütze. Existenzialistische Jugendliche waren gesellschaftskritisch eingestellt, ein direktes politisches Engagement aber stand für sie nicht im Mittelpunkt. Zentral war der Lebensgenuss im Hier und Jetzt. Man traf sich in Kellerlokalen, wo Jazzbands aufspielten. Man tanzte in offenen Formen, diskutierte, trank Coca-Cola, rauchte und teilte die Freuden mit Gleichgesinnten.

Die Existenzialisten waren weder die erste noch die letzte Jugendbewegung, welche ihre Ableger auch im Kanton Basel-Landschaft hatte. Es folgten die Halbstarken, die Beatniks, die Hippies, die Rocker, die Teds, die Punks, die Skins, die Rapper, die Skater und die Techno-Generation. Zwar waren alle diese Jugendbewegungen in erster Linie städtische Erscheinungen und deshalb vor allem in Basel anzutreffen. Doch fanden sich in jedem Fall auch

Palais noir, 1989
Das Jugendhaus Palais noir in Reinach steht allen 12- bis 20-jährigen Jugendlichen offen. Es dient zum Faulenzen, Austoben und Spielen sowie für Veranstaltungen und Treffen. Es enthält neben Veranstaltungs- und Freizeiträumen ein Fotolabor, eine Werkstatt, ein Büro sowie eine Küche. Ein Jugendhaus-Team sorgt dafür, dass Themen wie Schule, Liebe, Eltern, Arbeit und Drogen zur Sprache kommen können. Doch hängt, was im Palais noir läuft, in erster Linie von der Initiative der Jugendlichen selbst ab.

bahnhof Basel. Denn auf der Landschaft waren die Polizeikontrollen seltener und weniger streng als in der Stadt. Manz vermutet deshalb, dass die Muttenzer Schlägerei nicht zufällig dort und unter Beteiligung schlecht integrierter Immigranten ausbrach. Aber er schreibt sie nicht dem angeblich aufbrausenden Gemüt der Italiener oder dem ihnen unterstellten Hang zur Gewalt zu. Er findet die Ursachen bei politischen und sozialen Gegensätzen innerhalb der italienischen Kolonie selbst, welche am Vorabend des Ersten Weltkriegs und vor dem Hintergrund innenpolitischer Spannungen in Italien besonders stark zum Ausdruck kamen.[4]

Fremde
«Ich bin vor 8 Tagen bei der Firma V. [...] in Allschwil entlassen worden. Eingestellt wurde ich Mitte Juni dieses Jahres, also mitten im Streik der Holzarbeiter in Basel. Nach dem Streik wurden 5 Elsässer eingestellt. Das war etwa Ende September. Jetzt soll ich als steuerzahlender Schweizer daheim Trübsal blasen, währenddem diese 5 Waggis den ganzen Winter durch arbeiten können [...] Jetzt verlange ich nur, dass ich wieder beschäftigt werde, andernfalls soll aber auch diesen Ausländern die Arbeitsbewilligung entzogen werden.» Die Gründe, die 1930 zu seiner Entlassung geführt hatten, lagen für H.G., Zimmermann

Sprayer-Szene
Graffiti sind mit dem Rap, einem Sprechgesang, und dem Breakdance, einem akrobatischen Tanz, Teil der Hip-Hop-Kultur. Diese Ausdrucksformen der Schwarzen in den USA haben sich in den letzten Jahren nach Europa ausgebreitet. In der Sprayer-Szene herrscht eine strenge Hierarchie. Wer sein Werk in der Hall of Fame, der Basler Bahnhofeinfahrt, präsentieren will, muss sich durch Qualität auszeichnen oder seinen Platz behaupten, indem er sein Graffito ständig erneuert.

auf der Landschaft Einzelne oder Grüppchen, die sich durch ihr Aussehen oder ihren Auftritt zu diesen Szenen bekannten.[17] Eine eher angepasste Jugend repräsentierten die jungen Männer und Frauen, die sich im ersten Jugendparlament Basel-Landschaft engagierten. Dieses wurde nach dem Zweiten Weltkrieg gegründet und um 1970 wieder aufgelöst. In den sechziger Jahren häuften sich auch im Baselbiet die Beispiele, in denen Jugendliche aktuelle Probleme aufgriffen und durch kreative Aktionsformen in die Öffentlichkeit trugen. So bestand zum Beispiel in der Bewegung gegen die Wiedervereinigung das Junge Baselbiet, ein Zusammenschluss junger Frauen und Männer, der sich unkonventioneller Mittel bediente, um sich für die Selbständigkeit des Kantons einzusetzen. Anlässlich der Landesausstellung EXPO, die 1964 in Lausanne stattfand, marschierte eine Abordnung mit Baselbieter Fahnen von Liestal an den Genfersee und erntete viel öffentliche Aufmerksamkeit.[18]

aus Itingen, auf der Hand: Arbeiter aus dem benachbarten Elsass hatten ihn verdrängt. Sein ehemaliger Arbeitgeber sah es anders: Die Vorarbeiter hätten ihm gemeldet, schrieb er dem Arbeitsamt, dass G. zu wenig und zu schlecht gearbeitet habe, so dass seine Leistungen in keinem Verhältnis zum Lohn gestanden hätten. Das kantonale Arbeitsamt stellte fest, dass die Allschwiler Firma V. tatsächlich fünf Arbeiter aus dem Elsass beschäftigte. Diese waren aber nicht erst nach dem Streik, wie G. behauptete, sondern schon vor dem Arbeitskampf im Basler Holzgewerbe in der Firma tätig gewesen. Die Frage, welche Sicht die zutreffende gewesen ist, ob die des entlassenen Zimmermanns G. oder die seiner ehemaligen Firma V., soll hier nicht weiter abgeklärt werden. Die Beschwerde G.s ans Arbeitsamt hatte zur Folge, dass er wieder eingestellt wurde und die fünf elsässischen Kollegen bei der Firma V. bleiben konnten. Von Interesse ist hier ein anderer Aspekt: Auffällig ist, wie rasch H.G. aus Itingen seine fünf elsässischen Arbeitskollegen für seine Entlassung verantwortlich machte und sie als «Waggis» beschimpfte. Dass sie Konkurrenten um knappe Arbeitsplätze waren und dass er als «steuerzahlender Schweizer» ein Vorrecht auf einen Arbeitsplatz beanspruchen konnte, war ihm selbstverständlich.[5]

76 VIELFÄLTIGE LEBENSLAGEN

Stellung im Beruf

Neben Herkunft, Beruf, Konfession, Alter sowie Einkommens- und Vermögensverhältnissen gehört auch die berufliche Stellung zu den zentralen sozialen Unterscheidungsmerkmalen innerhalb einer Gesellschaft. Zu Beginn des 20. Jahrhunderts waren im Kanton Basel-Landschaft rund 30 Prozent der Erwerbstätigen selbständig oder mitarbeitende Familienmitglieder eines selbständigen Betriebs. In ihrer Mehrzahl handelte es sich dabei um die Besitzer bäuerlicher oder handwerklicher Familienbetriebe und ihre Angehörigen. Die Inhaber moderner Industrieunternehmen zählten auch zu dieser Kategorie, machten aber noch eine kleine Minderheit aus.

Der Anteil der Selbständigerwerbenden und ihrer Familienangehörigen verringerte sich von Jahrzehnt zu Jahrzehnt. Nur gerade in den achtziger Jahren nahm er wieder etwas zu. Die Zunahme gegen Ende der Beobachtungsperiode ist vermutlich darauf zurückzuführen, dass die wirtschaftlichen Schwierigkeiten nach dem Konjunktureinbruch der siebziger Jahre sowie die technologische Entwicklung zur Gründung zahlreicher Kleinbetriebe führten. Man spricht in diesem Zusammenhang von neuen Selbständigen.

Die Inhaber und leitenden Angestellten moderner Industrie- und Dienstleistungsunternehmen, welche anfänglich noch zu den Selbständigerwerbenden zählten, weist die Statistik erst seit 1930 als eigenständige Kategorie aus. Ihr Anteil nahm kontinuierlich zu, ohne dass er die Verluste der Selbständigerwerbenden aufzuwiegen vermochte. Zu berücksichtigen ist zudem, dass diese Kategorie auch die wachsende Schicht der Managerinnen und Manager enthält, welche grossen Unternehmen vorstehen, ohne deren Eigentümer zu sein.

Rund 70 Prozent der Erwerbstätigen waren schon zu Beginn des 20. Jahrhunderts Arbeiter, Angestellte und Lehrlinge. Der Anteil dieser drei Kategorien hat sich auf nahezu 80 Prozent erhöht. Interessant ist, dass sich zwischen den

Ein anderes Beispiel sind die Liestaler Gymnasiastinnen und Gymnasiasten, die eine Protestkundgebung zugunsten der tschechoslowakischen Reformbewegung organisierten, als diese am 21. August 1968 unter die Räder der Truppen des Warschauer Paktes geraten war. Später folgten Proteste gegen den Vietnamkrieg und den Konsumzwang sowie für die Dritte Welt und den Weltfrieden. Auch der Zustand von Natur und Umwelt beunruhigte die Baselbieter Jugend. So stellte sie einen Hauptteil der Bewegung, die sich in den siebziger Jahren gegen das geplante Atomkraftwerk Kaiseraugst zur Wehr setzte. Immer wieder wussten sich Jugendliche aber auch für ihre eigenen Interessen einzusetzen.

Der «Nabucco-Chor» am Gymnasium Oberwil zum Beispiel richtete sich 1972 gegen Einschränkungen der Bewegungsfreiheit, welche Nachbarn und Gemeinde im Ettinger Provisorium verlangten. Oder ein Streik von Schülerinnen und Schülern der meisten höheren Schulen des Kantons forderte 1979 praxisbezogenen Unterricht und wandte sich gegen einen Abbau der Kurswochen sowie kleinliche Absenzenkontrollen.[19] Vergleicht man mit der ersten Hälfte des 20. Jahrhunderts, so stehen den Jugendlichen am Ende desselben beträchtlich erweiterte Freiräume offen. An die Stelle autoritärer Zwänge von Elternhaus, Schule und Kirche aber sind neue Einflüsse getreten, die ähnlich einschränkend wirken. Aids bestimmt ihr Sexualverhalten mit. Auch die Arbeitswelt stellt hohe Anforderungen. Zwar dauert es länger, bis Jugendliche in die Arbeitswelt eintreten, aber wer keine gute Ausbildung vorweisen kann, muss um seine zukünftige Existenz bangen. Zudem prägen von Werbung und Medien verbreitete Moden und Trends das Leben Jugendlicher ähnlich nachhaltig wie die Vorschriften von Eltern, Lehrern und Pfarrern vor 100 Jahren. Und mit den vielen Wahlmöglichkeiten, die sich an der Wende zum 21. Jahrhundert bieten, sind Kosten verbunden: Vielen jungen Menschen ist es eine Qual, aus dem reichhaltigen Angebot die individuell passende Wahl zu treffen.

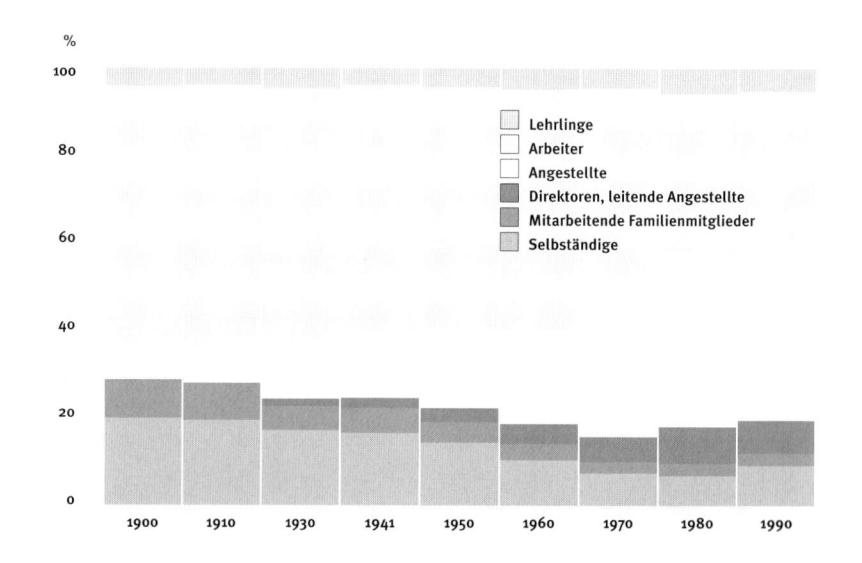

Alt sein

Seit dem ausgehenden 19. Jahrhundert nahm die mittlere Lebenserwartung in der Schweiz von Jahrzehnt zu Jahrzehnt zu. Bei der Geburt stieg sie bis heute für Männer von 43 auf 74, für Frauen von 46 auf 81 Jahre. Wer um 1880 das 60. Altersjahr erreichte, hatte als Frau im Durchschnitt noch dreizehn, als Mann noch zwölf Jahre Lebenszeit vor sich.[20] Doch der zunehmend längere Lebensabend war nur für jene Alten ein Genuss, die bis zum Tod bei Kräften waren und arbeiteten oder die bei Verwandten unterkamen. Nicht leicht aber war es für ältere Menschen, deren Verwandte aus finanziellen Gründen, aufgrund beengter Wohnverhältnisse oder weil Mann wie Frau arbeiten mussten, keine Möglichkeit sahen, für sie zu sorgen. Schwierig war es auch für Senioren, welche gebrechlich oder alleinstehend waren. Sie litten in vielen Fällen Not. Einige kamen in der Pfrund in Liestal unter. Andere lebten gegen Kostgeld, das ihre Bürgergemeinde auslegte, bei fremden Leuten. In Einzelfällen halfen auch der Kanton, der vom Bund Mittel für die Altersfürsorge erhielt, die Frauenvereine oder die private Stiftung Für das Alter, welche am 15. Oktober 1919 in Liestal gegründet worden war. Eine eidgenössische Altersversicherung gab es in der Zwischenkriegszeit noch nicht und nur einzelne Kantone – unter ihnen der Kanton Basel-Stadt – waren dem Bund vorangegangen und hatten auf kantonaler Ebene eine Altersvorsorge eingerichtet. In den übrigen Kantonen, so auch im Kanton Basel-Landschaft, mussten die Alten und Hinterbliebenen auf die spätere Alters- und Hinterbliebenenversicherung warten. Diese war eine Forderung des Generalstreiks von 1918 und erst im Grundsatz beschlossen. Dem entsprechenden Bundesbeschluss hatten am 1. Dezember 1925 auch die Stimmberechtigten im Kanton Basel-Landschaft deutlich zugestimmt.

«Welch' weite und reiche Arbeit harrt unser [...] auf dem Gebiete der Greisenfürsorge», schrieb die Stiftung Für das Alter in einer ihrer Broschüren. «Nämlich da, wo es gilt, unsere Greise in ihrer Einsamkeit und Verlassenheit unser Wohlwollen fühlen zu lassen, dahin zu wirken, dass ihnen

einzelnen Kategorien der Lohnabhängigen grosse Verschiebungen eingestellt haben. Galten zu Beginn des 20. Jahrhunderts noch zwei Drittel der Erwerbstätigen als Arbeiterinnen und Arbeiter und nur rund sieben Prozent als Angestellte, so stellten 1990 die Angestellten die Mehrheit. Der Anteil der Arbeiterinnen und Arbeiter reduzierte sich auf einen Drittel aller Erwerbstätigen. Allerdings ist zu berücksichtigen, dass sich hinter diesen starken Verschiebungen Definitionsveränderungen verbergen. Anfänglich verstand man unter den Angestellten vor allem die Mitarbeiterinnen und Mitarbeiter der technischen und kaufmännischen Abteilungen sowie die Kader der Produktion. Im Betrieb waren sie an ihren weissen oder blauen Berufsschürzen oder an den Armschonern zu erkennen. Später galten jene Arbeitnehmerkategorien als Angestellte, welche nicht einen Stunden- oder Akkord-, sondern einen Monatslohn bezogen. In neuester Zeit spielt mehr und mehr auch die Selbstwahrnehmung der Erwerbstätigen eine Rolle. Als Arbeiter oder Arbeiterin versteht sich kaum noch jemand. Unabhängig von der eigentlichen Stellung im Beruf definiert man sich selbst als Arbeitnehmerin oder Arbeitnehmer oder als Angestellte oder Angestellten.

Von Überkleidern und weissen Kragen
Kaufmännische Angestellte, die statt Überkleidern Anzüge oder Röcke, Hemden oder Blusen trugen und sich damit von den Betriebsarbeiterinnen und -arbeitern abhoben, bildeten eine neue Berufskategorie, die im 20. Jahrhundert immer wichtiger wurde.

78 VIELFÄLTIGE LEBENSLAGEN

allerwärts die Beachtung und Pflege zuteil wird, deren sie mit zunehmendem Alter und wachsender Gebrechlichkeit immer mehr bedürfen, und ganz besonders überall die Anteilnahme an ihrem Leben und Ergehen und die Ehrfurcht ihnen gegenüber zu wecken und zu pflegen.» Die Ursache der Not alter Menschen erkannte die Stiftung nicht in der demographischen Entwicklung, nicht im Mangel an Altersasylen oder bei den modernen Arbeitsformen, sondern «in den Irrtümern und Verkehrtheiten unserer so gepriesenen Zivilisation, sowie im Fehlen einer richtigen Erziehung und Lebensführung».[21] Eine Lösung der Altersfrage sah sie denn auch nicht in der Einrichtung einer Sozialversicherung. Ebenso wenig Gutes konnte sie dem Bau von Altersheimen abgewinnen: «Und dahin schicken wir […] unsere Greise! […] Wir entreissen sie all dem, woran sie noch hängen, ihrer Stadt oder ihrem Dörflein, dem kleinen Stückchen Land, das ihre Heimat war. Wir nehmen ihnen das Letzte, was sie liebten, wir nehmen ihnen am Ende gar den Lebensgefährten weg. Erbarmungslos stecken wir sie in jene trübseligen Anstalten, unbekümmert darum, welches die Ursachen ihrer Armut sind, wie um sie zu strafen dafür, dass sie arm sind!» Eine Lösung sah die Stiftung Für das Alter allein darin, «die heiligen Gefühle des Menschen, die Würdigung des häuslichen Herdes und des Familienlebens wieder mehr zu Ehren gelangen» zu lassen. Allein der moralische Appell sollte der Not der Alten abhelfen. Doch damit war bestenfalls bei jenen etwas auszurichten, bei denen es an sozialer Verantwortung und an Familiensinn mangelte. Alle anderen mussten sich der Wirkung des Appells entziehen. Und die Zahl derer, die weder Möglichkeiten noch Mittel hatten, um ihre Alten zu versorgen, nahm in der Zwischenkriegszeit laufend zu.

Unter der AHV
Am 6. Juli 1947 war es dann so weit. Im zweiten Anlauf überwand das Bundesgesetz über die Schaffung einer Alters- und Hinterbliebenenversicherung die Abstimmungshürde. Nun unterstützten die Baselbieter Stimmberech-

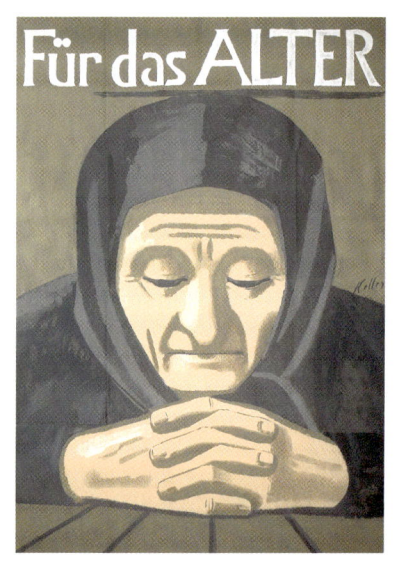

1931, 1946

Offen und verschlossen
So wie die Abwehrhaltung nicht nur Fremde betraf, so begegneten ihr auch nicht alle Fremden, die in den Kanton Basel-Landschaft kamen. «Wir wollen Euch als Brüder und Schwestern in unserer Mitte aufnehmen und Euch unsere Hochachtung bezeugen», stand am 3. Dezember 1956 in deutscher und ungarischer Sprache auf der Titelseite der ‹Basellandschaftlichen Zeitung›. Der Willkommensgruss galt den 528 Männern, Frauen und Kindern aus Ungarn, die an diesem Tag mit einem Extrazug in Liestal eingetroffen waren und in der Kaserne eine erste, provisorische Unterkunft fanden. Im Herbst 1956 hatten Truppen des Warschauer Paktes die Unabhängigkeits- und Demokratisierungsbestrebungen Ungarns gewaltsam unterbunden. Es kam zu blutigen Auseinandersetzungen, und zahlreiche Ungarinnen und Ungarn flüchteten durch den Eisernen Vorhang in den Westen. Auch die Schweiz erklärte sich bereit, Ungarnflüchtlinge aufzunehmen.
Im Kanton Basel-Landschaft stiessen sie auf viel Sympathie und Hilfsbereitschaft und innert weniger Monate hatten einige hundert Ungarn eine Wohnung und eine Beschäftigung gefunden. Was den ungarischen Flüchtlingen 1956 widerfuhr, erlebten in etwas abgeschwächter Form

BAND SECHS / KAPITEL 4

VIELFÄLTIGE LEBENSLAGEN 79

1964/65
Die Plakate der Stiftung Für das Alter spiegelten und prägten das Bild, das sich die Zeitgenossinnen und Zeitgenossen vom Alter machten. In der Zwischen- und Nachkriegszeit setzte man Alter mit Hilflosigkeit, Gebrechlichkeit und Armut gleich.

1968 die Tschechen und Slowaken sowie einige Jahre später die zahlreichen Boatpeople, die vor der vietnamesischen Küste aus dem Chinesischen Meer gerettet worden waren. Die Flüchtlinge, welche im Kanton Basel-Landschaft offene Arme fanden, verband, dass sie von sozialistischen oder kommunistischen Regimes in die Flucht geschlagen worden waren, welche in der Schweiz wenig Unterstützung genossen. Als Opfer politischer Gegner konnten sie auf die Sympathie und Hilfsbereitschaft der Schweizerinnen und Schweizer zählen. Ihre Flucht fiel auch in eine Zeit, in der es der schweizerischen Wirtschaft gut ging. In solchen Phasen konnte der Arbeitsmarkt zusätzliche Arbeitskräfte aufnehmen, ohne dass sich schweizerische Arbeitslose konkurrenziert fühlen mussten. Schwieriger hatten es Flüchtlinge, die wie die Chilenen Anfang der siebziger Jahre oder die Tamilen in den achtziger Jahren politisch weniger genehm waren oder in wirtschaftlich ungünstigeren Zeiten in die Schweiz flohen. Bei den Tamilen und Kurden dürfte zudem ins Gewicht fallen, dass sich die kulturellen Unterschiede in ihrem Fall stärker herausstreichen liessen. Von der Kultur der Einheimischen sind sie allerdings nicht weiter entfernt als die Vietnamesen chinesischer Abstammung, welche noch wohlgelitten waren.

tigten die neue Sozialversicherung. Das erste AHV-Gesetz, über welches am 6. Dezember 1931 abgestimmt worden war, hatte sowohl in der Eidgenossenschaft als auch im Kanton Basel-Landschaft keine Zustimmung gefunden. 1947 aber erhielt die AHV-Vorlage bei einer eindrücklichen Stimmbeteiligung von 80 Prozent eine ebenso eindrückliche Ja-Stimmenmehrheit von 90 Prozent. Nur gerade 2542 Stimmberechtigte hatten ein Nein in die Urne gelegt. Die ersten Renten überwies die AHV ab dem 1. Januar 1948. Ihre Leistungen waren noch bescheiden: Wer das 65. Altersjahr überschritten hatte und in ländlichen Verhältnissen lebte, erhielt monatlich 40 Franken. In halbstädtischen Verhältnissen betrug die Rente 50, in städtischen 62.50 Franken. Ehepaare erhielten 60 Prozent mehr. Die Stiftung Für das Alter war schon in ihrem Bericht über das Jahr 1947 der Auffassung, dass diese Renten nur dort genügten, «wo der Altersrentner noch einige Einkünfte besitzt oder im Familienkreis leben kann».[22] Es bedurfte zahlreicher AHV-Revisionen, bis die Renten den Stand erreichten, den sie Ende des 20. Jahrhunderts aufwiesen. Kantonale Ergänzungsrenten sowie Leistungen privater Einrichtungen wie der Pro Senectute, der Nachfolgerin der Stiftung Für das Alter, waren noch lange nötig. Einen weiteren Schritt machten die Stimmberechtigten 1972, als sie die Volkspensionsinitiative der Partei der Arbeit ablehnten und dem Drei-Säulen-Prinzip der Altersvorsorge und damit der Einführung der obligatorischen Pensionskasse zustimmten.

Parallel zum Ausbau der Altersversicherung erfolgte auf kommunaler und kantonaler Ebene der Ausbau der Alters- und Pflegeheime. Zunächst im bevölkerungsreichen Unterbaselbiet, später auch im oberen Kantonsteil entstanden in der Nachkriegszeit zahlreiche Wohn- und Pflegeeinrichtungen für alte Menschen. Träger waren meist private Stiftungen, Vereine oder Zweckverbände von Gemeinden. Das kantonale Altersheim in Liestal blieb bestehen, diente aber vorwiegend alleinstehenden und fürsorgeabhängigen Alten. Der Bau dezentraler Altersheime in den Gemeinden entschärfte die Gefahr der Entwurzelung der Insassen, vor der die Stiftung Für das Alter

1997–99

In den 1990er Jahren, die Stiftung Für das Alter nannte sich inzwischen Pro Senectute Schweiz, wurden auch unternehmens- und lebenslustige ältere Menschen gezeigt.

Arme und Reiche

Im agrarischen Lebenszusammenhang unterschieden sich arme und reiche Leute vor allem nach dem Grundbesitz. Arm war in erster Linie, wer kein Land besass. Doch war, wer nur wenig Boden sein Eigen nannte, noch nicht wohlhabend. Immerhin aber konnte er sich im besten Fall das Notwendigste selbst erwirtschaften. Mit dem Anteil am Bürgergut und gelegentlicher Taglöhnerei mochte es zu einem bescheidenen Lebensunterhalt ausreichen. Wohlhabender war, wer etwas mehr Land besass und zudem über ein Ochsen- oder Pferdegespann verfügte. Solche so genannten Vollbauern konnten einen gewissen Anteil ihres landwirtschaftlichen Ertrags auf dem Markt absetzen. Zudem waren sie in der Lage, in arbeitsintensiven Phasen Tauner, die auf ihre Zugdienste angewiesen waren, zur Mitarbeit heranzuziehen. Ihnen vergleichbar waren jene Handwerker, die etwas Land und vor allem wertvolles Sachkapital wie Werkstätten, Werkzeuge und Vorräte ihr Eigen nannten. Mit der Bedeutung, welche die Geldwirtschaft sowie die Industrie gewannen, verloren Boden und Zugtiere an Wichtigkeit. Ein ausreichendes Auskommen konnte auch finden, wer Arbeit hatte und über den Lohn zu Bargeld kam. Dies galt zum Beispiel für jene Posamenterinnen und Posamenter, die aus-

noch vor dem Zweiten Weltkrieg gewarnt hatte. Zudem entstanden neue, wohnliche Heime, welche die Heiminsassen als Gäste empfangen und nach modernen Betreuungskonzepten geführt sind. Trotzdem blieb ein Unbehagen zurück. Neuere Alterskonzepte verfolgen denn auch die Absicht, den alten Menschen möglichst lange ein Verbleiben in den eigenen vier Wänden zu erlauben. In diese Richtung zielen zum Beispiel die Pflege- und Verpflegungsangebote der kommunalen Spitex-Dienste.

Die Auseinandersetzungen um AHV und Pensionskassen sowie um Altersheime und Spitex-Dienste hinterliessen in der Öffentlichkeit der neunziger Jahre ein Altersbild, das sich nach einem Defizitmodell richtet: Alte Menschen gelten als arm, schwach und hilfsbedürftig. Diese Sicht trifft aber dank der gestiegenen Lebenserwartung nur für einen Teil der Alten zu. Zu Beginn der neunziger Jahre des 20. Jahrhunderts haben die 60-jährigen Frauen im Durchschnitt noch 24, gleichaltrige Männer noch 19 Lebensjahre vor sich. Die steigende Lebenserwartung sowie der Trend zur Frühpensionierung oder zum flexiblen Altersrücktritt verlängern das «dritte Lebensalter». Einer wachsenden Bevölkerungsgruppe eröffnet sich damit die Aussicht auf eine Lebensphase, in die sie als so genannte junge Alte vielfach gesund und bei Kräften sowie finanziell abgesichert eintreten. Im Kanton Basel-Landschaft ist diese Gruppe besonders stark, weil er als Kanton mit einer in der Nachkriegszeit hohen Einwanderungsquote eine spezielle Altersstruktur aufweist.[23] Für die Senioren ist in den letzten Jahren ein breites Freizeit- und Dienstleistungsangebot entstanden. Auch viele Firmen haben sie als zahlungskräftige Kundschaft entdeckt, welche sie mit speziellen Angeboten und Werbestrategien anzusprechen versuchen. Mit den aktiven Alten haben die von Werbung und Öffentlichkeit lange Zeit umschwärmten Jugendlichen inzwischen einen ernst zu nehmenden Gegenpart erhalten.

schliesslich vom Weben lebten und nicht nebenbei noch etwas Land bewirtschafteten. Mit dem Aufkommen der Fabriken verbesserten sich die Erwerbschancen der landlosen Schicht und liess diese anwachsen. Mehr und mehr traten nun Konsumentinnen und Konsumenten auf, die kein Land besassen und sich auf dem Markt und gegen Geld mit dem Lebensnotwendigen eindeckten. Damit verlor der Boden an wirtschaftlicher und sozialer Bedeutung. Arme und Reiche schieden sich immer weniger nach dem Landbesitz und immer stärker nach der Höhe des Einkommens oder des Vermögens. Ende des 20. Jahrhunderts ist in erster Linie arm, wer wie die Arbeitslosen kein Einkommen erzielt oder wer wie die so genannten «working poor» eine Tätigkeit ausübt, die schlecht entlöhnt ist. Einen Eindruck von der Einkommens- und Vermögensverteilung vermittelt die Steuerstatistik. 1923 verdiente die ärmere Hälfte der Steuerpflichtigen gut einen Viertel des gesamten steuerbaren Einkommens.[6] Die wohlhabendere Hälfte der Steuerpflichtigen versteuerte dagegen mit knapp 75 Prozent den grösseren Rest des Gesamteinkommens. 1994 waren die Unterschiede noch etwas ausgeprägter. Die wohlhabendere Hälfte der Steuerpflichtigen versteuerte jetzt rund 80 Prozent des insgesamt verdienten Einkommens.[7]

Lesetipps

Über die gesellschaftliche Entwicklung des Kantons Basel-Landschaft orientieren Siegrist (1964b) sowie einige Kapitel der Reihe Basel-Landschaft in historischen Dokumenten. Hervorzuheben sind die Kapitel Soziale Differenzierung der Gesellschaft und Durchmischung der Konfessionen im Band 4 (Epple 1993) sowie die Kapitel Wachstum und Integration, Fremde im Baselbiet, Jugend und Alter sowie Kirche im Wandel in Band 5 (Epple 1998b). Weitere Aspekte behandeln Dohne (1995) und Peter Manz (1998).

In den 1970er Jahren forderte die Vervielfältigung der Lebenslagen die Behörden dazu heraus, wichtige Teilaspekte der gesellschaftlichen Entwicklung zu untersuchen: So entstanden unter anderem Leitbilder zu Jugend- und Altersfragen (Kommission Leitbild Jugendhilfe [Hg.] 1972 und Sanitätsdirektion [Hg.] o.J.). Eine aufschlussreiche Quelle zu den gesellschaftlichen Veränderungen der Nachkriegszeit stellt auch die Baselbieter Stimmbürgeruntersuchung dar, die das Soziologische Seminar der Universität Basel im Auftrag des Regierungsrates durchführte. Von der umfangreichen Studie wurde leider nur eine kurze Zusammenfassung veröffentlicht (Bericht der Expertenkommission zur Hebung der Stimmbeteiligung 1972). Die ausführlichen Ergebnisse sind aber im Staatsarchiv in Liestal zugänglich.

Abbildungen

Foto-Archiv Jeck, Basel und Reinach.
Foto: Rolf Jeck: S. 65, 77.
Keystone/Photopress: S. 67–68.
Plakatsammlung Basel: S. 69.
E. Lüdi Thiyagarajah, Laufen: S. 70.
Edith Reusser, Binningen: S. 72.
Foto Mikrofilmstelle: S. 73 unten und 74–75.
Anne Hoffmann: Grafik S. 76. Quelle Ergebnisse der Volkszählung 1990.
Pro Senectute Schweiz: S. 78–80.
Max Mathys, Muttenz: S. 79 oben, 81.

Reproduktionen durch Mikrofilmstelle.

Anmerkungen

1 Eine Auswertung der Berufsbezeichnungen findet sich in: Epple 1998a.
2 Sandreuter 1979, S. 4–6.
3 Bundesamt für Statistik (Hg.) 1996.
4 Vgl. Bd. 5, Kap. 15.
5 Vgl. Bd. 5, Kap. 5.
6 Meyer 1988, S. 85–88.
7 Rapport des Polizeipostens Allschwil an die Polizeidirektion vom 14. April 1921, StA BL, NA, Arbeit F 6.
8 Vgl. Bd. 6, Kap. 7.
9 Vgl. Bd. 6, Kap. 5.
10 Epple 1998b, S. 129–153.
11 Dohne 1995; Epple 1998a, S. 621–627.
12 Vgl. Bd. 5, Kap. 5.
13 Häring 1991, S. 204–205.
14 Strübin 1998, S. 113.
15 Schneider 1915, S. 91–92.
16 Strübin 1998, S. 184–188.
17 Stapferhaus Lenzburg (Hg.) 1997.
18 Vgl. Bd. 6, Kap. 8.
19 Vgl. Epple 1998b, S. 176–181.
20 Vgl. Bd. 5, Kap. 5.
21 Stiftung für das Alter o. J. (ca. 1930), S. 6–7.
22 Jahresbericht 1947 der kantonalen Stiftung Für das Alter Baselland, Liestal 1948.
23 Vgl. Bd. 5, Kap. 5.

1 Urteil des Kriminal-Gerichts des Kantons Basel-Landschaft vom 11. Juli 1914; Urteil des Obergerichts des Kantons Basel-Landschaft vom 9. Oktober 1914, StA BL, Kriminal-Appellationen, Nr. 931.
2 BZ 8. Juni 1914.
3 Urteil des Obergerichts des Kantons Basel-Landschaft vom 9. Oktober 1914, StA BL, Kriminal-Appellationen, Nr. 931, S. 4.
4 Peter Manz 1998, S. 41–72.
5 Briefwechsel und Bericht des kantonalen Arbeitsamtes vom 18. Dezember 1930, StA BL, NA, Arbeit F 6.
6 Vorlage für die kantonale Volksabstimmung vom 31. Januar 1926, S. IV–V.
7 StJ BL 1997, S. 184–185.

Bewegung im Baselbiet: Vorwärts oder zurück?

Nr. 9 / 26. Februar 1936
XXV. Jahrgang. Zofingen

Schweizer Illustrierte Zeitung

Verlag Ringier & Co. AG., Zofingen. Filialen Zürich,

Preis 35 Cts.
Erscheint Mittwochs

Auf dem Wege zur Wiedervereinigung beider Basel

Seit 1833 ist der Stand Basel in zwei Halbkantone – Stadt und Land – getrennt. Aus wirtschaftlichen und politischen Erwägungen heraus haben Freunde des Wiedervereinigungsgedankens eine Initiative aufgestellt, zu der letzten Sonntag das Volk von Basel-Stadt und Basel-Land in einer Abstimmung seinen Willen kund zu tun hatte. Die Mehrheit der Stimmberechtigten sprach sich für die Prüfung der Wiedervereinigungsfrage aus. Freunde und Gegner der Verschmelzung sind auch weiterhin noch rührig am Werk, um Anhänger für ihre Stellungnahme zu gewinnen. Die Frenkendorfer gaben ihrem Unabhängigkeitswillen dadurch Ausdruck, dass sie einen Freiheitsbaum aufrichteten, und zwar an jener historischen Stätte, wo vor mehr als 100 Jahren der entscheidende Kampf gegen die Städter ausgefochten wurde. Die Freunde der Vorlage aber – symbolisiert durch die beiden Männern aus Stadt und Land – reichen sich für den Weitermarsch auf gemeinsamem Weg die Bruderhand.

(Spezialaufnahmen von Photo-Jeck, Basel)

84 BEWEGUNG IM BASELBIET: VORWÄRTS ODER ZURÜCK?

Bild zum Kapitelanfang
Pro und Contra Wiedervereinigung
1936 stimmten die Halbkantone Basel-Stadt und Basel-Landschaft erstmals über die Wiedervereinigungsfrage ab. In beiden Basel fanden die Initiativen, die das Wiedervereinigungsverfahren regeln und einleiten wollten, mehrheitlich Zustimmung. Gegner und Befürworter standen sich im Baselbiet unversöhnlich gegenüber. Als Reaktion auf den Ausgang der Abstimmung errichteten Frenkendörfer Wiedervereinigungsgegner auf der Hülftenschanz, wo 1833 das entscheidende Gefecht zwischen städtischen und basellandschaftlichen Truppen stattgefunden hatte, einen Freiheitsbaum. Die Befürworter der Wiedervereinigung wurden von der ‹Schweizer Illustrierten Zeitung› mit dem Handschlag zwischen dem Städter und dem Landschäftler auf dem kleineren Bild oben rechts symbolisiert.

«Die beiden Halbkantone Basel-Stadt und Basel-Landschaft vereinigen sich wieder zu einem einzigen Kanton Basel», so lautete der zentrale Satz des Initiativbegehrens, das der Wiedervereinigungsverband am 21. Oktober 1932 gleichzeitig in der Stadt und auf der Landschaft lancierte.[1] Die Idee zur Wiedervereinigung der beiden Basel war nicht neu. Seit der Kantonstrennung waren Vorschläge zur Wiedervereinigung immer wieder aufgetaucht. So hatte zum Beispiel Jakob Freivogel, der Gemeindejoggeli aus Gelterkinden, schon 1840 geschickt auf die Wiedervereinigung mit der «Grossmutter» Basel-Stadt angespielt.[2] Und auch Christoph Rolle, der Anführer der Revi-Bewegung in den 1860er Jahren, wusste mit der in einzelnen Teilen des Kantons populären Wiedervereinigung Anhänger zu werben.[3] 1887 hatte Emil Richard aus Arlesheim, Obergerichtsschreiber in Liestal, die Eingemeindung der Vororte Basels in die Stadt verlangt, was in der Konsequenz auf eine Wiedervereinigung hinausgelaufen wäre. 1906 schliesslich war die Forderung nach Wiedervereinigung aus dem Umkreis ehemaliger Mitstreiter des Bauern- und Arbeiterbundes zu vernehmen. Als ihr Sprecher trat Karl Adolf Brodtbeck auf, der ehemalige Kampfgefährte Stephan Gschwinds und spätere sozialdemokratische Nationalrat und Bundesrichter.[4]

Der Wiedervereinigungsverband

Der Wiedervereinigungsverband war 1914 am Vorabend des Ersten Weltkriegs entstanden und hatte seinen Vorstoss seither wiederholt erwogen. Gründer und erster Sprecher war Rudolf Gelpke, der Ingenieur, welcher daran beteiligt war, den Rhein bis Basel schiffbar zu machen. Gelpke sass 1908 bis 1912 als Vertreter der bürgerlichen Fortschrittspartei im Basler Grossen Rat. Von 1917 bis 1935 vertrat er die Stadt im Nationalrat. In mehreren Zeitungsartikeln und Vorträgen warb Gelpke eindringlich für den Zusammenschluss der beiden Basel. Für ihn war die Stadt ein grosses Handels- und Industriezentrum ohne Land und das Baselbiet ein Landkanton ohne geistiges und wirtschaftliches Zentrum. Die beiden Basel seien auf Gedeih

Oppositionelle Bewegungen
Im Widerstand gegen die Wiedervereinigung beider Basel setzen sich die oppositionellen Bewegungen der zwanziger Jahre fort, die sich für die Freigabe der ärztlichen Praxis einsetzten und sich gegen die Hochspannungsleitung der Nordostschweizerischen Kraftwerke richteten. Wieder nahm man eine Bedrohung der herkömmlichen Produktions- und Lebensformen wahr: Es war das industriell expandierende Basel und seine stark gewachsene Agglomeration, von denen das Wiedervereinigungsprojekt ausging. Wieder sollten Kompetenzen auf eine höhere Ebene verlagert werden: Es ging um den Anschluss an einen modernen Sozialstaat. Und erneut lässt sich das Programm der Gegenbewegung als Wahrung der kantonalen Selbständigkeit zum Schutze der kommunalen Autonomie, als Abwehr der fremden städtischen Kultur und als Verteidigung einer selbstgenügsamen Lebensweise verstehen. Die Vorstellung von Heimat, welche der Heimatbund für das Selbständige Baselbiet anbot, vermittelte Geborgenheit, welche im Alltag nicht mehr zu finden war. Ueli Bürgi, der sich intensiv mit dem Widerstand gegen die Hochspannungsleitung der Nordostschweizerischen Kraftwerke auseinander gesetzt hat, lokalisierte die Träger der Bewegung in den klein-

und Verderb aufeinander angewiesen, meinte Gelpke. Doch könne das Zentrum Basel, welches das Haupteingangstor der Schweiz und den südlichen Endpunkt der wichtigsten Binnenschifffahrtsstrasse Europas bilde, seine wirtschaftlichen Möglichkeiten nicht ausschöpfen: «Was vom kleinsten Provinzstädtchen an bis zur kommerziellen und industriellen Grossstadt als das ABC einer erspriesslichen Wirtschaftspolitik gilt, Förderung der produktiven Betriebe in allen Erwerbszweigen durch weitausschauende verkehrs- und bodenpolitische Massnahmen bleibt einem von Natur besonders bevorzugten Verkehrs-, Handels- und Industriezentrum wie Basel versagt.» Deshalb fehle Basel der Platz für Eisenbahn- und Hafenanlagen, für industrielle Neuansiedlungen sowie für Klär- und Verbrennungsanlagen, welche das Kanalisations- und Kehrichtproblem lösen würden. Der Rhein diene als Kehrichtsammler und verkomme zur Kloake. Neue städtische Quartiere entstünden nicht als gartenähnliche Siedlungen, sondern nur als düstere und ungesunde Mietskasernenviertel. Die Folgen unausgeschöpfter wirtschaftlicher Möglichkeiten waren für Gelpke unübersehbar: «Wohin man blickt, allüberall Verkümmerung.» Als Alarmzeichen für die Krise wertete Gelpke den verminderten Bevölkerungszuwachs der Stadt sowie die oft gehörte Klage, dass sich im Erwerbsleben der Stadt eine Stockung fühlbar mache und die Industrien an Bedeutung eingebüsst hätten. Wenn aber die städtische Entwicklung der produktiven Kräfte stocke, zöge das auch die umliegenden Orte im Kanton Basel-Landschaft in Mitleidenschaft. Diesen könne es deshalb nicht gleichgültig sein, ob das städtische Zentrum allmählich verkümmere, umso weniger, als die einzelnen Gemeinden der Aussenzone zu schwach seien, um aus eigenen Kräften den wachsenden Anforderungen zu genügen. Der Entfaltung der Kräfte in und um Basel stand nach Gelpke nur ein Hindernis im Wege: Es war der «unerträgliche» Zustand, dass «ein winziges Gebiet wie das der Talschaften der Ergolz, der unteren Birs und des Birsigs wiederum in zwei Miniaturstäätchen» auseinander falle. Je länger, desto mehr sei deshalb wirtschaftspolitische Gemein-

Dauerbrenner

Die Wiedervereinigungsfrage beschäftigte Politiker, interessierte Zeitgenossinnen und Karikaturisten seit der Trennung der beiden Basel 1832/33 immer wieder. Das Motiv des zerstrittenen oder versöhnten Ehepaares tauchte auch in den 60er Jahren des 20. Jahrhunderts wieder auf.

bürgerlichen Schichten des oberen Baselbiets, vor allem bei den wirtschaftlich bedrohten HeimposamenterInnen und -posamentern, den Kleinbauern und den Gewerbetreibenden. Ihr Widerstand galt – so seine These – nicht nur dem konkreten Projekt, sondern dem durch die Leitung symbolisierten gesellschaftlichen Wandel. Die Hochspannungsleitung stand für moderne industrielle Produktionsformen und internationale Konkurrenz sowie für die Eingriffe des Sozial- und Interventionsstaates in den individuellen Interessenbereich. Beides nahmen viele Menschen im Oberbaselbiet als Bedrohung wahr. Dagegen verteidigten sie ein Idealbild von Produktions- und Lebensformen, das nur noch zum Teil mit ihrer Wirklichkeit übereinstimmte. Bürgi hat für diese Abwehrhaltung den Begriff des «partikularistischen Unabhängigkeitswillens» vorgeschlagen: «In dieser Haltung», so Bürgi, «war der hohe Stellenwert des kleinbürgerlichen Unabhängigkeitsgefühls wesentlich. Darin ist nicht nur die ökonomische Selbständigkeit und die Entscheidungsgewalt über die eigenen Angelegenheiten in weiteren Lebensbereichen, sondern auch die politische Handlungsfreiheit zu sehen. In erster Linie richtete sich der partikularistische Unabhängigkeitswille gegen jede Bestimmung von oben. In seiner

BEWEGUNG IM BASELBIET: VORWÄRTS ODER ZURÜCK?

schaftsarbeit die unerlässliche Voraussetzung für das Gedeihen beider Halbkantone. Aus Gelpkes Sicht war deren politischer Zusammenschluss eine wirtschaftliche Notwendigkeit.⁵ Als Gewerbepolitiker brachte er die wirtschaftspolitischen Interessen an einer Wiedervereinigung zur Sprache. Im Wiedervereinigungsverband schlossen sich denn auch vorwiegend bürgerliche Kräfte aus Stadt und Land zusammen. Doch der Erste Weltkrieg liess die Wiedervereinigung für einige Jahre aus Abschied und Traktanden fallen. Andere Probleme erheischten die politische Aufmerksamkeit. Der Wiedervereinigungsverband versank in einen Dornröschenschlaf.

Anstoss von Links

Es war die politische Linke, welche die Wiedervereinigungsidee nach dem Ersten Weltkrieg neu zur Diskussion stellte. So griff zum Beispiel Georg J. Erlacher, Chefredaktor am ‹Volkswille›, dem Organ der Grütlivereine beider Basel, im Sommer 1924 die Frage auf. Die Grütlianer betrachteten die Wiedervereinigung der getrennten Halbkantone als die natürlichste und rationellste Lösung zahlreicher Probleme der Stadt und ihrer Vororte.⁶ An sich habe die Natur die Vereinigung bereits vollzogen, argumentierten sie: Das Bevölkerungswachstum habe die Stadt bis an ihre Grenzen stossen lassen. Die ausgreifenden Wohnquartiere und Industrieansiedlungen in der Stadt und ihrem Umkreis bildeten einen einheitlichen Organismus, in dem gar keine Grenzen mehr augenfällig seien. Die engen wirtschaftlichen Beziehungen, die Vereinbarungen über die Wasser-, Gas- und Elektrizitätsversorgung und über die Kanalisation, die Abkommen über Strassenbahnen, Spitäler, Schulen, Laboratorien, Sanatorien und Strafanstalten hätten zu derart lebhaften Beziehungen zwischen der Stadt, den Aussengemeinden und dem Baselbiet geführt, dass sich die Idee des politischen Zusammenschlusses aufdränge. Dieser sei naturnotwendig, und es versündige sich gegen die Natur, wer die künstlichen Schranken zu verteidigen wage. Die Wiedervereinigung öffne den Weg zu einem zeitgemässen staatlichen

Gegen die Hochspannungsleitung
Die Nordostschweizerischen Kraftwerke wollten eine Hochspannungsleitung bauen, die von Beznau via Augst, Pratteln, Münchenstein, Allschwil ins Elsass führt. Als ihre Pläne 1923 bekannt wurden, taten sich in den betroffenen Gemeinden Landbesitzer zusammen und formulierten Protest. Die Gründe, welche die Opposition gegen die Leitung vorbrachte, waren sehr verschieden: Den Grund- und Hauseigentümern ging es um die Wertverminderung ihres Besitzes, welche wegen der Gittermasten zu erwarten war. Land- und Forstwirte befürchteten, dass der Ertrag der betroffenen Grundstücke sinken würde. Der Heimatschutz wollte die Landschaft nicht durch weitere Hochspannungsleitungen durchschnitten sehen. Der Regierungsrat, bei dem die Proteste aus den Gemeinden Gehör fanden, sah darüber hinaus auch rechtliche Probleme: Ein öffentliches Werk, zu dessen Realisierung dem Bund ein Enteignungsrecht zusteht, musste aus seiner Sicht «im Interesse der Eidgenossenschaft oder eines grossen Teiles derselben» liegen. Dies war bei einer Leitung, deren alleiniger Zweck die Ausfuhr elektrischer Energie ist, nach Meinung der Baselbieter Regierung nicht der Fall. Neben den finanziellen, ästhetischen und rechtlichen Gründen trat aber auch ein wirtschaftliches Argument in Erscheinung. Allschwiler Grund- und Hauseigentümer schrieben in

Konkretisierung beinhaltet er kleinbürgerliche Vorstellungen einer echten Demokratie, in der die Politik nach dem Willen der freien Individuen, das heisst von unten bestimmt wird; gleichzeitig aber kam im Partikularismus auch die Ablehnung des ‹Anderen› und des ‹Fremden› zum Ausdruck.»¹
Auch der Streit um die Freigabe der ärztlichen Praxis ging in eine ähnliche Richtung. Nur als Auseinandersetzung um Macht und Herrschaft lässt er sich verstehen: Die Baselbieter Stimmberechtigten sprachen den kantonalen Instanzen das Recht und die Kompetenz ab, darüber zu befinden, welchen Ärzten und anderen Medizinalpersonen sie ihr Vertrauen schenken dürfen. Damit meldeten sie den Anspruch an, die Verantwortung für die körperliche Gesundheit in den eigenen Händen zu behalten. Dieser Wille war im Kanton Basel-Landschaft derart tief verankert, dass sich noch bis ins 20. Jahrhundert hinein das Hebammenwahlrecht der Frauen halten konnte. Dem sozialstaatlichen Zugriff auf Körper und Gesundheit setzten Männer und Frauen Widerstand entgegen.²
Sowohl im Streit um die Hochspannungsleitung wie in der Auseinandersetzung um die Freigabe der ärztlichen Praxis waren jene Schichten der Bevölkerung Trägerinnen der Bewegung, die ihre ökonomische

Gemeinwesen. Sie ermögliche viele Vereinfachungen und reduziere das Budget der Kantone. Schliesslich würde sie auch die Verschmelzung der Dörfer Allschwil, Binningen und Birsfelden oder ihre Eingemeindung in die Stadt erlauben.[7]

Die Forderung der Grütlianer zur Wiedervereinigung genoss auf der linken Seite des politischen Spektrums viel Sympathie. Später traten auch die Sozialdemokraten, mit denen sich die Grütlianer 1925 zusammenschlossen, sowie die Kommunisten dafür ein. Dahinter stand das Interesse der politischen Linken, auf dem Weg der Wiedervereinigung den Anschluss des Kantons Basel-Landschaft an den sozialpolitischen Musterkanton Basel-Stadt herzustellen. Auf der Landschaft hatte es die Linke schwer, weil ihr im oberen Baselbiet starke bäuerliche und gewerbliche Kräfte gegenüberstanden. Diese bremsten den Ausbau des Kantons zum modernen Sozialstaat. In der Stadt dagegen, wo die sozialen Strukturen und damit die politischen Kräfteverhältnisse anders gelagert waren, hatte es die politische Linke weiter gebracht. Der Arbeiterschutz war gut ausgebaut, und Mitte der zwanziger Jahre verfügte die Stadt bereits über eine teilweise obligatorische Krankenversicherung, eine Arbeitslosenkasse sowie eine kantonale Alters- und Hinterbliebenenversicherung. Das «soziale Basel» übte denn auch eine «Magnetwirkung» aus, die weit über die unmittelbare Region hinausging, wie Charles Stirnimann, der Historiker des Roten Basel, schrieb.[8] Mit der Wiedervereinigung hätte sich die Landschaft auf einen Schlag die sozialpolitischen Fortschritte der Stadt beschert, und die politisch getrennten Arbeiterparteien von Stadt und Land hofften, geeint noch stärker zu werden.

Der Wiedervereinigungsverband erwacht

Die Vorstösse aus dem linken politischen Lager weckten den Wiedervereinigungsverband. Mitte der zwanziger Jahre nahm er seine Tätigkeit wieder auf. Dabei suchte er die Zusammenarbeit mit den gemässigten Kräften der Linken. Es war ihm bewusst, dass er sein Ziel nur mit der Arbeiterbewegung

Basis im traditionellen Sektor hatten. Sie verteidigten ihre herkömmliche politische Kultur, die sich vorwiegend im lokalen Rahmen bewegte und sich gegen sozialstaatliche Eingriffe sowie gegen die Verlagerung der Kompetenzen von den Gemeinden zum Kanton oder zum Bund richtete. Sie war in den Gemeinden des Kantons Basel-Landschaft noch stark vertreten. Weil sie sich zeitweise in der Gründung zahlreicher Genossenschaften äusserte und in den überlebten Formen der kollektiven Wahrnehmung öffentlicher Aufgaben im lokalen Bereich wurzelte, könnte man sie als politische Kultur der kollektiven Selbsthilfe bezeichnen. Bürgis «partikularistischer Unabhängigkeitswille» war das individuelle Pendant zu dieser politischen Kultur. Für beide gilt, dass sie an Vorstellungen und Lebensbildern festhielten, die nur noch teilweise etwas mit der Wirklichkeit zu tun hatten, weil ihnen im Übergang von den traditionellen zu den modernen Wirtschaftsformen der wirtschaftliche und beim Übergang vom Nachtwächter- zum Sozialstaat der politische Boden entglitten war. Als mentale Strukturen aber wiesen sie eine Trägheit und Widerstandskraft auf, die noch bis tief ins 20. Jahrhundert hinein wirkte. Zwar sahen mehr und mehr Leute ein, dass die traditionellen Wirtschaftsformen keine

einer Eingabe: «Wir protestieren gegen jede Energie-Ausfuhr, solange diese nur dazu dient, durch Unterstützung der ausländischen Industrie unsere eigene Landesindustrie im Wettbewerb zu schlagen und auf die Art der Arbeitslosigkeit im Inlande direkt Vorschub zu leisten.» Die Experten der Elektrizitätswirtschaft traten dem Vorwurf, ihr Stromexport stärke die direkte Konkurrenz der Baselbieter Heimindustrie, zwar entgegen, dennoch fanden solche Argumente im oberen Kantonsteil, wo die krisengeschüttelte Seidenbandweberei verbreitet war, besondere Beachtung. Ein grosser Teil der Unterschriften für die Initiative, welche die Bewegung Anfang 1925 gegen das Leitungsprojekt lancierte, kam nicht in den Gemeinden, die von der neuen Leitung betroffen gewesen wären, sondern im Oberbaselbiet zusammen. Innert weniger Wochen waren über 10 000 Unterschriften zusammen, was fast der Hälfte der Stimmberechtigten entsprach. Der Vorstoss gegen die Hochspannungsleitung konnte den Bundesrat, der über ein Enteignungsgesuch der Nordostschweizerischen Kraftwerke zu befinden hatte, nicht mehr umstimmen. Am 6. Februar 1925 entschied er für diese und gegen die Leitungsgegner aus dem Baselbiet. Der Regierungsrat versuchte noch, das Blatt mit Beschwerden an die Bundesversammlung und mit einem Rekurs beim Bundesgericht zu wenden. Er blieb erfolglos. Beide Behörden wiesen seine Begehren ab. Die Gegner im Kanton Basel-Landschaft mussten sich mit der Leitung abfinden und sich darauf beschränken, möglichst grosse Schadenersatzzahlungen auszuhandeln. Das Initiativbegehren schrieben Regierungs- und Landrat später ab. Da es nach einhelliger Auffassung gegen Bundesrecht verstiess und von den Leitungsgegnern als Protestform gedacht war, kam es nicht zur Abstimmung. Auf dem Bild lassen sich Vertreter der Behörden vor Ort zeigen, wo die Masten der neuen Hochspannungsleitung stehen sollen.

Stumme Zeugen
Die Hochspannungsleitungen, die in der Zwischenkriegszeit hart umstritten waren, stehen noch heute als stumme Zeugen in der Landschaft. Sie wurden nach dem Zweiten Weltkrieg mehrfach um- und ausgebaut und für höhere Spannungen ausgerüstet. Im Widerstand gegen die Höchstspannungsleitung, welche vom Atomkraftwerk Fessenheim im Elsass nach der Umsetzstation bei Bottmingen führen soll, findet die Auseinandersetzung der Zwischenkriegszeit unter veränderten gesellschaftlichen Bedingungen eine Fortsetzung. In der Argumentation der 1990er Jahre stehen umweltpolitische Fragen im Zentrum.

zusammen durchsetzen konnte. Er teilte das Ziel, nicht aber die Erwartungen der Linken. Denn was diese mit der Wiedervereinigung zu erreichen hoffte, fürchtete die bürgerliche Mehrheit in seinem Kreis. Weder an einer politischen Stärkung der linken Parteien noch an einem grosszügigen Ausbau des Sozialstaates war ihr gelegen. Sie befürchtete im Gegenteil, dass sich dadurch die steuerliche Belastung der wohlhabenden Schichten erhöhen würde. Trotz dieser Gegensätze kam es im Wiedervereinigungsverband zu einer Zusammenarbeit zwischen linken und bürgerlichen Befürwortern der Wiedervereinigung. Doch blockierten sie einander immer wieder, so dass der Verband die Lancierung einer Volksinitiative mehrmals hinausschieben musste.

Anfang der dreissiger Jahre lag endlich ein erster Initiativtext vor. Dieser beschränkte sich allein darauf, das Verfahren zu regeln, nach dem die Vereinigung der beiden Halbkantone zu vollziehen war. Auf inhaltliche Postulate, die mit der Wiedervereinigung hätten verwirklicht werden sollen, verzichtete der Entwurf. Für die linken Kräfte innerhalb des Wiedervereinigungsverbandes war dieser Vorschlag ungenügend. Vor allem bei den städtischen Sozialdemokraten um Gustav Wenk machte sich die Befürchtung breit, die Wiedervereinigung könnte den bürgerlichen Kräften dazu dienen, die sozialpolitischen Errungenschaften der Stadt rückgängig zu machen. Doch ihre Gesinnungsgenossen auf der Landschaft warteten ungern länger. Die Vorboten der Wirtschaftskrise drängten sie, mit der Wiedervereinigung auch den sozialpolitischen Fortschritt zu gewinnen. Zudem fanden sich im unteren Baselbiet mehr und mehr auch bürgerliche Politiker, welche für die Wiedervereinigung eintraten. Das «Vorortsproblem» hatte inzwischen Dimensionen angenommen, welche viele Gemeindepolitiker dazu bewogen, auf die Karte Wiedervereinigung zu setzen. Schliesslich gelang es dem Wiedervereinigungsverband, einen Initiativtext zu finden, welcher auch die Unterstützung der Basler Sozialdemokraten fand. In seiner überarbeiteten Fassung hielt er unter anderem fest, dass die Stadt Basel eine eigene Ver-

Existenzsicherheit mehr boten und dass die herkömmlichen politischen Verfahren überfordert waren. Aber der Abschied von alten Gewohnheiten war schwer, und immer wieder fielen sie in die bekannten und eingespielten Muster und Vorstellungen zurück. Der kollektive Lernprozess ging nicht nur in eine Richtung und war nicht flächendeckend. Einzelne Bevölkerungsschichten vollzogen ihn früher, andere später; einzelne reaktivierten überholte Verfahren, andere verabschiedeten diese endgültig. Der Lernprozess bewegte sich vorwärts und zurück.

Frauen auf dem Kampfgelände
Die Baselbieter Frauen seien die ersten Kronzeugen dafür, dass es sich bei der Abstimmung über die Wiedervereinigung um eine Angelegenheit handle, die mit keinem anderen Geschehen auf dem politischen Felde zu vergleichen sei. Diese Auffassung vertrat Karl Weber, der 1936 den Abstimmungskampf verfolgte und als Mitarbeiter der ‹Neuen Zürcher Zeitung› unter dem Pseudonym Textor «Briefe aus dem Basler Kampfgelände» schrieb. Er hatte Frauen beim Einkaufen beobachtet, welche untereinander das «unausweichliche Thema» diskutierten: «bald mütterlich besorgt und mahnend, bald rauhbauzig aufrüttelnd».

waltung erhalten und dass die Autonomie der Gemeinden gewahrt bleiben sollte. Die Sozialgesetzgebung und die Fürsorgeeinrichtungen von Basel-Stadt sollten nach Möglichkeit auf den ganzen Kanton ausgedehnt und die Anstellungsverhältnisse der staatlichen Beamten, Angestellten und Arbeiter des wiedervereinigten Kantons in angemessener Weise den Normen des bisherigen Halbkantons Basel-Stadt angepasst werden. Damit war den Befürchtungen der Basler Sozialdemokraten und den Wünschen ihrer Baselbieter Genossen Rechnung getragen. Doch ein Teil der bürgerlichen Interessen blieb dabei auf der Strecke. Waren es vorher die Linken, welche sich nicht mit dem Initiativtext anfreunden konnten, so gingen nun eher die bürgerlichen Kreise auf Distanz. Viele Mitglieder des Wiedervereinigungsverbandes, die bürgerlichen Parteien angehörten, hatten sich schon früher aus dem Verband abgesetzt, so zum Beispiel Rudolf Gelpke oder der spätere Baselbieter Regierungsrat Ernst Erny. Andere folgten ihnen jetzt. Mit einem Vorhaben, das derart sozialpolitisch ausgerichtet war, konnten sie sich nicht mehr einverstanden erklären. Aber auch ohne ihre Unterstützung kamen die Unterschriften dies- und jenseits der Birs rasch zusammen. Besondere Mühe gab sich der Verband im oberen Kantonsteil. Er wollte mit einer ansehnlichen Zahl von Unterschriften aus dem Oberbaselbiet vermeiden, dass sein Anliegen als blosses «Eingemeindungsgewächs» oder als Sache der «Parteipolitik» verurteilt würde. Er setzte auf die alten Sympathien, welche sein Vorhaben um Gelterkinden und im hinteren Frenketal genoss, und schickte seinen Sekretär, Ernst Pflugshaupt, auf die Suche nach Vertrauensleuten im Oberbaselbiet. Pflugshaupt blieb nicht erfolglos. Es fanden sich einzelne Männer, die zum Sammeln bereit waren, und es kam auch eine stattliche Anzahl von Unterschriften zusammen. Die Schwierigkeiten, denen Pflugshaupt und seine Helfer in den oberen Bezirken begegneten, bestätigten aber, dass der Boden für die Wiedervereinigung oberhalb der Hülftenschanz ausgesprochen hart und trocken war.

Frauenstimmrecht

Über die politische Gleichberechtigung der Frauen stimmten die Männer im Kanton Basel-Landschaft mehrfach ab. Bis 1966 lehnten sie sowohl eidgenössische als auch kantonale Vorlagen, die das Frauenstimmrecht integral, teil- oder stufenweise realisieren wollten, konsequent ab. Bei der eidgenössischen Abstimmung 1959 stimmten 14 969 Baselbieter Männer gegen und nur 8896 für die Vorlage. Sieben Jahre später hatten sie sich eines Besseren besonnen und räumten den Frauen das Stimmrecht in kantonalen Angelegenheiten ein.

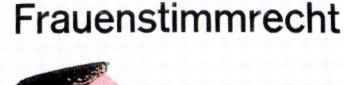

Er hatte Frauen gesehen, die sich zu den Männern in die Versammlungen setzten und sich keine Silbe von den Vorträgen und Diskussionen entgehen liessen. Er war Trachtengruppen begegnet, die ihre Lieder durch die Dörfer trugen, und er hatte miterlebt, wie zum Abschluss der Versammlungen alle zusammen, Frauen wie Männer, stehend das Baselbieter Lied sangen. Karl Weber, Mitverfasser der 1932 erschienenen Baselbieter Geschichte, hatte den Eindruck gewonnen, dass die Abstimmung zugunsten der Wiedervereinigungsgegner ausgegangen wäre, hätten die Frauen das Stimmrecht besessen: «Manch hartgesottener Gegner des Frauenstimmrechts ist überzeugt, dass dessen Anwendung [...] dem Baselbiet die Selbständigkeit retten würde.»[3] Ausser dem Recht, ihre Dorfhebamme zu bestimmen, besassen die Frauen im Kanton Basel-Landschaft wie auch in allen anderen Kantonen der Schweiz aber keine politischen Rechte. Erst 1926 hatten es die Baselbieter Männer mit einer knappen Mehrheit von 168 Stimmen abgelehnt, den Frauen in Schul-, Armen- und Kirchensachen das Stimm- und Wahlrecht zu gewähren. Der Anstoss zur Abstimmung vom 11. Juli 1926 war von aufgeschlossenen Männern im Landrat und in der Regierung ausgegangen. In seinem Bericht zum Landrats-

Der Heimatbund für das Selbständige Baselbiet

«Der Initiativbeschluss des Wiedervereinigungsverbandes erfordert [...] dringend die Sammlung und Tätigkeit aller Freunde eines unabhängigen und selbständigen Baselbiets. Diese Abwehr richtet sich nicht gegen die freundnachbarliche Lösung der Fragen, die Baselstadt und Baselland angehen. Sie lehnt aber eine Opferung des Baselbietes, das seine Lebensfähigkeit nun hundert Jahre bewiesen hat, ab und setzt sich für seine gedeihliche Weiterentwicklung als selbständiges Staatswesen ein.» Ende Dezember 1931, der Wiedervereinigungsverband hatte eben grundsätzlich beschlossen, im Herbst des folgenden Jahres seine lange angekündigte Initiative zu lancieren, erschien diese Mitteilung in verschiedenen Zeitungen des Kantons. Es war Ernst Boerlin, Doktor der Jurisprudenz und Vorsteher des kantonalen Armensekretariats, der sie hatte einrücken lassen.[9] Wer sich angesprochen fühlte und bereit war, sich gegen die Wiedervereinigung einzusetzen, sollte sich an das Komitee für ein Selbständiges Baselbiet wenden, das über seine Adresse zu erreichen war. Bisher waren die Gegner einer Wiedervereinigung nicht organisiert gewesen. Denn erstens hatten die Befürworter ihr Vorhaben, die beiden Basel zusammenzubringen, nie konkret in Angriff genommen. Zweitens hatten sich die Gegner bisher auf einen grossen Rückhalt verlassen können. Zu Beginn der dreissiger Jahre stellte sich die Situation jedoch etwas anders dar. Einmal stand der Wiedervereinigungsverband unmittelbar vor der Lancierung seines Vorstosses, womit erstmals eine Volksabstimmung über diese Frage in Reichweite rückte. Zum andern hatte sich die Bevölkerung und damit auch das politische Gewicht stark in den unteren Kantonsteil verlagert. Schliesslich hatte sich in der Wiedervereinigungsfrage ein politisches Bündnis zwischen linken und bürgerlichen Kräften in den Vororten herausgebildet, das mehrheitsfähig sein konnte. Höchste Zeit also, die Gegner zu sammeln, dachten Ernst Boerlin und eine Handvoll seiner politischen Gesinnungsfreunde. Zur ersten Versammlung traten die Männer und Frauen, die sich auf den Aufruf gemel-

beschluss vom 17. Mai 1926 hielt der Regierungsrat fest: «Die Mitwirkung der Frauen auf diesen Gebieten ist nach der heutigen Auffassung und nach der Entwicklung des kulturellen Lebens gegeben [...] Der tatsächlichen Betätigung sollte nun aber auch die rechtliche Stellung der Frauen entsprechen. Aus diesem Grund empfehlen Regierungsrat und Landrat die Schaffung eines Verfassungsartikels, welcher das Stimmrecht der Frauen in Schul-, Kirchen- und Armensachen einführt.»

1929 entstand in Liestal die Vereinigung für das Frauenstimmrecht Baselland. Im gleichen Jahr unterschrieben rund 5000 Frauen aus dem Baselbiet eine Petition der Frauenorganisationen an den Bundesrat. Doch der Verband war im Kanton Basel-Landschaft nicht sehr aktiv. Er empfand das Baselbiet als steinigen Boden und änderte noch in den dreissiger Jahren seinen Namen in Vereinigung für Frauenrechte. Er wollte sich von den verfemten Suffragetten abgrenzen und das Stimm- und Wahlrecht nicht so stark in den Vordergrund stellen. Immerhin äusserte er sich zu verschiedenen politischen Tagesfragen. Seine Stellungnahme zur Wiedervereinigung zeigt, dass Karl Webers Einschätzung nicht ganz daneben lag. Jedenfalls bedauerte auch die Vereinigung für Frauenrechte, dass sie sich nicht zur

det hatten, am 6. März 1932 in Pratteln zusammen. Bei dieser Gelegenheit erläuterte Boerlin, dass wirtschaftliche, politische und kulturelle Gründe gegen eine Wiedervereinigung sprächen.[10] Wirtschaftspolitisch waren im Kanton Basel-Landschaft nach Boerlins Auffassung vier Aufgaben dringlich. Erstens hatte der Kanton die Produktion und den Absatz der Landwirtschaft zu fördern und damit die Bevölkerung des Oberbaselbiets von der Abwanderung abzuhalten. Zweitens musste er den Inlandmarkt des Kleingewerbes schützen. Drittens waren Arbeits- und Verdienstgelegenheiten für das Heer von unselbständig Erwerbenden zu schaffen. Viertens schliesslich sollte ein angemessener Finanzausgleich zwischen Kanton und Gemeinden eingerichtet werden. In den vergangenen Jahren hatte der Kanton Basel-Landschaft nach Boerlins Beobachtungen damit begonnen, diese Vorhaben in die Tat umzusetzen. Nun aber drohe der Vorstoss des Wiedervereinigungsverbandes, ihn von diesem Weg abzubringen, und dann würden die unausgeglichenen Kräfteverhältnisse die Landschaft und ihre Interessen ständig benachteiligen. Für die städtische Bevölkerung stünden Konsumenteninteressen im Vordergrund, die danach trachteten, den billigsten Produzenten zu berücksichtigen. Dagegen seien für die Baselbieter Landwirte und Kleingewerbetreibenden Produzenteninteressen ausschlaggebend. Die Stadt Basel aber zähle ungefähr doppelt so viele Einwohner wie der restliche Kanton. Sie würde folglich die Landschaft dominieren und die Landgemeinden würden an Bedeutung einbüssen. Ernst Boerlin zu seinen Zuhörerinnen und Zuhörern in Pratteln: «Der grosse, mächtige Hauptort des neuen Kantons wird ohne weiteres zentralisierend wirken und wirken müssen. Die schweren Folgen dieser Entwicklung für die politischen Verhältnisse und die Grundlagen des Staates im Baselbiet lassen sich aber leicht ermessen, wenn man bedenkt, wie sehr im Baselbiet gerade eben die Gemeinden die Herde des politischen und staatlichen Lebens, die politische Schule für Volk und Behörden, die eigentlichen Träger des Staates und Stützen der Demokratie sind.»

Wiedervereinigung äussern konnte: «Wir würden für die Selbständigkeit des Baselbietes eintreten», liess sie verlauten.
Es blieb zunächst an den ausschliesslich männlich besetzten Behörden, die politischen Rechte der Frauen auszuweiten. Durch sanfte Änderungen verschiedener Gesetze erklärten sie die Frauen als in Armen- und Schulpflegen sowie in Vormundschafts- und Fürsorgekommissionen wählbar. Am 22. August 1945, wenige Wochen nach Kriegsende, der Aktivdienst war nur gerade zwei Tage zuvor zu Ende gegangen, unterbreitete die Regierung einen Bericht über die Einführung des Frauenstimmrechts. Die Begründung ihres Vorstosses leitete sie aus dem Postulat der Gerechtigkeit sowie aus der Rolle der Frauen in der Gesellschaft ab, welche im Krieg besonders stark hervorgetreten war: «Die Frau ist im Zuge der wirtschaftlichen Entwicklung immer mehr in den Wirtschaftsprozess eingeschaltet worden. Man kann diese Entwicklung als unglücklich bezeichnen; die Tatsache lässt sich aber damit nicht aus der Welt schaffen […] Während der Kriegszeit […] wurden die Frauen in vermehrtem Mass zur Mitarbeit herangezogen. Welch gewaltige Arbeit hat die Bäuerin im Dienste der Landesversorgung auf sich genommen. Wie viele weibliche Arbeitskräfte traten an die Stelle der

Neben der wirtschaftlichen und politischen Benachteiligung sah Boerlin aber noch ein drittes Element, das gegen die Wiedervereinigung sprach. Dem Baselbiet würden auch auf kulturellem Gebiet Nachteile erwachsen: Der Kanton Basel-Landschaft sei ein typischer Landkanton mit ausgesprochener Eigenart der Bevölkerung. Diese Eigenart, so befürchtete er, müsse sehr bald geopfert werden. Einerseits sei die Stadt überfremdet, religionsfeindlich und von unruhigen Kommunisten durchsetzt; die «Invasion des städtischen Pöbels» trage die Nachteile der Stadt in die Agglomeration und damit ins Baselbiet. Andererseits führe die natürliche Anziehungskraft der Stadt mit ihren Vorteilen und Annehmlichkeiten dazu, dass die Bevölkerung abwandere und sich der obere und hintere Kantonsteil somit entvölkere. Fremde Interessenkonflikte würden das «Volksganze» spalten und die Arbeiterschaft verhetzen. Die Landwirtschaft werde vernachlässigt, die Baselbieter Bevölkerung radikalisiert und das Verantwortungsgefühl des Einzelnen untergraben. Isolierung, Unzufriedenheit und Entfremdung des oberen und hinteren Baselbiets wären die Folge: «Es ist schon für unsern eigenen Kanton schwer, allen seinen Bürgern gerecht zu werden, die Staats- und Volkseinheit zu erhalten. Die Wiedervereinigung […] bedeutete die Preisgabe dieser Einheit und die Verneinung der Tatsache einer wirklichen Baselbieter Volks- und Staatsgemeinschaft. Wer aber bereit ist, die Interessen des Volksganzen und das Ideal einer Baselbieter Volksgemeinschaft selbst über die Interessen und Vorteile einzelner Personen oder Gruppen zu stellen, kann der geplanten Wiedervereinigung nicht zustimmen, […] aus Liebe zum Volk und Land, in dem er wohnt und dem er zuerst dienen soll, damit es seinerseits in der Gemeinschaft der Völker und Länder diene. […] Nicht Masse und Macht bestimmen den Wert des Kantons, sondern der gute Geist, der sein Volk beseelt, der Wille zur Gemeinschaft in Not und Freud.»

Boerlins Überlegungen zur Wiedervereinigung fanden unter den rund 200 Personen, die in Pratteln zusammengekommen waren, begeisterte Zustimmung. Er brachte die Sorgen und Ängste der Kleinbauern, der Gewerbe-

Männer, die zur Grenzbesetzung einberufen wurden. Die Frau wurde arbeitsdienstpflichtig, sie wurde in den Formationen des FHD [Frauenhilfsdienst] auch in die Armee eingegliedert.» Der Landrat, die meisten Parteien, der Lehrerinnenverein, der Frauengewerbeverband sowie die Vereinigung für Frauenrechte unterstützten den Regierungsrat und machten sich für ein umfassendes Stimm- und Wahlrecht der Frauen stark. Am 7. Juli 1946 war es dann erneut an den Baselbieter Männern, darüber zu befinden. Die überwiegende Mehrheit der knappen Hälfte, die zur Urne ging, entschied dagegen. Mit 10 480 Nein gegen lediglich 3784 Ja-Stimmen erlitt die Vorlage der aufgeschlossenen politischen Kräfte und der Frauenorganisationen eine empfindliche Niederlage.

Die Argumente, welche Männer und – etwas seltener – auch Angehörige des weiblichen Geschlechts gegen das Stimm- und Wahlrecht für Frauen vorbrachten, waren immer wieder die gleichen: Die Frau gehöre ins Haus oder die Frau entfremde sich durch die politische Betätigung ihrem wirklichen Wesen und ihrer eigentlichen Bestimmung, waren die am häufigsten gehörten Einwände. Solche Vorstellungen waren allerdings bereits derart realitätsfremd, dass sich nur wenige Gegner öffentlich zu äussern wagten. Einer von

treibenden, der krisengebeutelten Posamenterfamilien und vieler Politiker des oberen Kantonsteils zum Ausdruck. Zwar fanden sich unter Boerlins Zuhörern auch einige prominente Leute, so zum Beispiel Karl Lüdin, der Chefredaktor der ‹Basellandschaftlichen Zeitung›, oder Dr. Karl von Blarer, der einflussreiche katholisch-konservative Landrat aus Aesch. Boerlins Argumente aber sprachen vor allem jene Kreise an, welche den Übergang von den traditionellen zu den modernen Wirtschaftsformen als Krise und existentielle Bedrohung erlebten. Sein Antrag, eine lose Bewegung zu gründen, fand grosse Zustimmung. Der neue Zusammenschluss firmierte einmal als Heimatbund für das Selbständige Baselbiet, ein andermal als Volksbewegung für das selbständige Baselbiet. Die Gründungsversammlung wählte Ernst Boerlin zum ersten Präsidenten der Vereinigung.

Von der Initiative zum Verfassungsartikel

Der Wiedervereinigungsverband reichte seine beiden Initiativen bereits am 2. März 1933 ein: in Basel, wo 1000 Unterzeichner ausgereicht hätten, mit 12 341, in Liestal, wo das Quorum bei 1500 lag, mit 7483 Unterschriften. Das ‹Basler Volksblatt› registrierte anerkennend, dass mit rund 20 000 Unterschriften nahezu ein Drittel aller Stimmberechtigten in beiden Halbkantonen die Begehren nach Wiedervereinigung unterzeichnet hätten, und die ‹National-Zeitung› vermerkte ein «glänzendes Resultat».[11]

Die Mehrheit des Baselbieter Regierungsrates, er setzte sich aus drei Vertretern bürgerlicher Parteien und zwei Sozialdemokraten zusammen, war über das Zustandekommen der Initiative nicht erfreut. Die beiden sozialdemokratischen Regierungsräte konnten sich nicht durchsetzen oder hielten sich in dieser Frage zurück. Die Sympathien der Regierung und der kantonalen Staatsverwaltung lagen bei den Gegnern der Wiedervereinigung. Es war zwar nicht so, dass alle Politiker und Beamten die Argumente Ernst Boerlins und des Heimatbundes teilten. Als Teilhaber an der staatlichen Macht und als Leute, deren Einkommen aus der Staatskasse floss, reprä-

Frauen springen ein, um 1940
Die kriegsbedingte Abwesenheit der Männer führte dazu, dass Frauen in Berufen arbeiteten, die bis anhin den Männern vorbehalten gewesen waren.

Abstimmungskampf 1936

sentierten sie jedoch ein Interesse des Staates an sich selbst. Die Verwaltung hätte man in Basel ansiedeln wollen und Liestal hätte sich mit den kantonalen Gerichten begnügen müssen. Nur wenige Staatsbeamte und einflussreiche Politiker mochten sich auf diese unsichere Zukunftsperspektive einlassen.

Regierung und Verwaltung reagierten deshalb zunächst mit einer Verzögerungsstrategie. Sie erwogen hin und her und liessen juristische Gutachten erstellen. Schliesslich kam der Regierungsrat zur Auffassung, dass die Initiative nicht gültig sei, und begründete das folgendermassen: Ein Vorstoss, der sich auf die kantonale Verfassung stützte, konnte nicht deren Aufhebung verlangen. Darauf aber lief die Wiedervereinigungsinitiative hinaus, denn nach einer Wiedervereinigung hörte die Existenz des Halbkantons Basel-Landschaft und seiner Verfassung auf. Die Initianten wollten sich allerdings nicht mit einer juristischen Finte austricksen lassen. Sie erhoben vor Bundesgericht Beschwerde und erhielten Recht. Das Wiedervereinigungsbegehren führe nicht direkt zur Aufhebung von Verfassung und Kanton, argumentierten die höchsten Richter. Es regle nur das Verfahren, nach dem die Entscheidung über die Wiedervereinigung fallen solle. Dies könne nicht verfassungswidrig sein.

Der Regierungsrat musste sich juristisch geschlagen geben und setzte den Kampf nun auf der politischen Ebene fort. Die Abstimmung über die Initiative legte er auf den 23. Februar 1936 fest. Seit der Sammlung der Unterschriften waren drei Jahre vergangen. Im Vorfeld der Abstimmung kämpften beide Seiten mit grossem Aufwand um die Mehrheit unter den Stimmbürgern. Neue Argumente traten kaum mehr auf. Sprecher aus den Gemeinden in der Umgebung der Stadt führten das «Vorortsproblem» an. Sozialdemokraten und Kommunisten argumentierten sozialpolitisch. Die Wiedervereinigungsgegner sprachen von wirtschaftlichen Nachteilen, politischer Benachteiligung und kulturellen Unterschieden. Für böses Blut sorgten die Stadtbasler Referenten des Wiedervereinigungsverbandes, die an

ihnen war Felix Feigenwinter, der noch 1965 gegen das Frauenstimmrecht wetterte: «Die Politik – das Planen und Leiten des öffentlichen Lebens», schrieb er 1965 im ‹Doppelstab›, «ist naturgemäss ein Privileg des Mannes und eine Tätigkeit, die der in sachlichen Dingen zur Verniedlichung neigenden Frau nicht entspricht. (Ausnahmen bestätigen selbstverständlich auch hier die Regel. Dass aber die Ausnahmen plötzlich überhand zu nehmen drohen, ist ein untrügliches Alarmzeichen!) Die Frau hat nur ein Recht auf ‹Entfaltung›, sofern sie dabei ihrer menschlichen und biologischen Aufgabe treu bleibt und sich an die Gesetze der Natur hält. Dasselbe gilt natürlich auch für den Mann. Vielleicht kann sich die Frau zwar unter besonderem Einsatz und unter Opfern eines Tages wirklich dazu bringen, den Härte und Konsequenz erfordernden Ansprüchen der aktiven Politik gerecht zu werden. Aber unser Staatswesen gründet sich nach wie vor auf der einzelnen Familie. Daher wären die Folgen einer derartigen Emanzipation korrupt. Und es wäre eine zweifelhafte ‹Gerechtigkeit›, deren Ausübung den Zerfall des Staates herbeiführen würde!»[4] An der Urne hatten Leute wie Felix Feigenwinter noch einige Zeit die Mehrheit. So lehnten die Baselbieter Stimmberechtigten am 15. Mai 1955 mehrheitlich auch die dritte

politischen Veranstaltungen auf der Landschaft auftraten. Viele Oberbaselbieter empfanden ihre Auftritte als Einmischung in die inneren Angelegenheiten des Landkantons. Sie kramten in Erinnerungen an die Trennungswirren und fanden alte Vorurteile bestätigt. Im oberen Kantonsteil schlug den Vertretern des Wiedervereinigungsverbandes offene Feindseligkeit entgegen. Befürworter der Wiedervereinigung aus dem Oberbaselbiet, die es 1933 noch gewagt hatten, ihre Unterschrift zu geben, blieben der Abstimmung fern oder wechselten die Seite. Jedenfalls waren die beiden Lager in der Abstimmung deutlicher auf die beiden Kantonsteile verteilt als bei der Unterschriftensammlung von 1933. Von den alten Sympathien für die Wiedervereinigung, die einmal auch im oberen Kantonsteil zu verzeichnen gewesen waren, war nach diesem Abstimmungskampf kaum mehr etwas zu spüren.

Nach der ausserordentlichen Hitze des Gefechts erstaunt nicht, dass die Stimmbeteiligung am Wochenende vom 23. Februar 1936 ungewöhnlich hoch war: Von den 27 155 stimmberechtigten Männern nahmen 23 748 oder 87,5 Prozent teil. 12 727 oder 54 Prozent legten ein Ja, 10 823 oder 46 Prozent ein Nein in die Urne. So knapp das Ergebnis auf kantonaler Ebene mit einer Differenz von nur 1904 Stimmen ausfiel, auf der Ebene der Bezirke und Gemeinden waren die Verhältnisse eindeutiger. Die Wiedervereinigungsvorlage spaltete den Kanton: Der Bezirk Arlesheim hiess die Initiative im Verhältnis vier zu eins gut, währenddem sich die oberen Bezirke zusammen im Verhältnis eins zu zwei dagegen aussprachen. Im Bezirk Arlesheim betrug der Ja-Stimmenanteil 81, im Bezirk Liestal 37, im Bezirk Sissach 26 und im Bezirk Waldenburg 25 Prozent. Von den 73 Gemeinden des Kantons sprachen sich 19 für, 54 gegen die Wiedervereinigung aus. Zugestimmt hatten alle Gemeinden des Bezirks Arlesheim sowie die unteren Gemeinden des Bezirks Liestal, so Pratteln, Augst, Frenkendorf und Füllinsdorf. Abgelehnt hatten sämtliche Gemeinden der Bezirke Sissach und Waldenburg sowie die Mehrzahl der Gemeinden des Bezirks Liestal. Knappe Ergebnisse auf

Frauen erobern Männerberufe, 1962

In den 80er und 90er Jahren des 20. Jahrhunderts stieg die Zahl der Frauen, die sich bei der Berufswahl nicht für einen traditionellen Frauen-, sondern für einen Männerberuf entschieden. Christa Holinger aus Frenkendorf, die erste Frau, die sich im Kanton Basel-Landschaft zur Schreinerin ausbildete, schloss ihre Lehre 1962 ab.

Vorlage zur Einführung des Frauenstimmrechts ab. Diesmal sollte das neue Recht nicht umfassend, sondern bloss stufenweise eingeführt werden.
Nach dieser dritten Niederlage sorgte die Vereinigung für Frauenrechte dafür, dass die Forderung nach gleichen politischen Rechten für Mann und Frau nie mehr ganz verstummte. Ende der fünfziger Jahre erlebte sie einen Aufschwung und griff seither kontinuierlich in die Debatten und Abstimmungskämpfe ein. Eine ihrer Präsidentinnen war Susanne Müller, eine diplomierte Architektin aus Liestal. Sie forderte ihre Kampfgefährtinnen auf, sich aktiv und wo immer möglich in die öffentlichen Tätigkeiten einzubringen. In einem Vortrag, den sie Anfang der sechziger Jahre hielt, meinte sie zum Beispiel: «Wir müssen uns aufmachen und im rauhen Klima, draussen im Freien uns mit den Männern aussprechen und ihnen Red und Antwort stehen. Es nützt [...] nichts, auf unser gutes Recht zu pochen und geltend zu machen, dass wir befugt seien, schöpferisch am Staatsleben mitzuwirken. [...] Es ist wichtig, dass dort, wo unsere Mitarbeit schon möglich ist, in den Schulpflegen, in verschiedenen Kommissionen, in allen möglichen sozialen Institutionen, diese auch tatsächlich angeboten und geleistet wird. [...] Wenn wir Frauen [...] dort, wohin wir

Gemeindeebene gab es nur ausnahmsweise, beispielsweise in den zustimmenden Gemeinden des Bezirks Liestal. So stark das klare Ergebnis des Bezirks Arlesheim ins Gewicht fiel, seine 8875 Ja-Stimmen hätten nicht dazu ausgereicht, die Nein-Stimmen des ganzen Kantons aufzuwiegen. Zwar kamen im Bezirk Arlesheim mehr Ja- als in den übrigen drei Bezirken Nein-Stimmen zusammen, da es aber auch im unteren Bezirk über 2000 Gegner gab, waren die Befürworter auf die Unterstützung aus den oberen Bezirken angewiesen. In der Stadt stimmten die Stimmbürger gleichzeitig über die städtische Initiative ab. Dort obsiegte der Vorstoss des Wiedervereinigungsverbandes mit 20 171 gegen 7450 Stimmen.

Mit der Abstimmung war die Initiative gutgeheissen. Das Verfahren zur Wiedervereinigung hatte damit aber noch keine Verfassungskraft. Zunächst musste ein Verfassungsrat den konkreten Paragraphen erarbeiten. Dabei handelte es sich noch nicht um einen gemeinsamen Verfassungsrat beider Basel, sondern um einen Rat, der ausschliesslich für den Kanton Basel-Landschaft zuständig war. Erst wenn dessen Vorlage unter den Baselbieter Stimmberechtigten erneut eine Mehrheit gefunden hatte, war das Verfahren zur Wiedervereinigung verfassungsrechtlich festgeschrieben. Die Wahl in den Verfassungsrat fand am 7. Juni 1936 statt. Bei diesem Urnengang standen sich keine Parteien, sondern nur zwei Listen gegenüber: Befürworter der Wiedervereinigung kandidierten auf der Liste 2, ihre Gegner auf der Liste 1. Das Ergebnis der Wahl bestätigte die politischen Kräfteverhältnisse der vorangegangenen Abstimmung. Die Befürworter errangen mit 43 Sitzen die Mehrheit. Ihre Gegner waren mit 37 Verfassungsräten vertreten. So unversöhnlich sich die beiden Lager im Abstimmungs- und Wahlkampf gegenübergestanden hatten, so unvereinbar blieben ihre Positionen im Verfassungsrat. Selbst die Berichterstattung der beiden Fraktionen erfolgte getrennt. Inhaltlich erbrachten die Beratungen des Verfassungsrates keine neuen Einsichten. Der Verfassungsartikel, den er vorlegte und über den am 2. Oktober 1938 abgestimmt wurde, entsprach weitgehend dem Text der

Blick in ein Stimmlokal, 1999

geholt werden, bescheiden mitmachen, dann können wir sicher sein, dass […] wir so in den Männern das Bewusstsein […] wachrufen, dass sie es sind, die zu kurz gekommen sind, nämlich um unsere einmal wertvolle und zum andern unentbehrliche Mitarbeit.»[5]

Mitte der sechziger Jahre trugen die Geduld der aufgeschlossenen Männer und das Engagement der aktiven Frauenrechtlerinnen endlich Früchte. Im vierten Anlauf hiessen am 13. März 1966 auch die Baselbieter Männer die stufenweise Einführung der politischen Gleichberechtigung der Frau im Grundsatz gut. Bei einer schwachen Stimmbeteiligung von etwas über 30 Prozent stimmten 8321 Männer für und 6210 Männer gegen die Vorlage. Der Kanton Basel-Landschaft war damit nach den Kantonen Waadt (1959), Neuenburg (1959), Genf (1960) und Basel-Stadt (1966) der fünfte eidgenössische Stand, welcher den Frauen das Stimm- und Wahlrecht einräumte. Auf kantonaler Ebene galt es ab 1967, auf kommunaler ab 1970 und auf eidgenössischer ab 1971. Die ersten Landratswahlen mit Beteiligung der Frauen fanden 1971 statt. Dabei schafften gerade vier Frauen den Sprung ins kantonale Parlament. Später aber war der Anteil der Frauen im Landrat immer höher als im Durchschnitt aller kantonalen Parlamente.

Initiative. Lediglich ein Punkt war neu. Er sollte 30 Jahre später eine sehr wichtige Rolle spielen. Die Wiedervereinigungsgegner hatten verlangt, dass der gemeinsame Verfassungsrat, der das Grundgesetz des wiedervereinigten Kantons zu erarbeiten hatte, nicht nur den eigentlichen Verfassungstext, sondern auch die Hauptgrundzüge der Gesetzgebung zu formulieren hatte.

Die erneute Ausmarchung von 1938 war eine Neuauflage des Abstimmungskampfes von 1936. Auch das Abstimmungsergebnis wich kaum vom damaligen ab. Die Unterschiede waren minim. Die Stimmbeteiligung lag mit 78,5 Prozent etwas tiefer, der Ja-Stimmenanteil betrug diesmal nur 52 Prozent und die Differenz zwischen den beiden Lagern hatte sich auf 802 Stimmen reduziert. Auch bei den Gemeinden ergaben sich nur geringe Verschiebungen: Augst und Frenkendorf lehnten jetzt ab, während Lausen neu auf der annehmenden Seite auftauchte.

Der Bund mischt sich ein

Mit dieser zweiten Abstimmung war das Verfahren zur Einleitung der Wiedervereinigung in den Verfassungen der beiden Basler Halbkantone geregelt. Rechtskraft hatten diese Bestimmungen allerdings noch nicht. Wie jede kantonale Verfassungsänderung mussten auch die Wiedervereinigungsartikel den Segen der eidgenössischen Räte erhalten. Der Baselbieter wie der städtische Regierungsrat reichten am 3. Dezember 1938 die entsprechenden Anträge ein. Während sich die Basler Regierung kurz fasste, nahm die Baselbieter Regierung erneut die Gelegenheit wahr, ihre Bedenken gegen eine Wiedervereinigung vorzubringen und für eine bundesrechtliche Regelung des Wiedervereinigungsverfahrens zu plädieren. Von einem formellen Antrag auf Gewährleistung des Wiedervereinigungsartikels sah sie ab.[12] Der Bund kam jedoch vorläufig nicht dazu, auf die Frage der Wiedervereinigung der beiden Basel und das Gewährleistungsverfahren einzutreten. Wie schon 1914 mischte sich die Weltpolitik ins politische Geschehen im Kanton Basel-Landschaft ein. Der Zweite Weltkrieg brach aus und drängte

Die entscheidende Abstimmung über die Wiedervereinigung im Dezember 1969 fand diesmal unter Beteiligung der Frauen statt. 1967 hatte sich die Frauenbewegung zur Erhaltung der selbständigen Kantone Baselland und Basel-Stadt gebildet, welche den Kampf des Selbständigen Baselbiets gegen die Wiedervereinigung aktiv und mit phantasievollen Aktionen unterstützte. Im Verfassungsrat beider Basel, der die rechtlichen Grundlagen des wiedervereinigten Kantons ausarbeitete, hatte das Frauenstimmrecht zu seltsamen politischen Stellungnahmen geführt. Während die Befürworter der Wiedervereinigung die politische Gleichberechtigung von Mann und Frau nicht in die neue Verfassung aufnehmen wollten, setzten sich die Wiedervereinigungsgegner stark dafür ein. Beide Seiten nahmen ihre Position aus taktischen Überlegungen ein: Die Wiedervereinigungsbefürworter wollten die neue Verfassung möglichst nicht mit Inhalten belasten, die politisch umstritten waren. Ihr Ziel war es, die Verfassung des Kantons Basel so auszugestalten, dass sie mehrheitsfähig war. Den Gegnern war es jedoch nur recht, wenn die Verfassung Inhalte aufwies, die Anstoss erregen konnten. Sie wollten ja unbedingt dafür sorgen, dass sie keine Mehrheit fand. Nach der grundsätzlichen Zustimmung zum Frauen-

Bundesrat und eidgenössischen Räten gewichtigere Geschäfte auf. Die Anträge auf Gewährleistung aus Liestal und Basel mussten warten. Erst nach dem Krieg setzte der Bundesrat das Geschäft auf die Traktandenliste. Am 17. März 1947 legte er seine Botschaft vor. Er beantragte den eidgenössischen Räten, die Wiedervereinigungsartikel beider Basel zu gewährleisten.[13] Es folgten die Beratungen der vorberatenden Kommissionen und der beiden Räte. Am 10. Dezember 1947 beschloss der Ständerat, am 10. März 1948 der Nationalrat, den Wiedervereinigungsartikeln in den beiden Basler Kantonsverfassungen die Gewährleistung zu versagen. Den Ausschlag für diese überraschende Entscheidung hatten nicht juristische, sondern politische Erwägungen gegeben. Parlamentarier aus der Innerschweiz und aus der Romandie waren aus föderalistischen Bedenken dagegen. Sie wollten das Gleichgewicht zwischen den Stadt- und Landkantonen nicht durch ein erstarktes Basel gestört wissen. Viele Berner Volksvertreter befürchteten, dass eine Verschiebung kantonaler Grenzen in der Nordwestschweiz den Separatisten im Berner Jura Auftrieb verleihen könnte. Wieder andere stimmten gegen die Wiedervereinigungsartikel, weil sie befürchteten, das labile Gleichgewicht, zu dem die Schweiz nach harten innenpolitischen Konflikten seit den dreissiger Jahren gefunden hatte, könne durch neue Minderheitenprobleme ins Wanken geraten.

Die Reaktionen auf die Entscheidungen im Bundeshaus entsprachen den Interessen der beiden Lager: Für die Befürworter der Wiedervereinigung legte der städtische Regierungsrat «feierlichen Protest» ein. Er betrachtete die «Verweigerung der Gewährleistung» als «Verfassungsverletzung» und als «unzulässige Einmischung in die kantonalen Rechte». Ihm schlossen sich einzelne Baselbieter Vorortsgemeinden an.[14] Die Volksbewegung für das Selbständige Baselbiet hatte sich mit einer grossen Kartenaktion bei den eidgenössischen Parlamentariern für ihr Anliegen eingesetzt. Sie feierten deren Entscheid als Sieg. In Liestal brach unmittelbar nach dem Bekanntwerden des Abstimmungsergebnisses im Nationalrat spontan ein

Frauen im Landrat
Seit sich Frauen an Landratswahlen beteiligen können, hat sich ihr Anteil – von wenigen Ausnahmen abgesehen – von Wahl zu Wahl erhöht. 1999 besetzten sie 29 von 90 Sitzen und kamen damit auf einen Anteil von 32 Prozent. Interessant ist, dass sich die Frauenanteile in den einzelnen Fraktionen im Verlaufe der Zeit anglichen. Während anfänglich vor allem die Linksparteien mit hohen Frauenanteilen in Erscheinung traten, waren 1999 in allen wichtigen Fraktionen Frauenanteile um 30 Prozent anzutreffen. Die Ausnahme bildeten die Schweizer Demokraten. Sie stellten nicht nur 1999 ihre erste Landrätin, ihre Fraktion blieb zudem auch weit hinter dem Durchschnitt zurück. Eine andere Ausnahme war der Landesring der Unabhängigen, der 1987 mit einer Frau seinen letzten Landratssitz errang und damit einen Frauenanteil von 100 Prozent erreichte.

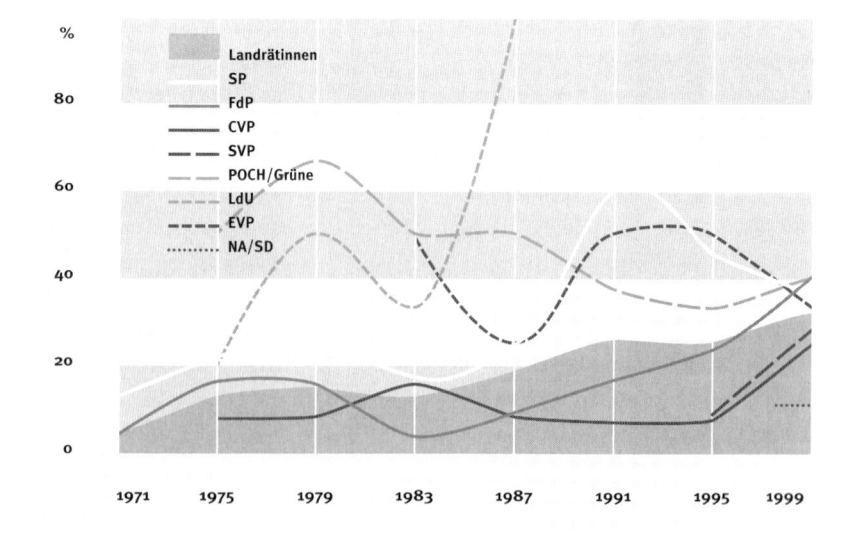

Volksfest aus. Die Baselbieter Regierung nahm den Entscheid an ihrer Sitzung vom 11. März 1948 «mit grosser Genugtuung» zur Kenntnis. Zudem setzte sie kurzerhand einen offiziellen Feiertag fest und schloss am Nachmittag die staatlichen Büros und Schulen.[15] Die Auseinandersetzung um die Wiedervereinigung war mit dem abschlägigen Entscheid der Bundesversammlung vorerst entschieden. Die Wiedervereinigungsgegner, im Kanton in der Minderheit, hatten sich auf eidgenössischer Ebene durchgesetzt. Die Befürworter, auf der kantonalen Ebene eine Mehrheit, waren unterlegen.

Frauenstreiktag, 1993

Unter dem Motto «Wenn Frau will, steht alles still» riefen 1991 Frauenorganisationen und Gewerkschaften der Schweiz den 14. Juni zum ersten nationalen Frauenstreiktag aus. 1993 stellten die Baselbieter Frauen die Nicht-Wahl von Christiane Brunner in den Bundesrat ins Zentrum ihrer Demonstration. Das Bild zeigt Christiane Brunner anlässlich ihres Besuches in der Liestaler Allee.

stimmrecht 1966 war es mit dem Taktieren vorbei. Eine Belastung für die neue Verfassung war diese Frage fortan nicht mehr. Für das Selbständige Baselbiet gereichte das Frauenstimmrecht aber auch unter den neuen Umständen zum Vorteil: Die stärkeren Vorbehalte gegenüber der Wiedervereinigung, die man bei den Frauen vermutete, konnten sich nun an der Urne zu seinen Gunsten auswirken.

Dem Kampf um die politische Gleichberechtigung folgte die Auseinandersetzung um die gesellschaftliche Gleichstellung der Geschlechter. Auch die Baselbieter Stimmbürgerschaft votierte 1981 bei der eidgenössischen Volksabstimmung mit deutlichem Mehr für die gleichen Rechte von Mann und Frau. In den Beratungen um die neue Kantonsverfassung forderten Vertreterinnen der Frauen einen Gleichberechtigungsartikel sowie – vorerst erfolglos – ein Gleichstellungsbüro. Nach einem weiteren Vorstoss konnte 1989 aber doch noch ein solches seine Arbeit aufnehmen. Die Fachstelle für Gleichstellung von Frau und Mann unterstützt die Durchsetzung der Gleichberechtigung unter den Geschlechtern in der Arbeitswelt, in der Politik und in der Familie.[6]

Lesetipps

Die Geschichte der Baselbieter Bewegungen der Zwischenkriegszeit ist inzwischen gut aufgearbeitet. Über die Bewegungen für und gegen die Wiedervereinigung orientieren Epple (1998a) sowie die Aufsätze von Gutzwiller, Bühler und Blarer/Gutzwiller, die im Sammelband der Stiftung für Baselbieter Zeitgeschichte erschienen sind. Aus zeitgenössischer Sicht ist die Artikelserie von Weber zu empfehlen (Weber 1936).

Etwas weniger leicht zugänglich sind die Abschlussarbeiten von Bürgi (1984) über die Bewegung gegen die Hochspannungsleitung sowie von Rund (1968), Fischer (1994) und Wigger (1990) über die Auseinandersetzung um die Wiedervereinigung. Während die Arbeiten von Fischer und Bürgi in der Bibliothek des Staatsarchivs in Liestal stehen, ist die sehr empfehlenswerte Arbeit von Rund im Staatsarchiv Basel-Stadt zugänglich.

Die Geschichte des Frauenstimmrechts behandeln Aufsätze im Katalog zur Ausstellung Alles was RECHT ist! (Kubli/Meyer [Hg.] 1992) und im Baselbieter Heimatbuch (Klaus 1969).

Abbildungen

Eduard Burckardt-Tomes (1815–1903), Die Wiedervereinigung eines geschiedenen Ehepaares, Lithographie 1861; Kantonsmuseum Baselland. Grafische Sammlung KM 1950.82: S. 85.
Dora Reber, Liestal: S. 86.
Foto Mikrofilmstelle: S. 88 und 96.
Plakatsammlung Basel: S. 89.
Foto-Archiv Jeck, Basel und Reinach.
Foto: Lothar Jeck: S. 93 und 94.
Christa Burkhardt-Holinger, Müstair: S. 95.
Anne Hoffmann: Grafik S. 98. Quelle Bundesamt für Statistik (Hg.): Der lange Weg ins Parlament. Die Frauen bei den Nationalratswahlen von 1971 bis 1991, Bern 1994 und Ergebnisse der Landratswahlen 1995 und 1999.
Monique Jacot, Epesses: S. 99.

Reproduktionen durch Mikrofilmstelle.

Anmerkungen

1 Initiativtext laut Unterschriftenbogen, StA BL, Basel 5.
2 Vgl. Bd. 5, Kap. 15.
3 Vgl. Bd. 5, Kap. 16.
4 Baldinger 1925.
5 Gelpke 1912 und 1914.
6 Baldinger 1925, S. 62.
7 Hummel 1925, S. 20–60.
8 Stirnimann 1988, S. 21.
9 «Tagblatt für das Birseck, Birsig- & Leimental», 29. Dezember 1931.
10 Vortragsmanuskript «Für die Selbständigkeit des Baselbiets» vom 6. März 1932, StA BL, PA 29, 01.01.
11 BV und NZ 2. März 1933. Zum Folgenden: Epple 1998a, S. 305–313; Rund 1968, S. 85ff.
12 Wigger 1990, S. 67–69; Der Regierungsrat des Kantons Basellandschaft an den hohen Bundesrat zu Handen der hohen Bundesversammlung, Bern, zur Frage der Gewährleistung von Art. 57bis der Staatsverfassung des Kantons Basellandschaft betr. die Wiedervereinigung des Kantons Basellandschaft mit dem Kanton Basel-Stadt, Liestal 1938; Erny 1939.
13 Wigger 1990, S. 75–78.
14 Wigger 1990, S. 106–107.
15 Gutzwiller 1985, S. 69.

1 Bürgi 1984, S. 103.
2 Epple 1998a, S. 305–313.
3 Weber 1936, S. 42.
4 «Doppelstab» 3. März 1965.
5 Vortragsmanuskript von Susanne Müller, StA BL, PA 141.
6 Klaus 1969; Kubli/Meyer (Hg.) 1992.

Kunst und Kulturpolitik

KUNST UND KULTURPOLITIK

Bild zum Kapitelanfang
Alt und neu
Eine wichtige Vorreiterrolle in der Förderung zeitgenössischer Kunst spielte der Kunstverein Baselland. Schon 1965 hatte er Vertreter aktueller Kunsttendenzen wie Rouault vorgestellt, ungeachtet des unfreundlichen Echos in der Öffentlichkeit. Unübersehbar wurde der Paradigmenwechsel spätestens 1991. Im Schloss Ebenrain, jahrzehntelang Ausstellungsort bewährter Baselbieter Kunst, präsentierten damals 20 junge Künstlerinnen und Künstler ihre Arbeiten. Rauminszenierungen mit Videoinstallationen oder Projektionen, skulpturale Objekte und Bildtafeln thematisierten die konservierte Vergangenheit des klassizistischen Interieurs und setzten ihm zeitgenössische Formen und Motive entgegen. Das Bild zeigt eine Installation des Künstlerpaares Monica Studer und Christoph van den Berg. Die «Blüten», Computerausdrucke auf Papier, beruhen auf Mustern, die im Programm frei gezeichnet wurden. Nach dem Ausdruck wurden sie aus dem Speicher gelöscht und sind digital nicht mehr reproduzierbar.

Kein Theater, keine Oper, keine Konzerthalle, bis vor wenigen Jahren auch kein Kunstmuseum – vergebens sucht man im Baselbiet nach solchen Burgen der Hochkultur. Im Schatten der Stadt entwickelte sich eine andere, dezentrale Kunstszene. Ein «steiniger Boden» sei das Baselbiet bis vor kurzem gewesen, meinte der Maler Ernest Bolens 1944, anlässlich der Gründung der Basellandschaftlichen Kunstvereinigung. Treffender hätte er die Anfänge der Bildenden Kunst im Kanton Basel-Landschaft kaum beschreiben können.

Bildende Kunst in der Provinz

«Die Frage nach der Kunstproduktion im Baselbiet vor der Kantonstrennung ist rasch beantwortet: es gab sie nicht.»[1] Die Landschaft Basel besass keine städtische Gesellschaft, kein Bürgertum, das als Träger oder Förderer Bildender Kunst hätte auftreten können. Talente waren allerdings vorhanden, doch ihre Ausbildung erhielten die wenigen künstlerisch tätigen Baselbieter des frühen 19. Jahrhunderts bei Stadtbasler Meistern. Friedrich Salathé aus Binningen zum Beispiel war vom Gutsbesitzer, bei dem sein Vater als Pächter arbeitete, dem Basler Matthäus Bachofen zur Förderung weiterempfohlen worden. Leicht dürfte er es nicht gehabt haben, sich als Landschäftler gegen die städtischen Vorurteile durchzusetzen. Wie beschrieb es doch ein Zeitgenosse: «Der Kerl schien uns Stadtjungen nicht besonders empfehlenswert mit seiner groben, an schwere Landarbeit gewöhnten Faust, auch brachte er einen durchdringenden Kuhstallgeruch mit sich».[2] An Begabung fehlte es den Künstlern dieser ersten Generation nicht. Einige brachten es zu Ansehen und kommerziellem Erfolg, allerdings im Ausland oder in Basel. Etwa Peter Birmann, europaweit bekannt als Landschaftsmaler, seit 1812 Leiter einer Malschule in Basel. Oder Friedrich Weber aus Liestal, der sich nach langem Paris-Aufenthalt 1859 in Basel niederliess. Einzig Samuel Gysin kehrte nach seinen Lehrjahren zurück nach Liestal. Dort richtete er in den 1820er Jahren die erste lithographische Anstalt ein und schlug sich mit der Gestaltung von Briefköpfen und Visitenkarten durch.

Dichterpfarrer
*Friedrich Oser, geboren 1820 in Basel, wirkte als Pfarrer in Diegten, Waldenburg und Biel-Benken. Bekannt wurde er durch seine Gedichte und durch die «Kreuz- und Trostlieder», welche zum Teil vom «Sängervater» Heinrich Grieder vertont wurden. Das Liedgut der Gesangsvereine im 19. Jahrhundert setzte sich hauptsächlich aus solchen geistlichen Dichtungen, klassischen Gesangsstücken und speziell komponierten «Volksliedern» zusammen.
Die Aufnahme zeigt das ursprüngliche Oser-Denkmal im Privatwald des Musiklehrers Gottfried Nordmann.*

BAND SECHS / KAPITEL 6

KUNST UND KULTURPOLITIK   103

Landschaftsmalerei

Anders als die Alpen oder auch das Birstal war der Baselbieter Jura nie Gegenstand eines «voyage pittoresque». Hingegen stellte er ein attraktives Ziel für Künstler aus der Stadt Basel dar. Das Schelmenloch bei Reigoldswil, hier auf einem Aquarell von Peter Birmann um 1800 zu sehen, war seit Emanuel Büchel im 18. Jahrhundert ein beliebtes Naturmotiv.

Kunst hat ein Geschlecht

«Nur ein Mädchen!» Hörbar enttäuscht verkündet Vater Lotz 1877 die Geburt seiner Tochter Marie. Mehr als einmal muss sich Marie Lotz im Verlauf ihres Lebens über solche Vorurteile hinwegsetzen. Vorerst folgt die gebürtige Baslerin zwar den Erwartungen ihrer bürgerlichen Umgebung. Sie besucht die Töchterschule Basel und erwirbt das Lehrerinnendiplom. Dann beginnt sie eine Klavier- und Gesangsausbildung am Konservatorium. Während zehn Jahren arbeitet sie als Musiklehrerin und Musikerin. Doch plötzlich, mit 31 Jahren, bricht sie auf nach München, um Malerin zu werden. An der Malschule fühlt sich Marie Lotz bald bevormundet. Kurzerhand mietet sie ein Atelier und bildet sich selbständig weiter. Nach einem zusätzlichen Studienjahr in Paris kehrt sie nach Basel zurück. Dort schliesst sie sich der Gesellschaft Schweizerischer Malerinnen und Bildhauerinnen (GSMB) an, deren Basler Sektion sie 1930 bis 1936 auch als Präsidentin vorsteht. Heute gilt Marie Lotz als herausragende Malerin von Stillleben. Ihre Ausstellungen 1938 und 1948 in der Basler Kunsthalle werden zu einem grossen Erfolg. Vorangegangen sind jedoch harte Lehrjahre voller Entbehrung. Im Basel der Zwischenkriegszeit verdient sie kaum genug, um sich und ihre alternde

Josef Viktor Widmann
Einer der wenigen Schweizer Männer, die im 19. Jahrhundert ihre Stimme zu Gunsten weiblichen Kunstschaffens erhoben, stammte aus dem Baselbiet. Josef Viktor Widmann wuchs im Liestaler Pfarrhaus auf. Berühmt wurde er als Feuilletonredaktor des ‹Berner Bund› zwischen 1880 und 1911. Immer wieder besprach er in seinen Literaturkritiken Werke von Schriftstellerinnen. Und in gesellschaftspolitischen Kommentaren bezog er klar Stellung für die Gleichberechtigung von Frau und Mann.

1839 wurde in Basel ein Kunstverein gegründet, der zwei Jahre später mit der Eröffnung des «Baslerischen National-Museums» den Grundstein für die heutige Museumsvielfalt der Stadt legte. Der Stadtkanton hatte 1833 unter erheblichen finanziellen Opfern die Kunstsammlung Zur Mücke freigekauft. Sie wäre sonst bei der Aufteilung des Staatsvermögens an das Baselbiet gefallen – und damit vielleicht den gleichen Weg gegangen wie der Münsterschatz, den die Landschäftler ins Ausland verkauften. Ein Interesse an Bildender Kunst begann sich im jungen Kanton Basel-Landschaft nur langsam heranzubilden. Entscheidend war, dass sich mit der heranwachsenden Verwaltung die Schicht gebildeter Männer verbreitete. Ein eigenes, ländliches Bildungsbürgertum entstand. Vor 1830 hatte es nur aus den vereinzelten Basler Pfarrern bestanden, die als Vertreter der Obrigkeit auf der Landschaft residierten. Ihr bekanntester Vertreter war der Läufelfinger Pfarrer Markus Lutz gewesen, Lokalhistoriker und Besitzer einer umfangreichen Privatbibliothek. Fast alle dieser Basler Geistlichen wurden aber nach 1833 aus ihren Pfarrhäusern vertrieben, als sie sich weigerten, den Eid auf die neue Verfassung abzulegen.

Im jungen Kanton waren es nun Beamte, vor allem Lehrer, welche sich der Kulturförderung annahmen. Eine wichtige Rolle spielten dabei die politischen Flüchtlinge der 1830er und 1848er Revolutionen aus Deutschland: meist akademisch gebildete junge Männer, Juristen, Ärzte und Lehrer. Sie brachten Wissen und aufklärerisches Engagement mit. Daneben bildete sich in einzelnen Privathäusern eine typisch bürgerliche Salonkultur. Im Haus des Liestaler Pfarrers Widmann verkehrten nach der Jahrhundertmitte Künstler und Flüchtlinge. Sonntags spielte die Pfarrersgattin Charlotte Widmann, eine ausgebildete Pianistin, Klavier; es wurde Theater aufgeführt und gedichtet. Ein ähnliches Zentrum kulturellen Austauschs stellte die Villa Martin Birmanns in den 1860er Jahren dar. Dort trafen sich zum Beispiel der Mundartdichter Jonas Breitenstein, der Erziehungsdirektor Johann Jakob Brodbeck oder der Liederdichter Friedrich Oser.

Mutter zu ernähren. Von einem Aufenthalt in Deutschland, wo sie billiger zu leben hoffte, kehrt sie infolge der Inflation vollends verarmt zurück. Sie lässt sich nach 1924 in Birsfelden nieder. Die Unterstützung einiger Freundinnen für Ausstellungsmöglichkeiten verschafft ihr allmählich eine zunehmend gesicherte Existenz als Künstlerin. Gefördert wird Marie Lotz von ihren Bekannten. Von Seiten der Familie erhält sie kaum Anerkennung. Ein Onkel vermacht ihr gar Teile seines Vermögens – wenn sie die Malerei aufgäbe und heiratete.[1]

Die Geschichte von Marie Lotz ist typisch für die Situation vieler Künstlerinnen. Nur wenige Frauen sind im 19. und im frühen 20. Jahrhundert vollberuflich künstlerisch tätig. Anders als ihre männlichen Kollegen verfügen sie jahrzehntelang über keinerlei Rückhalt in Künstlervereinen. In der Basler Sektion der GSMBA, der Gesellschaft Schweizerischer Maler, Bildhauer und Architekten, nimmt man Frauen erst 1973 als Aktivmitglieder auf. So lange gilt das Wort Ferdinand Hodlers: «Mer wei käner Wyber.»[2] 1923 gründen die Baslerinnen deshalb eine eigene Künstlerinnengesellschaft. 1926 findet in der Basler Kunsthalle die nationale Ausstellung der GSMB statt.[3] Die Präsenz von Künstlerinnen in der Öffentlichkeit ist gering. An den vier Kanto-

Auch die zweite Generation Künstler und Künstlerinnen, welche um die Jahrhundertmitte geboren wurde, hatte auf dem «steinigen Boden» des Baselbiets selten ein Auskommen. Viele wanderten aus in die Stadt Basel oder blieben nur nebenberuflich künstlerisch tätig. Der Liestaler Johannes Senn war 1831 von Basel heimgekehrt, fand aber keine Erwerbsmöglichkeit und zog schliesslich weiter nach Zofingen. Dort übernahm er die Stelle Benedikt Bangas als Zeichnungslehrer. Karl Jauslin erhielt 1871 sogar ein Stipendium für seine weitere künstlerische Ausbildung. Damit gekoppelt war allerdings die Verpflichtung, nachher dem Kanton als Zeichnungslehrer zur Verfügung zu stehen. Zwar wuchs in der zweiten Jahrhunderthälfte, vor allem in der Kleinstadt Liestal, der Stellenwert Bildender Kunst im öffentlichen Bewusstsein. Aber erst in den 1930er Jahren begann eine systematische, institutionelle Kunstförderung. Den Anfang machte der kantonale Kunstkredit, der 1930 gegründet wurde. Drei Jahre später organisierte dessen Kommission die erste Basellandschaftliche Kunstausstellung, welche von da an im Zwei- bis Drei-Jahresrhythmus wiederholt wurde. Bilder und Graphiken wurden vom Kunstkredit angekauft, eine staatliche Sammlung basellandschaftlicher Kunst begann zu wachsen. Aus der Arbeit der Kunstkreditkommission heraus kam es 1944 zur Gründung der privaten Basellandschaftlichen Kunstvereinigung, heute Kunstverein Baselland genannt. Explizit sollte einheimisches Schaffen gefördert werden, durch Ausstellungen und Ankäufe. Diesem Zweck diente auch der Ankauf des Schlosses Ebenrain in Sissach durch den Kanton 1952. In der Folge veranstaltete die Kunstvereinigung dort während Jahrzehnten Ausstellungen von Baselbieter Künstlern und Künstlerinnen. Mangels eigener Ausstellungsräume musste sie aber für die Kantonalen Ausstellungen noch bis 1997 auf leerstehende Fabriken, Schulhäuser oder Tramdepots ausweichen.

Im letzten Viertel des 20. Jahrhunderts erlebte die Kulturpolitik des Kantons Basel-Landschaft eine eigentliche Konjunktur. Den Auftakt setzte die Umbenennung der Erziehungsdirektion in Erziehungs- und Kulturdirek-

Adolf Müller

Während der dreissiger Jahre entstand im Baselbiet ein Netz vielfältiger Beziehungen zwischen Kunstschaffenden und jenen Persönlichkeiten, welche sich für sie einsetzten. Im Unterschied zu städtischen Gruppierungen war dieser Kreis allerdings viel informeller, ohne eigenes Lokal und ohne regelmässige Zusammenkünfte. Eine wichtige Rolle spielte darin der Architekt Adolf Müller. Als Beamter der Baupolizei und Sekretär der Kunstkreditkommission organisierte er Ausstellungen, vermittelte zwischen Kunstschaffenden und Behörden und wirkte auf die Gründung der Basellandschaftlichen Kunstvereinigung hin. Der Holzschnitt stammt von Walter Eglin.

nalen Kunstausstellungen zwischen 1930 und 1944 in der Gewerbeschule Liestal stellen Männer fast immer über 80 Prozent der Teilnehmenden. Anders als Marie Lotz, die ledig geblieben ist, arbeiten viele Frauen sozusagen im Schatten der familiären Pflichten an ihrer künstlerischen Entfaltung. Dies gilt für Malerinnen ebenso wie für Dichterinnen. Louise Suter-Roth zum Beispiel, die Gattin des Heimatforschers, Museumskonservators und Publizisten Paul Suter-Roth: Gerne wäre sie Lehrerin geworden, doch man schickt sie in die Lehre zur Damenschneiderin. Nach ihrer Heirat 1926 korrigiert sie neben Haushalt und Kindererziehung noch ihrem Ehemann die Manuskripte und verfasst eigene Mundart-Geschichten.[4] Vor 1930 ist es an sich schon schwierig, Malerei oder Dichtung als Broterwerb zu betreiben. Erst recht müssen Frauen ihre Talente im Privaten zu verwirklichen suchen. Ausnahmen gibt es immer: Anna Hegner etwa, die als Geigerin und Komponistin in Münchenstein zu Ruhm kommt; Emma Brenner-Kron, die mit Jacob Burckhardt jahrelang über Lyrik korrespondiert und ihre eigenen Werke bespricht. Oder Margaretha Schwab-Plüss, Literaturwissenschaftlerin mit Doktortitel, Autorin zahlreicher Romane und Trägerin des Basellandschaftlichen Literaturpreises 1955. Noch dominiert aber das

Revolutionäres Vermächtnis
Georg Fein gehörte zu jenen deutschen Intellektuellen, welche in den 1830er Jahren als Emigranten Zuflucht im Baselbiet suchten. Der belesene Literaturliebhaber vermachte 1849 und 1852 seine gesamte, 1200 Bände umfassende Büchersammlung der Kantonsbibliothek. Darunter fanden sich hauptsächlich Werke der deutschen Nationalgeschichte, der Französischen Revolution und der Aufklärung.

tion 1983. In der Kantonsverfassung von 1984 wurde eigens ein Kulturartikel verankert: «Kanton und Gemeinden fördern das künstlerische und wissenschaftliche Schaffen sowie kulturelle Bestrebungen und Tätigkeiten. Sie bemühen sich, die Erkenntnisse und Leistungen von Kunst und Wissenschaft allen zugänglich zu machen.» Bereits 1969 begann die Erziehungsdirektion mit der Verleihung eines Kulturpreises. 1985 wurde dann eine Kulturkommission eingesetzt, die jährlich Kultur-, Anerkennungs- und Förderungspreise spricht. Nach dem Ausbau der Abteilung Kulturelles im Amt für Kultur 1988 bestehen dynamische Strukturen zur Förderung zeitgenössischer Kunst, mit einer gezielten Raum- und Infrastrukturpolitik. 1988 beliefen sich die Ausgaben des Kantons für zeitgenössische Kunst- und Kulturförderung auf knapp zwei Millionen Franken, 1994 waren es über sieben Millionen. Daneben entstanden private Kultur-Zentren: das Kulturforum Brauereichäller in Laufen (1969), das Kunsthaus Palazzo in Liestal (1979), das ehemalige Kino Marabu in Gelterkinden und die Untere Fabrik Sissach (beide 1994). Und wenn auch der Kanton Basel-Landschaft nur über Kleintheater wie das Roxy in Birsfelden verfügt, so steht doch seit wenigen Jahren auch ein Kunsthaus auf Baselbieter Boden. In Muttenz bezog der Kunstverein Baselland 1997 ein ehemaliges Fabrikgebäude. Parallel dazu sind in vielen Gemeinden und regionalen Zentren Galerien und Ausstellungsräume eröffnet worden.

Unter dem Einfluss des rasanten Wachstums vieler Dörfer in den Nachkriegsjahren wandelte sich die Kulturszene, vor allem im Agglomerationsbereich von Basel, aber auch im Oberbaselbiet und im Laufental. Es entstanden örtliche Kulturvereine, die sich der Förderung von Musik, Theater oder Bildender Kunst annahmen. Zwar ist der Kanton noch immer die treibende Kraft in der Kulturpolitik. Doch in verschiedenen Gemeinden wurden in den letzten Jahren Kulturkommissionen gebildet, welche über ein eigenes Budget verfügen.

Bild der musischen Hausfrau und Bürgersgattin jahrzehntelang das öffentliche Verständnis.

Für Künstlerinnen ist es zu Beginn des 20. Jahrhunderts schwierig, sich zu behaupten. Einzelne aus dem Baselbiet stammende Künstlerinnen engagieren sich deshalb auch in frauenpolitischen Belangen: zum Beispiel Maria Aebersold-Hufschmid, Anna Keller, Gertrud Lendorff. Allen voran Elisabeth Thommen, bedeutendste Journalistin des Kantons, Redaktorin beim ‹Landschäftler›, beim ‹Schweizer Frauenblatt› und bei der ‹National-Zeitung›. «Was me so erläbt …», heisst die Radiosendung, welche Elisabeth Thommen nach ihrer Pensionierung 1953 gestaltet. Und erlebt hat die gebürtige Waldenburgerin vieles.[5] Zwar bleibt sie der Öffentlichkeit vor allem als «eine der mütterlichsten Frauen» in Erinnerung, als Leiterin von Wohltätigkeitsaktionen in den Kriegs- und Nachkriegsjahren. Doch angetreten ist sie Jahrzehnte früher als kühne Redaktorin und als hoffnungsvolle Romanschriftstellerin. 1919 erscheint ihr erster Erzählband «Das Tannenbäumchen», 1925 die Novelle «Evas Weg». Eva ist eine junge Frau, welche sich aus ihrer Rolle als Gattin und Hausfrau löst, berufstätig wird und dadurch in ihrer Ehe neue Wege zur gegenseitigen Anerkennung findet. 1928 über-

Enge und Öffnung

Die Geschichte des Kunstschaffens im Baselbiet ist stark geprägt von der politischen Geschichte des Kantons Basel-Landschaft. Mit der Kantonstrennung 1833 wurde auch die bisherige Bindung zwischen städtischen Mäzenen und landschaftlichen Nachwuchskünstlern gelöst. Während fast 150 Jahren war nun die Kulturpolitik des jungen Kantons ausgerichtet auf Aufklärung und Identitätsbildung innerhalb des eigenen Territoriums – und damit mehr oder weniger direkt auch auf Abgrenzung gegen die «Kulturmetropole» Basel. Am deutlichsten wird dieser Bezug in den Trennungswirren der 1830er Jahre selbst. Im Auftrag beider Seiten, vor allem aber von baselstädtischen Patriziern ausgehend, verewigten regionale Künstler die Heldentaten der eigenen und die Schandtaten der gegnerischen Truppen. Es entstanden Serien von lithographierten Schlachtbildern, Karikaturen und Porträts von Anführern der beiden Lager. Die Brüder Johannes und Jakob Senn aus Liestal verkörpern die damalige Situation exemplarisch. Johannes Senn kehrte 1831 der Stadt Basel den Rücken, um nicht gegen die eigene Verwandtschaft kämpfen zu müssen. Während seines Aufenthalts in Liestal schuf er ein lithographiertes Bildnis von Stephan Gutzwiller und eine Darstellung der Beschiessung Liestals 1831. Gerade unter dem entgegengesetzten Vorzeichen standen die Arbeiten Jakob Senns, der von Basel aus wirkte: Unter seinen Bildchen und Lithographien zum politischen Geschehen findet sich eine boshafte Karikatur einer Landratssitzung.

Die Künstler und Künstlerinnen, die im späten 19. Jahrhundert im Baselbiet wirkten, beschäftigten sich weniger mit politischen Themen. Ihre Motive fanden sie in der vorherrschenden Genrekunst, der Abbildung von «Volksleben», oder in der Tradition der Landschafts- und Porträtmalerei. Auch in der Dichtung dominierte die Auseinandersetzung mit klassischer Literatur. Der berühmteste Baselbieter Dichter, Nobelpreisträger Carl Spitteler, erlangte seinen Ruhm mit dem Olympischen Frühling (1900 bis 1906), einem Versepos im Stile Homers. Bildende Kunst war zu einem wichtigen

Kulturhaus Palazzo
Das selbst verwaltete Kulturhaus Palazzo nahm 1979 im alten Postgebäude am Bahnhof Liestal seinen Betrieb auf. Diesen Kleber musste es aus dem Verkehr ziehen, weil er amtlichen Anschein erwecke und gegen die guten Sitten verstosse, wie die Polizeidirektion schrieb.

nimmt Elisabeth Thommen in der ‹National-Zeitung› die wöchentliche Seite «Von der Frau und ihrer Arbeit». Konsequent und unermüdlich setzt sie sich dort ein für die Anerkennung weiblicher Berufstätigkeit. Ihr publizistisches Engagement lässt ihr immer weniger Zeit für die literarische Arbeit. Drei Jahre vor ihrem Tod zieht sie Bilanz: «Da hatte ich mein ganzes Leben lang Gedichte und Erzählungen, vielleicht sogar Romane schreiben wollen. Und was liegt nun vor mir? Stösse von Zeitungsartikeln.» Kaum einer der zahllosen Nachrufe versäumt es später, Elisabeth Thommens «Mütterlichkeit» hervorzuheben. Man rühmt sie auch als Autorin, allerdings hauptsächlich ihres Mundartbändchens «Es Buscheli grynt» (1937) wegen. Niemand geht darauf ein, dass ihr biografischer Wandel von der kämpferischen Schriftstellerin zur nationalen Wohltäterin auch Folge des gesellschaftlichen Stimmungswandels in der Zwischenkriegszeit ist. Mitte der 1930er Jahre gewinnt ein eher kleinbürgerlich-konservatives Frauenbild die Oberhand in der schweizerischen Öffentlichkeit, als Gegenstück zur erwerbstätigen und politisch engagierten Frau. Der Spielraum für kritische Beiträge, ob im Radio oder in Zeitschriften, verengt sich.

Elisabeth Thommen

Europäische Kunst
München war seit dem Ende des 19. Jahrhunderts für viele Künstler ein wichtiges Zentrum. Auch der gebürtige Zwingner August Cueni, von dem diese Postkarte stammt, begab sich 1911 zum Kunststudium dorthin. 1914 zwang ihn der Ausbruch des Ersten Weltkrieges zur Rückkehr in die Schweiz. In München machte Cueni unter anderem die Bekanntschaft mit anderen Künstlern aus der Region Basel wie Otto Plattner, Niklaus Stoecklin, Alexander Zschokke und Heinrich Pellegrini.

Bestandteil der bürgerlichen Welt geworden, zum Symbol und zum Medium gesellschaftlicher Identität. Die Gründerjahre der basellandschaftlichen Kulturpolitik 1920 bis 1944 standen dann wieder klar im Zeichen territorialer Identität. Die Flucht in die Geschichte und die Betonung des Einheimischen und Volkstümlichen: Diese Motive dominierten Kulturförderung und Kunstschaffen jener Jahrzehnte. Der «steinige Boden» sollte buchstäblich seine Schätze hergeben, die reiche Geschichte und Kultur des Baselbiets illustrieren. Zu diesem Zweck wurde 1921 eine staatliche Kommission zur Erhaltung von Altertümern gegründet. Sie hatte ein Inventar über die vorhandenen Baudenkmäler und Fundgegenstände zu erstellen und künftige archäologische Grabungen zu koordinieren. Zwar dauerte es noch Jahrzehnte, bis 1968 ein vollamtlicher Kantonsarchäologe die Arbeit der bisher üblichen Laien-Archäologen übernahm. Doch wie das Protokoll der Kommission 1923 vermerkte: «Immerhin muss konstatiert werden, dass das Interesse für Altertümer im ganzen Ländchen herum im Wachsen begriffen ist.»[3] Davon zeugt auch die Tätigkeit des kantonalen Burgenkomitees, welches 1929 seine

Wo man singt ...
Zu klagen gibt es nur eines, am Tag nach dem ersten Kantonal-Gesangsfest beider Basel. Von den über 60 Verbandschören des Kantons Basel-Landschaft sind an jenem Wochenende des 28./29. Juni 1924 nämlich bloss 36 erschienen. Noch immer stellten diese aber bei weitem die Mehrheit der Teilnehmenden. Die Stadtbasler präsentierten nur 16 Vereine, das macht einen Chor auf rund 8800 Einwohner. Im Baselbiet ist die Dichte fast achtmal höher. Gesang, zumal im Verein, hat auf dem Land einen ungleich höheren Stellenwert als in der Stadt. Gesangsvereine sind wie Turn- oder Schützenvereine Teil einer politischen, liberalen Bewegung. Die Anfänge dieser Gesangskultur liegen im frühen 19. Jahrhundert.[6] 1831 gibt der angehende Appenzeller Pfarrer Heim einen Gesangskurs in Sissach. Begeistert gründen die Gelterkinder daraufhin einen Männerchor. Und schon ein Jahr später findet ein kantonales Gesangsfest statt. Es nehmen Vereine aus Waldenburg, Lausen, Itingen, Sissach und Zunzgen teil. Gemeinsames Vorbild dieser Gründungen ist das Zürcherische Singinstitut, das H. G. Nägeli zwischen 1805 und 1824 leitet. In diesen Jahrzehnten schiessen überall in der Schweiz Männerchöre empor. Im Baselbiet sorgen die Wirren der Kantonstrennung für einen

Tätigkeit aufnahm. Aus denselben Kreisen kam die Initiative zur Herausgabe der Baselbieter Heimatblätter ab 1936 und des Baselbieter Heimatbuchs (ab 1942). 1937 wurde eine Sammlung basellandschaftlicher Sagen veröffentlicht und 1938 begann die Rekonstruktion und Neufassung der Gemeindewappen unter Obhut der Subkommission für Gemeindewappen, einer Abteilung der Kommission zur Erhaltung von Altertümern. Im selben Jahr konstituierte sich die Museumsgesellschaft Baselland. Das erste Ortsmuseum war allerdings bereits 1922 in Sissach gegründet worden. Von dort war 1918 auch die Initiative zur Trachtenbewegung des Oberbaselbiets ausgegangen.[4]

In den 1980er Jahren gewann die kulturelle Profilierung des Kantons eine neue Richtung. Wie auf der politischen Ebene wurde auch in der Kulturförderung auf Zusammenarbeit über Kantonsgrenzen hinweg gesetzt. Das 1990 geschaffene Kulturförderungskonzept stellt die «Region als historisch gewachsenen und zusammenhängenden Kulturraum» in den Vordergrund. Entsprechend stehen die Jahresausstellungen des Kunstvereins Baselland auch sämtlichen Kunstschaffenden der Nordwestschweiz, unter Einbezug von Gästen aus Nachbargebieten, offen. Im Kunstbereich bleibt allerdings eine historisch gewachsene Aufgabenteilung zwischen Stadt und Landschaft spürbar. In der Stadt Basel dominiert eine Ausrichtung auf die internationale Szene, nicht zuletzt infolge der weltweit beachteten Kunstmesse Art. Es bleibt den basellandschaftlichen Veranstaltern vorbehalten, regionalen Künstlerinnen und Künstlern eine Plattform zu bieten.

«Volkskunst»?

Der Aufschwung staatlicher Kulturförderung in den 1930er Jahren fiel zusammen mit einem stark wertkonservativen Kulturverständnis. Diese Rückbesinnung auf die Gründerjahre kontrastierte mit den Veränderungen der Alltagskultur in den Zwischenkriegsjahren.[5] Neues Freizeitverhalten kam auf, zum Beispiel Sport. Turnvereine erhielten Konkurrenz durch Wasser-

Kantonsmuseum
Walter Schmassmann (links) und Otto Plattner begutachten einen archäologischen Fund. Schmassmann, von 1934 bis 1961 nebenamtlicher Konservator des Kantonsmuseums, fasste die bestehenden archäologischen, volkskundlichen, zoologischen und geologischen Sammlungen zu einem «Heimatmuseum» zusammen. Seit der Gründung der Museumsgesellschaft Baselland 1938 sass er in deren Vorstand. Diese Vereinigung, der auch die Mitglieder der Kunstkreditkommission Adolf Müller und Otto Plattner angehörten, hatte den Zweck, «die naturwissenschaftlichen, kulturgeschichtlichen und künstlerischen Sammlungen des Kantonsmuseums und der behördlich genehmigten Lokalmuseen zu fördern». 1837 war auf Initiative von Benedikt Banga hin ein «Naturaliencabinett» mit Mineralien und Tierbälgen gegründet worden. Durch Ankäufe und Geschenke «patriotisch gesinnter Bürger» wuchs die Sammlung an. Untergebracht wurde sie im Regierungsgebäude, zusammen mit der Kantonsbibliothek. Beide Sammlungen wurden bis ins 20. Jahrhundert hinein von Pfarrern, Sekretären der Erziehungsdirektion und Lehrern betreut. Erst 1970 erhielt das Museum einen hauptamtlichen Leiter, 1999 die erste Leiterin.

kurzen Dämpfer. Das zweite Kantonal-Gesangsfest findet erst 1839 statt, dafür sind es bereits 350 Mitwirkende. Sängerfeste und -fahrten kommen immer mehr in Mode. Im Jahrhundert des bürgerlichen Nationalstaats erhält der Gesang eine neue Funktion. Er begleitet nicht mehr vorrangig Arbeit und Fest, sondern wird selbst zum Anlass von Geselligkeit und zum Ausdruck von Bildungsbestrebung. Jahrzehnte später erinnert sich Friedrich Aenishänslin in seiner Autobiographie: «Andere sangliche Unterhaltungen bei Mitsängern, oder im Ochsen, und alle Samstage Sangstunde und Produktionen hie und da auf dem Dorfplatze, wenn man aus der Schule kam – waren noch viele wo es immer gemütlich herging. Unter den Sängern herrschte Einigkeit und Brüderlichkeit. Da merkte man keinen Unterschied der Stände.»[7] Gesungen wird nicht nur auf dem Dorfplatz und im Festzelt, sondern auch im Salon der kleinstädtischen Bürgerfamilien. Eine musikalische Ausbildung gehört im 19. Jahrhundert zur Mitgift einer Bürgertochter, wird zum Merkmal der bürgerlichen Frau stilisiert. So beschreibt zum Beispiel Carl Spitteler die Gattin seines Freundes Joseph Viktor Widmann: «Frau Widmann nämlich lebte mit der ganzen Seele in der Musik; sie konnte ohne Musik gar nicht ihres Lebens froh sein. In diesem Sinne

Walter Eglin beim Spalten von Mosaiksteinen

«Jazz» im Hotel Ochsen, Laufen
Die Instrumentierung dieser «Jazzband» ist typisch für das schweizerische Mischgebilde aus Jazz und Ländlermusik. Schlagzeug, Saxophon und Gitarre werden ergänzt durch die Handharmonika.

fahrer oder Fussballer. Neu waren auch Sportarten, die eine Trennung in Aktive und Publikum voraussetzten, zum Beispiel der Radrennsport. Beim Freidorf in Muttenz stand eine Rennbahn zur Verfügung. Führte die Tour de Suisse einmal über Baselbieter Boden, wie 1936, zog sie viele Schaulustige an. Gesellschaftliche Veränderungen drückte auch die Kleidermode aus. Die so genannten «Goldenen Zwanziger» hielten Einzug auf dem Land: Bubikopf, kecke Hüte und Hosen standen für moderne, städtische Lebensformen. Gleichzeitig sorgte sich aber der Verschönerungsverein Waldenburg um den Zerfall der Schlossruine. Eine ähnlich paradoxe Situation beherrschte die Entwicklung der Bildenden Kunst. Eine eigenständige «Baselbieter Bildsprache», wie sie die Heimatbewegung der 1930er und 1940er Jahre fördern wollte, entstand nie, hatte nie existiert. Es fehlte ein entsprechendes Milieu von Mäzenen, Institutionen, eine eigene Schule, um die herum sich eine autonome Kunstrichtung hätte bilden können. Im Gegenteil: Die Kunstszene im Baselbiet war immer zugleich lokal und grenzüberschreitend. Die professionellen Künstler und Künstlerinnen orientierten sich an den europäischen Zentren München, Paris, Berlin oder Florenz. Viele wanderten auch aus, liessen sich in Basel nieder; etliche berühmte Köpfe wirkten während Jahren im Ausland. Umgekehrt übten Kunstschaffende aus anderen Regionen und Staaten, die im Baselbiet Wohnsitz nahmen, immer wieder massgeblichen Einfluss aus. Einzelne gebürtige Baselbieter fanden zu einer eigenen Bildsprache, in der lokale Tradition sich mit zeitgenössischen Entwicklungen verband. Walter Eglin aus Känerkinden war ein solcher Künstler.[6] Berühmt wurde er durch seine riesigen Mosaik-Wandbilder: 1938 beim Kollegiengebäude der Universität Basel und 1959 in der Reformations-Gedächtniskirche Worms. «Ich bin ein Baselbieter», hörte man ihn oft sagen. Eglin hatte seine Ausbildung in Basel und Stuttgart absolviert, arbeitete 1960/61 auch in einem Künstlerkibbuz in Israel. Doch seinen Wohnsitz hatte er immer im Oberbaselbiet, seit 1941 in Diegten. Er blieb dem gegenständlichen Stil treu, entwickelte aber eine kraftvolle Holzschnitt-Sprache. Dabei griff er auf die traditionelle Flachschnitzerei zurück. Motive seiner Holzschnitte waren oft Landschaften, Porträts oder märchenhafte Szenen. Diese gestaltete er in beinahe expressionistischer Härte, mit derb-realistischer Kraft. Auch in den Mosaikbildern bediente er sich klassischer Formsprache und biblischer Motive – ohne die berühmten frühchristlichen Mosaike von Ravenna je gesehen zu haben. Der Autodidakt Eglin entwickelte beim Bau seiner meterlangen Wandbilder eine eigene handwerkliche Technik. Er trug Steine aus nahen und entlegenen Gebieten zusammen und klopfte sie auf dem Spaltstock zurecht. Sein ganzes Werk, die Holzschnitte ebenso wie die Gemälde und Mosaike, widerspiegelt das Spannungsverhältnis zwischen sinnlichem Formerlebnis, Imagination und scheinbar realistischer Gestaltung. Fernab von heimatlicher Gebrauchskunst fand Eglin zu einer zuweilen surrealistischen und doch unleugbar authentischen Darstellungsform.

Naive Maler im Sinne einer «art brut» waren selten. Vielleicht könnte man Gottlieb Speiser dazu zählen. 1875 wurde er in Wintersingen als Sohn eines Posamenters geboren. Sein Leben lang arbeitete er als Seidenbandweber, Hilfsarbeiter und Knecht. Erst als er 1939, im Alter von 63 Jahren, erwerbslos wurde, begann er zu malen. Auf rund 200 Bildern porträtierte er Menschen und Szenen aus dem bäuerlichen Leben. Was im Baselbiet sonst an künstlerischen Arbeiten entstand, stand oft im Zeichen des bildungsbürgerlichen Kunstverständnisses des 19. Jahrhunderts. In der Biografie von Wilhelm Balmer-Vieillard wird einiges erkennbar von der Eigenart des Baselbieter Kunstschaffens.[7] Wilhelm Balmer wurde 1865 in einer etablierten Lausener Familie geboren. Sein Grossvater, Landwirt, Landrat und Oberrichter, hatte für eine umfassende Schul- und Musikbildung seiner Nachkommen gesorgt. Vater Johann Jakob Balmer-Rink profilierte sich als Architekt und Physiker. Daneben schrieb er auch Musikkritiken und spielte Violine. So verkörperte Vater Balmer den Typus des musisch interessierten Bürgers, wie er sich im 19. Jahrhundert auszubilden begann. Sein Sohn Wilhelm wuchs zwar im elterlichen Haushalt zu Basel auf, hatte aber in seiner Jugendzeit sehr

Jakob Probst
1910 ging der Zimmermann Jakob Probst als 30-jähriger nach Paris. Ursprünglich wollte er dort Architektur studieren, wurde aber als talentierter Bildhauer entdeckt. Im Baselbiet wurde Probsts Stil, der stark von Rodin beeinflusst war, als Provokation empfunden. Sein Wehrmanndenkmal von 1923 erregte in Teilen der Liestaler Bevölkerung Ärger. Auf dem Bild ist vermutlich die Monumentalfigur Elektra zu sehen, ein Beitrag für die Schweizerische Landesausstellung 1939.

war sie sogar noch musikalischer als Widmann selber, der zwar die Musik wie alles Schöne liebte, auch in der Jugend recht hübsch sang und leidlich Klavier spielte, der aber der Musik durchaus nicht bedurfte. Er konnte die Musik entbehren, sie nicht.»[8] Ausserhalb der Salons findet diese bürgerliche Musikkultur ungleich weniger Verbreitung als die Gesangsvereine. 1873 gründen zwar 19 Musikbegeisterte das Orchester Liestal, doch erst ab 1896 finden regelmässig Proben und Konzerte statt: im Wirtshaus, denn andere Theater- oder Konzertsäle gibt es nicht in Liestal.

Gegen Ende des 19. Jahrhunderts nimmt die Vereinsdichte noch einmal zu. Jetzt sind es hauptsächlich Musikvereine, das heisst Blaskapellen, die gegründet werden: Musikverein Läufelfingen 1895, Stadtmusik Laufen 1896, Musikverein Muttenz 1896. Auch sie sind bald nicht mehr aus dem dörflichen Leben wegzudenken. Andere Musikstile kommen neu hinzu, zum Beispiel die so genannte «Volksmusik» mit Handorgel, Klarinette und Bass. Das Jodeln verbreitet sich und wird populär. 1935 entsteht dann der Nordwestschweizerische Jodlerverband. Wenige Jahre zuvor schliessen sich sieben Binninger zu einem örtlichen Handharmonika-Club zusammen. Wie in der Bildenden Kunst steht in der Musik der Zwischen-

enge Beziehungen zu Lausen. Oft besuchte er dort seinen Onkel Friedrich Balmer: Dieser war wie Bruder Wilhelm Balmer-Häring ursprünglich Dekorationsmaler, hatte sich dann aber in München und Stuttgart zum Kunstmaler weitergebildet. Auch der junge Wilhelm Balmer zeigte sich früh begabt und erhielt privaten Zeichnungs- und Malunterricht. Nach dem Willen des Vaters sollte er dann zwar einen Beruf erlernen und Architektur studieren. Doch Wilhelm Balmer setzte sich durch und durfte an die Akademie nach München gehen. Bald machte er sich einen Namen als gefragter Porträtist. In der Basler Sektion der GSMBA, der Gesellschaft Schweizerischer Maler, Bildhauer und Architekten, war er sozusagen der Führer seiner Generation. Er vertrat den Stil der Münchner Schule, wo Historien- und Genremalerei hoch im Kurs standen. Wie viele Basler Künstler der Jahrhundertwende distanzierte er sich heftig von der modernen Malerei eines Ferdinand Hodler und verfocht den idealistisch-klassizistischen Stil Arnold Böcklins. Damit stand er in der gleichen Tradition wie sein Onkel, Wilhelm Balmer-Häring. Auch dieser hatte zeitlebens nach dem französischen Vorbild des «paysage intime», der vertrauten und unspektakulären Landschaft, gemalt. Während der Neffe in der Basler Kunstszene stilbildend wirkte, beeinflusste der Onkel mehrere Generationen von Schulkindern. Wilhelm Balmer-Häring, einer der ersten Zeichnungslehrer des Kantons, war an vier Bezirksschulen zugleich tätig. Beide Balmer trugen mit ihrem Wirken dazu bei, ein bestimmtes Kunstverständnis in der Baselbieter Bevölkerung zu verankern: Kunst als Darstellung des Vertrauten, das heisst der heimatlichen Landschaft, historischer und biblischer Motive. Im Falle der Balmer verschränkten sich exemplarisch deutlich Kunsttradition und Bildungspolitik. Nicht zufällig finden sich unter den Baselbieter Künstlern des 19. und 20. Jahrhunderts etliche Lehrer. Und umgekehrt engagierten sich hauptsächlich Vertreter des Bildungswesens in der Kulturpolitik, sei es nun als Erziehungsdirektoren, Hobby-Archäologen, Heimatkundler oder Bibliothekare. Kulturförderung stand im jungen Kanton Basel-Landschaft im Zeichen der Volksbildung.

kriegszeit angeblich «Volkstümliches» neben modernen Stilen. Radio und Schallplatten fördern die Verbreitung von Musik als Unterhaltungskunst. Am Jazz allerdings scheiden sich die Geister. Einerseits entwickelt sich in den 1930er Jahren eine spezielle schweizerische Jazz- oder Swing-Form, der Dialektschlager: das «Margritlilied» der Geschwister Schmid wird 1941 zum Grosserfolg.[9] Doch in den Baselbieter Heimatblättern wettert zeitgleich ein Kritiker gegen den Untergang des «Volksliedes», das er durch den wirklichkeitsfernen Schlager bedroht sieht – und durch den Jazz. Die Musikvereine behalten daneben ihre Bedeutung bis ins ausgehende 20. Jahrhundert, vor allem in den Gemeinden des Oberbaselbiets und des Laufentals. Es entstehen aber seit den 1980er Jahren immer mehr Formationen klassischer Musik. Das Festival Neue Musik in Rümlingen setzt Massstäbe in der zeitgenössischen Musikkultur. In Liestal finden die Baselbieter Konzerte steigenden Publikumszuspruch und die Katharinenkirche Laufen hat sich über die Region hinaus als hochkarätiger Konzertort etabliert. Viele namhafte Komponisten und Solistinnen haben sich im Laufe der Jahrzehnte im Baselbiet niedergelassen. Einen wichtigen Beitrag zur Musikkultur des Kantons leisten auch die Jugendmusikschulen.

KUNST UND KULTURPOLITIK 113

Karl Jauslin
Der Muttenzer Kunstmaler Karl Jauslin war zeitlebens ein Einzelgänger. Anders als die meisten Künstler des späten 19. Jahrhunderts stammte er nicht aus dem Bildungsbürgertum und hatte weder eine Kunstakademie besucht noch Bildungsreisen unternommen. Auf dem Bild ist er mit seiner Mutter und seinen beiden Schwestern zu sehen. Im Hintergrund steht das Wohnhaus, welches 1953 abgebrochen wurde.

Diese Einrichtung der Gemeinden, vom Kanton subventioniert, erfasst breite Schichten der schulpflichtigen Jugend.

Euseri Sprooch
Dialektliteratur ist seit ihren Anfängen mehr als ein ästhetisches Phänomen. Mal vereinnahmt als Zeugnis eigenständiger, volksnaher Kunstfertigkeit, mal abgetan als Genre- und Idyllenliteratur, bald Hoffnungsträger regionaler Identität – immer steht Mundartdichtung im Spannungsfeld von Identitätsstiftung und künstlerischem Bestreben. Als erster Mundartdichter im jungen Kanton tritt um 1860 der Pfarrer Jonas Breitenstein auf.[10] Man nennt ihn auch den «Baselbieter Gotthelf», wegen seiner realistischen Schilderungen des Kleinbauern- und Posamenterlebens. Diese verfasst er in standarddeutscher Schriftsprache. Die Mundartlyrik Breitensteins hingegen steht ganz im Banne und in der Nachfolge von Johann Peter Hebel. Nicht zufällig tragen Breitensteins erste Versuche den Titel «Jurablüthen oder Versuch neuer alemannischer Gedichte». Hebels Vorbild prägt auch die nachfolgenden Generationen. Der wohl bekannteste Mundartdichter aus dem Baselbiet, Traugott Meyer, geboren 1895 in Wenslingen, erinnert sich, dass Hebels Gedichte im Lesebuch standen und dass seine Theater-

Otto Plattner
Der Maler Otto Plattner, 1886 in Liestal geboren, wurde unter anderem durch seine grossflächigen historischen Wandbilder bekannt. 1912 schuf er die erste Fassung des Wandgemäldes am Liestaler Obertor. Das Foto zeigt ihn bei der Arbeit an der zweiten Fassung 1950. Wandgemälde Plattners finden sich auch im Schloss Reichenstein, im Rathaus Liestal, im neuen Zeughaus Basel und am Laufner Baslertor.

Geschmackssache

1873 fanden die Erben von Joseph Cueni, dem ehemaligen Röschenzer Gemeindepräsidenten, in fast jedem Zimmer des Verstorbenen, ein bis mehrere «Tableau mit Goldrahmen». Darauf waren zu sehen: Le Christ aux anges, Das wiedergefundene Kind, Papst Pius IX (im Wohnzimmer); Grab der Mutter, Schwur der Männer im Rütli, Hochzeitsphoto (Saalzimmer); Sonntagsmorgen, Berghirt (Nebenraum).[8] Wahrscheinlich handelte es sich dabei um Reproduktionen, Kunstdrucke. Die Bildauswahl widerspiegelt den Einfluss bürgerlicher Kunstvorstellungen. Grosse Verbreitung fand auch das Werk des Muttenzer Historienmalers Karl Jauslin. Ursprünglich Handlanger und Fabrikarbeiter, absolvierte er dank der Förderung durch den Industriellen Daniel Alioth in Basel eine Lehre als Dekorationsmaler. Berühmt wurde Jauslin durch seine Schweizergeschichte in Bildern. 1886 erstmals veröffentlicht, wurde sie zu einem Verkaufsschlager. In der ganzen Schweiz machte sich Karl Jauslin einen Namen als Illustrator von Volkskalendern, Büchern und Bilderbogen. Meist zeichnete er historische Szenen oder Festumzüge nach. Für das 20. Jahrhundert dann dürften die Werke Fritz Pümpins typisch sein. Beinahe 900 Gemälde aus den Jahren 1900 bis 1972 listet der Werkkatalog auf. Mitten in den krisenhaften dreissiger Jahren wagte Fritz Pümpin, bis dahin in der väterlichen Weinhandlung in Gelterkinden tätig, den Schritt zum selbstständigen Kunstmaler. Meist produzierte er Landschaftsbilder. Typische Bildtitel lauten etwa: Trüber Novembertag, Waldrand im Frühling, Rote Dächer in Wintersingen, Sissacherfluh. Er wolle mit seinen «Bildern von Land und Leuten unseres schönen Baselbietes […] erzählen», schrieb Pümpin in seinem Lebenslauf 1949.[9] In den knapp vier Jahrzehnten seines professionellen Kunstschaffens wich er nie von der gegenständlichen Darstellung ab. Der grosse Verkaufserfolg seiner Werke beweist, dass dieser Stil dem breiten Publikumsgeschmack entsprach. In verschiedenen populären Zeitschriften der Nachkriegsjahre erschienen Beiträge über den Baselbieter Maler. Der Dichter Traugott Meyer stellte ihn und seine Bilder am Radio vor.

stücke in der Schule aufgeführt wurden. Die ungebrochene Popularität der Dialektliteratur bis in die erste Hälfte des 20. Jahrhunderts beruht vielleicht auf ihrer Mischung aus genauer Beobachtung, Lokalkolorit und Idyllik. Ob in der Beschreibung von Landschaften, der Charakterisierung von Personen oder in der Schilderung von Gemütszuständen, die einfache Form und der vertraute Klang der Sprache zeichnen die Texte von Ida Schweizer-Buser, Helene Bossert, Elisabeth Thommen, Margaretha Schwab-Plüss, Pauline Müller-Düblin, Emil Schreiber und vieler anderer aus. Sie beziehen sich auf alltägliche Situationen. Hörbar ist der Einfluss bestimmter literarischer Genres, der romantischen Naturlyrik oder der sentimentalen Dichtung des 19. Jahrhunderts. Zum Beispiel bei Titeln wie «Böllelichlee», «s' herbschtelet», «Am Pfäischter». Einen eigenwilligen Stil entwickelt Hans Gysin, Landwirt aus Oltingen, mit seinen Dichtungen voller Frömmigkeit und knappem Humor. Er habe nur «die Hochschule des Lebens» besucht, meint Gysin. Die meisten Mundartdichter und -dichterinnen des Baselbiets schreiben aber aus einer höheren Bildung heraus, viele sind im Lehrberuf tätig. Nicht wenige wechseln auch ab zwischen Standarddeutsch und Dialekt, etwa Hans Häring oder Erika Maria Dürrenberger.

Sissacherfluh
Das Gemälde von Fritz Pümpin stammt aus dem Jahr 1968. Es zeigt die markante Felsfluh oberhalb Sissachs im Vorfrühling.

Bis in die Gegenwart setzt ein Teil der Kunstschaffenden im Baselbiet diese Tradition gegenständlicher Malerei und Bildhauerei fort. Viele Künstler folgten allerdings bereits im 19. Jahrhundert den zeitgenössischen Entwicklungen. Neben der Historienmalerei eines Otto Plattner stand die zum Abstrakten neigende Malerei eines Emilio Müller, die figürlichen Akte des Bildhauers Jakob Probst entstanden zeitgleich zur modernen Formensprache Louis Webers. Werner Schaub in Muttenz gehörte zum Umkreis der Gruppe 33, welche sich in den 1930er Jahren der surrealistischen Kunst verschrieben hatte. Das öffentliche Kunstverständnis blieb aber eher konservativ. Moderne Kunst stiess wiederholt auf Unverständnis, ob 1931 beim Friedhof-Wandbild Emilio Müllers oder 1981 rings um die Marmorzwiebel-Skulptur Franz Pösingers. Beide Werke stehen in Sissach. In den letzten Jahrzehnten des 20. Jahrhunderts wuchs die Akzeptanz gegenüber nicht-traditionellen, nicht-figürlichen Darstellungsformen. Der «steinige Boden» Baselbiet hat sich im Laufe des 20. Jahrhunderts zur profilierten Kunstlandschaft entwickelt.

Diese Blütezeit der Dialektliteratur endet spätestens in den 1960er Jahren. Die jahrelange Gleichsetzung von Dialekt – volkstümlich – traditionell hat zu einer Abschottung von Alltagssprache und Literatur geführt, Mundartdichtung erscheint dem Lesepublikum antiquiert und fremd. «Die Mundartdichtung ist nur tot, weil sie sich selber tot stellt», ruft 1966 der Berner Kurt Marti aus. Aus dieser Krise heraus werden neue sprachliche Formen entwickelt, etwa in den «Lakonischen Zeilen» eines Heinrich Wiesner, und vor allem finden zeitkritische Themen Eingang. In den 1970er Jahren wird Dialekt zum Kennzeichen sozialer Protestbewegungen, etwa beim Widerstand gegen das geplante Atomkraftwerk Kaiseraugst. Mundartchansons, wie sie im Baselbiet Aernschd Born singt, tragen das Ihre dazu bei, Dialekt zum Symbol von Nonkonformität und Selbstbestimmung zu machen.

Öffentliche Kunst
Die Brunnenskulptur von Sylvia Goeschke wurde 1989 in der Rathausstrasse in Liestal aufgestellt.

Lesetipps

Biografische Hinweise zu Kunstschaffenden finden sich im Personenlexikon des Kantons Basel-Landschaft (1997). Abgesehen von einzelnen Künstler-Monografien existiert bislang keine historische oder kunsthistorische Darstellung der Baselbieter Kunst.

Mehrere fundierte Einzelstudien hat die Kunsthistorikerin Hildegard Gantner verfasst (Gantner 1985 und 1995). Konrad Bitterli hat die Geschichte der Sektion beider Basel der Gesellschaft Schweizerischer Maler, Bildhauer und Architekten (GSMBA) zwischen 1865 und 1990 in Text und Bild zusammengestellt (Bitterli 1990). Parallel dazu gibt die Jubiläumsschrift der GSMBK (heute GSBK) Auskunft über die Situation weiblicher Kunstschaffender von 1923 bis 1990 (GSMBK 1991). Wer sich über das Kunst-, Literatur- und Musikschaffen der letzten Jahrzehnte informieren will, findet in s Baselbiet einen ersten Überblick (1996).

Abbildungen

Foto R. Bayer, Basel: S. 101.
Foto Theo Meyer, Lausen: S. 102.
Foto Peter Suter, Arboldswil: S. 103.
Ferdinand Hodler: Bildnis Josef Viktor Widmann, 1898; Öl auf Leinwand; 55 × 38,5 cm; Kunstmuseum Bern, Inv.Nr. 1933: S. 104.
Toni Eglin, Olten: S. 105.
Foto Mikrofilmstelle: S. 106, 111.
Kulturhaus Palazzo AG, Liestal: S. 107 oben.
Thommen A. (Hg.): E. Thommen, 10. April 1888 – 24. Juni 1960, St. Gallen 1960: S. 107 unten.
Privatarchiv Pierre Gürtler, Blauen: S. 108.
Kunstverein Baselland: Ausstellung, Performances und Referate aus Anlass des 50-jährigen Bestehens des Kunstvereins Baselland, Liestal 1994: S. 109.
Kantonsmuseum Baselland; Foto Th. Strübin: S. 110 oben.
Laufentaler Museum, Laufen: S. 110 unten.
Museum Muttenz Bildersammlung: S. 113.
Stefy Plattner, Liestal: S. 114.
Sissacherfluh im Vorfrühling, 1968. Fritz Moser-Salathé, Liestal. Foto Mikrofilmstelle: S. 115.

Reproduktionen durch Mikrofilmstelle.

Anmerkungen

1 Gantner 1990, S. 189.
2 Gantner 1990, S. 189.
3 Tauber 1998d.
4 Vgl. Bd. 5, Kap. 7.
5 Vgl. Bd. 5, Kap. 7.
6 Keller 1964; Gedenk-Ausstellung 1970.
7 Gantner 1991.
8 StA BL, Bezirksgericht Laufen, 01.04.05.09 Erbschaft Joseph Cueni-Scholer 1873.
9 Pümpin 1975.

1 Suter 1959.
2 Bitterli 1990, S. 135.
3 GSMBK 1991, S. 8.
4 Suter-Roth 1965.
5 Kubli 1988; Richner/Schaad 1998.
6 Gysin 1942.
7 Manz/Nebiker 1989, S. 122.
8 Spitteler 1947.
9 Mäusli 1995.
10 Breitenstein 1992.

Kriegserfahrungen – Auswirkungen der beiden Weltkriege im Alltagsleben

Bild zum Kapitelanfang
Warten
«Wir hockten im Militär und machten nichts», erinnerte sich ein Biel-Benkener an seine Aktivdienstzeit. Der Soldatenalltag war geprägt von Monotonie, von Handlungen, die oft nichts anderes bezweckten, als die Zeit totzuschlagen. Besonders für jene, die wussten, dass zu Hause, etwa auf dem Bauernhof, viel Arbeit zu erledigen gewesen wäre, war das nicht leicht zu ertragen. Die Dienstzeit hatte jedoch auch ihre Vorteile, so war das Essen oft reichhaltiger und vielseitiger als zu Hause.

Kriegsausbruch 1914

In der ersten Hälfte des 20. Jahrhunderts erlebten Baselbieterinnen und Baselbieter zweimal einen Krieg in unmittelbarer Seh- und Hörweite. Der untere Kantonsteil und das damals bernische Laufental grenzten an Krieg führende Nationen. Die Kampfhandlungen griffen zwar, abgesehen von Bombeneinschlägen, nicht aufs Baselbiet über, im Alltag wirkte sich der Krieg jedoch vielfältig aus.

Der Erste Weltkrieg brach für viele Zeitgenossinnen und Zeitgenossen überraschend aus. Am 28. Juni 1914 ermordeten serbische Nationalisten in Sarajevo den österreichischen Kronprinzen. Was heute als Auftakt des Ersten Weltkriegs gilt, stellte damals nur ein Ereignis in einem lange schwelenden Konflikt dar, das die latente Gefahr eines Kriegsausbruchs zwar aktualisierte, diesen in der zeitgenössischen Perspektive jedoch keineswegs als zwingend erscheinen liess. Schon nach wenigen Tagen machte die Krise in der Presse anderen Aktualitäten Platz. Auch im Baselbiet rückten Alltagsthemen wie die Landesausstellung in Bern oder der Durchstich durch den zweiten Hauenstein-Tunnel wieder in den Vordergrund. Es kann deshalb kaum überraschen, dass der Kriegsausbruch in der Erinnerung wie ein Blitz aus heiterem Himmel erscheint.

Ende Juli mehrten sich jedoch auch im Alltag Anzeichen der drohenden Kriegsgefahr. Am 23. Juli hatte Österreich-Ungarn Serbien ein Ultimatum gestellt; seit den letzten Julitagen erliessen Österreich, Serbien, Russland, Deutschland und Frankreich den Befehl zur Generalmobilmachung. Im Baselbiet, wie in anderen Teilen der Schweiz auch, kam es Ende Juli zu einem eigentlichen «Bankensturm», weil die Bevölkerung um die Sicherheit ihrer Guthaben fürchtete. In Inseraten, die zum Anlegen eines Notvorrates aufriefen, äusserte sich eine Mischung aus Kriegsfurcht und Geschäftstüchtigkeit. Doch auch noch am Tag der Kriegserklärung Österreich-Ungarns an Serbien hielt – nimmt man Zeitungsschlagzeilen als Gradmesser – die Hoffnung an, dass die letzte Konsequenz der Eskalation noch abzuwenden wäre. «Ruhig

Jüdische Flüchtlinge, 1933 bis 1948

Am 26. März 1939 reiste Daniel S.[1] am Badischen Bahnhof in die Schweiz ein. Drei Tage später erteilte der Kanton Basel-Landschaft eine bis zum 26. April 1939 gültige Toleranzbewilligung. Seine Ausreise aus Deutschland war möglich geworden, nachdem ein Fabrikant in Arlesheim eine Kaution von Fr. 3000.– hinterlegt und bei der eidgenössischen Fremdenpolizei eine Einreisebewilligung erwirkt hatte.

Daniel S., 1899 in Berlin geboren, war Jude. Bis 1938 hatte er in Frankfurt am Main eine Zigarettenfabrik betrieben. Vor seiner Flucht in die Schweiz war er durch die «Arisierung» der deutschen Wirtschaft seiner Existenzgrundlage beraubt und kurze Zeit im Konzentrationslager Buchenwald festgehalten worden. Von der Schweiz aus sollte S. innert eines Monats seine Weiterreise ins Königreich Albanien organisieren. Ausserdem hatte er schon in Frankfurt ein Visum für die USA beantragt. Die Invasion Albaniens durch das faschistische Italien Anfang April 1939 verunmöglichte es S., die Schweiz fristgerecht zu verlassen. Am 13. Mai 1939 stellte die eidgenössische Fremdenpolizei eine «Zustimmungsverfügung mit Frist zur Ausreise aus der Schweiz» aus: Die Toleranzbewilligung wurde bis zum 26. Juli 1939 verlängert. Die eidgenössischen Behörden waren be-

Blut behalten», titelte der ‹Landschäftler› an diesem 28. Juli 1914; und nach der ersten Beschiessung Belgrads: «Also nochmals: Ruhig Blut behalten! Auch diesmal wird die Suppe nicht so heiss gegessen, wie sie der Koch vom Feuer gehoben.»[1]

Mobilmachung

Zunächst erliess der Bundesrat am 31. Juli 1914 den Beschluss, sämtliche Stäbe und Einheiten des Auszugs, der Landwehr und des Landsturms auf Pikett zu stellen. Doch noch am selben Tag ordnete er die Generalmobilmachung auf den 2. August an und gab diese am 1. August bekannt. Dazu wurden die Glocken geläutet, oder ein Tambour zog durch das Dorf und der Gemeindepräsident oder ein Polizeiwachmann verkündete die Mobilmachung. Die Wehrmänner leisteten der Einberufung willig Folge, obwohl der Zeitpunkt gerade für die bäuerliche Bevölkerung wegen der bevorstehenden Ernte alles andere als günstig war. Als «gefasst, ernst, und zuverlässig» schilderte die ‹Basellandschaftliche Zeitung› die Stimmung der ein-

Frauen und Soldaten bei einem Biel-Benkener Wachtposten
Im Ersten Weltkrieg glich Biel-Benken, wie andere Grenzdörfer auch, einem Heerlager. Die Soldaten wurden, so gut es ging, ins dörfliche Leben integriert, beispielsweise indem man sie zu Vereinsanlässen oder zu Spielen der lokalen Fussballmannschaften einlud.

strebt, aus der Schweiz ein Transit- und kein Asylland zu machen. Daniel S. hatte wohl vor allem deshalb eine Einreisebewilligung erhalten, weil die Behörden davon überzeugt waren, dass seine Weiterreise gesichert sei. Mit einer Anerkennung als Flüchtling konnte er nicht rechnen. Bereits seit 1933 galt in der Schweiz der Grundsatz, dass Jüdinnen und Juden, die Deutschland aufgrund der Boykottmassnahmen verlassen hatten, kein politisches Asyl erhielten. Diese die jüdischen Verfolgten ausschliessende Definition blieb bis 1944 in Kraft; die Änderung der Asylpraxis kam für die meisten Jüdinnen und Juden zu spät.

1933 war es für Flüchtlinge aus Deutschland zwar noch möglich, ohne Visum in die Schweiz einzureisen, mehr als eine Verschnaufpause zur Planung der Weiterreise gewährte man ihnen jedoch nicht. Die kantonalen Toleranzbewilligungen, die ihnen die Fremdenpolizei erteilte, waren deshalb nur für sehr kurze Zeit (in der Regel nicht länger als drei Monate) gültig.

Die Verschärfung der Einreisebestimmungen seit 1938 – sie äusserte sich in der Ausdehnung der Visumspflicht und der Einführung des «J»-Stempels in Deutschland als Resultat von Geheimverhandlungen mit der Schweiz – zielte darauf ab, Flüchtlinge möglichst von der Schweiz

rückenden Truppen. Der ‹Landschäftler› merkte die «Geschwindigkeit, Ordnung und Ruhe» der Mobilmachung lobend an.[2] Nicht Kriegsbegeisterung wie in Deutschland prägte die Stimmung, sondern eher eine gewisse Unsicherheit, bei den Einrückenden Ernsthaftigkeit und Ungewissheit über das, was sie nach ihrem Übergang aus dem zivilen ins militärische Leben erwarten würde. «Kein übermütiges Überquellen» beseelte, so der ‹Landschäftler›, Offiziere und Mannschaft, sondern «ein des Ernstes der Lage bewusster, entschlossener Wille».[3]

Kriegszeit in Grenznähe
Die Mobilmachung veränderte auch die Situation in den Dörfern, und dies nicht nur durch das Einrücken der Wehrpflichtigen, die spürbare Lücken im Alltag und im Arbeitsprozess zurückliessen. In vielen Gemeinden bezogen wenige Tage später verschiedene militärische Einheiten Stellung; Schulhäuser und Kindergärten wurden zu Kantonnementen, Restaurantstuben zu Kompaniebüros, eine Küche, Krankenzimmer, Lagerräume, Werkstätten und vieles mehr mussten eingerichtet werden. Vor allem in den Grenzdörfern war der Alltag während der folgenden vier Jahre durch die Grenzbesetzung geprägt. Die Grenze blieb, nachdem die deutsche Grenzsperre der ersten Kriegstage wieder aufgehoben worden war, praktisch während des ganzen Kriegs mit einer Grenzkarte passierbar. Dies war insbesondere für die Landwirte, die im Elsass Land besassen oder bewirtschafteten, von Bedeutung.[4] Das Elsass, seit 1871 von Deutschland annektiert, gehörte zu den wichtigen Kriegsschauplätzen. Bei Kriegsbeginn befürchtete die Bevölkerung nicht nur in Basel, sondern auch im Leimental und im Birseck, dass fremde Truppen über die Grenze hereinbrechen könnten. Ängste riefen nicht in erster Linie Gerüchte über Vorstösse der Deutschen hervor. Verbreitet war zu Kriegsbeginn die «Franzosenfurcht». Dies hing damit zusammen, dass im Baselbiet, wie in der gesamten deutschen Schweiz, Sympathien für das Deutsche Reich vorherrschten. Die Verlegung der Schweizer Truppen an die

fernzuhalten. Seit Ausbruch des Krieges war eine Weiterreise praktisch unmöglich geworden. Bewilligungen, die eine legale Einreise in die Schweiz ermöglicht hätten, wurden kaum noch erteilt. Die restriktive Haltung der Behörden und die zunehmende Verschärfung der Bestimmungen – seit dem 5. September 1939 galt für alle Ausländerinnen und Ausländer die Visumspflicht – liess den Verfolgten letztlich nur noch den «illegalen» Fluchtversuch in die Schweiz übrig. Sowohl vor als auch während des Krieges wurden jedoch nicht nur Einreisebewilligungen verweigert, sondern auch Flüchtlinge an der Grenze zurückgewiesen und illegal Eingereiste zurückgeschickt. Während des Zweiten Weltkrieges wiesen die Behörden an der Schweizer Grenze nachweislich über 24 000 Menschen weg. Hinzu kommen die abgewiesenen Einreisegesuche: Von den zwischen 1938 und November 1944 behandelten «Einreisegesuchen von Ausländern, die in der Schweiz Zuflucht suchten», wurden 9600 bewilligt, 14 500 abgelehnt.[2] Unzähligen hat diese Haltung der Behörden das Leben gekostet.
Daniel S. war es nicht gelungen, noch vor Ausbruch des Zweiten Weltkrieges nach England und von dort in die USA zu gelangen. Die Verlängerung seiner Toleranzbewilligung erfolgte anfänglich alle drei,

Grenze als Reaktion auf die Kriegshandlungen im Elsass im August 1914 sowie das Vorstossen der französischen Armee Richtung Süddeutschland verunsicherten die Bevölkerung in den grenznahen Gebieten und veranlassten sie, die Flucht vorzubereiten. Gleichzeitig beobachteten Schaulustige die Kämpfe von den Hügeln rings um Basel herab oder spazierten in die Gemeinden, die Soldaten beherbergten. Allschwil erlebte in Phasen mit Kriegsgeschehen in der Nähe einen eigentlichen «Kriegstourismus». Akustisch war der Krieg nicht nur an der Grenze, sondern im ganzen Baselbiet und in weiten Teilen der Schweiz präsent.[5]

Versorgung und Lebenssituation

Anders als im militärischen Bereich, in dem Vorbereitungen für den Kriegsfall bestanden, fehlten kriegswirtschaftliche und soziale Vorkehrungen weitgehend. Die Hamsterkäufe von Lebensmitteln nach Kriegsausbruch führten zu einer lange anhaltenden Teuerung. Gleichzeitig hatten die Beschäftigten Lohnsenkungen zu gewärtigen. Der Bankensturm veranlasste die Baselbieter Kantonalbank, ihre Filialen zu schliessen und den Hauptsitz nur noch halbtags zu öffnen. Die Uhrenfabriken im Waldenburgertal stellten ihren Betrieb ein, die Basler Bandfabriken gingen zur Fünftage-Woche über. Die wirtschaftlichen Folgen nicht nur dieser Arbeitsausfälle, sondern vor allem des Verdienstausfalls wegen der Einberufung bekamen in erster Linie die Lohnabhängigen zu spüren. Eine Lohn- und Verdienstersatzordnung gab es im Ersten Weltkrieg noch nicht. Die eingerückten Wehrmänner erhielten zwar Sold, dieser reichte jedoch zum Unterhalt ihrer Familien nicht aus. Die öffentliche Unterstützung für die Angehörigen von Wehrmännern, die in ländlichen Gebieten für die Ehefrau pro Tag Fr. 1.50 und für jedes Kind 50 Rappen vorsah, konnte – besonders angesichts der Teuerung – nicht ausreichen. Im März 1915 gelangten die Vorortsgemeinden Münchenstein, Birsfelden, Allschwil und Binningen mit dem Ersuchen an die kantonale Militärdirektion, die Notunterstützung der höheren städtischen anzupassen. Die

später alle sechs Monate. Im Sommer 1940 wurde er ins Arbeitslager Felsberg bei Chur eingewiesen, wo er im Steinbruch und beim Strassenbau arbeiten musste. Von Januar 1941 bis zu seiner Dispensierung aus gesundheitlichen Gründen (er hatte im Lager einen Unfall erlitten) im Juni 1944 war er in Bad Schauenburg interniert, einem Emigranten-Arbeitslager für nach rituellen Grundsätzen lebende Juden. Seit Juni 1941 war er zudem für die Israelitische Flüchtlingshilfe in Basel tätig.

Im November 1941 beantragte er für seine von der Deportation bedrohte Verlobte Elise P. eine Einreisebewilligung und hinterlegte eine Kaution von Fr. 2000.–. Gleichzeitig erklärte sich die Israelitische Fürsorge in Basel bereit, allfällige Kosten, die während Elise P.s Aufenthalt in der Schweiz entstehen könnten, zu übernehmen. Elise P. verfügte über eine bezahlte Schiffskarte in die USA. Da das amerikanische Konsulat jedoch bereits geschlossen war, konnte sie ihre Auswanderung von Frankfurt aus nicht fertig vorbereiten. Die Baselbieter Fremdenpolizei beantragte, dem Gesuch zu entsprechen. Die eidgenössische Fremdenpolizei, in deren alleiniger Kompetenz die Entscheidung lag, entschied jedoch anders: Sie verweigerte die Einreisebewilligung mit der Begründung: «Überfremdung. Die Weiterreise ist

Entstehung der kantonalen Fremdenpolizei

Die eidgenössische Fremdenpolizei entstand im Laufe des Ersten Weltkrieges. Sie umfasste anfänglich nur einen Chef und einen Gehilfen. Im März 1919, als Heinrich Rothmund sein Amt als Leiter antrat, waren es bereits 68 Mitarbeiter, im Juni desselben Jahres knapp unter 200. 1919 war die Konstituierung der eidgenössischen Fremdenpolizei abgeschlossen. Auf kantonaler Ebene schrieb erst das Bundesgesetz über Aufenthalt und Niederlassung von Ausländern vom 26. März 1931 die Einrichtung von kantonalen Fremdenpolizeibehörden zwingend vor.
Im Kanton Basel-Landschaft existierte jedoch schon vor diesem Termin eine «Abteilung für Fremdenpolizei». In den Amtsberichten des Regierungsrates ist 1920 erstmals von ihr die Rede. Im Amtskalender ist (unter der Rubrik Kantonspolizei) aber erst 1946 ein Leiter der Fremdenpolizei, Robert Häfelfinger, erwähnt.

Ansätze wurden zwar erhöht, sie blieben jedoch hinter den in der Stadt ausbezahlten zurück.

Als weiteres Mittel zur Linderung der Not wurden ab August 1914 in den Dörfern Hilfskomitees gegründet, die sich um die Beschaffung und Verteilung von Lebensmitteln und Hilfsgütern für Notleidende zu kümmern hatten. Da eine zentrale, staatliche kriegswirtschaftliche Vorsorge fehlte, wurde die Hilfe an die Gemeinden und an Private delegiert. Die private Unterstützung wurde vor allem von Frauen getragen.[6]

In den Jahren 1914 und 1915 erlebte die Baselbieter Wirtschaft eine Krise; etwas weniger schlecht war die Lage in den beiden folgenden Jahren, in denen besonders in der Metall- und Uhrenindustrie eine kurze Kriegskonjunktur einsetzte. Doch schon im Laufe des Jahres 1918 verschlechterte sich die Situation auf dem Arbeitsmarkt neuerlich. Folgenschwerer aber war die massive Steigerung der Lebenshaltungskosten. Für alle, die Lohn bezogen, führte dies zu einer Verminderung des Reallohnes gegenüber der Vorkriegszeit von durchschnittlich 10 bis 20 Prozent. Der Verlust an Kaufkraft wirkte sich besonders krass aus, weil die Rationierung von Lebensmitteln erst im Frühjahr 1917 einsetzte. Ab März 1917 wurden nicht nur Brot, Mehl, Teigwaren und Kartoffeln, sondern auch Zucker, Öl, Fett, Milch, Käse und Butter rationiert. Die Massnahme musste also auch auf Produkte angewendet werden, die vor dem Krieg wichtige Exportprodukte waren, wie zum Beispiel der Käse. Erst ab Sommer 1919 konnte die Rationierung schrittweise ausser Kraft gesetzt werden. Obwohl der Staat bedeutende Geldsummen für die Unterstützung von Wehrmannsfamilien und seit Februar 1917 für die Verbilligung von Grundnahrungsmitteln aufwendete, konnte die Not nicht gelindert werden: Im Baselbiet waren 12,5 Prozent der Bevölkerung bezugsberechtigt; im eidgenössischen Vergleich lag dieser Anteil leicht unter dem Durchschnitt. Die Rationierung sollte die knappen Güter gerecht verteilen, wirkte aber nur unzureichend, weil vielen Menschen die Mittel fehlten, um genügend Nahrungsmittel zu kaufen.

nicht gesichert, da das Zielvisum für die USA fehlt und hier, wenn überhaupt, nur schwer erhältlich sein wird.» Elise P. wurde im Mai 1942 ins Konzentrationslager Majdanek gebracht, wo sie zusammen mit ihrer Mutter ermordet wurde.
Die antisemitische Grundhaltung, die die schweizerische Flüchtlingspolitik vor und während des Zweiten Weltkriegs prägte, zeigt sich hier mit aller Deutlichkeit. Bereits kurz nach der nationalsozialistischen Machtergreifung hatte der Vorsteher des eidgenössischen Justiz- und Polizeidepartements, Bundesrat Häberlin, die Kantone aufgefordert, nicht von der bisherigen fremdenpolizeilichen Praxis abzuweichen. Ein vorübergehender Aufenthalt solle den aus Deutschland flüchtenden Jüdinnen und Juden zwar nicht verwehrt werden, die «Festsetzung wesensfremder Elemente» sei aber mit allen Mitteln zu verhindern. «Wir haben», schrieb 1938 Heinrich Rothmund, Chef der eidgenössischen Fremdpolizei, «seit dem Bestehen der Fremdenpolizei eine klare Stellung eingenommen. Die Juden galten im Verein mit anderen Ausländern als Überfremdungsfaktor. Es ist uns bis heute gelungen, durch systematische und vorsichtige Arbeit die Verjudung der Schweiz zu verhindern.» Mit der Einführung des «J»-Stempels im Jahr 1938 hatten die Behörden ein Mittel in der

Bei Kriegsausbruch war die Schweiz eines der am stärksten industrialisierten Länder Europas. Auch im Baselbiet war die Bedeutung des Agrarsektors seit dem späten 19. Jahrhundert immer weiter zurückgegangen. Diese Tatsache konnte nicht ohne Auswirkungen auf die Versorgung bleiben. Die Schweiz deckte nur noch einen Bruchteil des Getreidebedarfes selbst. Der Bund nahm die schwierige Lage zwar nicht tatenlos hin – so amtete er etwa als Monopolimporteur von Getreide, der mit dem Ausland über Zufuhr und Anlieferung verhandelte –, die Massnahmen waren jedoch zu punktuell, um Nahrungsmittel in ausreichender Menge und zu erschwinglichen Preisen verfügbar zu machen. Erst der Zusammenbruch der Zufuhr im Februar 1917 gab den Anstoss zur Ausdehnung der Anbaufläche im Herbst 1917. Im Baselbiet nahm die mit Getreide bebaute Fläche von rund 3070 Hektaren (1917) auf 3820 Hektaren (1919) zu. Die stark exportorientierte Milch- und Viehwirtschaft, die die schweizerische Landwirtschaft seit dem späten 19. Jahrhundert prägte, war nur gegen Widerstand zur geforderten Ausdehnung des Getreidebaus zu bewegen; die Umstrukturierung blieb dann auch vorübergehend.

Die Erfahrung des Ersten Weltkrieges veränderte das Verhältnis von Wirtschaft und Staat: Der Staat übernahm Aufgaben, von denen man bisher glaubte, die freien Wirtschaftskräfte könnten sie selbsttätig lösen. Das Getreidemonopol der Eidgenossenschaft blieb nach dem Krieg bestehen, ebenso die wichtige Rolle jener Organisationen, die sich um die Verwertung landwirtschaftlicher Produkte kümmerten, wie der Zentralverband Schweizerischer Milchproduzenten oder die Käseunion. Ihr Einfluss auf die Landwirtschaftspolitik blieb bis ins letzte Viertel des 20. Jahrhunderts bestehen.

Der Landesstreik

Die wirtschaftliche Not wurde im Laufe des Krieges immer drückender, im letzten Kriegsjahr erreichte sie ihren Höhepunkt. Zu ihrer Linderung wurde im Februar 1918 beispielsweise in Allschwil eine Volksküche eingerichtet.

Das Baselbieter Wehrmannsdenkmal
Die Errichtung von Kriegsdenkmälern nach dem Ersten Weltkrieg stellte ein gesamteuropäisches Phänomen dar. Das Liestaler Denkmal gedachte jedoch – zusammen mit den anderen schweizerischen Denkmälern – nicht der Soldaten, die durch Feindeshand gestorben waren, sondern solcher, die militärischen Unfällen und vor allem der Grippe, die während der Aufgebote anlässlich des Landesstreiks grassierte, erlegen waren. Die Initiative für das 1923 eingeweihte Denkmal hatte Ende 1919 der Liestaler Schützenverein ergriffen. Die Realisierung der Idee führte zu Auseinandersetzungen sowohl um den Standort als auch um die Ausgestaltung des Denkmals: Jene, denen der militärische Aspekt besonders wichtig war, sahen die Kaserne als idealen Standort an, während die Mehrheit des Aktionskomitees das Regierungsgebäude vorzog. Selbst in der Jury umstritten war jedoch die Skulptur «Junger Eidgenoss» von Jakob Probst, die den Wettbewerb gewonnen hatte, weil sie schwierig zu verstehen sei. Ganz zufrieden scheint auch Probst selbst nicht gewesen zu sein: 1934 veränderte er die Figur, indem er das aufgeschlagene Buch auf dem Knie des Soldaten in einen Helm verwandelte, wodurch all jene befriedigt wurden, die den militärischen Charakter stärker betont sehen wollten.

Hand, die Einreise von Jüdinnen und Juden zu kontrollieren und zu verhindern.
Die Geschichte von Daniel S. und Elise P. lässt sich aus seiner Akte bei der kantonalen Fremdenpolizei rekonstruieren. Die Flüchtlinge, die während des Krieges in der Schweiz Zuflucht suchten, unterstanden in der Regel dem Bund und sind deshalb in kantonalen Akten nicht fassbar. Die Kompetenzen der Kantone in der Flüchtlingspolitik waren bereits vor dem Krieg sehr begrenzt: Sie hatten ausschliesslich im Vollzug einen Handlungsspielraum, etwa indem sie Rückstellungen über die Grenze nicht durchführten oder illegal Eingereiste duldeten.[3]

Flüchtlingslager
Als der Zweite Weltkrieg ausbrach, beherbergte die Schweiz rund 7000 Flüchtlinge, die meisten waren Jüdinnen und Juden. Ihren Lebensunterhalt bestritten sie, sofern sie eigene Mittel hatten mitbringen können, aus Ersparnissen. Die meisten waren jedoch auf die Unterstützung von Familienangehörigen, Freunden oder Organisationen wie die Israelitische Fürsorge angewiesen. Arbeiten durften sie nur in Ausnahmefällen, etwa wenn eine Stelle nach mehrmaliger Ausschreibung nicht durch einen Schweizer oder eine Schweizerin besetzt werden konnte. 1940 beschloss der Bundesrat, zur Unterbringung

Die Suppenküchen sind ein Hinweis darauf, dass es Hunger gab. Im selben Jahr traf die Grippe in zwei Wellen, die erste Ende Juli, die zweite Ende Oktober 1918, auf eine durch die mangelhafte Ernährung ohnehin geschwächte Bevölkerung. Im Baselbiet waren insgesamt 15 487 Grippefälle zu verzeichnen, 430 Menschen oder 5,3 Promille starben. In der Liestaler Kaserne und in Schulhäusern, zum Beispiel in Pratteln, wurden Notspitäler eingerichtet; wegen der Ansteckungsgefahr fiel der Schulunterricht wochenlang aus.

Die Verschlechterung der sozialen Lage radikalisierte die Arbeiterschaft. Am 9. November 1918, dem Tag des Waffenstillstandes, kam es in der Schweiz zu einem landesweiten Proteststreik. An diesen schloss sich während dreier Tage ein Generalstreik an, der weite Teile des Landes erfasste. Die Forderungen der Streikenden zielten nicht auf einen revolutionären Umsturz ab, sondern auf soziale Verbesserungen, die Einführung der 48-Stunden-Woche, der Alters- und Hinterlassenenversicherung (AHV), des Frauenstimmrechts. Die Beteiligung im Baselbiet war nicht flächendeckend, sie beschränkte sich vor allem auf die industrialisierten Gemeinden des unteren und mittleren Kantonsteils.[7] Im Raum Pratteln etwa wurden 30 Betriebe bestreikt: Am Montagabend, dem 11. November, hatte dort eine Versammlung von über 1000 Arbeiterinnen und Arbeitern beschlossen, sich dem Generalstreik anzuschliessen. Der Streik wurde nach drei Tagen durch einen Entscheid auf nationaler Ebene abgebrochen, daran hielten sich auch die Baselbieter Streikenden.[8]

Aufbruchstimmung am Kriegsende

Trotz der starken innenpolitischen Spannungen herrschte am Ende des Ersten Weltkriegs eine Stimmung des Aufbruchs und der Neuorientierung. Auf nationaler Ebene galt es, die sozialpolitischen Postulate und den Ausbau der politischen Rechte, wie ihn das Programm des Landesstreiks gefordert hatte, zu verwirklichen. Auch bürgerliche Kreise verlangten die Neubesetzung der eidgenössischen Behörden. Bereits im Oktober 1918 hatte

von Flüchtlingen Arbeitslager einzurichten. Anfänglich wurden vor allem Männer in Lager eingewiesen und im Strassenbau, in der Landwirtschaft, bei Meliorationsarbeiten und beim Torfabbau eingesetzt – Arbeiten, die den meisten Flüchtlingen völlig fremd waren. Im Arbeitsdienst sah der Bund die Möglichkeit, den Flüchtlingen Beschäftigung zu geben, ohne vom Arbeitsverbot auf dem freien Stellenmarkt abrücken zu müssen. Die Lagerarbeit zielte in den Augen der Behörden darauf ab, die Flüchtlinge auf ihre spätere Weiterwanderung vorzubereiten. Mit diesen Arbeiten leisteten die Flüchtlinge einen wichtigen Beitrag an die Wirtschaft des Landes.

Im November 1940 wurde in Bad Schauenburg das erste Lager im Kanton Basel-Landschaft eröffnet. Es nahm vor allem Juden auf, die nach religiösen Grundsätzen lebten. Anders als die meisten anderen Männerlager war es nicht in Baracken, sondern in einem leer stehenden Hotel untergebracht. Kurt Seliger, 1921 geboren und 1938 als Jude und Kommunist aus Wien geflohen, erinnert sich: «Das war kein Barackenlager, sondern ein altes, jetzt in Kriegszeiten unbenutztes Hotel. [...] Auch hier wieder Strassenbau. [...] Bad Schauenburg [war] jedoch relativ angenehm, allein schon deswegen, weil wir nicht in Baracken lebten. Wir litten viel

das Volk die Proporzinitiative für den Nationalrat angenommen. Jetzt sollte die Einführung des Wahlproporzes beschleunigt werden. Im Baselbiet wurde die längst hängige Beratung des kantonalen Proporzgesetzes forciert, so dass der Landrat im Juni und das Volk im August 1919 mit überwältigendem Mehr den Proporz für den Landrat annahmen.[9] Auf die lange Bank geschoben wurde die Umsetzung der sozialpolitischen Forderungen, die im Landesstreik erhoben worden waren: Rasch realisiert wurde im Frühjahr 1919 einzig die 48-Stunden-Woche. Auf die AHV, die seit 1925 in der Verfassung verankert war, wartete die Bevölkerung bis 1947, auf das uneingeschränkte Frauenstimmrecht sogar bis 1971.

Nicht nur innen-, sondern auch aussenpolitisch war eine Neuorientierung gefragt, ging es doch darum, die Rolle der Schweiz im entstehenden Nachkriegseuropa zu finden. Die zentrale neue Weichenstellung war der Beitritt zum Völkerbund. Damit verband sich der Übergang von der bisher praktizierten integralen zur differenzierten Neutralität. Dieser Schritt war keineswegs unumstritten. Das Baselbiet lehnte den Beitritt zusammen mit einem Grossteil der deutschschweizerischen Kantone deutlich ab. Die ablehnende Haltung hatte sich bereits bei Kriegsende abgezeichnet. Die tendenzielle Deutschfreundlichkeit führte zu Kritik an den Forderungen, die in den Friedensverhandlungen an Deutschland gestellt wurden. Aus dieser Optik galt der neu zu schaffende Völkerbund als Instrument der Siegermächte. Das Abstimmungsergebnis vom 20. Mai 1920 war beim Ständemehr relativ knapp: 11,5 Stände waren dafür, 10,5 dagegen. Das Volksmehr fiel etwas deutlicher aus: 56 Prozent der Bevölkerung votierten für den Beitritt. Die zustimmende Mehrheit war vor allem in der Romandie zustande gekommen. Auch wenn einige Deutschschweizer Kantone zustimmten, manifestierte sich im Abstimmungsergebnis der «Graben» zwischen Welsch- und Deutschschweizern, der das innenpolitische Verhältnis im Krieg immer wieder belastet hatte.[10]

Naziorganisationen im Baselbiet

Den Höhepunkt ihrer Wirksamkeit erreichten die nationalsozialistischen Organisationen in den Jahren 1941/42, als ein Drittel der im Baselbiet lebenden Deutschen zur Mitarbeit in der «Reichsdeutschen Gemeinschaft» verpflichtet werden konnten. Nichtbeitrittswilligen wurde der Entzug ihrer Papiere durch das Konsulat angedroht. Nach der Kriegswende nahm die Beteiligung an den nationalsozialistischen Veranstaltungen merklich ab. Das Zentrum lag in Liestal, wo 1942 das Haus eines Parteigenossen am Sonnenweg 1 zu einem «Deutschen Heim» mit einem Saal für 60 Personen umgebaut wurde. Neben Propagandaaktivitäten wurden auch Geländeübungen der NS-Sportgruppen sowie der Hitlerjugend durchgeführt, unter anderem auf einem Bauernhof bei Reinach. Ein weiterer Stützpunkt war das 1943 gekaufte Lagerhaus auf Unter St. Romai bei Lauwil. Seit 1934 gab es Zellen der NSDAP in Liestal und Sissach, im Krieg zählte diejenige von Liestal bis zu 21 und jene in Aesch/Arlesheim 11 Mitglieder.

---

weniger unter Kälte und Feuchtigkeit. Dass es statt der unerquicklichen Latrinen richtige WCs gab, grenzte beinahe an Luxus.»[4] Weitere Männerlager befanden sich in Arisdorf, Olsberg, Reigoldswil und Rickenbach; im damals bernischen Laufental in Laufen und Burg. Auf Schloss Burg befand sich eine Zeitlang ein Schullager. Heime für Frauen und Kinder gab es auf dem Bienenberg bei Liestal, in Langenbruck und in Rickenbach. Der Betrieb auf dem Bienenberg wurde 1942 aufgenommen, alle anderen Flüchtlingslager wurden im Laufe des Jahres 1943 eröffnet. Die Flüchtlinge lebten meist in geografischer Isolation am Rande der Gemeinden oder auf Einzelhöfen wie dem Hof Bürten bei Reigoldswil. Eine eigens geschaffene Abteilung des eidgenössischen Justiz- und Polizeidepartements, die Zentralleitung für Heime und Lager in Zürich, war für die Verwaltung zuständig. Neben den zivilen Lagern gab es auch vom Militär bewachte so genannte Sammel-, Quarantäne- und Auffanglager, in welche die neu angekommenen Flüchtlinge eingewiesen wurden. Hier mussten sie – von der Aussenwelt völlig abgeschnitten – auf den Entscheid über Aufnahme oder Rückstellung über die Grenze warten. Ein solches Auffanglager befand sich während kurzer Zeit in Langenbruck. Im Baselbiet gab es in zahlreichen Dörfern

Einfahrtsstollen der Artilleriekaverne in Wenslingen

Zu den Aufgaben der eingerückten Truppen gehörte auch der Bau militärischer Anlagen, zum Beispiel von Tanksperren und Stellungen. Ein Unikat des Feldbefestigungsbaus stellte die 1940 innerhalb von nur drei Monaten errichtete Artilleriekaverne in Wenslingen dar, die den Nordabschnitt der Grenze sichern sollte. Bald nach ihrer Fertigstellung wurde die Kaverne verlassen: Nach dem Fall Frankreichs beschloss die Armeeführung, das Verteidigungskonzept zu ändern und die Armee ins Réduit zurückzuziehen. Ziel dieser Strategie war, die Kräfte in einem engen, gut zu verteidigenden Gebiet zu konzentrieren. Für die Bevölkerung der Nordwestschweiz und des Mittellandes bedeutete dieser Entscheid, dass sie im Fall eines Einmarsches kampflos preisgegeben worden wäre.

Zwischen den Kriegen

Der Erste Weltkrieg hatte eine Welt zum Einsturz gebracht, die noch vom bürgerlichen Fortschritts- und Kulturoptimismus des 19. Jahrhunderts geprägt war. Gleichzeitig brach er aber über eine Gesellschaft herein, die schon seit der Jahrhundertwende einem rasanten sozialen und ökonomischen Wandel unterworfen war. Im Landesstreik zeigten sich die tiefen gesellschaftlichen Risse, die für die Zwischenkriegszeit von Bedeutung blieben. Der Proporz führte zwar zu einer angemessenen Vertretung der Arbeiterschaft im Parlament, von ihrer gesellschaftlichen Integration war man im Baselbiet wie in der Eidgenossenschaft noch weit entfernt. Karl Weber sprach als bürgerlich geprägter Zeitgenosse davon, dass «mit dem geschlossenen Auftreten der Klassenkampfparteien» der «frühere persönlich-romantische Zug» der Landratsdebatten verloren gegangen sei.[11] Erst gegen Ende der dreissiger Jahre begann sich in der Schweiz ein Konsens – sichtbar etwa am Friedensabkommen in der Metall- und Maschinenindustrie – abzuzeichnen. Aufgrund der Vorahnung des kommenden Krieges wurde bereits 1937 die kriegswirtschaftliche Abteilung im Volkswirtschaftsdepartement als Schattenorganisation geschaffen. Dies war Ausdruck der breiten Erkenntnis, dass sich die Erfahrungen des Ersten Weltkrieges mit ihrer fehlgeschlagenen Wirtschaftspolitik nicht wiederholen dürften.[12]

Kriegswirtschaft im Zweiten Weltkrieg

Als der Zweite Weltkrieg ausbrach, verfügte die Schweiz über eine funktionsfähige kriegswirtschaftliche Organisation. Gleichzeitig mit der militärischen Mobilmachung und der Erteilung der Vollmachten an den Bundesrat am 30. August 1939 nahm die Eidgenössische Zentralstelle für Kriegswirtschaft ihre Tätigkeit auf. Die kriegswirtschaftlichen Massnahmen waren nur möglich, weil sowohl die Kantone als auch die Gemeinden über einen funktionsfähigen kriegswirtschaftlichen Apparat verfügten. Bereits im Februar 1939 hatte der Bund die Kantone ersucht, besondere Zentralstellen für

auch Lager für internierte Militärpersonen, so in Bretzwil, Eptingen, Frenkendorf, Känerkinden, Läufelfingen, Muttenz, Nusshof, Olsberg, Oltingen, Pratteln, Rickenbach, Reigoldswil (Wasserfallen), Rothenfluh, Rümlingen, Sissach, Tenniken, Wintersingen und Zeglingen, im Laufental in Grellingen, Laufen und Röschenz. Die Grösse der Lager variierte: Während im August 1944 in Reigoldswil 70 Militärpersonen interniert waren, befanden sich im Juni 1944 nur vier Personen im Offizierslager in Eptingen. Das Völkerrecht schreibt die Internierung von in ein neutrales Land übergetretenen Truppenangehörigen vor, um zu verhindern, dass sie vor Kriegsende erneut an den Kämpfen teilnehmen können. Auch die ausländischen Militärpersonen arbeiteten im Strassenbau und in der Landwirtschaft.

Der 21-jährigen Edith Königsberger und ihrer zwei Jahre jüngeren Schwester Ilka gelang es, durch die Flucht aus Deutschland der Deportation zu entkommen. Ihre Einreise fällt in die kurze Zeitspanne zwischen dem 25. August und dem 26. September 1942, in der Flüchtlinge, denen es gelungen war, die Grenzkontrolle zu umgehen, nicht sofort über die Grenze zurückgestellt wurden. Edith und Ilka Königsberger kamen nach einem kurzen Aufenthalt im Gefängnis und einigen Wochen

Frauen in der Ortswehr, Männer in der Armee

In die Ortswehren, die seit Mai 1940 entstanden, wurden alle nicht dienstpflichtigen Männer, junge Männer ab 16 Jahren und Frauen einberufen, was einer fast vollständigen Mobilisierung der Bevölkerung gleichkam. Als Aufgabe oblag ihnen die Lokalverteidigung. Frauen sprangen während des Kriegs an verschiedenen Orten in die entstandenen Lücken. Ihr Vereinsleben beispielsweise passten sie ganz den Kriegsbedürfnissen an, indem sie etwa die Wäsche für alleinstehende Soldaten wuschen oder Socken für die Armee strickten.

«Freiheit» in Schaffhausen nach Sumiswald in ein Frauenlager. In den zweieinhalb Jahren bis zum Kriegsende sollten sie noch drei weitere Lager kennen lernen. Eines davon war der Bienenberg bei Liestal. Grundsätzlich waren alle arbeitsfähigen Flüchtlinge, auch jene, die bereits vor Kriegsausbruch in die Schweiz gekommen waren, zum Arbeitsdienst in einem Lager verpflichtet. Verfügt wurden die Lagereinweisungen von der Polizeiabteilung des eidgenössischen Justiz- und Polizeidepartements. Sie entschied auch über die Gesuche um Befreiung aus dem Lager. Bewilligt wurden solche Lagerbefreiungen hauptsächlich bei Menschen, die über Geld und Einfluss verfügten oder die einen Garanten gefunden hatten. Nach der Entlassung aus dem Lager unterstanden die Flüchtlinge der Kontrolle der kantonalen Fremdenpolizei.

Der Alltag in den Flüchtlingslagern war sehr stark strukturiert. Der Tag begann mit einem Appell, der, je nach dem, wie die Lagerleitung ihr Amt verstand, militärischen Charakter hatte oder, wie Charlotte Weber schildert, eher der Weitergabe von Mitteilungen diente. Auch in den Frauenlagern wurde gearbeitet: Neben dem Hausdienst, der den Betrieb des Lagers sicherstellte, wuschen und flickten die Frauen für sich und die benachbarten Männer-

Kriegswirtschaft ins Leben zu rufen, die als Kontaktstellen zwischen Bund und Gemeinden wirkten. 1939 war die Basellandschaftliche Direktion des Innern noch identisch mit der Zentralstelle für Kriegswirtschaft; die Arbeitseinsatzstelle war dem Arbeitsamt, die Ackerbaustelle der Landwirtschaftlichen Schule zugeteilt. 1941 umfasste der kantonale Kriegswirtschaftsapparat bereits 19 Ämter. Der Kanton überliess nur diejenigen Arbeiten den Gemeinden, die von der kantonalen Zentralstelle nicht zweckdienlich ausgeführt werden konnten, da die Gemeindebehörden durch Mobilmachung und Truppeneinquartierungen ohnehin vor grossen Schwierigkeiten standen.[13]

Auch die Rationierung konnte nach Ausbruch des Krieges rasch eingeführt werden. Im Oktober 1939 erging der Aufruf, Lebensmittelvorräte für zwei Monate anzulegen, danach erfolgte eine Bezugssperre. Diese sollte Hamsterkäufen und massiven Preissteigerungen entgegenwirken. Die Rationierung erfolgte stufenweise: Bei Kriegsbeginn wurden Zucker, Reis, Teigwaren, Hülsenfrüchte, Getreide sowie gewisse Öle und Fette rationiert. Andere Produkte wurden der Rationierung erst später unterstellt: Textilien, Schuhe, Seife und Waschmittel (2. November 1940), Fleisch (1. März 1942), Brot (16. Oktober 1942) und Milch (1. November 1942). Für Kleinkinder, Jugendliche, stillende Mütter und Schwerarbeiter standen nicht-übertragbare Zusatzkarten zur Verfügung. 1943 versuchte man, die durch die Teuerung aufgetretenen sozialen Spannungen durch die Abgabe der B-Karten zu mindern. Sie berechtigten dazu, anstelle des teuren und für viele nicht mehr erschwinglichen Fleisches mehr Brot, Milch und Käse zu beziehen. Die Wahl der B-Karte war freiwillig, wodurch die Klassifikation der Bevölkerung umgangen wurde. Trotzdem untergruben sozial- und preispolitische Ungleichheiten seit 1943 die Rationierung. Kinderreichen Familien und Teilen der Arbeiterschaft war es aufgrund der gesunkenen Reallöhne nicht mehr möglich, die ihnen zustehende Ration zu beziehen. Verglichen mit dem Ersten Weltkrieg blieb die Ernährungssituation jedoch besser.

Die bäuerliche Bevölkerung bekam die Rationierung weit weniger zu spüren. Sie war verpflichtet, ihre Produktion abzuliefern, und die Gemeindestellen mussten monatlich die den Selbstversorgern nicht zustehenden Coupons für Subsistenzprodukte von den Lebensmittelkarten abtrennen. Einschränkungen spürte sie vor allem bei Tee, Kaffee, Zucker und Fleisch.

Speiseausgabe im Flüchtlingsheim Bienenberg
Einen Teil der Nahrungsmittel produzierten die Flüchtlinge selbst. Abwechslung in die rationierungsbedingte Monotonie des Menüplans, in dem Kartoffeln und Gemüse die zentrale Rolle spielten, brachte das Obst, das ebenfalls aus dem eigenen Garten stammte. Ausserdem gab es ab und zu Sardinen und Käseeckchen, erinnert sich Charlotte Weber, die von Oktober 1942 bis Januar 1944 als Betreuerin im Flüchtlingsheim Bienenberg arbeitete.

lager, stellten Textilien her oder strickten Socken für Armeeangehörige. Die Flüchtlinge erhielten für ihre Arbeit einen Sold, aus dem sie ihre Bedürfnisse bestritten. Weit reichte das Geld allerdings nicht.
Ihre Freizeit konnten die Flüchtlinge ausserhalb des Lagers verbringen, dabei durften sie den festgesetzten Ausgangsrayon jedoch nicht verlassen und mussten um 22 Uhr zurück sein. Im Fall von Bienenberg reichte er gerade bis Frenkendorf und Liestal. Weiter wegfahren durften sie nur im Urlaub. In den militärischen Lagern kam zu diesen Einschränkungen der persönlichen Freiheit auch noch die Briefzensur hinzu. Flüchtlinge, inner- und ausserhalb der Lager, durften sich weder politisch betätigen noch publizieren. Edith Königsberger und ihre Schwester «arrangierten» sich jedoch mit der begrenzten Freiheit: «Trotz aller Verordnungen, Ungerechtigkeiten und auch Anfeindungen aus der Bevölkerung schätzten wir uns glücklich, in der Schweiz zu sein. Nach der jahrelangen Unterdrückung erschien uns diese relative Freiheit schon als eine ganz grosse Freiheit.»[5]
Ehepaare und Familien waren meist in verschiedenen Lagern untergebracht. Lebten alle Familienangehörigen im Baselbiet, was nicht selbstverständlich war, konnten sie sich wenigstens in der Freizeit sehen. Der Besuch von Männern im Frauenlager

Mehr anbauen oder hungern
Im Rahmen des Plans Wahlen wurde der Kartoffelanbau besonders gefördert, damit Kartoffeln, bei normaler Ernte, nicht rationiert werden mussten. Dieses Ziel konnte erreicht werden. Mais, Zuckerrüben, Mohn und Raps gehörten zu jenen Kulturen, die erst mit dem Anbauplan in der Schweiz grössere Verbreitung fanden. Mit ihrer Einführung versuchte man, die Autarkiebestrebungen zu unterstützen, denn Zucker und Öl waren fast ausschliesslich Importprodukte. Trotz beachtlichen Steigerungen blieb die Schweiz jedoch von ausländischen Einfuhren abhängig. Das Plakat stammt von Hans Erni.

Landwirtschaftlicher Anbauplan

Ab 1940 wurde das Hauptgewicht auf die Ausdehnung der Anbaufläche gelegt. Der Plan Wahlen war seit 1938 in Vorbereitung, 1940 wurde er der Bevölkerung vorgestellt. Er sah die Erhöhung der schweizerischen Ackerbaufläche von 180 000 auf 350 000 Hektaren, notfalls sogar auf 500 000 Hektaren vor. Im Kanton Basel-Landschaft nahm die Ackerbaufläche zwischen 1940 und 1945 um insgesamt 3000 Hektaren zu, während der Viehbestand 1945 um fast 4500 Einheiten tiefer lag als noch 1936.[14]

Für die schweizerische Bevölkerung im Krieg hatte der Plan Wahlen eine starke Integrationsfunktion, und es gelang, in der Öffentlichkeit einen Sinnzusammenhang zwischen Autarkie, Widerstandswillen und Freiheit herzustellen. Hinter diesem Projekt stand auch die Absicht, die Landwirtschaft grundsätzlich zu sanieren und sie in eine volkswirtschaftlich und politisch privilegierte Stellung zu heben. Die Bauern standen nicht geschlossen hinter dem Plan Wahlen: Die Baselbieter erfüllten zwar die Anbaupflicht, allerdings nicht unbedingt mit Freude. Die Nahrungsmittelselbstversorgung erhöhte sich durch die «Anbauschlacht», doch angesichts fehlender Ressourcen an Arbeitskräften, Saatgut, Dünger und Futtermittel blieb die völlige Autarkie eine Illusion. Die effektive Erhöhung des Selbstversorgungsgrades betrug sieben Prozent und stieg von 52 auf 59 Prozent.

Die Umstellungen des Anbauplans betrafen die vier Bezirke des Kantons Basel-Landschaft ganz unterschiedlich: Starke Veränderungen zeigten sich vor allem in den Bezirken Sissach und Waldenburg, wo an den steilen Jurahängen bisher vor allem Viehzucht betrieben worden war. Die Landwirtschaft im Bezirk Arlesheim dagegen war schon immer vom Ackerbau geprägt. Hier gab es selten Probleme, die Anbaupflicht zu erfüllen; oft wurde diese sogar um einige Hektaren überschritten. Die Umstrukturierung der Landwirtschaft erfolgte seit 1940 programmgemäss, und die Bauern wurden durch den vorgeschriebenen Anbau unter Druck gesetzt. Im Baselbiet konnten die Ziele des Plans Wahlen relativ rasch erreicht werden. Einzig in der

und umgekehrt war allerdings verboten. Auch Mütter und Kinder wurden getrennt. Zum Teil lebten sie zwar im selben Lager, allerdings nicht in denselben Räumen, so dass sich Mütter nicht selbst um ihre Kinder kümmern konnten. Die Trennung von Familien, die vor und während der Flucht Unbeschreibliches erlebt hatten, zeigt den behördlichen Mangel an Einfühlungsvermögen wohl am deutlichsten.

In den Lagern lebten zwischen 70 und 200 Menschen zusammen, die meist aus ganz unterschiedlichen Kulturen stammten. Verbunden waren die Flüchtlinge in der stillschweigenden Übereinkunft, nicht über ihre Erlebnisse zu sprechen.[6] Sie versuchten, nur in der Gegenwart zu leben. Trotz des Zwangscharakters half ihnen die Arbeit dabei: «Es kommt mir vor, als wären Fersenstricken, Flicken einsetzen und Wiefeln für die fleissigen Frauen Tätigkeiten von höchster Wichtigkeit. Erst allmählich wird mir klar, dass die für mich seltsame Hingabe an die ganz gegenwartsbezogene banale Arbeit dunkle Gedanken und Erinnerungen verscheuchen soll», erinnert sich Charlotte Weber.[7]

Konflikte entstanden nicht nur aus der Enge des kollektiven Zusammenlebens, sondern auch aufgrund der verschiedenen Erfahrungen von Menschen aus westlichen Metropolen und ostjüdischen Schtetls.

Durlipsernte
Landwirtschaftliche Arbeit war noch vor allem Handarbeit. Der Anbauplan erforderte deshalb die Rekrutierung von Arbeitskräften: Zu diesem Zweck wurde bereits im September 1939 die Arbeitsdienstpflicht verfügt, der sich grosse Teile der Bevölkerung zu unterziehen hatten.

Umstellungsperiode 1940/41 blieben die Baselbieter hinter dem Sollwert zurück, in allen anderen Jahren überschritten sie den Pflichtanbau. Innerhalb von fünf Jahren, zwischen 1939 und 1944, vergrösserten sie die Baselbieter Anbaufläche um 84 Prozent.

Kriegswirtschaft in Biel und Benken

Der Generalmobilmachung der Armee am 2. September 1939 hatten in Biel-Benken und anderswo nicht nur die Männer Folge zu leisten, eingezogen wurden auch die Pferde. Für die zurückgebliebenen Frauen bedeutete das Einrücken der Männer, dass sie vorübergehend auch Arbeiten wie das Melken übernehmen mussten, die traditionell Männer ausführten und die sie erst lernen mussten. Im Laufe des Krieges erhielten Bauern bevorzugt Urlaub, wenn wichtige landwirtschaftliche Arbeiten anstanden. Nachhaltiger als die Mobilmachung wirkten sich die Ereignisse des Frühjahrs 1940 auf die Situation in Biel-Benken aus. Bei Kriegsausbruch wiesen 129 Land-

Tabakverarbeitung während der Gemüsebauaktion, um 1942
Die Vergrösserung der Anbaufläche im Rahmen des Plans Wahlen schloss möglichst alle Landreserven ein, so wurden Privatgärten, öffentliche Parks, Fussballfelder und Alleen als Pflanzland genutzt. Auch Industriebetriebe machten ihre Grünflächen zu Ackerland. Angebaut wurden nicht nicht nur Gemüse und Kartoffeln. Auf dem Bild sind Männer und Frauen bei der Verarbeitung von Tabakblättern auf improvisierten Tischen zu sehen.

Ackerbau mit Pferden
Die Produktionsbedingungen verschlechterten sich während des Kriegs für viele Bauernfamilien, betraf die Mobilmachung doch nicht nur die Männer, sondern auch die Pferde. Mit staatlichen Subventionen wurde die Mechanisierung zwar gefördert – die Anzahl Traktoren in der Schweiz stieg von rund 8000 im Jahr 1939 auf über 13 000 1944 –, doch die Massnahme konnte ihre Wirkung wegen des Treibstoffmangels nur beschränkt entfalten. Zusätzliche Kredite zum Umbau der Fahrzeuge auf Ersatztreibstoff waren notwendig. Die Mechanisierung intensivierte sich erst nach 1945, bedingt nicht zuletzt vom Mangel an landwirtschaftlichen Arbeitskräften.

wirte aus Baselbieter Grenzgemeinden Grundbesitz von rund 225 Hektaren im Elsass auf. Besonders betroffen war Schönenbuch mit über 50 Prozent Grundeigentum jenseits der Grenze. Nach dem Fall Frankreichs im Jahr 1940 war dieses Land verloren, was einige Bauern in Schwierigkeiten brachte. Biel-Benkener Bauernfamilien verloren beim Einmarsch der Deutschen im Frühling 1940 einen Teil der Heuernte.

Die dörflichen Strukturen mussten sich den kriegswirtschaftlichen Bedürfnissen anpassen. Bereits 1939 bestand die Gemeindestelle für Kartoffelversorgung, die im Laufe des Jahres zur kommunalen Ackerbaustelle erweitert wurde. Ende des Jahres 1940 verlangte das eidgenössische Departement des Innern die Einrichtung einer Gemeindestelle für Altstoffverwertung und 1942 nahm die Gemüse- und Obstbaustelle ihre Tätigkeit auf. Meist bekleideten Männer, die nicht dienstpflichtig waren, die Ämter, oft hatten sie bereits vor dem Krieg Gemeindeämter ausgeübt. Der Leiter der Biel-Benkener Ackerbaustelle war Gemeindeschreiber und Präsident der Feldregulierung gewesen.

Der Anbauplan brachte in Biel-Benken, das bereits vor dem Krieg hauptsächlich Ackerbau betrieb, keine radikale Umstellung der Produktion. Trotzdem hinterliess der Zweite Weltkrieg deutliche Spuren in der dörflichen Landwirtschaft. Zum einen vergrösserte sich die Anbaufläche in Benken um 36, in Biel um 40 Prozent. Benken gelang es jedoch nicht, die Anbaufläche im geforderten Mass zu vergrössern. Zum andern brachte der Plan Wahlen einige neue Produkte, denen die Bauern skeptisch gegenüberstanden: Raps und Mohn als Öllieferanten sowie die Zuckerrüben und den Mais. Alle vier Kulturen erreichten erst am Ende des Krieges den grössten Produktionszuwachs. Die Produktion der wichtigsten Produkte der Anbauschlacht, Weizen und Kartoffeln, entwickelte sich in Biel-Benken anders als auf nationaler Ebene: Die bebaute Fläche nahm nur unwesentlich zu und in der ersten Kriegshälfte wurde mehr Hafer als Kartoffeln angebaut. Im Gespräch assoziierten Frauen und Männer in Biel-Benken den Anbauplan weniger mit der

Viele hatten seit langem kein oder noch nie ein geregeltes Leben geführt und hatten Schwierigkeiten, sich an die «schweizerische Ordnung» anzupassen; sie lebten so weiter, wie sie es gewohnt waren.[8]
Die Bevölkerung wusste kaum etwas über die Flüchtlinge. Die Kontakte beschränkten sich, bedingt auch durch die geografische Isolation der Flüchtlingslager, auf ein Minimum. In ihrer Freizeit bekamen die Flüchtlinge die Voreingenommenheit der Bevölkerung zu spüren: «Wir alle zogen Liestal vor. [...] In der Kleinstadt Liestal fielen sie [die Flüchtlinge] [...] weniger auf. [...] In Frenkendorf sah das schon anders aus. Die ländliche Bevölkerung hatte vermutlich eine ganz andere Vorstellung von Verfolgten. Da kamen nun Frauen in den Ort, die ursprünglich aus Paris, Brüssel, Berlin oder Wien stammten. Manche hatten noch Kleidung von dort dabei und trugen diese natürlich, wenn sie ausgingen. Jetzt kamen sie elegant daherspaziert, oft mit roten geschminkten Lippen und lackierten Fingernägeln, weil sie es einfach so gewohnt waren. Und das konnten die einfachen Schweizer Frauen überhaupt nicht verstehen.»[9] Die Flüchtlinge erfuhren von der schweizerischen Bevölkerung jedoch nicht nur Ablehnung und Anfeindungen als «chaibe Flüchtling», sondern auch menschliche Anteilnahme

KRIEGSERFAHRUNGEN – AUSWIRKUNGEN DER BEIDEN WELTKRIEGE IM ALLTAGSLEBEN

Luftschutz

Im Ersten, vor allem aber im Zweiten Weltkrieg schlugen verschiedentlich von Flugzeugen abgeworfene Bomben im Baselbiet ein. Im Dezember 1917 richteten französische Bomben in Muttenz Schäden an Gebäuden und Bäumen an. In Binningen und im Basler Gundeldingerquartier waren in der Nacht auf den 17. Dezember 1940 Todesopfer zu beklagen. Wenige Wochen vorher hatte die Schweiz auf deutschen Druck die Verdunkelung eingeführt. Um den Fliegern wenigstens tagsüber Orientierungspunkte zu geben, markierte die Bevölkerung Dächer mit grossen Schweizerkreuzen, wie hier auf dem Flachdach der Arlesheimer Schappe (im Hintergrund).
Im Februar 1945 waren es amerikanische Bomber, die in Niederdorf Menschen verletzten und Schaden an Bauten und Kulturen verursachten, zehn Tage später beim Güterbahnhof Wolf in Basel sogar grosse Zerstörungen und Brände.

Veränderung der Produkte als mit den erschwerten Produktionsbedingungen, weil sie die Pferde ans Militär abgeben mussten. Die Landwirtschaft im Krieg führte also nicht zu einer Mechanisierung, im Gegenteil. Den Bauernfamilien blieb nichts anderes übrig, als Kühe anzuspannen.

Der Krieg veränderte die Mobilität zwischen Stadt und Land, zum einen aufgrund des Nahrungsmittelgefälles zur Stadt hin, zum andern wegen des Arbeitskräftemangels auf dem Land. Diese Mobilität äusserte sich im Arbeitseinsatz von Städtern auf dem Land und in den Verkaufsgewohnheiten der Bauern. Während des Krieges konnten Frauen aus Biel-Benken zu guten

und Hilfe. Die Integration der Flüchtlinge war kein Anliegen der Behörden, im Gegenteil, denn sie sollten das Land verlassen, sobald es die politische Lage wieder zuliess.

Flüchtlinge am Kriegsende

Nach dem Krieg ging die Zahl der Flüchtlinge schnell zurück. Wer noch ein Heimatland hatte, kehrte zurück. Andere fanden in Palästina oder in den USA ein neues Zuhause. Viele deutsche Jüdinnen und Juden waren nicht ohne weiteres bereit, in das Land zurückzukehren, in dem ihre Familien ermordet worden waren: «Unter den ‹Politischen› befanden sich auch intellektuelle jüdische Flüchtlinge, die sich zum Beispiel für ein späteres demokratisches Deutschland einsetzen wollten. Wir konnten das kaum nachvollziehen. Deutschland war für uns gestorben. Wir wollten nicht mehr zurück. Und wir wollten uns auch nicht politisch betätigen. Wir hatten von Deutschland genug und von einem Grossteil der Deutschen auch.»[10]

Die Flüchtlinge, die nach dem Krieg in der Schweiz blieben, erhielten weiterhin regelmässig eine Aufforderung, ihre Weiterreise zu organisieren. Sie lebten gezwungenermassen in einem belastenden Provisorium; trotz Hochkonjunktur durften nur wenige arbeiten (vor allem in so genannten

Preisen auf dem Basler Markt verkaufen. Oft hätten sie, kaum angekommen, schon alles verkauft. Andererseits wanderten auch viele Baslerinnen und Basler aus der Stadt aufs Land, um direkt bei den Bauern einzukaufen. Dies war seit September 1942 verboten. Der Schwarzhandel, der sowohl innerhalb der Gemeinde als auch mit der Stadt getrieben wurde, stellt ein komplexes Phänomen dar, das nur schwer zu fassen ist. Aus Biel-Benken wurden Lebensmittel auch über die Grenze geschmuggelt. Diese Solidaritätsaktionen erklären sich einerseits durch verwandtschaftliche Bande, andererseits jedoch auch durch die traditionell engen Verbindungen von Biel-Benken zum Elsass.

Eine wichtige Voraussetzung für das Gelingen des Anbauplanes war die Beschaffung von Arbeitskräften. Bereits in der Zwischenkriegszeit litt die Landwirtschaft unter Arbeitskräftemangel, weil die Industrie attraktivere Löhne bezahlen konnte. Während des Krieges wurde die Arbeitsdienstpflicht eingeführt, die besonders während der grossen Anbauetappen seit 1941 entscheidende Bedeutung erlangte. In Biel-Benken half man einander im Dorf: Besonders jene Männer, die nicht ins Militär eingezogen wurden, sprangen überall ein. Es kamen jedoch auch fremde Arbeitskräfte, zum Beispiel Städter, die ihre Arbeitskraft gegen Naturallohn anboten. Als besonders hilfreich empfand die Bevölkerung elsässische Flüchtlinge, die oft selbst aus bäuerlichen Kreisen stammten und – im Gegensatz zu den städtischen Jugendlichen, Arbeiterinnen, Arbeitern und Angestellten – mit den landwirtschaftlichen Arbeiten vertraut waren, was sie auch stark ins dörfliche Leben integrierte.

Besondere Mehrarbeit leisteten jedoch nicht zuletzt die Frauen. Die Abwesenheit der Männer bedeutete für sie, dass sie zusätzlich zu ihren Pflichten im Haushalt und auf dem Feld schwere körperliche Arbeiten übernehmen mussten, die in Friedenszeiten von ihren Männern verrichtet wurden. Obwohl sie eine grosse Verantwortung trugen, übernahmen nicht sie, sondern oft die Grosseltern Rolle und Status des Familienoberhauptes.

Mangelberufen in der Landwirtschaft, der Industrie und der Hotellerie), viele blieben von finanzieller Unterstützung abhängig. Die Schaffung des Dauerasyls 1947 stellte für sie deshalb eine grosse Hoffnung dar: «Heute wäre es mein sehnlichster Wunsch», schrieb Daniel S. in seinem Gesuch, «nach den vielen Jahren der Ungewissheit und Unsicherheit endlich einmal das Gefühl zu besitzen, einen festen Boden unter meinen Füssen zu haben und durch eine weitere makellose Führung mich der bisherigen Asylfreundschaft der Schweiz dankbar zu erweisen. Helfen Sie mir dazu, meinem künftigen Leben wieder Inhalt zu geben, und ich danke Ihnen bereits im voraus von Herzen.»[11] Das Dauerasyl stellte einen Bruch mit dem bisherigen kategorischen Grundsatz der Weiterreisepflicht für Flüchtlinge dar. In den Genuss dieser Befreiung kamen jedoch nur ältere oder kranke Flüchtlinge, Kinder unter 16 Jahren, die nirgends mehr Verwandte und in einer Schweizer Familie Aufnahme gefunden hatten, sowie Flüchtlinge mit besonderen wissenschaftlichen, kulturellen, humanitären oder wirtschaftlichen Leistungen. Daniel S. bekam kein Dauerasyl: Die Behörden hielten seinen Gesundheitszustand nicht für so schlecht, dass er nicht zu einem späteren Zeitpunkt auswandern könnte.

Kontakt über die Grenze

Auf privater Basis riss die Hilfe über die Grenze während des Zweiten Weltkriegs nicht ab: Von Biel-Benken aus wurden Nahrungsmittel und Bedarfsgüter über die Grenze geworfen oder auch geschmuggelt. Der Erfolg dieser Art der verwandtschaft- oder nachbarschaftlichen Hilfe hing von der Haltung der Grenzwächter ab – es war bekannt, dass Einzelne, wenn nicht gewerbsmässig geschmuggelt wurde, ein Auge zudrückten. Mit der Ende 1944 errichteten Schweizer Spende wurde der Grundstein für die schweizerische Nachkriegshilfe gelegt. Ein Novum dieser Institution war, dass erstmals die Schweiz als Staat Hilfe leistete. Die von den beiden Basel erbrachte Unterstützung kam vor allem den angrenzenden Gebieten zugute. Entgegen den Zielen der Schweizer Spende war die Hilfe nicht neutral: Ins Elsass wurde etwa doppel soviel Geld geschickt wie in den badischen Raum.

Radikalisierung der Arbeiterschaft

Auch gegen Ende des Zweiten Weltkriegs kam es zu einer Radikalisierung der Arbeiterschaft. Diese hatte jedoch ganz andere Gründe als im Ersten Weltkrieg. War es damals die soziale Not, so spielten in den Jahren nach 1943 die Forderungen nach dem Ausgleich des Reallohnverlustes und dem Ausbau der sozialen Rechte eine wichtige Rolle. Diese Anliegen sind auf dem Hintergrund der Erfahrung einer nationalen Zugehörigkeit und des weitgehend positiv erlebten Militärdienstes zu sehen. Gerade die Integration und die Vorleistungen, die man erbracht hatte, rechtfertigten die Forderungshaltung, die aber – wiederum anders als am Ende des Ersten Weltkriegs – den positiv bewerteten nationalen Zusammenhalt kaum in Frage stellte. Für die Arbeiterbewegung standen die Verwirklichung der AHV, die Anpassung der Löhne an die Teuerung sowie der Ausbau der Rechte der Arbeiterschaft durch Kollektiv- oder Gesamtarbeitsverträge im Vordergrund. Die Tonlage der Forderungen war zwar moderat, die Entschlossenheit und Kampfbereitschaft darf deshalb jedoch nicht unterschätzt werden. Seit der Kriegswende von 1942/43 nahm der Organisationsgrad der Arbeiterschaft zu, und es kam zu ersten Streiks, so 1944 in der Säurefabrik Schweizerhalle. Nach dem Krieg setzte eine eigentliche Streikwelle ein, die Unternehmen, besonders der Textil- und der chemischen Industrie, zu Verhandlungen zwang: Sie führten zum Abschluss von Gesamtarbeitsverträgen.[15] Auch bei Wahlen konnte die Linke Erfolge aufweisen, so baute die Sozialdemokratie ihre Vertretung im Landrat von 1944 um fünf auf 25 Sitze (31 Prozent) aus.

Bewältigung des Kriegsendes

Der 8. Mai 1945 stellte in der zeitgenössischen Alltagserfahrung keine Zäsur dar. Oft ist die einzige Erinnerung an diesen Tag, dass abends die Kirchenglocken läuteten. Besonders deutlich zeigte sich die Kontinuität in der nach wie vor angespannten Versorgungslage sowie bei der Rationierung, die erst 1948 vollständig aufgehoben wurde. Auch die Demobilisierung der Truppen

Bis 1950 gewährte die Schweiz lediglich 1345 Personen Dauerasyl. Nur ein einziger der in den Akten der basellandschaftlichen Fremdenpolizei fassbaren jüdischen Flüchtlinge erhielt aufgrund seines Alters und hervorragender wissenschaftlicher Leistungen das Dauerasyl. Die Revision des Gesetzes über Aufenthalt und Niederlassung der Ausländer vom 8. Oktober 1948 war deshalb in der Praxis von weit grösserer Bedeutung: Man konnte nun auch den rund 14 000 schriftenlosen Flüchtlingen in der Schweiz ordentliche Aufenthalts- und Niederlassungsbewilligungen erteilen.

Auf eine Niederlassungsbewilligung, die den unbefristeten Aufenthalt und die freie (auch selbständige) Erwerbstätigkeit ermöglichte, mussten viele Flüchtlinge bis in die frühen fünfziger Jahre warten. Einige von ihnen meldeten sich Ende der vierziger Jahre nach Basel ab, weil sie dort Angehörige hatten, vielleicht auch weil sie die Nähe zur jüdischen Gemeinde suchten oder weil ihnen die besseren Arbeitsmöglichkeiten und die Anonymität der Stadt einen Neuanfang eher erlaubten. Andere entschlossen sich in den fünfziger Jahren zur Auswanderung in die USA, weil sie dort die vielleicht einzigen überlebenden Familienangehörigen hatten. Daniel S. beantragte im September 1948 eine Aufenthaltsbewilligung in Basel, wo er sich mit

KRIEGSERFAHRUNGEN – AUSWIRKUNGEN DER BEIDEN WELTKRIEGE IM ALLTAGSLEBEN 137

erfolgte nicht sofort, sondern etappenweise bis zum 20. August 1945. Obwohl der 8. Mai «nicht als eindeutige Bruchstelle zwischen einer Kriegs- und einer Nachkriegszeit gelten kann», lohnt es sich, die Vorbereitung und Begehung des Waffenstillstandstags genauer zu betrachten, weil sich «in den Ereignissen an und um diesen Tag wie in einer Linse in symptomatischer Weise einige wesentliche Elemente und Faktoren [brechen], die den weiteren Umgang mit der Erfahrung des Zweiten Weltkrieges prägten».[16]

Der Tag der Waffenruhe kam nicht völlig überraschend; so konnten von verschiedener Seite Vorbereitungen für die Feierlichkeiten zum Kriegsende getroffen werden. Während der 8. Mai an den meisten Orten, besonders im oberen Kantonsteil, in den geordneten Bahnen der behördlichen Organisation gefeiert wurde, entstanden vor allem in der Stadt Basel und in stadtnahen Gemeinden auch spontane Feiern, in denen sich die Erleichterung zu einer eigentlichen Siegesstimmung steigerte.

Viele empfanden das Kriegsende durchaus als Sieg über den Nationalsozialismus, als Befreiung. Doch diese Sicht konnte angesichts der bis zuletzt vertretenen Neutralitätsdoktrin, der die Verschonung der Schweiz angeblich zu verdanken war, nicht zur offiziellen Position erhoben werden. Die Sprachregelung der offiziellen Reden betonte, die Schweiz sei nicht etwa befreit, sondern wie durch ein Wunder verschont worden. Landratspräsident Walter Degen dankte in seiner Rede an der Landratssitzung vom Morgen des 8. Mai 1945 zuerst «der göttlichen Vorsehung» für die Bewahrung der Schweiz vor dem Krieg und dem «Herrgott» dafür, «dass er dem Kriege ein Ende setzte und dass endlich diese grauenvollen, von entseelten Menschen geführten Morde beendet sein sollen». Auffallend ist, dass Degen es vermied, irgendwelche Akteure des Weltgeschehens zu benennen. Zwar war es wohl allen klar, dass mit den «entseelten Menschen» die Nationalsozialisten gemeint waren, Klartext redete er jedoch nicht. Auch dort, wo Degen der Toten des Kriegs gedachte, erscheinen sie als Opfer ohne Täter. So sprach Degen bloss allgemein von jenen, die «in Erfüllung ihrer

einer polnischen Jüdin verheiratet hatte und als Rechnungsführer bei der Israelitischen Flüchtlingshilfe arbeitete. Erst rund ein halbes Jahr später konnte er sich in Arlesheim abmelden und nach Basel ziehen, wo das Paar zunächst eine Aufenthalts-, Anfang 1950 dann eine Niederlassungsbewilligung erhielt.

Politische Säuberungen
Zu Beginn des Sommers 1945, unmittelbar nach dem Krieg, formierte sich im Baselbiet, wie anderswo in der Schweiz, eine regelrechte Säuberungsbewegung, die sich mit der Frage beschäftigte, was mit den Parteigängern und Sympathisanten der Naziorganisationen zu geschehen habe. Gefordert wurde ihre Ausweisung, weil sie das Gastrecht missbraucht hatten. Der Bundesrat hatte erst am 1. Mai 1945 die Auflösung der Landesgruppe Schweiz der NSDAP beschlossen, vorher war ihre Tätigkeit legal gewesen. Dass das Kriegsende und der Beginn der Säuberungen zusammenfielen, ist deshalb kein Zufall, sondern die Konsequenz der eidgenössischen Neutralitätspolitik. Die Säuberungsbewegung machte sich in lokalen Demonstrationen, Versammlungen, Eingaben an Land- und Regierungsrat sowie in öffentlichen Aufrufen bemerkbar. In der Säuberungsfrage zeigte sich ein verbreitetes

KRIEGSERFAHRUNGEN – AUSWIRKUNGEN DER BEIDEN WELTKRIEGE IM ALLTAGSLEBEN

militärischen oder zivilen Pflicht oder als Opfer der Kriegshandlungen ihr Leben haben lassen müssen». Dieselbe «Ent-Nennung» (Roland Barthes) findet sich auch in der Radioansprache von Bundesrat Eduard von Steiger, die am 8. Mai ausgestrahlt wurde. Ebenso wie der Baselbieter Landratspräsident brachte er es fertig, in seiner ganzen Rede weder Deutschland und den Nationalsozialismus noch den Faschismus beim Namen zu nennen. Aber auch von den Alliierten oder von den jüdischen und anderen Opfern war nirgends die Rede, auch nicht von den systematischen Massenmorden am jüdischen Volk und an anderen Verfolgten. Von Steiger sprach allgemein vom «unsäglichen Leid der vom Kriege heimgesuchten Völker», von «den kriegführenden Ländern», von den eingestellten «Kriegshandlungen» und vom «Dunkel», in dem die Gestaltung Europas nun liege. Die Neutralitätsdoktrin setzte sich fort bis in die Neutralisierung der Sprache.[17] Nur wenige Redner gingen über die offiziöse Sprachregelung von der «Verschonung» der Schweiz hinaus und würdigten die Leistung der Alliierten. In der Stadt Basel setzte der sozialdemokratische Regierungspräsident Brechbühl die Akzente etwas anders. Zwar dankte auch er nur den Schweizern. Aber immerhin sprach er deutlich von der Liquidation des Nationalsozialismus. Und er gedachte «in Ehrfurcht, [der] Nationen, die ausgeharrt, gekämpft und geblutet haben für die Freiheit gegen Barbarei und Knechtschaft, für eine Freiheit, die nicht nur ihre, sondern auch die unsrige ist». Noch etwas weiter ging der Basler Rabbiner Arthur Weil, der in seiner Festrede beim Dankgottesdienst anlässlich der Waffenruhe nicht allein Gott dankte, sondern auch «den tapferen Armeen der Alliierten».[18]

Pflanzung der Friedenslinde
Am Nachmittag des Waffenstillstandstags versammelten sich in Liestal rund 1000 Menschen, darunter 800 Schülerinnen und Schüler zu einer Feier «auf der Burg», um eine Friedenslinde zu pflanzen. Jedes der Schulkinder streute dabei etwas von zu Hause mitgebrachte Erde auf die Wurzel des Bäumleins. Dem Wurzelwerk gaben sie eine in einer Geschosshülse verpackte Urkunde mit, in der an die Schrecken des Kriegs erinnert wurde und in der es hiess: «Mögest du, junge Linde, dich entfalten und uns je und je mahnen zu Eintracht, Frieden und Freiheit.»

Malaise am Kriegsende, so hatte die Bevölkerung beispielsweise wenig Verständnis dafür, dass Flüchtlinge zur Weiterwanderung aufgefordert wurden, während man prominente Nazis und Faschisten zunächst weiter duldete. Im Kanton Basel-Landschaft waren 181 Personen mit Ausweisung oder Einreisesperre belegt. Nach Rekursen gegen diese Beschlüsse wurden schliesslich noch 143 Personen rechtskräftig ausgewiesen (72 Ausgewiesene und 71 Familienmitglieder). Besonders zu reden gab die Tatsache, dass sich einige wohlhabende und einflussreiche Nazisympathisanten der Säuberung entziehen konnten. Die Säuberungen hatten vor allem symbolische Bedeutung; in ihnen kristallisierte sich das Bedürfnis nach einem Neuanfang. Säuberungsdiskussionen fanden am Ende des Zweiten Weltkrieges auch im Ausland statt. Der Begriff Säuberungen ist problematisch, suggeriert er doch, es gäbe etwas Ursprüngliches, Reines. Diese Vorstellung vertuscht, dass sie durch die Konstruktion von Innen und Aussen, vom Eigenen und vom Fremden, gegen das man sich abgrenzt, zustande kommt. Wie heikel politisches Argumentieren mit Sauberkeit ist, machen die unzähligen Verbrechen deutlich, die im Namen einer «reinen Lehre» oder «reiner Rasse» begangen worden sind.[19]

Lesetipps

Zur Geschichte des Zweiten Weltkriegs in der Schweiz wird seit Mitte der neunziger Jahre intensiv geforscht und publiziert. Im Zentrum der Auseinandersetzung stehen die Flüchtlingspolitik und die wirtschaftlichen Verbindungen der offiziellen Schweiz und schweizerischer Unternehmungen mit Nazi-Deutschland.

Einen Überblick über die Forschung bietet der thematische Band der Schweizerischen Zeitschrift für Geschichte: Die Schweiz und der Zweite Weltkrieg (SZG 47/1997).

Mit dem Baselbiet am Ende des Zweiten Weltkriegs beschäftigt sich der reich illustrierte Ausstellungskatalog Nach dem Krieg/Après la guerre (1995). Einzelne Hinweise aufs Baselbiet finden sich auch im Katalog zur Ausstellung Réduit Basel (Guth/Hunger [Hg.] 1989).

Weniger gut erforscht ist die Zeit des Ersten Weltkriegs im Baselbiet und in der Schweiz. In der Forschungsstelle ist die Arbeit Erfahrungen von Frieden und Krieg im Baselbiet im 20. Jahrhundert von Brassel-Moser (1998b; 1999) entstanden. Auf seine Forschung stützt sich dieses Kapitel im Wesentlichen ab. Brassels Interesse richtet sich hauptsächlich auf die Wahrnehmung des Kriegs, besonders bei Ausbruch des Ersten Weltkrieges, sowie auf die Verarbeitung der Kriegserfahrung aus der Sicht der unmittelbaren Nachkriegszeit. Einen Schwerpunkt legt er auf die so genannten Säuberungen nach dem Zweiten Weltkrieg.

Den Zweiten Weltkrieg erlebten Edith Dietz und Kurt Seliger als Flüchtlinge, Charlotte Weber als Betreuerin von Flüchtlingen, teilweise im Baselbiet; sie berichten in Autobiografien eindrücklich über diese Zeit (Dietz 1990 und 1993, Seliger 1987, Weber 1994).

Abbildungen

Foto-Archiv Jeck, Basel und Reinach.
Foto: Lothar Jeck: S. 117, 127 unten.
Foto P. Hoffmann, Biel-Benken: S. 119, 127 oben.
Foto Mikrofilmstelle: S. 123.
Foto H. R. Schaffhauser, Wenslingen: S. 126.
Charlotte Weber, Zürich; Fotos Edi Hauri: S. 128–129.
Kantonsmuseum Baselland; Foto Th. Strübin: S. 130–131, 137, 139.
Fam. Gerber, Lausen: S. 133.
M. Gloor, Menziken; Foto Eidenbenz: S. 134.

Reproduktionen durch Mikrofilmstelle.

Anmerkungen

1 Brassel 1998b, S. 5.
2 Brassel 1998b, S. 6f.
3 Brassel 1998b, S. 7f.
4 Zehnder 1986, S. 5–9.
5 Brassel 1998b, S. 12ff.; Zehnder 1986, S. 12ff.
6 Brassel 1998b, S. 10; Zehnder 1986, S. 24f.
7 Vgl. auch Bd. 6, Kap. 1.
8 Brassel 1998a.
9 Zur Einführung des Proporzes, vgl. Bd. 6, Kap. 9.
10 Brassel 1998b, S. 36ff. Im Baselbiet lehnten 61 Prozent der Stimmenden den Beitritt ab.
11 Weber 1932, S. 711.
12 Maurer 1985a und 1985b.
13 Vonarb 1990.
14 Vgl. auch Bd. 5, Kap. 3.
15 Brassel 1999, S. 17–21. Zur gewerkschaftlichen Organisation in der chemischen Industrie, Stettler 1989, S. 51ff. Zum Schappe-Streik, dem ersten in der schweizerischen Nachkriegszeit, vgl. Brassel 1993.
16 Brassel 1999, S. 26.
17 Brassel 1999, S. 37.
18 Brassel 1999, S. 41.

1 Fridrich 1995, dort auch alle Quellenangaben. Die Vor- und abgekürzten Nachnamen sind aus Gründen des Datenschutzes frei erfunden.
2 Koller 1996, S. 97.
3 Vgl. dazu Wacker 1992, der die baselstädtische Haltung untersucht hat und zum Ergebnis kam, sie sei – so auch der Titel seiner Untersuchung – humaner als jene Berns gewesen.
4 Seliger 1987, S. 76.
5 Dietz 1993, S. 39, 52.
6 Dietz 1993, S. 25, 33, 48.
7 Weber 1994, S. 16.
8 Dietz 1993, S. 36.
9 Dietz 1993, S. 42.
10 Dietz 1993, S. 61.
11 Fridrich 1995, S. 64.
12 Brassel 1999, S. 61ff.

Bewegung im Baselbiet: Fortschritt durch Selbständigkeit

Bild zum Kapitelanfang
Volkstage
Das Selbständige Baselbiet führte in den 1960er Jahren alljährlich einen Volkstag durch. Bei dieser Gelegenheit traf sich seine Anhängerschaft. Man hörte sich Reden an, genoss folkloristische Darbietungen, demonstrierte gegen innen und aussen Einigkeit und vergnügte sich bei Speis und Trank. Anfänglich fanden die Volkstage im oberen Kantonsteil statt, wo man sich der Unterstützung der Bevölkerungsmehrheit sicher war. Mit zunehmender Stärke wagte sich die Bewegung auch ins wiedervereinigungsfreundliche Unterbaselbiet. Den ersten Versuch machte man am 11. Oktober 1964 auf dem Schänzli bei St. Jakob unmittelbar vor den Toren der Stadt. Das Bild zeigt den Volkstag vom 8. September 1968 in Reinach.

Die Auseinandersetzung um die Wiedervereinigung in der Zwischenkriegszeit hatte sowohl in der baselstädtischen wie in der basellandschaftlichen Verfassung Bestimmungen hinterlassen, welche das Verfahren zur Wiedervereinigung regelten. Der Wiedervereinigungsverband beider Basel hatte sie mit Initiativen vorgeschlagen. Die Stimmberechtigten beider Kantone hatten sich mehrheitlich damit einverstanden erklärt. 1947/48 aber versagten die eidgenössischen Räte den Wiedervereinigungsartikeln ihre Zustimmung. Im Kanton Basel-Landschaft ergab sich dadurch eine widersprüchliche Situation: Die politische Mehrheit war für die Einleitung des Verfahrens zur Wiedervereinigung. Doch durchgesetzt hatte sich mit Unterstützung der Eidgenossenschaft die Minderheit, welche sich gegen die Wiedervereinigung zur Wehr setzte. Dieser Widerspruch prägte das Baselbiet der Nachkriegszeit nachhaltig: Es blieb im doppelten Sinne in Bewegung. Erstens wurde die Auseinandersetzung um die Wiedervereinigung fortgesetzt. Zweitens ergab sich in zentralen Fragen ein Bündnis zwischen den Gegnern der Wiedervereinigung, die den Kanton ausbauen wollten, um seine Selbständigkeit zu wahren, und den Befürwortern, die sich dem nicht widersetzten. Dieses Kräfteverhältnis stützte den raschen Ausbau des Kantons und seiner Infrastruktur, den das rasante Bevölkerungswachstum und der wirtschaftliche Aufschwung erzwangen, politisch ab.

Nicht locker lassen

Die Bewegung für die Wiedervereinigung liess nicht locker. Zwar versetzte der Entscheid der eidgenössischen Räte dem Wiedervereinigungsverband einen lähmenden Schock, doch bei einigen Baselbieter Wiedervereinigungsfreunden regte sich Ungeduld. Anlässlich der Nationalratswahlen 1951 trat im Kanton Basel-Landschaft erstmals die Aktion Kanton Basel in Erscheinung. Sie vereinigte Wiedervereinigungsbefürworter, welche sich daran störten, dass der Wiedervereinigungsverband nicht gegen die bisherigen National- und Ständeräte antrat, und stellte eigene Kandidaten auf. Ein

Das Selbständige Baselbiet
Für die Gegner der Wiedervereinigung kam bis 1960 eine ganze Reihe von Niederlagen zusammen: Den Abstimmungskampf um die zweite Wiedervereinigungsinitiative hatten sie 1958 verloren. In den anschliessenden Wahlen zum Verfassungsrat, welcher die Initiative in einen konkreten Verfassungsartikel umzugiessen hatte, waren sie nur als Minderheit vertreten. Entgegen ihren Bitten, die sie in Hunderten von Briefen und Karten an die Parlamentarier erneut zum Ausdruck gebracht hatten, kamen die eidgenössischen Räte auf ihren Gewährleistungsbeschluss zurück und hiessen die Verfassungsartikel aus der Zwischenkriegszeit doch noch gut. Am 25. September 1960 schliesslich verloren sie den vierten Abstimmungskampf in Serie und errangen auch im Verfassungsrat beider Basel nicht die Hälfte der 75 Baselbieter Sitze. Als «schwarzen Sonntag» bezeichnete die ‹Basellandschaftliche Zeitung› den Abstimmungstag aus unmittelbarer Nähe,[1] und mit etwas grösserem zeitlichem Abstand meinte Christoph von Blarer 1966: «Am Tage nach dem letzten Volksentscheid […] hat im oberen Baselbiet eine Krisenstimmung geherrscht. Man war aufgebracht, niedergeschlagen, enttäuscht und mutlos. Man glaubte, es sei alles verloren.»[2] War das Blatt noch zu wenden?

Erfolg blieb ihr jedoch noch versagt. Keiner ihrer Bewerber schaffte den Sprung nach Bern. Immerhin aber etablierte sich bei dieser Gelegenheit neben dem Wiedervereinigungsverband eine zweite Organisation, welche sich im Baselbiet der Wiedervereinigungsfrage annahm. Im Vergleich zum gemächlichen Vorgehen des Wiedervereinigungsverbandes schlug die Aktion Kanton Basel eine forsche Gangart an. Sie trat als Ein-Punkt-Partei auf, deren einziges Ziel der Zusammenschluss der beiden Basel war. Sie mischte sich fortan konsequent und direkt ins politische Geschehen im Kanton Basel-Landschaft ein. Durch konkrete politische Arbeit wollte sie in den Kantonsbehörden die Oberhand erringen. Wo sich aus ihrer Sicht Nachteile der Kantonstrennung zeigten, wollte sie diese beheben. Konkret dachte die

Politik mit Symbolen
Die Gegnerinnen und Gegner der Wiedervereinigung verstanden es ausgezeichnet, mit Symbolen und symbolischen Aktionen für ihre Sache zu werben. Der Baselbieterstab war allgegenwärtig. Das Baselbieter Lied stimmte man immer wieder feierlich an. Und alljährlich am 17. März, dem Gründungstag des Kantons Basel-Landschaft, brannte das Junge Baselbiet Höhenfeuer ab. Traditionellerweise signalisierten Feuer, die an weit sichtbarer Stelle auf Höhenzügen leuchteten, Gefahr und mobilisierten Widerstand. Indem das Junge Baselbiet zwischen 1961 und 1970 auf diese Demonstrationsform zurückgriff, nutzte es die symbolische Kraft der Signalfeuer, die beispielsweise auch am 1. August zum Tragen kommt. Das Bild entstand auf der Sissacher Fluh.

Calo regiert[3]
Es seien gerade die «schweren, verzweifelten Aufgaben», welche ihn reizten, schrieb Ernst Würgler am letzten Tag des Jahres 1966 in seinem Kündigungsschreiben an den Präsidenten des Selbständigen Baselbiets, Pfarrer Paul Manz.[4] Eine verzweifelte Aufgabe war es, sich 1960 zum Sekretär der Bewegung wählen zu lassen. Aber der überzeugte Wiedervereinigungsgegner und Journalist aus Münchenstein wusste, was er wollte. Schon mehrmals hatte er die Verantwortlichen des Selbständigen Baselbiets auf sich und seine Ideen zur Organisation und zum Vorgehen aufmerksam gemacht. Ende 1960 erhielt er endlich die Möglichkeit, seine Pläne als bezahlter Sekretär mit Teilpensum in die Tat umzusetzen: «Ich habe den Glauben und die feste Überzeugung, dass es für die Volksbewegung und für den selbständigen Kanton Basellandschaft noch einen Weg gibt, aus der Zerschlagenheit unseres ‹Dünkirchen› herauszukommen, uns neu zu formieren, unsere Mitkämpfer mit Waffen zu versehen und ihren Kampfgeist anzuspornen [...] Ich möchte davor warnen, diesen Weg zu verlassen. Es gibt in unserer Situation nicht mehr 10, auch nicht drei oder zwei, es gibt nur noch eine Möglichkeit, das Rad herumzudrehen und den Sieg der Volksbewegung anzusteuern.»[5]

Aktion Kanton Basel daran, die Zusammenarbeit zwischen den beiden Basel durch gemeinsame Verwaltungsorganisationen zu fördern. Zudem verfolgte sie das Ziel, Abfall und Abwasser gemeinsam zu verwerten, die Orts- und Siedlungsentwicklung miteinander zu planen, die Elektrizitätsversorgung zusammenzulegen, die Gewerbegesetze zu koordinieren sowie das Schulwesen zu vereinheitlichen. Schliesslich führte ihr politisches Programm eine Reihe von Forderungen an, die sich besonders auf den Kanton Basel-Landschaft bezogen und auch Interessen des Oberbaselbiets aufnahmen: Erstens waren nach Meinung der Aktion Kanton Basel Massnahmen gegen die Landflucht zu ergreifen, das heisst die Verkehrsverhältnisse abgelegener Gemeinden zu verbessern, das Kleinbauernwesen zu fördern und Klein- und Heimindustrien einzuführen. Zweitens wollte sie Arbeitsplätze sichern, drittens die Sozialversicherungen des Landkantons dem städtischen Vorbild angleichen und viertens eine Armensteuer erheben.[1] Hatten sich in der Zwischenkriegszeit die verschiedenen politischen Fraktionen noch im Rahmen des Wiedervereinigungsverbandes einigen können, so traten im Kanton Basel-Landschaft die beiden Flügel der Bewegung nun in unterschiedlichen Organisationen in Erscheinung. Während der Wiedervereinigungsverband die bürgerlichen und vorwiegend in Basel wohnhaften Kräfte organisierte und weiterhin auf eine gemächliche Gangart setzte, repräsentierte die Aktion Kanton Basel Kräfte der Wiedervereinigungsbewegung auf der Landschaft, welche auf rasches Handeln drängten. Dadurch ergab sich mit der Zeit eine gewisse regionale Arbeitsteilung: Die Politik des Verbandes vertrug sich gut mit der mehrheitlich wiedervereinigungsfreundlichen Haltung in der Stadt und fand dort weiterhin breiten Rückhalt. Auf der Landschaft übernahm hingegen die Aktion Kanton Basel die Führung der Bewegung. Der Wiedervereinigungsverband blieb zwar ihr Verbündeter, trat im Kanton Basel-Landschaft aber eher in den Hintergrund. Auf der Seite der Befürworter blieb auch eine Mehrheit der Sozialdemokraten. Sie strichen die sozialpolitischen Forderungen der Wiedervereinigungsbewegung hervor.

Ernst Würgler sah diesen Ausweg noch, als die Volksbewegung für das Selbständige Baselbiet 1960 auf einem Tiefpunkt angelangt war. Er legte den Gremien des Selbständigen Baselbiets vor seiner Wahl einen Aktionsplan vor. Dieser enthielt auf der organisatorischen Ebene eine Reihe von Massnahmen: Erstens waren die Baselbieter «moralisch» zu festigen und zu ermutigen. Jede «organisatorische Arbeit» hatte seiner Meinung nach zur Voraussetzung, dass der «Schock der Demoralisierung und Entmutigung» überwunden würde, welchen die wiederholten Niederlagen ausgelöst hatten. Zweitens war eine überparteiliche Organisation von «zuverlässigen, überzeugten, entschlossenen Kämpfern» zu bilden. Würgler schwebte für dieses «Stadium des politischen Kampfes» kein «grosser Organisationskörper» vor. Seiner Meinung nach war die politische Schlagkraft «im gegenwärtigen Kleinkrieg des Baselbieter ‹Maquis›» mit «Massen» nicht zu erhöhen. Er zog Organisationen von «fünf Draufgängern» solchen von «500 Lauen» vor. Für besonders dringlich hielt Würgler drittens die «Bildung einer Kampfgruppe» unter Staatsangestellten, Landräten, Lehrern, Bankangestellten und Pfarrern. Viertens waren im Selbständigen Baselbiet Fachgruppen aus Juristen sowie aus Experten für spezielle

Die Aktion Kanton Basel auf Erfolgskurs

Bei den Nationalratswahlen 1951 war der Aktion Kanton Basel ein Erfolg versagt geblieben, zwei Jahre später aber, als 1953 die Baselbieter Stimmbürger den Landrat nach dreijähriger Legislatur neu bestellten, ging sie als Wahlsiegerin aus dem Rennen um die Landratssitze hervor. Sie war in den drei Unterbaselbieter Wahlkreisen Arlesheim, Binningen und Pratteln angetreten und eroberte auf Anhieb sechs der 48 Landratssitze. Ihr Gewinn ging auf Kosten der Mittelparteien sowie der Linken. Ihre Wahlerfolge nutzte die Aktion Kanton Basel in erster Linie dazu, die Wiedervereinigung erneut auf den Weg zu bringen. Diese blieb ihr erstes und oberstes Ziel. So reichte 1954 einer ihrer Vertreter, Landrat Herbert Gutzwiller aus Oberwil, eine Motion ein. Diese verlangte eine Volksabstimmung zur Frage, ob der Kanton bei den eidgenössischen Räten den Antrag stellen solle, es sei auf den Entscheid von 1947/48 zurückzukommen, die Wiedervereinigungsartikel der beiden Basel nicht zu gewährleisten. Da nach dem Motionstext diese Abstimmung vom Landrat anzuordnen gewesen wäre, diesem dazu die Kompetenz aber nicht zustand, erhob sich um den Vorstoss ein langes juristisches Geplänkel. Schliesslich erklärte der Landrat 1956 die Motion aus rechtlichen Erwägungen als nicht erheblich. Ein zweiter Vorstoss der Aktion Kanton Basel, welche den Regierungsrat einladen wollte, freiwillig eine solche Abstimmung durchzuführen, blieb ebenfalls folgenlos.

Nachdem es der Aktion Kanton Basel nicht gelungen war, sich im Landrat durchzusetzen, verfolgte sie ihr Ziel auf ausserparlamentarischem Weg. Zu Beginn des Jahres 1957 sammelte sie Unterschriften für eine Volksinitiative, welche die Ergänzung der Baselbieter Verfassung mit zwei Bestimmungen verlangte: Erstens wollte sie festschreiben, dass man die Wiedervereinigung beider Basel nicht mehr länger hinausschieben dürfe, sondern dass diese so rasch als möglich zu vollziehen war. Zweitens wollte sie den Landrat verpflichten, bei den eidgenössischen Räten ein Gesuch um Wiedererwägung der Beschlüsse der Bundesversammlung betreffend die

Pro Wiedervereinigung
Während in der Zwischenkriegszeit die Befürworter der Wiedervereinigung im Kanton Basel-Landschaft durch den Wiedervereinigungsverband beider Basel vertreten wurden, gingen die Anstösse in der Nachkriegszeit von der parteiähnlichen Aktion Kanton Basel aus. Sie lancierte eine weitere Initiative für die Wiedervereinigung und beteiligte sich an Land- und Nationalratswahlen.

Sachfragen zu bilden. Mit zweiter Priorität waren laut Würgler «Kampfgruppen unter den Bürgern und Bürgergemeinden, den Gewerbetreibenden, der Presse, der Gemeindeangestellten, der Jungbürger» zu gründen. Einer Festigung der Ortsgruppen mass Würgler geringere Bedeutung bei. Fünftens schliesslich waren auch kulturelle Gruppen sowie Ableger in Parteien und Vereinen inner- und ausserhalb des Kantons zu schaffen. Würgler fasste sogar die Bildung einer Oppositionsgruppe in der Stadt und eines «Destruktionstrupps» bei den Wiedervereinigungsfreunden und im Verfassungsrat ins Auge.[6]

Den Hauptgrund für die bisherigen Niederlagen sah Ernst Würgler darin, dass die Propaganda des Selbständigen Baselbiets in der kurzen Zeit, die vor Abstimmungen jeweils zur Verfügung stand, «keine Tiefenwirkung» zu erzielen vermochte. Dagegen hatten dies die Wiedervereinigungsfreunde erreicht. Sie hatten die Stimmberechtigten seiner Meinung nach seit 1948 in zahlreichen Artikeln, Versammlungen, Besprechungen und anlässlich der Unterschriftensammlung bearbeitet: «Die Wiedervereinigungsfreunde schufen damit eine [...] Grundstimmung, die durch eine vierwöchige Propaganda-Aktion nicht mehr aufgewühlt werden

Wiedervereinigung der beiden Basel einzureichen. Die Aktion Kanton Basel erzielte mit diesem Begehren durchschlagenden Erfolg: Am 17. Juni 1957 reichte sie ihre Volksinitiative mit 9124 Unterschriften ein. Unterstützung hatte sie vorwiegend im unteren Kantonsteil gefunden. Der Regierungsrat hegte erneut rechtliche Bedenken, legte die Initiative aber trotzdem zur Abstimmung vor. Allerdings empfahl er den Stimmberechtigten, den aus seiner Sicht unbrauchbaren Text zu verwerfen. Seinem Antrag folgte aber nur eine Minderheit der Stimmbürger. Die Mehrheit sprach sich zum dritten Mal für die Wiedervereinigung aus. Am 1. Juni 1958 ergab sich bei einer Stimmbeteiligung von über 75 Prozent ein Ja-Stimmenanteil von rund 58 Prozent. Und als 1960 der von einem neu gewählten Verfassungsrat erarbeitete neue Paragraph 57 zur Abstimmung gelangte, bestätigten sich die Mehrheitsverhältnisse ein viertes Mal: Am 25. September 1960 betrug die Stimmbeteiligung nur 64, der Ja-Stimmenanteil aber 60 Prozent.

Neues Gewährleistungsverfahren

Nicht nur auf kantonaler, auch auf eidgenössischer Ebene kam das Verfahren zur Wiedervereinigung der beiden Basel in den fünfziger Jahren erneut in Gang. Der Landrat hatte eben die Motion Gutzwiller abgelehnt, da reichte der sozialdemokratische Nationalrat Fritz Waldner in Bern ein Postulat ein, in dem er die Bundesbehörden aufforderte, nochmals auf ihren Beschluss von 1947/48 zurückzukommen. Unter dem Eindruck der klaren Meinungsäusserung der Baselbieter Stimmbürgerschaft zur Initiative der Wiedervereinigungsfreunde erhielt Waldners Vorstoss 1958 kräftigen Schub. Eine Motion des sozialdemokratischen Landrats Emil Müller, welche Waldners Rückkommensantrag mit einer Standesinitiative des Kantons Basel-Landschaft unterstützen wollte, fand nämlich nach der Volksabstimmung über die neue Wiedervereinigungsinitiative auch im Landrat eine Mehrheit. Anfang September reichte deshalb der Regierungsrat seinerseits den eidgenössischen Räten per Standesinitiative einen Rückkommensantrag ein.

EXPO

Die schweizerische Landesausstellung, die 1964 in Lausanne stattfand, nutzte das Junge Baselbiet, um die schweizerische Öffentlichkeit auf die Frage der Wiedervereinigung aufmerksam zu machen. Rund zwei Dutzend junge Leute marschierten in mehreren Tagen fahnenbewehrt und leidensbereit von Liestal nach Lausanne. In Städten und Dörfern formierten sie sich zum ordentlichen Marschtrupp und grüssten mit Transparenten und Fahnen den Rest der Schweiz.

Auf Vorschlag des Bundesrates beschlossen beide Räte, auf den Gewährleistungsbeschluss zurückzukommen. Schliesslich stimmten sie 1960 den alten Wiedervereinigungsartikeln aus dem Jahre 1938 doch noch zu. Damit war der Weg frei, das Wiedervereinigungsverfahren einzuleiten.

Die Abstimmung über den neu gefassten Paragraphen 57 der Baselbieter Verfassung, den der Verfassungsrat seit 1958 erarbeitet hatte, war damit reine Formsache: Dem zweiten Teil der Initiative der Aktion Kanton Basel war mit der Standesinitiative und dem Gewährleistungsbeschluss der eidgenössischen Räte bereits entsprochen, und der erste Teil hatte zum vornherein nur deklamatorischen Charakter. Der Baselbieter Regierungsrat legte denn auch die Abstimmung über den Paragraphen 57 gleich mit den Wahlen in den gemeinsamen Verfassungsrat zusammen. Die inzwischen von National- und Ständerat abgesegnete Regelung des Wiedervereinigungsverfahrens aus dem Jahre 1938 schrieb nämlich vor, dass die Wahl der 75 basellandschaftlichen Verfassungsräte spätestens drei Monate nach der eidgenössischen Gewährleistung anzuordnen sei. Am 25. September 1960 bestellten die Baselbieter Männer folglich gleichzeitig auch ihre 75 Vertreter, welche der Kanton Basel-Landschaft in den neuen, 150-köpfigen Verfassungsrat beider Basel entsenden konnte. Die Wahl der 75 städtischen Verfassungsräte erfolgte gleichentags.

Eine neue Verfassung entsteht

Der 150-köpfige Verfassungsrat beider Basel, der seine Tätigkeit Ende November 1960 aufnahm, hatte den Auftrag, die Verfassung sowie die wichtigsten gesetzlichen Grundlagen des wiedervereinigten Kantons zu erarbeiten. Dabei ging er nicht von einem Entwurf aus, der von einer kleinen Kommission oder einer Einzelperson formuliert worden wäre, sondern er beschloss, die einzelnen Bereiche in Sachkommissionen aufzuarbeiten und die neue Verfassung von Grund auf zu entwickeln. 1964, als der Landesringvertreter Dr. Walter Allgöwer das Ratspräsidium übernahm, lagen bereits

konnte [...].» Aus dieser Einsicht waren die Konsequenzen zu ziehen, wollte das Selbständige Baselbiet schliesslich doch noch den «Endsieg» davon tragen, wie er sich ausdrückte.[7] Ernst Würgler sah das Baselbiet in einen «Krieg» verwickelt. Dieser wurde aber nicht «mit Feuerwaffen», sondern «mit Propagandawaffen» geführt. Darauf hatte sich das Selbständige Baselbiet noch einzustellen und ebenfalls eine langfristig angelegte Propaganda zu lancieren. Würglers Aktionsplan sah deshalb eine kontinuierliche Öffentlichkeitsarbeit vor, welche durch die Wiederholung immer gleicher Botschaften und durch ihre Sprache wirken sollte. Er empfahl den Gesinnungsfreunden eine «Oppositions- und Kampfsprache». Begriffe einer politischen Auseinandersetzung – so Würgler – seien Elemente einer «Zwecksprache» und wirkten immer auch durch die Gedankenverbindungen, die sie bei ihrer Verwendung weckten. So habe zum Beispiel der Begriff «Wiedervereinigung» an sich schon eine werbende Wirkung, weil der Mensch «aus Herdentrieb oder aus Erotik» immer zur «Vereinigung» neige und damit «unbewusst Gefühle angenehmer Art, Gefühle der Geborgenheit, der Kameradschaft, der Liebe, der ehelichen Bindung etc.» verbinde. Die Gegner der Wiedervereinigung täten deshalb besser daran, diesen

21 abgeschlossene Kommissionsberichte sowie umfangreiche Protokolle der Plenarsitzungen vor. Seiner Meinung nach bewiesen sie, dass der Rat in den letzten drei Jahren eine grosse und zielbewusste Arbeit geleistet habe. Die von den Sachkommissionen erarbeiteten Grundlagen und die im Plenum diskutierten und entschiedenen Schlussfolgerungen dienten einer Redaktionskommission dazu, einen Verfassungsentwurf vorzulegen, den der Rat nun einer ersten Lesung unterzog. Danach holte er in einer breiten Vernehmlassung Meinungen zum Entwurf ein. Diese prüfte er in einer zweiten und dritten Lesung. Parallel zur Arbeit an der Verfassung formulierte der Verfassungsrat die Hauptgrundzüge der Gesetzgebung. Die Meinung war, dass den Stimmberechtigten, die endgültig über die Wiedervereinigung zu befinden hatten, die zentralen Bestimmungen der wichtigsten Gesetze bekannt sein sollten. 1968 lagen neben dem Verfassungsentwurf auch die Hauptgrundzüge der Gesetzgebung, das Wahlgesetz und die Geschäftsordnung des künftigen Kantonsrats abstimmungsreif vor.

Obwohl die Wiedervereinigungsfreunde im Verfassungsrat eine komfortable Mehrheit hatten, reichte ihr gemeinsamer Wille, einen wiedervereinigten Kanton zu schaffen, nicht aus, um die Gegensätze zwischen den politischen Parteien zu überwinden. Die Verfassungsräte waren 1960 nämlich nicht nach ihrer Stellung zur Wiedervereinigungsfrage, sondern nach ihrer Parteizugehörigkeit gewählt worden. So zerfiel die Mehrheit, welche die Wiedervereinigung befürwortete, in verschiedene parteipolitische Fraktionen, die einander oft blockierten. Die Beratungen des Verfassungsrates dauerten denn auch einiges länger, als man anfänglich geplant hatte.

Auch die Vertreter der Gegner hatten sich auf den Listen der verschiedenen Parteien in den Verfassungsrat wählen lassen. Zu Beginn der Ratstätigkeit wirkten sie im Rahmen ihrer Parteifraktionen mit. Sie vertraten deren Anliegen, solange sich diese mit ihrer grundsätzlichen Ablehnung der Wiedervereinigung vereinbaren liessen. Die grundlegende Spaltung des Verfassungsrates in Gegner und Befürworter der Wiedervereinigung war

Begriff zu meiden und stattdessen von «Fusion», «Annexion» oder «Anschluss» zu sprechen. In diesen Begriffen würden unangenehme Gedanken oder Gefühle mitschwingen.
Die Vorstellungen Ernst Würglers prägten die Aktivität des Selbständigen Baselbiets in der ersten Hälfte der sechziger Jahre. So gab dieses eine ganze Reihe kleiner Schriften heraus, die aus Würglers Feder stammten. 1964 begann es, in grosser Auflage den «springenden punkt», eine regelmässig erscheinende Schrift, herauszugeben, welche allen Haushaltungen des Kantons verteilt wurde. Zudem organisierte es Jahr für Jahr einen Volkstag, an dem sich die Gegnerinnen und Gegner der Wiedervereinigung zur gegenseitigen Aufmunterung trafen. Doch so wichtig das Engagement und die Ausdauer seines bezahlten Sekretärs in jenen ersten Jahren auch waren, mit der Zeit wirkten sie sich auch belastend aus. Ernst Würgler war beherrscht von Feindbildern, die an die Auseinandersetzungen der Zwischenkriegszeit anknüpften und in seiner kämpferischen Sprache und Argumentation zum Ausdruck kamen. Er schreckte nicht davor zurück, die Öffentlichkeitsarbeit der Wiedervereinigungsbefürworter mit den Propagandatechniken des nationalsozialistischen Deutschland zu vergleichen. Seine

damit durch parteipolitische Gegensätze überlagert. Obwohl informell durch die Fraktion Selbständiges Baselbiet verknüpft, empfanden die Wiedervereinigungsgegner diese Situation mit der Zeit als hinderlich. In wichtigen Fragen fühlten sie sich durch die Fraktionsdisziplin gebunden oder wenigstens zur Stimmenthaltung verpflichtet. Zudem sahen sie sich einer Umarmungsstrategie ausgesetzt.

Wegen ihrer Isolation in den einzelnen Fraktionen und ihrer Erfahrungen mit der Integrationspolitik der Gegenseite wechselten die Verfassungsräte der Wiedervereinigungsgegner ihre Strategie grundlegend: Erstens traten sie 1964 aus ihren bisherigen Fraktionen aus und formierten sich nun offiziell als überparteiliche Fraktion Selbständiges Baselbiet. Zweitens gingen sie im Rat und vor allem in der Öffentlichkeit in die Offensive. Auftakt zur neuen Politik im Verfassungsrat war der demonstrative Auszug der Wiedervereinigungsgegner aus der Ratssitzung, nachdem die Mehrheit am 27. April 1964 beschlossen hatte, auf die erste Lesung des vorliegenden Verfassungsentwurfs einzutreten.

Die neue Organisationsform erlaubte den Wiedervereinigungsgegnern, im Verfassungsrat geschlossener und in der Öffentlichkeit stärker aufzutreten. Diese Möglichkeiten schöpften sie in den folgenden Jahren ausgiebig und geschickt aus. Bisher war die Durchsetzung der defensiven Garantiepostulate, welche den Gegnern der Wiedervereinigung schon längere Zeit als Leitlinie ihrer Politik gedient hatten, im Vordergrund gestanden. Nun bemühten sich die Vertreter der Fraktion Selbständiges Baselbiet vermehrt auch darum, die Probleme der geplanten Wiedervereinigung aufzuzeigen und nach aussen zu vermitteln. Dabei kam ihnen erstens entgegen, dass sich die zu bewältigenden Aufgaben selbst für die Befürworter als komplizierter herausstellten, als sie erwartet hatten, was zu weiteren Verzögerungen führte. Zweitens profitierte die Fraktion Selbständiges Baselbiet davon, dass die Befürworter unter sich politisch zerstritten blieben und sich in zentralen Fragen nicht verständigen konnten. So sollte es zum Beispiel im

Böser Städter, armer Landschäftler
Im Gegensatz zu den Abstimmungskämpfen in der Zwischenkriegszeit spielten die alten Feindbilder in der öffentlichen Auseinandersetzung um die Wiedervereinigung der 1960er Jahre eine untergeordnete Rolle. Befürworter wie Gegner bemühten sich um einen sachlichen, argumentativen Abstimmungskampf. Untergründig aber wirkten sowohl die traditionelle Feindschaft wie auch die alten Vorurteile nach. Abseits des offiziellen Abstimmungskampfes traten sie hin und wieder in Erscheinung.

bedrängende Art, die eigenen Ideen immer und immer zu wiederholen, ermüdete. Seine Arbeit blieb innerhalb des Selbständigen Baselbiets nicht ohne Widerspruch. Schon anlässlich seiner Wahl hatte sich Opposition gemeldet. Es gab innerhalb des Selbständigen Baselbiets eine Strömung, welche nicht einem überholten kantonalen Chauvinismus verhaftet blieb, sondern eine neue Sicht vertrat. Für diese Richtung war die Selbständigkeit des Kantons nicht ein Festhalten an alten Strukturen und überholten Vorstellungen, sondern Voraussetzung zur Modernisierung des Kantons. Im unteren Kantonsteil fand das Säbelrasseln und die feindliche Gesinnung gegenüber der Stadt und den Städtern kaum noch Anklang. Wer den Kampf um die Wiedervereinigung gewinnen wollte, musste aber genau dort Stimmen machen. Die Entscheidung fiel im unteren Kantonsteil. In den sechziger Jahren nahm die Zahl der Mitstreiter im Selbständigen Baselbiet zu, die solche Zusammenhänge erkannten und einer neuen Richtung zum Durchbruch verhelfen wollten. Sie gingen mehr und mehr auf Distanz zum Sekretär der Bewegung und riskierten den Konflikt. Schliesslich kam es zum Bruch. 1966 trat Ernst Würgler nach sechsjähriger Tätigkeit enttäuscht zurück.

Schulwesen auch nach der Wiedervereinigung bei zwei unterschiedlichen Systemen bleiben, weil sich die Befürworter nicht auf eine Variante hatten einigen können. Aus ihrer Minderheitsposition heraus konnte die Fraktion Selbständiges Baselbiet allein weder Verzögerungen herbeiführen noch kompromisslos Inhalte durchsetzen. Im Verfassungsrat musste sich ihre Taktik darauf beschränken, Probleme, die sich aus der Sache ergaben, zu betonen und politische Gegensätze innerhalb der befürwortenden Mehrheit zu verschärfen. Nach aussen aber waren sie inzwischen ungebunden und konnten den Finger unbekümmert auf die aus ihrer Sicht zahlreichen Schwachpunkte der verfassungsrätlichen Arbeit legen.[2]

Juristenstreit

Als das Abstimmungspaket von Verfassung und Hauptgrundzügen abstimmungsreif vorlag, rückte die rechtliche Stellung der Hauptgrundzüge der Gesetzgebung in den Mittelpunkt der Auseinandersetzungen. Der Paragraph 57bis der Baselbieter Kantonsverfassung, welcher der Arbeit des Verfassungsrates zugrunde lag, enthielt den Passus, dass die Einführungs- und Übergangsbestimmungen der auszuarbeitenden Verfassung auch «Hauptgrundzüge der künftigen Gesetzgebung» zu enthalten hätten. Diese Bestimmung hatte der damalige Verfassungsrat in den dreissiger Jahren auf Antrag der Wiedervereinigungsgegner in den Verfassungsartikel aufgenommen. Die Garantiepostulate hatten zudem verlangt, dass die von beiden Halbkantonen angenommene Verfassung des Kantons Basel während zehn Jahren nicht geändert werden könne. Nun stellte sich die Frage, ob die Hauptgrundzüge als Verfassungsrecht zu gelten hatten oder nicht. Galten sie als Verfassungsrecht, mussten sie wie die Verfassung die Zustimmung einer Mehrheit der Stimmbürger beider Kantone finden, bevor die Wiedervereinigung vollzogen werden konnte. Gleichzeitig unterstanden sie damit auch der zehnjährigen Verbindlichkeit, wie sie die neue Verfassung für die Hauptgrundzüge vorsah. Galten sie aber als Gesetzesrecht, brauchten sie nicht die

Contra Wiedervereinigung
Der ‹springende punkt› war die für ein breites Publikum gedachte Flugschrift des Selbständigen Baselbiets.
Ab 1964 erschien sie regelmässig und erreichte sämtliche Haushaltungen des Kantons. Im unteren Kantonsteil waren in den 1960er Jahren vor allem die wiedervereinigungsfreundlichen Blätter ‹National-Zeitung›, ‹Arbeiter-Zeitung› und ‹Basler Volksblatt› verbreitet.
Nur die ‹Basler Nachrichten› verhielten sich in der Wiedervereinigungsfrage neutral. Die gegen die Wiedervereinigung eingestellten Organe aus dem Oberbaselbiet, die ‹Basellandschaftliche Zeitung›, der bis 1965 erscheinende ‹Landschäftler› und die ‹Volksstimme› aber erreichten im Bezirk Arlesheim nur eine geringe Streuung. Mit seinem eigenen Blatt wollte das Selbständige Baselbiet die einseitig ausgerichtete Presselandschaft im Unterbaselbiet korrigieren und seinem Standpunkt mehr Beachtung verschaffen.

Zustimmung beider Halbkantone. Das heisst, es konnte der Fall eintreten, dass zwar die Verfassung des Kantons Basel, nicht aber die Hauptgrundzüge angenommen wurden. Dann hätten die Wiedervereinigung vollzogen werden, die Hauptgrundzüge aber nicht in Kraft treten können. Über sie hätten die Behörden des neuen Kantons dann frei und ungebunden entschieden. Die zehnjährige Verbindlichkeit, auf welche die Wiedervereinigungsgegner zählen wollten, wäre dahingefallen. Diesem ungünstigen Fall wollten die Verfassungsräte der Fraktion Selbständiges Baselbiet vorbeugen. Sie setzten sich im Rat dafür ein, dass die Hauptgrundzüge integrierter Bestandteil der Abstimmungsvorlage sein sollten. Nachdem ihr Antrag ohne Erfolg geblieben war, sahen sie darin eine Verletzung von Artikel 57bis der Baselbieter Kantonsverfassung und erhoben beim Bundesgericht staatsrechtliche Beschwerde. Den bereits von beiden Halbkantonen auf den 7. Februar 1969 vorgesehenen Abstimmungstermin mussten die Behörden aufgrund der Beschwerde absagen.

Das Bundesgericht hiess die Beschwerde im Dezember 1968 teilweise gut. Es unterstützte die Auffassung der Beschwerdeführer, dass die Hauptgrundzüge als Verfassungsrecht zu gelten hatten. Gesetzesrecht zu schaffen, wäre gar nicht in der Kompetenz des Verfassungsrates gelegen, argumentierte es. Allerdings hielten es die Bundesrichter nicht für nötig, beide Teile der Vorlage in ein einziges Dokument zusammenzufassen. Die Zweiteilung der Vorlage hatte aus ihrer Sicht sogar Vorteile, erlaubte sie doch dem Stimmbürger eine differenziertere Stellungnahme. Doch war auch laut Bundesgericht die Wiedervereinigung erst möglich, wenn sowohl die Hauptgrundzüge als auch die Verfassung in beiden Halbkantonen mehrheitlich Zustimmung gefunden hatten. Der Verfassungsrat war aufgrund des Bundesgerichtsentscheides gezwungen, die Vorlage zurückzunehmen und am 13. Juni 1969 an einer weiteren Sitzung seinen Vollziehungsbeschluss zu überarbeiten. Neu hiess es nun, dass die Verfassung des Kantons Basel nur als angenommen gelte, «wenn auch die Hauptgrundzüge der Gesetzgebung

Siebedupf
Im Vorfeld der entscheidenden Abstimmung vom 7. Dezember 1969 war der rote Baselbieterstab auf der Landschaft sehr präsent. Er zierte nicht nur die Revers der überzeugten Gegnerinnen und Gegner einer Wiedervereinigung sowie die Heckscheiben ihrer Personenwagen. Meterhoch und ohne Worte warb er auch von der Sissacher Fluh für die Selbständigkeit des Landkantons. Der Verkehrs- und Verschönerungsverein Sissach, der den Aussichtspunkt und das Bergrestaurant auf der Fluh unterhält, tolerierte die Aktion. Anders 20 Jahre später: Als die Gegnerinnen und Gegner der Umfahrungsstrasse Sissach die Fluh mit einem Transparent überspannten, schritt der Verein sofort ein. Binnen Stunden war das riesige Spruchband entfernt.

«Fortschritt» statt «Leerlauf»

«Gemeinsame Aufgaben gemeinsam lösen», mit diesen Worten umschrieb der Hauptredner des Therwiler Volkstages, Christoph von Blarer, den «cooperativen Föderalismus», der sich als Alternative zur Wiedervereinigung anbot.[8] Nur auf dem Weg von freier Partnerschaft und Abkommen liessen sich die Probleme lösen, die über die Kantonsgrenzen hinausreichten. Der Weg der politischen Vereinigung zweier Kantone mit all der Unsicherheit und all den Konflikten, die dadurch entstehen würden, habe nichts mit dem «modernen Integrationsgedanken» zu tun. «Moderne Integration» beruhe auf der grenzüberschreitenden Zusammenarbeit freier und gleichberechtigter Partner. Dabei dachte er nicht allein an die beiden Basel, sondern bereits an eine «Regio Basiliensis», welche die gesamte Nordwestecke der Schweiz sowie die badische und elsässische Nachbarschaft umfasste.

Auch im «springenden punkt» waren vermehrt neue Töne zu lesen.[9] In der Region sei eine «unerhörte Entwicklung» zu beobachten, welche die «Lösung der bestehenden Probleme» in den Vordergrund rücke, liess das Selbständige Baselbiet dort vernehmen. Es gebe «Wichtigeres zu tun als zwei Kantone zusammenzubasteln». Es gelte, vorwärts, nicht rückwärts

Pro: Heinrich Ott
Von 1957 bis 1962 war Heinrich Ott Pfarrer in Arisdorf. Danach wirkte er als ordentlicher Professor für Systematische Theologie an der Universität Basel. Für die Sozialdemokraten war Ott Land-, Verfassungs- und Nationalrat. Heinrich Ott war einer der prominentesten Befürworter der Wiedervereinigung. Nach der entscheidenden Abstimmung von 1969 setzte er sich für die partnerschaftliche Zusammenarbeit beider Basel ein.

gutgeheissen werden».[3] Den Entscheid des Bundesgerichts empfanden die Gegner der Wiedervereinigung als ein Signal: «Es wirkte», schrieb Paul Salathé später über das Lausanner Urteil, «wie eine Adrenalinspritze! Plötzlich war Selbstvertrauen da, plötzlich glaubte man an den möglichen Erfolg. Man fühlte sich bestärkt im Gefühl, auf dem richtigen Weg zu sein, für die richtige Sache zu kämpfen.»[4] Auch die Befürworter nahmen die öffentliche Wirkung des Bundesgerichtsentscheids wahr. Rückblickend schrieb Heinrich Ott: «Doch zweifellos schadete die gerichtliche Niederlage des Verfassungsrates der Sache der Wiedervereinigung in der allgemeinen Stimmung der Bevölkerung, auch wenn es dabei de facto nur um eine Formfrage ging.»[5] Am 9. September setzten die Regierungen beider Basel den entscheidenden Urnengang auf den 7. Dezember 1969 fest.

Entscheidungsschlacht

Der Wiedervereinigungsverband, die Aktion Kanton Basel und die zahlreichen Befürworter der Wiedervereinigung, welche den unterschiedlichen Parteien angehörten, hatten sich auf die Arbeit im Verfassungsrat konzentriert. Die Stimmbürger in der Stadt und auf der Landschaft hatten sich mehrmals mit deutlichen Mehrheiten für die Einleitung des Verfahrens zur Wiedervereinigung ausgesprochen. In den Verfassungsratswahlen hatten die Befürworter der Wiedervereinigung immer wieder solide Mehrheiten errungen. Sie hatten Grund, sich lange Zeit auf den grossen Rückhalt zu verlassen, den ihr Projekt in der Stimmbürgerschaft besass. Sie merkten erst spät, dass sich das Blatt zu wenden begann. Den Aufbau einer Bewegung, den sie in der Zwischenkriegszeit mit der Anstellung ihres Sekretärs Ernst Pflugshaupt systematisch verfolgt hatten, vernachlässigten sie. Das Komitee beider Basel für die Wiedervereinigung nahm seine Arbeit erst vor der Abstimmung auf. Die Öffentlichkeitsarbeit überliess es lange Zeit den freundlich gesinnten Blättern wie der ‹National-Zeitung› oder der sozialdemokratischen ‹Basler AZ›, welche im unteren Kantonsteil stark verbreitet

zu gehen. Angesichts des aktuellen Problemdrucks sei die Wiedervereinigung ein «politischer Ladenhüter aus den dreissiger Jahren». Aus den Vororten seien aber inzwischen «blühende Gemeinden» geworden, und der Kanton Basel-Landschaft habe auf sozialem und kulturellem Gebiet den Stand der «allerfortschrittlichsten» Kantone erreicht. Die Zeiten hätten sich geändert, und «unsere Zeit» wolle «den Fortschritt». Die besten Kräfte seien nicht für ein «Abenteuer auf Gedeih und Verderben», sondern für die grossen Aufgaben einzusetzen, die unsere Gemeinden und unser Kanton heute und morgen zu bewältigen hätten. «Wir wünschen die Lösung der Tagesfragen», rief Paul Manz dem Therwiler Volkstag zu, «nicht ihre Verschiebung und ein neues Heer von Paragraphen.»[10] Mit dieser neuen Sicht entwickelten die Wiedervereinigungsgegner eine in doppeltem Sinne moderne Argumentation: Einerseits propagierten sie den selbständigen Kanton als Voraussetzung dafür, die Zukunft mit Erfolg zu meistern. Andererseits bemühten sie sich um Sachlichkeit und um ein Abwägen von Vor- und Nachteilen. Sie thematisierten die Wiedervereinigung unter praktischen, nicht unter moralischen oder chauvinistischen Gesichtspunkten. Es interessierte sie in erster Linie, welche konkreten Folgen eine Wiedervereinigung

waren. Mit der Propaganda für die Vorlagen des Verfassungsrates beauftragte es ein Werbebüro. Befürworter wie Gegner der Wiedervereinigung führten über weite Strecken einen vergleichbaren Abstimmungskampf. Sie bemühten sich um eine sachliche und zurückhaltende Argumentation, sie inserierten und plakatierten, sie gaben Abstimmungszeitungen und Broschüren heraus, sie liessen Flugblätter verteilen und Leserbriefe schreiben, sie liessen sich in Radio- und Fernsehsendungen sowie an Veranstaltungen vernehmen. Sie hatten mit der ‹National-Zeitung› und der ‹Arbeiter-Zeitung› auf der einen und mit der ‹Basellandschaftlichen Zeitung› und dem ‹Landschäftler› auf der anderen Seite wichtige Presseorgane in ihrem Lager. Beide Seiten gaben ähnlich viel Geld aus. Für ihre Kampagnen standen ihnen je rund 370 000 Franken zur Verfügung. Das Selbständige Baselbiet aber konnte etwas in die Waagschale werfen, was die Befürworter nicht in ausreichendem Mass vorzuweisen hatten: Menschen, die sich aktiv in der Kampagne engagierten, und Symbole, welche Emotionen weckten.

Die Anhängerinnen und Anhänger des Selbständigen Baselbiets gingen auf die Strasse und in die Häuser. Sie schufen und nutzten persönliche Kontakte. Sie bekannten sich in Inseraten namentlich und in grosser Zahl zu ihrer Meinung. Auf den Rückscheiben ihrer Autos prangten Kleber. Am Revers trugen die Gegner den Baselbieter Stab. Daraus ergab sich insgesamt eine Vielzahl von Kontakt- und Identifikationsmöglichkeiten. In der Öffentlichkeit erschien das Selbständige Baselbiet als Bewegung aus Fleisch und Blut. Sie lebte in der Nachbarschaft. Man konnte ihr auf der Strasse oder bei der Arbeit begegnen, und in den Zeitungen trug sie Namen. Für die wichtigsten Zielgruppen verfügte das Selbständige Baselbiet zudem über spezielle Organisationen: Das Junge Baselbiet sprach seine Altersgenossinnen und -genossen an. Die Frauenbewegung wandte sich an die Stimmbürgerinnen. Selbst Arbeiter und Angestellte fanden sich zusammen, um sich in Inseraten an ihren Stand zu richten. Das vielstimmige, selbstbewusste, motivierte und persönliche Auftreten wirkte ansteckend und verlieh

Contra: Paul Manz
Paul Manz war von 1951 bis 1967 Pfarrer in Rothenfluh. Als Mitglied der Bauern-, Gewerbe- und Bürgerpartei vertrat er im Landrat und im Verfassungsrat die Gegner der Wiedervereinigung. 1967 erfolgte seine Wahl in den Regierungsrat, wo er zuerst der Bau- und Landwirtschafts-, später der Volkswirtschafts- und Sanitätsdirektion vorstand. Manz war viele Jahre Präsident des Selbständigen Baselbiets und trug als Regierungsrat massgeblich dazu bei, den Kanton zu einem modernen Staatswesen auszubauen.

hätte. Diese konfrontierten sie mit der Problemlage, wie sie sich dem Kanton aus ihrer Sicht stellte. Aus dem Vergleich leiteten sie ab, dass Aufwand und Ertrag in keinem angemessenen Verhältnis stünden. Die von ihnen propagierte Alternative, die partnerschaftliche Zusammenarbeit zwischen zwei souveränen Staatswesen, schnitt dagegen weit besser ab. Zudem liess sie sich ohne grosse Probleme auch auf weitere Partner der Region ausdehnen, womit sie der modernen Problemlage nochmals besser angepasst war als die auf die beiden Basel beschränkte Wiedervereinigung. Diese um Sachlichkeit bemühte Argumentation hatten einzelne Vertreter des Selbständigen Baselbiets schon früher geäussert. Im Abstimmungskampf um die Initiative des Wiedervereinigungsverbandes 1958 war sie sogar vorherrschend gewesen. Der damalige Ausschuss und die «Propagandakommission» des Selbständigen Baselbiets hatten explizit einen Abstimmungskampf erwartet, der «sachliche Argumente verwendet und grundsätzlich davon absieht, die WV-Freunde oder den Nachbarkanton Basel-Stadt anzugreifen».[11] Danach aber trat diese Argumentation wieder in den Hintergrund und machte markigen Worten Platz. Deren Urheber war die Fraktion um Ernst Würgler, dessen Ton die Öffentlich-

Wohlstand und Modernität

Mit dem Kleber «Baselland bleibt selbständig», der auf den Heckscheiben von tausenden von Personenwagen haftete, verstand es das Selbständige Baselbiet einmal mehr, sein Anliegen symbolisch aufzuladen und werbewirksam unter die Leute zu bringen. Das Auto galt in den 1960er Jahren als Symbol des Fortschritts und des Wohlstands. Mit dem Heckscheibenkleber verknüpfte das Selbständige Baselbiet seinen Standpunkt mit diesem symbolischen Inhalt. Wer sich einen Wagen leisten konnte, hatte es zu etwas gebracht und galt als aufgeschlossen. Wer ein Auto fuhr und für die Selbständigkeit des Kantons eintrat, konnte nicht rückständig sein. In den letzten Wochen vor der Abstimmung doppelten die städtischen Gegner mit ihrem Kleber «… mir au» nach. Dieser war nur zu verstehen und konnte seine werbende Wirkung nur entfalten, weil der Baselbieter Kleber bereits grosse Popularität erlangt hatte.

der Bewegung gegen die Wiedervereinigung die entscheidende Eigendynamik. In seiner Argumentation schlug das Selbständige Baselbiet die heimattümelnden Töne, die in der Zwischenkriegszeit vorgeherrscht hatten, nur noch in Ausnahmefällen oder sehr zurückhaltend an. Doch die Symbole der Heimat waren immer sehr präsent: Überall zeigte man Fahne, überall prangte der rote Baselbieterstab; an den Volkstagen, die sich zur jährlichen Tradition entwickelt hatten, traten Trachtengruppen auf, jeweils am 17. März zum Jahrestag der Kantonsgründung, loderten Höhenfeuer, für die das Junge Baselbiet verantwortlich zeichnete. Das Selbständige Baselbiet bot auf der emotionalen Ebene Heimat an. Es appellierte an die Gefühle. Diese Botschaft kam bei vielen Menschen an. Und weil sie das Selbständige Baselbiet nicht mehr mit fremdenfeindlichen Argumenten verband, wie sie der Heimatbund der Zwischenkriegszeit vertreten hatte, erreichte sie auch viele Leute, die während der rasanten Wachstumsphase in den fünfziger und sechziger Jahren in den Kanton Basel-Landschaft zugezogen waren. Selbst an verantwortlichen Posten waren im Selbständigen Baselbiet Leute zu treffen, die aus anderen Regionen stammten, so zum Beispiel Paul Manz und Bruno Balscheit.

Am Freitag, 5. Dezember 1969, öffneten die Abstimmungslokale. Bis gegen zwölf Uhr am Sonntag konnten die Stimmbürgerinnen und Stimmbürger ihr Votum abgeben. Zur Entscheidung standen die Verfassung des Kantons Basel, die Hauptgrundzüge der Gesetzgebung, das Wahlgesetz sowie das Gesetz über die Geschäftsordnung des Kantonsrates. 81 708 von 107 706 Stimmberechtigten legten ihre Stimmzettel in die Urnen ein. Die Stimmbeteiligung lag mit 75,9 Prozent ausserordentlich hoch. Sie war im oberen Kantonsteil mit 82,2 Prozent im Bezirk Liestal, 90,8 Prozent im Bezirk Waldenburg und 91,3 Prozent im Bezirk Sissach deutlich höher als im Bezirk Arlesheim mit 69 Prozent. Für die Verfassung gingen 32 222 Ja- und gegen sie 48 183 Nein-Stimmen ein. 303 Stimmberechtigte legten leer oder ungültig ein. Damit hatten sich 40,7 Prozent der Stimmenden für, 59 Prozent

keitsarbeit in der ersten Hälfte der 1960er Jahre stark geprägt hatte. Mit seinem Ausscheiden verlor dieser Kreis an Boden und eine neue Generation von Aktivisten gab den Ton an.

Der Wechsel im Selbständigen Baselbiet setzte Kräfte frei und wirkte ansteckend. Die Zahl der Ortsgruppen und Mitglieder wuchs. 1967 wurde die Frauenbewegung zur Erhaltung der selbständigen Kantone Baselland und Basel-Stadt gegründet. Das Junge Baselbiet bestand seit 1959 und blieb aktiv. Hinzu kam die Fraktion der Wiedervereinigungsgegner im Verfassungsrat, und in der heissen Phase des Abstimmungskampfes entstand ein Komitee der beiden Basel gegen die «Wieder-Vereinigung». Diese Organisationen und Vereine setzten sich nicht unabhängig, sondern in engster Zusammenarbeit und mit Unterstützung des Selbständigen Baselbiets ein. Sie sprachen zusätzliche Zielgruppen durch spezifische Argumente und Aktionsformen an. So sollte zum Beispiel das Überparteiliche Komitee beider Basel Leute einbinden, die sich bisher nicht als Gegner der Wiedervereinigung exponiert hatten, die aber entschiedene Gegner der neuen Verfassung waren. Nach einer langen, von einer stetigen Öffentlichkeitsarbeit begleiteten Aufbauphase trat das Selbständige Baselbiet 1969 mit einer

gegen die Verfassungsvorlage ausgesprochen. Die Hauptgrundzüge, das Wahlgesetz und die Geschäftsordnung erzielten praktisch die gleichen Ergebnisse. Die Stimmenden schlugen die vier Vorlagen über denselben Leisten: Es ging ihnen nicht um die konkreten Inhalte, sondern um die grundsätzliche Frage «Wiedervereinigung: Ja oder Nein?». Nur gerade der Bezirk Arlesheim stimmte den Vorlagen des Verfassungsrates zu. Dort hiessen 59,7 Prozent der Stimmenden die Verfassung gut. Im oberen Kantonsteil sank der Ja-Stimmenanteil auf 23 Prozent im Bezirk Liestal, 11,3 Prozent im Bezirk Sissach und 11 Prozent im Bezirk Waldenburg. Den Rekord stellte die Gemeinde Hersberg auf: Von ihren 75 Stimmberechtigten gingen nicht nur alle zur Urne, sie legten auch ausnahmslos ein Nein ein. Der Vorsprung der Befürworter im unteren Kantonsteil reichte nicht wie in den vorausgegangenen Abstimmungen dazu aus, die Nein-Mehrheiten in den oberen Bezirken aufzuwiegen. «Den Ausschlag über den Ausgang dieser Abstimmung hat [...] der Umschwung im Unterbaselbiet gebracht», kommentierte Karl Bischoff im ‹Basler Volksblatt›.[6] Die Stimmbürgerinnen und -bürger in der Stadt hatten die Vorlagen des Verfassungsrates am gleichen Wochenende mit deutlichem Mehr angenommen.

Die Verfassungsartikel, welche das Verfahren zur Wiedervereinigung regelten, sahen einen zweiten Anlauf mit neuem Verfassungsrat, neuen Vorlagen und neuer Abstimmung vor. Doch dies wäre verlorene Liebesmüh gewesen, wie Regierungspräsident Karl Zeltner nach der Abstimmung meinte: Inhaltlich andere Vorlagen hätten keine grössere Chance gehabt. Das Abstimmungsergebnis vom 7. Dezember 1969 sei als Grundsatzentscheid zu werten.[7] Auch viele Befürworter der Wiedervereinigung suchten nach Möglichkeiten, den formal vorgeschriebenen zweiten Anlauf zu umgehen.[8] Nur wenige Wiedervereinigungsbefürworter bestanden vor Bundesgericht auf einer zweiten Runde. Sie unterlagen, und Gegner wie Befürworter einigten sich darauf, die Abstimmung über die Partnerschaftsinitiative voranzutreiben und ihr Ergebnis abzuwarten.

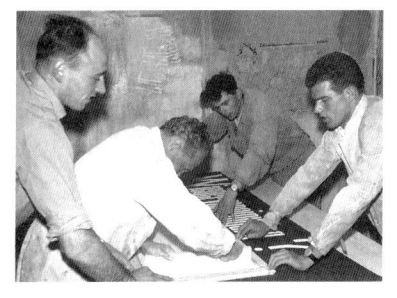

Einsatz
Was in der Werkstätte eines Sissacher Malergeschäfts entstand, warb wenig später für den Standpunkt des Selbständigen Baselbiets.

Von der Wiedervereinigung zur Partnerschaft

In der Auseinandersetzung um die Wiedervereinigung war immer wieder von der partnerschaftlichen, grenzüberschreitenden Zusammenarbeit zwischen selbständigen Staatswesen die Rede gewesen. In diesem Zusammenhang sprach man auch etwa von Zweckverbänden zwischen der Stadt und der Landschaft. Am Therwiler Volkstag führte Paul Manz in seiner Rede die Hardwasser AG, das Kraftwerk Birsfelden, die Rheinhäfen, den geplanten Bau einer Ölpipeline, die paritätische Spitalbaukommission sowie das Technikum beider Basel als positive Beispiele einer erspriesslichen Zusammenarbeit an, die es zu vermehren und auszubauen gelte.[9] Auf der anderen Seite verlangte etwa die Aktion Kanton Basel, es sei die Zusammenarbeit zwischen den Halbkantonen zu fördern. So schlug sie zum Beispiel gemeinsame Einrichtungen bei der Spitalverwaltung, beim Gas- und Wasserwerk, bei den Verkehrsbetrieben, beim Vermessungsamt, bei der Staatsanwaltschaft sowie bei der Gebäudeversicherung vor.[10] Doch so einig man sich über die Zusammenarbeit war, so unterschiedlich waren die Erwartungen, die man daran knüpfte: Die Befürworter rechneten damit, dass die Wiedervereinigung durch eine engere Zusammenarbeit beider Basel zu einer reinen «de-jure Bestätigung eines faktisch bereits vorhandenen Zustandes» werde.[11] Die Gegner propagierten die partnerschaftliche Zusammenarbeit als Alternative zur Wiedervereinigung.[12] Als Alternative war sie auch gedacht, als sie das Überparteiliche Komitee für die Zusammenarbeit der Kantone schon vier Tage nach der Abstimmung über die Wiedervereinigung mit einem Volksbegehren vorschlug. Der Partnerschaftsartikel sollte nicht nur den Kanton Basel-Landschaft zur grenzüberschreitenden Zusammenarbeit mit seinen Nachbarkantonen verpflichten, sondern gleichzeitig auch die bestehenden Wiedervereinigungsartikel ersetzen.

Dem Komitee standen zur Unterschriftensammlung die Strukturen des Selbständigen Baselbiets zur Verfügung. Vom Abstimmungsergebnis beflügelt sammelten die Aktivistinnen und Aktivisten innert kürzester Zeit eine gestärkten und vielfältigen Organisation in die letzte und entscheidende Phase der Auseinandersetzung ein.

Mobilisierung

Am 7. Dezember 1969 gelangten in beiden Basel vier Vorlagen zur Abstimmung. Im Mittelpunkt des Urnengangs aber stand allein die Frage: Wiedervereinigung ja oder nein? Die vier Vorlagen erhielten denn auch alle praktisch gleich viele Ja- und Nein-Stimmen. Die Stimmenden in der Stadt nahmen alle vier Vorlagen im Stimmenverhältnis 2 zu 1 an. Die Stimmbürgerschaft auf der Landschaft lehnte alle vier Vorlagen im Stimmenverhältnis 3 zu 2 ab. Die Stimmbeteiligung war im Baselbiet für damalige Verhältnisse ausserordentlich hoch. Drei Viertel der Stimmberechtigten nahmen am Urnengang teil. In der Stadt war die Beteiligung unter 50 Prozent geblieben.

Reaktionen

Tief bewegt und freudig nehme es von der starken Ablehnung der Vorlagen Kenntnis, teilte das Selbständige Baselbiet nach der Abstimmung in einer Erklärung mit, und es dankte allen, «die durch ihren Gang zur Urne, durch ihre tatkräftige und aufopfernde Mithilfe im Abstimmungskampf und durch ihre zahlreichen finanziellen Beiträge zum guten Ergebnis beigetragen haben». Das Selbständige Baselbiet blieb jedoch auch im Moment des Abstimmungssieges nicht stehen, sondern setzte die Dynamik, die es in den letzten Jahren gewonnen hatte, sofort um: Das Ja zur Selbständigkeit schliesse die Verpflichtung zum weiteren Ausbau des Kantons Basel-Landschaft einerseits und zur regionalen Zusammenarbeit, insbesondere mit dem Kanton Basel-Stadt, andererseits ein. Wenige Tage darauf lancierte es eine Initiative, welche den Ersatz des Wiedervereinigungs- durch einen Partnerschaftsartikel anstrebte. Es wollte damit den Beweis antreten, dass es ihm mit dem Willen zur Zusammenarbeit, den es seit Jahren beteuerte, ernst war. Das Komitee für die Wiedervereinigung zeigte sich enttäuscht und überrascht. Es

grosse Zahl von Unterschriften. Bereits am 27. Februar 1970, keine drei Monate nach dem Abstimmungswochenende, reichte das Komitee den Vorstoss mit 23 829 Unterschriften ein. Auch der Regierungsrat mochte keine Zeit verlieren: Am 10. März verabschiedete er seinen Bericht und setzte die Abstimmung über die Initiative auf den 24. Mai 1970 fest. Bei einer Stimmbeteiligung von lediglich etwas über 30 Prozent fand die Initiative die Zustimmung der Stimmbürgerinnen und -bürger. Obwohl das Interesse stark nachgelassen hatte, war das Ergebnis eindeutig: 23 466 Ja- standen nur 10 475 Nein-Stimmen gegenüber. Die Ja- und Nein-Stimmen waren praktisch spiegelbildlich zur Wiedervereinigungsabstimmung über den Kanton verteilt. Gemeinden, welche die Wiedervereinigung stark abgelehnt hatten, stimmten der Partnerschaftsinitiative deutlich zu. Gemeinden, welche der Wiedervereinigung zugestimmt hatten, standen dem neuen Vorstoss skeptischer gegenüber.

Bereits vor der Abstimmung hatte das Komitee Vorstellungen über die konkrete Ausgestaltung der Partnerschaft entwickelt. Zudem bestanden Kontakte zu städtischen Parlamentariern, welche im Nachbarkanton, dem künftigen Hauptpartner, vergleichbare Bestrebungen in Gang setzen wollten. Man hegte die Absicht, in dieser Frage gemeinsam und koordiniert vorzugehen und einen gemeinsamen Textvorschlag zu präsentieren. Das Vorhaben gelang, und parlamentarische Kommissionen beider Kantone entwarfen miteinander einen Verfassungsartikel. Dieser schrieb den Behörden in Basel-Stadt und Basel-Landschaft vor, zur Erfüllung von Aufgaben, die im gemeinsamen Interesse liegen, zusammenzuarbeiten. Dazu hatten sie Vereinbarungen abzuschliessen, gemeinsame Einrichtungen zu schaffen, den gegenseitigen Lastenausgleich zu ordnen, die Gesetzgebung anzugleichen sowie Regeln für die wirksame Zusammenarbeit der Behörden aufzustellen.[13]

Am 8. Dezember 1974, genau fünf Jahre nach der Abstimmung über die Vorlagen des Verfassungsrates, fanden erneut in der Stadt wie auf der Landschaft gleichzeitig Abstimmungen über die gleiche Vorlage statt. Diesmal

Fünf Jahre nach dem Nein: Verbindung offiziell wieder aufgenommen. *Hans Geisen, 1974. Copyright by National-Zeitung*

Karte 1
Spaltung
Am 25. September 1960 hatten die Baselbieter Stimmberechtigten nach 1936, 1938 und 1958 erneut Gelegenheit, sich zur Frage der Wiedervereinigung zu äussern. Mit ihrem Ja zum Verfassungsartikel nahmen sie zum vierten Mal positiv Stellung. Die Wiedervereinigungsfrage spaltete den Kanton Basel-Landschaft in zwei deutlich unterscheidbare Lager. Die Befürworter lebten in den stadtnahen Gemeinden des unteren Kantonsteils. Dort erhielt die Wiedervereinigung Ja-Mehrheiten von über 75 Prozent. Die wenigen Gemeinden, die noch Ja-Mehrheiten zwischen 50 und 75 Prozent aufwiesen, schlossen alle an die Hochburg der Wiedervereinigungsbefürworter an. Der ganze Rest des Kantons lehnte 1960 die Wiedervereinigungsvorlage ausnahmslos ab.

Karte 2
Wende
Am 7. Dezember 1969 bei der Abstimmung über die vier Wiedervereinigungsvorlagen zeigte sich praktisch noch das gleiche Bild wie 1960. Der Kanton zerfiel in einen wiedervereinigungsfreundlichen unteren und einen gegnerischen oberen Teil. Der entscheidende Unterschied aber war, dass in beiden Kantonsteilen die Befürworter an Rückhalt verloren, die Gegner an Unterstützung gewonnen hatten. Im oberen Kantonsteil gab es keine Gemeinde mehr, die Ja-Stimmenanteile über 25 Prozent erreichte. Aber auch im unteren Kantonsteil zeigte sich ein anderes Ergebnis: Die Gemeinden, welche 1960 noch auf der schwach befürwortenden Seite gestanden hatten, lehnten 1969 die Wiedervereinigungsvorlagen ab. Und keine der ehemals stark zustimmenden Gemeinden wies noch Ja-Mehrheiten von über 75 Prozent auf. Da die grossen Gemeinden des Unterbaselbiets die Mehrheit der Stimmberechtigten stellen, war es der Stimmungsumschwung in den stadtnahen Gemeinden, der die Wende in der Wiedervereinigungsfrage herbeiführte.

waren die Stimmbürgerinnen und -bürger beider Kantone mehrheitlich derselben Meinung: Sie stimmten in Basel bei einer Stimmbeteiligung von 35 Prozent mit 41 181 gegen 7925, im Baselbiet bei einer Beteiligung von 41 Prozent mit 33 371 gegen 14 214 Stimmen dem Partnerschaftsartikel zu. In Basel ersetzten die Partnerschafts- die Wiedervereinigungsartikel allerdings nicht. Dort blieb der Auftrag zum Zusammenschluss mit der Landschaft in der Verfassung stehen.

Die neuen Verfassungsartikel förderten die Zusammenarbeit zwischen Stadt und Landschaft Basel. Verschiedene drängende Probleme nahmen die beiden Kantone gemeinsam in Angriff. So legten sie beispielsweise ihre Regionalplanungsstellen, ihre Lufthygieneämter sowie ihre Motorfahrzeugprüfstellen zusammen. Auch in der Spitalplanung sowie in der grenzüberschreitenden Zusammenarbeit mit den benachbarten Regionen, Elsass und Baden, ging man gemeinsame Wege. Zu einem Novum führte die Zusammenarbeit in der Umweltpolitik: In diesem Bereich erarbeiteten erstmals zwei schweizerische Kantone ein gleich lautendes Gesetz. Vergliche die Aktion Kanton Basel die heutige Situation mit dem, was sie zu Beginn der fünfziger Jahre forderte, sie würde vermutlich eine positive Bilanz ziehen: Das Zusammenwirken der beiden Halbkantone hat sich eingespielt, ohne dass sie sich vereinigen mussten. Die Erfahrungen mit der Partnerschaft haben den Kanton Basel-Landschaft darin bestärkt, sich auf eidgenössischer Ebene für die Aufwertung der Halb- zu Vollkantonen einzusetzen. Seit 1988 steht dieser Auftrag sogar in der Verfassung. Würden sich die Miteidgenossinnen und -genossen für diesen Schritt gewinnen lassen, wäre allen künftigen Wiedervereinigungsbestrebungen vorgebeugt.

hatte in den letzten Monaten vor der Abstimmung eine Niederlage nicht mehr ausgeschlossen, doch mit einer solch deutlichen Verwerfung hatte es nicht gerechnet: Das Bekenntnis zur Selbständigkeit auf der Landschaft sei ebenso «eindeutig und unüberhörbar» wie das Bekenntnis zur Wiedervereinigung in der Stadt. Es gab der Hoffnung Ausdruck, dass eine «konstruktive Lösung» gefunden werde, die alle Beteiligten und Betroffenen in «grösstmöglichem Masse» zufriedenstelle: «Wir möchten mit jedem zusammenarbeiten, der ernsthaft zur Verwirklichung einer solchen Lösung Hand bietet», schrieb Heinrich Ott, der Präsident des Überparteilichen Komitees beider Basel für die Wiedervereinigung. Wie das Selbständige Baselbiet, so dachte auch Ott an eine verstärkte partnerschaftliche Zusammenarbeit zwischen den beiden Halbkantonen. In diesem Ziel fanden sich die gegnerischen Lager wieder. Der Initiative des Selbständigen Baselbiets war denn auch ein durchschlagender Erfolg beschieden.[12]

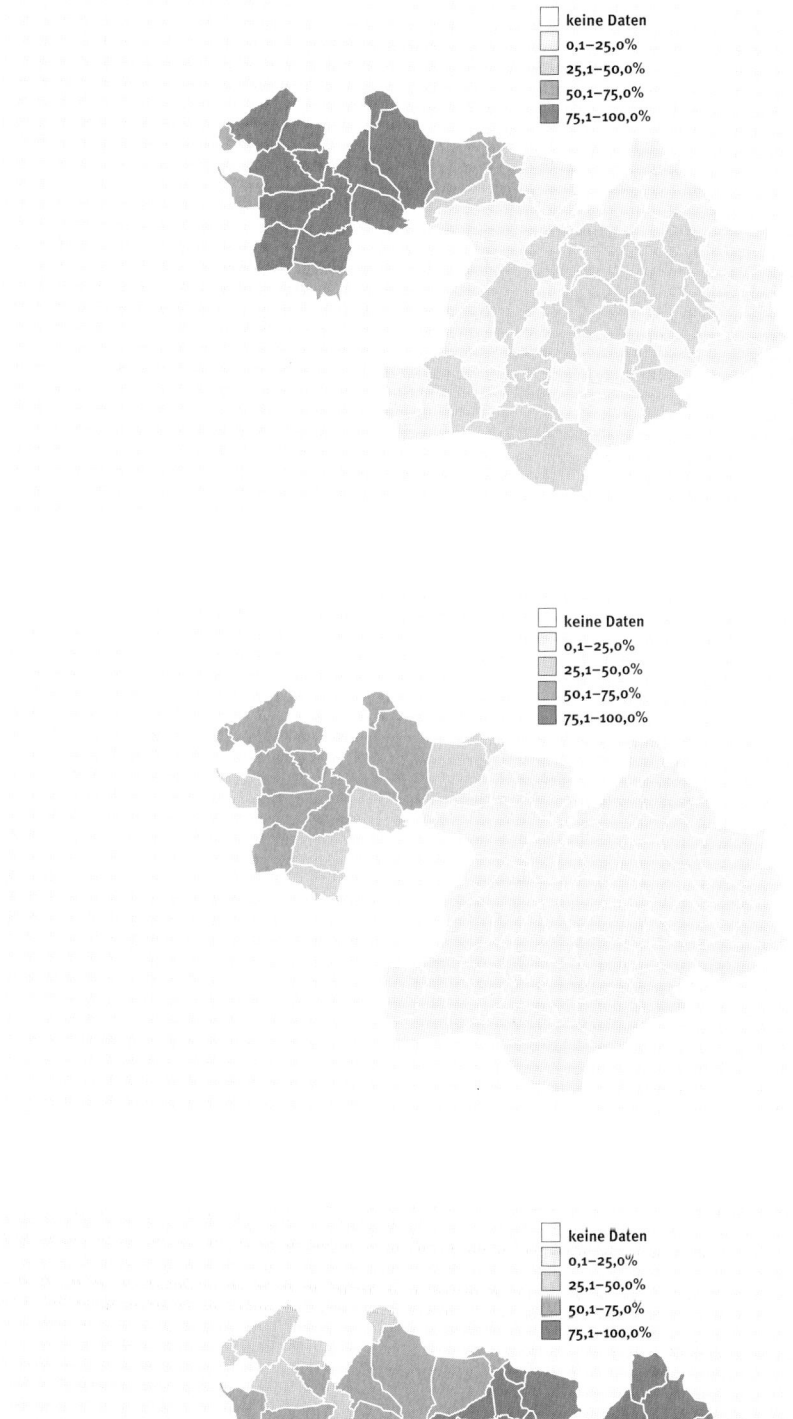

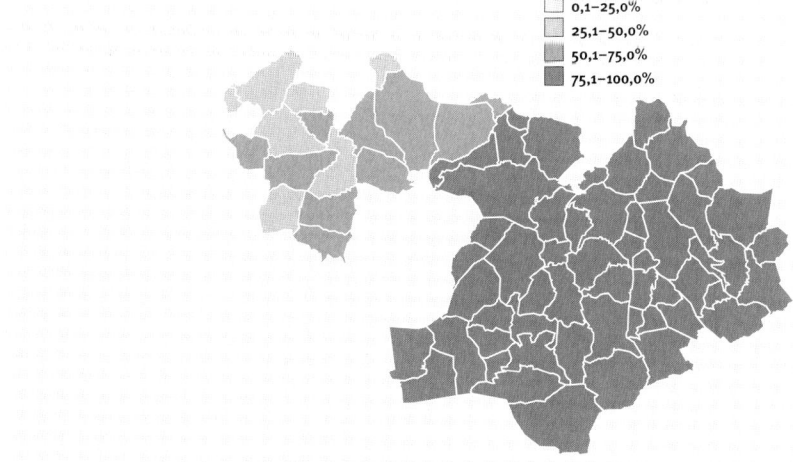

BEWEGUNG IM BASELBIET: FORTSCHRITT DURCH SELBSTÄNDIGKEIT   159

Karte 3
Partnerschaft
Das Selbständige Baselbiet hatte in den 1960er Jahren die partnerschaftliche Zusammenarbeit zwischen beiden Basel als Alternative zur Wiedervereinigung propagiert. Nach seinem Abstimmungserfolg 1969 lancierte es eine Initiative, welche die Wiedervereinigungsartikel durch die Verpflichtung zur partnerschaftlichen Zusammenarbeit ersetzen wollte. Dieser Vorstoss kam am 25. April 1971 zur Abstimmung. Im Vergleich zur Abstimmung 1969 zeigt sich ein spiegelbildliches Kartenbild. Gemeinden, welche 1969 mehrheitlich gegen die Wiedervereinigung stimmten, unterstützten die Partnerschaftsinitiative kräftig. Die Alternative fand aber auch in einigen Unterbaselbieter Gemeinden mehrheitliche Zustimmung. Nur wenige Gemeinden sprachen sich gegen die Streichung der Wiedervereinigungsartikel und deren Ersatz durch die Partnerschaftsverpflichtung aus. Auch Basel-Stadt nahm Partnerschaftsartikel in die Verfassung auf. Allerdings als ergänzende Bestimmungen, nicht als Ersatz. Der Artikel, der seit den 1930er Jahren das Verfahren zur Wiedervereinigung regelt, stand Ende der 1990er Jahre noch immer in der städtischen Verfassung.

Lesetipps

Über die Geschichte des Streits um die Wiedervereinigung nach dem Zweiten Weltkrieg liegen mit der Studie von Epple (1998a) sowie dem Sammelband der Stiftung für Baselbieter Zeitgeschichte ([Hg.] 1985) zwei umfassende Werke vor. Im Sammelband kommen in erster Linie Vertreter des Selbständigen Baselbiets zu Wort, die persönlich an der politischen Auseinandersetzung beteiligt waren. Eine Ausnahme ist der Aufsatz von Ott (1985), welcher die Sicht der Befürworter vertritt.

Wichtige Ergänzungen liefern die beiden Lizentiatsarbeiten von Haberthür (1989) und Wigger (1990), die beide im Staatsarchiv in Liestal vorhanden sind.

Ebenfalls ausführlich behandelt wird im Sammelband der Stiftung für Baselbieter Zeitgeschichte die Geschichte der partnerschaftlichen Zusammenarbeit zwischen den beiden Halbkantonen Basel-Stadt und Basel-Landschaft. Es sind vor allem die Beiträge von Blum (1985) und Loeliger (1985), die sich damit befassen.

Abbildungen

Marcus Wiedmer, Sissach: S. 141, 151, 153, 155.
Fritz Hodel, Sissach: S. 143.
Ringier Bilderdienst Zürich: S. 146.
Peter Graf, Sissach: S. 149.
StA BL, PA 029 Selbständiges Baselbiet: S. 145, 150, 151, 154, 156 oben.
Heinrich Ott, Riehen: S. 152.
StA BS, PA 521 Wiedervereinigungsverband: S. 156 unten.
‹National-Zeitung› Basel, 9. Dezember 1974: S. 157.
Anne Hoffmann: Karten S. 159. Quelle Abstimmungsverzeichnis der Forschungsstelle Baselbieter Geschichte.

Reproduktionen durch Mikrofilmstelle.

Anmerkungen

[1] Programm der Aktion Kanton Basel in: Der Kanton Basel, 3/1952, S. 1–2.
[2] Haberthür 1989, S. 75–101; Salathé 1985, S. 122–124; Ott 1985, S. 301–303.
[3] Zit. nach: Salathé 1985, S. 130.
[4] Salathé 1985, S. 130.
[5] Ott 1985, S. 304.
[6] BV, 9. Dezember 1969.
[7] BZ, 11. Dezember 1969.
[8] Ott 1985, S. 307–309.
[9] Organisationskomitee (Hg.) 1966, S. 9.
[10] Programm der Aktion Kanton Basel in: Der Kanton Basel, 3/1952, S. 1–2.
[11] Der Kanton Basel, 3/1952, S. 2.
[12] Organisationskomitee (Hg.) 1966, S. 9.
[13] Vorlage für die kantonale Volksabstimmung vom 8. Dezember 1974.

[1] BZ, 26. September 1960.
[2] Organisationskomitee (Hg.) 1966, S. 3.
[3] Ernst Würgler, der Sekretär des SB, brauchte das Pseudonym Cato.
[4] Schreiben von E. Würgler vom 31. Dezember 1966 an P. Manz, Präsident des SB, StA BL, PA 12 (53).
[5] Erklärung von E. Würgler an «verehrte Gesinnungsfreunde» (undatiert), StA BL, PA 12 (53).
[6] Aktionsplan des «Freien Baselbiet», 28. Oktober 1960, StA BL, PA 12 (53), S. 6.
[7] Schreiben von E. Würgler an F. Lüdin vom 7. November 1958, StA BL, PA 12 (52).
[8] Organisationskomitee (Hg.) 1966, S. 6.
[9] Folgende Zitate aus: SpP 4, 5, 6/1965, 1966.
[10] Organisationskomitee (Hg.) 1966, S. 10.
[11] Ein Wort an alle (1958), StA BL, Verfassungsakten B24; Rundschreiben des Ausschusses des SB vom 26. April 1958 an «Liebe Gesinnungsfreunde», StA BL, PA 12 (53).
[12] BZ, 11. Dezember 1969.

Parteien-Landschaft

PARTEIEN-LANDSCHAFT

Bild zum Kapitelanfang
Wahlkampf
*Wo sich der motorisierte Verkehr staut, nehmen Parteien, Verbände und Vereine die Gelegenheit wahr, um für ihre Köpfe, Parolen und Anlässe zu werben. Im Stau – so die Erwartung der Werbenden – haben die Automobilistinnen und Automobilisten Musse, die Plakate zur Kenntnis zu nehmen. 1999 erreichte die Plakatedichte vor dem Schloss Ebenrain in Sissach derartige Ausmasse, dass die Behörden einschritten und eine Sperrzone ausschieden. Das schmucke Schloss sollte wieder besser zur Geltung kommen. Der politische Plakatwald ist symptomatisch für Veränderungen, die sich im Laufe des 20. Jahrhunderts in der politischen Arena vollzogen haben. Zu Beginn des Jahrhunderts standen persönliche Kontakte zwischen Wählern und Politikern im Vordergrund. Gewählt wurde, wer bekannt und in ein dichtes soziales Netzwerk eingebunden war. Gegen Ende des Jahrhunderts spielten Netzwerk- und Klientelbeziehungen eine untergeordnete Rolle. Wahlveranstaltungen, die Gelegenheit zum persönlichen Kontakt geboten hätten, finden kaum mehr Anklang. Wichtiger wurde, dass sich Politikerinnen und Politiker über die Medien richtig in Szene setzten. Auf diese Weise konnte es auch Quereinsteigern, die keine politische Stufenleiter erstiegen hatten und weniger bekannt waren, gelingen, ein politisches Amt zu erringen.
In ihrem Auftritt mussten sie sich aber dem anpassen, was die Massenmedien vorzugsweise transportieren: Selbstdarstellung und Schlagworte.*

«Der Not gehorchend, nicht dem eignen Triebe, müssen wir der Vorlage beistimmen.»[1] Mit wenigen Worten brachte Regierungsrat Karl Tanner das Dilemma der Demokratischen Fortschrittspartei zum Ausdruck, als diese am ersten Sonntag im August 1919 das neue Wahlgesetz beriet. Das «Gesetz betreffend die dem Volke zustehenden Wahlen und Abstimmungen», das den Baselbieter Stimmberechtigten eine Woche später, am 10. August 1919, vorlag, enthielt als wesentliche Neuerung das Verhältnis- oder Proportionalwahlrecht. Die Landratssitze wollte man künftig nach «Massgabe der Stärke» unter den politischen Parteien aufteilen. In den Wahlen sollte nicht mehr entscheidend sein, welcher Kandidat in einem der 39 Wahlkreise die Mehrheit erhielt. Ausschlaggebend sollte der Anteil der Stimmen sein, welcher eine Partei in einem der sieben neuen Kreise erzielte. Vom Mehrheitswahlrecht hatten bisher vor allem die bürgerlichen Gruppierungen profitiert. Bei der Einführung des Proporzes mussten sie mit Verlusten rechnen. Das neue Wahlverfahren zwang sie, Macht und Einfluss mit den Minderheitsparteien zu teilen. Ihr «Trieb», das sah Regierungsrat Tanner klar, hätte dafür gesprochen, am alten Mehrheitswahlverfahren und damit an ihrer Vormachtstellung festzuhalten. Doch dem stand die «Not» entgegen: Als die Demokratische Fortschrittspartei am 3. August 1919 die Proporzvorlage beriet, leisteten Baselbieter Truppen in der Stadt Basel Ordnungsdienst. Am 30. Juli hatte der Basler Arbeiterbund einen Generalstreik ausgerufen.[2] Dieser war wie der Landesstreik vom November 1918 Ausdruck gespannter sozialer und politischer Verhältnisse. Die Folgen der schwierigen Kriegsjahre und der wirtschaftliche Konjunktureinbruch erzeugten nach dem Ersten Weltkrieg in der Stadt Basel, auf der Landschaft und in der übrigen Schweiz soziale Spannungen und politische Unruhen. In der Debatte über die Proporzvorlage waren diese allgegenwärtig. Nationalrat Adolf Seiler, der sich an der Versammlung für das neue Gesetz einsetzte, rühmte das neue Wahlverfahren als «das beste Mittel, die immer grösser werdenden Gegensätze zwischen Sozialdemokraten und Bürgerlichen, Stadt und Land, oberem und unterm

Refüsiertes Weihnachtsgeschenk
Auf Weihnachten 1950 bescherte die Direktion der Birsigtalbahn ihrer Kundschaft ein «schönes» Geschenk: Am Stephanstag gab sie bekannt, dass auf den 1. Januar 1951 eine Tariferhöhung vorgesehen sei.[1] Als die Kundinnen und Kunden das Päckli ihrer Bahn aufschnürten, staunten sie nicht schlecht: Von der Preiserhöhung waren nur die Abonnemente betroffen. Die Erhöhung betrug teilweise über 40 Prozent. Besonders hoch waren die Aufschläge im hinteren Leimental. Eine Wochenkarte Rodersdorf-Basel kostete statt 5 neu 7 Franken und 10 Rappen. Das Geschenk empfanden zahlreiche Kundinnen und Kunden der Birsigtalbahn, die auf dem Land wohnten, in der Stadt arbeiteten und auf den Transport angewiesen waren, als Zumutung. Zum Teil hatten sie vom neuen Tarif erst erfahren, als sie nach Neujahr ihre neuen Abonnemente lösen wollten. Erbost refüsierten sie die unverlangte Sendung: Bereits am dritten Tag des neuen Jahres trat in Ettingen eine Protestversammlung von 200 Personen aus elf Gemeinden zusammen, zu der ein spontan gebildetes Komitee mit Flugblättern aufgerufen hatte. Die zahlreichen Redner brachten zum Ausdruck, dass die neuen Tarife für Arbeiter und Angestellte nicht mehr tragbar seien. Man forderte die Direktion

Gerechtigkeit erhöht ein Volk!

Majorz | Proporz

Eidgenossen, am 23. Okt. stimmt: Ja!

Kantonsteil auszugleichen». Der Proporz verwirkliche den «Grundsatz der Gerechtigkeit» bei den Wahlen und erleichtere die soziale Verständigung. Die aufgeschlossenen Vertreter der Bürgerlichen suchten den Ausgleich und die Verständigung mit den Sozialdemokraten.

Auch dem Sprecher der Proporzgegner, Dr. Alfred Veit-Gysin, waren die sozialen Spannungen und politischen Gegensätze bewusst. Nur glaubte er nicht daran, dass ein neues Wahlverfahren die Gefahr einer «Revolution» bannen würde. Durch den Proporz gelangten im Gegenteil «Jungburschenführer, Revolutionäre und andere Gegner von Ruhe und Ordnung in die Behörden», was aus seiner Sicht nicht erwünscht war. Die Verhältniswahl bringe einzig den Sozialdemokraten «Nutzen und Zuwachs». Die erhoffte Entspannung werde sich aber nicht einstellen: «Die Sozialdemokraten [...] wollen keine Versöhnung, keinen Ausgleich: sie wollen die Macht.» Es sei nicht an den bürgerlichen Parteien, die Bestrebungen ihrer Gegner zu unterstützen. Die grosse Mehrheit der rund 250 Mitglieder der Demokratischen

Proporz

Zu Beginn des 20. Jahrhunderts standen die politischen Zeichen auf Sturm. In den Plakaten aus der damaligen Zeit drücken sich die schroffen Gegensätze aus. Der Vorschlag, politische Behörden statt nach dem Mehrheits- oder Majorzverfahren nach dem Verhältnis- oder Proporzverfahren zu wählen, stellte den Versuch dar, zwischen den stark polarisierten politischen Kräften einen Ausgleich herzustellen. Die Initiative zur Einführung des Proporzes auf eidgenössischer Ebene lehnten die Stimmenden am 23. Oktober 1910 ab. Die Baselbieter Männer hatten mit 2891 Ja- gegen 4988 Nein-Stimmen zu diesem Ergebnis beigetragen. Ein weiterer Anlauf, das Verhältniswahlrecht auf eidgenössischer Ebene einzuführen, gelang mit der Proporzinitiative, welche am 13. Oktober 1918 zur Abstimmung vorlag. Diesmal trugen die Baselbieter Stimmberechtigten mit 4863 Ja- und 1718 Nein-Stimmen zum positiven gesamtschweizerischen Ergebnis bei. Auf kantonaler Ebene führte das Gesetz über die «dem Volke zustehenden Wahlen und Abstimmungen» das Verhältniswahlrecht ein. Am 10. August 1919 stimmten ihm die Baselbieter Stimmberechtigten mit deutlichen 5765 Ja- gegen 802 Nein-Stimmen zu.

der Birsigtalbahn auf, die Tariferhöhung zu reduzieren, und wählte eine Kommission, die entsprechende Verhandlungen führen sollte. Obwohl sich in den folgenden Wochen auch die Gemeinderäte der meisten Leimentaler Dörfer dem Protest anschlossen, zeigte die Bahnverwaltung wenig Verständnis und blieb unnachgiebig. Am 20. Januar lud sie das Komitee und die Gemeinderäte zu einer Orientierung ein. Jules Frei, Präsident des Verwaltungsrates der Birsigtalbahn, erläuterte, dass die Betriebskosten der Bahn seit Jahren gestiegen und die Ansprüche der Bahnbenutzer höher geworden seien. Die Tariferhöhung sei deshalb unumgänglich.

Die Ausführungen der Bahnverwaltung überzeugten die Vertreter der Kundschaft nicht. Unmittelbar nach der Orientierung versammelten sie sich erneut. Sie erklärten, dass die Tariferhöhung im Maximum 20 Prozent betragen dürfe und gaben der Direktion bis zum 15. Februar Zeit, um auf diese Forderung einzugehen. Andernfalls – so drohte das Komitee – werde man die Bahn ab dem 19. Februar boykottieren. Die Proteste hielten an. In verschiedenen Gemeinden fanden weitere Versammlungen statt. Das Komitee der Bahnbenutzerinnen und -benutzer traf parallel dazu die Vorbereitungen zum Boykott. Es verhandelte mit Carunternehmern. Da für schweizerische

PARTEIEN-LANDSCHAFT

Fortschrittspartei folgte aber dem Antrag Seilers. Mit 179 gegen 2 Stimmen votierten sie für die Ja-Parole. Der Antrag auf Stimmfreigabe unterlag mit 22 gegen 186 Stimmen. Eine Woche später setzten sich die Befürworter des Proporzes mit einem Ja-Stimmenanteil von rund 88 Prozent auch in der Volksabstimmung durch. Da die Stimmbeteiligung bei schwachen 35 Prozent lag, ist anzunehmen, dass die Proporzgegner der Abstimmung fernblieben. Der eidgenössischen Volksinitiative für die Verhältniswahl des Nationalrates hatten die Baselbieter Stimmberechtigten im Oktober 1918 bereits zugestimmt. 1910 war ein ähnlicher Vorstoss noch an einer deutlich ablehnenden Mehrheit gescheitert. Die ersten Nationalratswahlen nach neuem Verfahren fanden 1919 statt. 1920 bestellte man im Kanton Basel-Landschaft den ersten nach Proporz zusammengesetzten Landrat.

Freisinnige Einheit

Die Baselbieter Parteienlandschaft bildete sich erst spät aus. Während die meisten Kantone schon im 19. Jahrhundert politische Parteien kannten, entstanden sie im Kanton Basel-Landschaft erst Anfang des 20. Jahrhunderts. Zwar hatte es auch im Baselbiet immer wieder politische Vereine gegeben. Doch über Ansätze zur Parteibildung hinaus hatten sie sich nicht entwickelt. Selbst der Bauern- und Arbeiterbund, welcher in den neunziger Jahren des 19. Jahrhunderts den Anspruch angemeldet hatte, eine Partei zu sein, war noch vor allem Bewegung und nicht organisatorisch fest gefügte Mitgliedspartei. Die Politik des 19. Jahrhunderts war im Kanton Basel-Landschaft nicht durch Parteien im heutigen Sinn, sondern durch zwei politische Strömungen geprägt, für die sich die Bezeichnungen «Bewegungspartei» und «Ordnungspartei» eingebürgert haben. Dem ersten Lager gehörten alle oppositionellen Bewegungen wie etwa die Revi, die Grütli-Vereine oder der Bauern- und Arbeiterbund an. Zum zweiten Lager zählten zum Beispiel die Anti, der Patriotische Verein oder der Volksverein. Beide Lager vertraten im weitesten Sinne freisinnige Anliegen. Doch war das eine eher links gerichtet

Heisses Klima

Der Landesgeneralstreik von 1918 und andere politisch motivierte Arbeitskämpfe waren Folge der wirtschaftlich harten Kriegsjahre. Der Generalstreik, den der Basler Arbeiterbund am 30. Juli 1919 ausrief, wollte zum Beispiel den Ausstand der Färbereiarbeiter unterstützen, die für mehr Lohn kämpften und ausgesperrt worden waren. Der Arbeiterbund forderte darüber hinaus niedrigere Preise für Grundnahrungsmittel, Massnahmen gegen Wohnungsnot und Mietzinswucher sowie eine allgemeine Lohnerhöhung. Um den Streik niederzuringen, bot der baselstädtische Regierungsrat Truppen auf. Am 1. August 1919 machte ein Voraustrupp von seinen Waffen Gebrauch. Fünf Personen, drei Frauen und zwei Männer, fielen der Schiesserei zum Opfer. Als am Nachmittag die Miliztruppen eintrafen, war die Kraft des Streiks bereits gebrochen. Trotzdem blieb das Militär in der Stadt. Der Basler Generalstreik wirkte sich auch im Kanton Basel-Landschaft aus: Das «Platzkommando Basel» bot Baselbieter Truppen auf. Weil es befürchtete, die Streikbewegung könnte auf die Landschaft ausweichen, hängte es in Allschwil, Binningen, Münchenstein, Muttenz, Birsfelden und Pratteln Plakate aus, welche auf das herrschende Versammlungsverbot aufmerksam machten. Den Mitgliedern der Demokratischen Fortschrittspartei,

Betriebe keine Konzession zu erhalten war, musste es ins Elsass ausweichen. In den Gemeinden liess es Listen zirkulieren, in die sich die Leute, die zum Boykott bereit waren, eintragen konnten. Langsam begann sich die Direktion der Birsigtalbahn zu bewegen. Im Februar bot sie zunächst an, die Wochenkarten nur um 30 Prozent zu verteuern. Später war sie sogar einverstanden, die Tarife aller Abonnemente um höchstens 25 Prozent zu erhöhen. Doch gaben sich die Vertreter des Komitees damit nicht zufrieden. Das Angebot lag erstens über den geforderten 20 Prozent und zweitens waren inzwischen alle notwendigen Vorkehrungen für den Boykott getroffen. «Wir fürchten einen Boykott nicht», liess Verwaltungsratspräsident Frei verlauten und blieb nach seinem letzten Angebot ebenfalls hart.[2] Jetzt aber hatte diese Seite ihre Bescherung: Ab Montag, 26. Februar 1951, boykottierte ein Teil ihrer Kundinnen und Kunden die Bahn. Das Boykottkomitee hatte eine Autobuslinie eingerichtet, die von Biederthal via Hagenthal nach St-Louis zur Landesgrenze führte. Täglich verkehrten je acht Kurse und transportierten morgens und abends rund 200 Personen. Die beiden Grenzübertritte, die auf diesem Umweg nötig waren, verliefen problemlos. Ab St-Louis übernahmen die Trams der Basler Verkehrsbe-

und trat für den Ausbau der direkt-demokratischen Einrichtungen ein, während sich das andere für eine starke Regierung und für repräsentative Einrichtungen einsetzte und damit eher auf der rechten Seite des politischen Spektrums stand.[3] Eine zentrale Rolle spielte in beiden Lagern die Presse. Wer in der Politik etwas erreichen wollte, gründete eine Zeitung oder verband sich mit einem bestehenden Blatt. Die Ordnungspartei konnte sich meistens auf die ‹Basellandschaftliche Zeitung› stützen, während das oppositionelle Lager den ‹Landschäftler› hinter sich wusste.

Die erste moderne Partei formierte sich 1905 im Bewegungslager.[4] Sie gab sich zunächst den Namen Jungfreisinnige Partei und nannte sich später in Freisinnige Volkspartei um. Weil diese Gruppierung im Landrat die Unterstützung der Katholiken und Grütlianer genoss, die Mehrheit stellte und sich als Opposition gegenüber der Regierung verstand, nannten sie die Zeitgenossen auch Landratspartei. Die oppositionelle Gründung setzte das Regierungslager unter Druck. Dieses war noch nicht organisiert und lehnte es zunächst auch ab, sich mit Parteipolitik zu befassen. Aus seiner Warte ging es darum, allgemeine und nicht parteipolitisch gebundene Interessen zu vertreten. 1910 gab sich die Regierungspartei dennoch festere Strukturen und schloss sich zur Demokratisch-volkswirtschaftlichen Vereinigung zusammen. Auch diese bekannte sich zum freisinnigen Gedankengut, konnte der Freisinnig-demokratischen Partei der Schweiz aber nicht als Sektion beitreten, weil das die Opposition bereits getan hatte.

Im Kanton Basel-Landschaft bestanden damit zwei freisinnige Parteien, die unterschiedlichen Lagern angehörten und heftig darüber stritten, wer den richtigen Freisinn vertrete. Die einzigartige Parteikonstellation prägte die kantonale Politik während rund zehn Jahren. Sie änderte sich erst unter dem Druck der sozialen Unrast und der politischen Spannungen, welche die Schweiz nach dem Ersten Weltkrieg in Atem hielten. Inzwischen hatten die politische Linke und die Katholiken Parteien gegründet. Auch der kantonale Landwirtschaftliche Verein bekundete die Absicht, eine Partei zu

die am 3. August 1919 im Liestaler Engel tagten, waren die Ereignisse in und um Basel sehr präsent. Wie die ‹Basellandschaftliche Zeitung› zu berichten wusste, verabschiedeten sie mit Applaus zwei Telegramme. Das erste ging an den Bundesrat und versicherte diesem die «unwandelbare Treue» der Versammlung zum «Vaterland». Das zweite richtete sich an die «braven Baselbietertruppen» im Basler Einsatz und liess sie wissen, dass das «Baselbieter Volk» hinter seinen Soldaten stehe. Das Plakat, das die Linke des Terrors bezichtigte, erschien zu den Nationalratswahlen vom 26. Oktober 1919.

Tarif-Streit
Der Boykott, der sich Anfang 1951 gegen die Tariferhöhung der Birsigtalbahn richtete, hatte seinen Vorläufer. Bereits 1910 hatten erhöhte Fahrpreise Protest ausgelöst. Das Bild zeigt die Boykottversammlung vom 8. Mai 1910 in Therwil.

Verbände-Landschaft

In der politischen Arena tummeln sich nicht nur Parteien und Bewegungen, auch Verbände spielen eine wichtige Rolle. Der Gewerbeverband Baselland war bereits 1887 aus dem Zusammenschluss örtlicher Gewerbevereine entstanden. Zwei weitere wichtige Organisationen, das Gewerkschaftskartell Baselland und der Verband basellandschaftlicher Industrieller, entstanden 1919, unmittelbar nach dem Ende des Ersten Weltkriegs. Der Industriellenverband, der 1997 mit der Handelskammer beider Basel fusionierte, firmierte später unter der Bezeichnung Verband basellandschaftlicher Unternehmen, das Gewerkschaftskartell unter dem Namen Gewerkschaftsbund Baselland. Jede dieser Organisationen bildet das politische Dach ihrer nach Branchen untergliederten Mitgliedsverbände. Während die Branchenverbände die Interessengegensätze zwischen der Arbeitnehmerschaft und den Unternehmen auf der Ebene der einzelnen Betriebe oder Wirtschaftszweige austragen, mischen sich die Dachorganisationen im Interesse ihrer Mitglieder auch in die politischen Geschäfte ein. Dabei stehen ihnen verschiedene Möglichkeiten zur Einflussnahme offen: Ein erster Weg führt über die politischen Parteien und Wahlen. Die Verbände verbünden sich mit den Parteien und entsenden ihre Vertreterinnen und Vertreter auf diese Weise in die politischen Gremien. Während sich die Gewerkschaften vornehmlich an die Sozialdemokratische Partei anlehnen, arbeiten die Unternehmer- und Gewerbeverbände in erster Linie mit den bürgerlichen Parteien zusammen. Ein zweiter Weg zur politischen Einflussnahme bietet sich den Verbänden mit den Instrumenten der direkten Demokratie. Sie können Referenden und Initiativen lancieren, die im Interesse ihre Mitglieder liegen. Ein dritter Weg schliesslich führt über das Vernehmlassungsverfahren. Arbeitet die Verwaltung eine Gesetzesvorlage aus, schickt sie ihre Entwürfe den

bilden. Zudem drängte die Konkurrenz zwischen zwei Gruppierungen, die beide zur Freisinnig-demokratischen Partei der Schweiz hätten gehören können, zur Flurbereinigung. Vor allem aber fühlten die Freisinnigen sich durch den Proporz bedroht. Den zu erwartenden Schaden konnten sie nur begrenzen, wenn ihnen eine bürgerliche Sammlung gelang. Diese sollte Landwirte, Gewerbe, Posamenter und Industrielle unter dem Dach einer Einheitspartei zusammenfassen und eine die bisherigen Grenzen überwindende Front gegen die Linke bilden. Das bürgerliche Vorhaben gelang. 1919 schlossen sich die beiden freisinnigen Ableger zur Demokratischen Fortschrittspartei zusammen. Die Bauern verzichteten auf ihre eigene Partei und beteiligten sich an der Neugründung. Innert kürzester Zeit entstanden über den ganzen Kanton verteilt zahlreiche Sektionen. Die Versammlung vom 3. August 1919 war der erste Parteitag und sah Vertreter aus 50 Gemeinden. Das Telegramm, das die Versammlung an den Bundesrat sandte, beanspruchte, die Meinung von über 4000 eingeschriebenen Mitgliedern der neuen Partei auszudrücken. Auch die Schadensbegrenzung glückte. Bei den letzten Wahlen nach dem alten Verfahren hatten der Freisinn 76, die Katholiken und Arbeitervertreter je acht der insgesamt 94 Mandate ergattert. Zwei weitere Sitze waren an parteilose Kandidaten gegangen. Nach den ersten Proporzwahlen verfügte die freisinnige Seite mit 55 Sitzen noch immer über die Mehrheit. Die Katholiken stellten sieben, die Arbeiterschaft 34 Landräte.

Hatten sich bisher Bewegungs- und Ordnungslager, Landrats- und Regierungspartei und unterschiedliche Strömungen innerhalb der freisinnigen Parteigruppe gegenübergestanden, so verlagerte sich mit den sozialen und politischen Spannungen und den neuen Parteien die prägende Konfliktlinie. Fortan dominierte der Gegensatz zwischen Arbeiterschaft und Bürgertum die Parteilandschaft. Später setzte sich die Geschichtsschreibung der Freisinnigen Partei darüber auseinander, ob die Gefahr der «roten Flut», wie sie ihre damaligen Parteikollegen wahrnahmen, tatsächlich bestanden habe. Roger Blum, der sich auf die historische Forschung stützte, meinte, die Zeitgenossen seien einem «Irrtum» aufgesessen. Die Sozialdemokratie habe mit dem Landesstreik keinen gewaltsamen Umsturz beabsichtigt. Dieser Auffassung widersprach Eugen Meier, der die Zeit als «Chef der Bürgerwehr Liestal» selbst miterlebt hatte. Für jeden Zeitzeugen stehe zweifelsfrei fest, argumentierte er, «dass beim Gelingen des Landesstreiks der Umsturz mit oder ohne Willen der Führer unabwendbar eingetreten wäre».[5]

Die katholische Minderheit

Im ausgehenden 19. Jahrhundert betrug der Anteil der katholischen Bevölkerung im Kanton Basel-Landschaft rund 23 Prozent. Sie bildete eine Minderheit, die sich vorwiegend auf die birseckischen Gemeinden im unteren Kantonsteil konzentrierte. Katholische Politiker hatten nur dort Chancen, einen Landratssitz zu gewinnen. Im übrigen Kanton war die katholische Bevölkerung eine verschwindende Minderheit, und ihre Politiker stiessen auf verbreitete Vorurteile. Die Minderheitsposition sowie der Kulturkampf hatten den gesellschaftlichen Zusammenhalt unter den Baselbieter Katholiken gestärkt.[6] Wie andernorts auch entstand in den birseckischen Gemeinden ein dichtes Geflecht von Kirchenchören, Mütter- und Frauenvereinen, Töchterkongregationen und Jungmannschaften sowie Männer- und Arbeitervereinen.[7] Die engen sozialen Verbindungen unter den Katholiken wirkten sich auch politisch aus. In den neunziger Jahren des 19. Jahrhunderts war der Rückhalt, den der Bauern- und Arbeiterbund über die katholischen Arbeiter- und Männervereine im Birseck fand, eine seiner tragenden Säulen. Auch die Bewegung, welche 1892 zur Revision der kantonalen Verfassung führte, fand in der katholischen Minderheit grosse Unterstützung.[8] Aber der Einfluss der katholischen Politiker hatte Grenzen. Im Landrat kamen sie kaum über zehn Vertreter hinaus und auch in der kantonalen Verwaltung waren sie gemessen an ihrem Bevölkerungsanteil untervertreten. So konnten sie zum Beispiel 1912 nicht verhindern, dass der Kanton Basel-Landschaft für seine Schülerinnen und Schüler Lehr- und Lesebücher beschaffte, welche katholi-

triebe den Weitertransport. Ein Reporter, der den Boykottbetrieb aus der Nähe verfolgte, traf in den Bussen auf eine aufgeräumte Stimmung, wie man sie von Vereinsreisen kennt. Die Frauen und Männer sangen die Melodie des Liedes «Mir fahre mit der SBB» mit neuem Text als Boykottlied.[3] Einzelne Spassvögel sorgten mit Witz und Sprüchen für Kurzweil. Boykotteure, die näher bei der Stadt wohnten, wechselten auf das Velo und radelten direkt in die Stadt oder fuhren ins Birstal hinüber, wo ihnen die Birseckbahn zur Verfügung stand. In Therwil zum Beispiel besammelten sich die Boykotteure und fuhren in langen Zweierkolonnen gemeinsam nach Basel. Die Velofahrer, die sich zum Boykott bekannten, waren an den blauweissen Wimpeln zu erkennen, die ihnen das Komitee zur Finanzierung seiner Auslagen verkauft hatte. Selbst die herrenlosen Essenskörbe und Blechnäpfe, welche viele Leimentaler Hausfrauen jeweils der letzten Bahn vor Mittag mitgegeben hatten, blieben aus. Die Männer, welche die Körbe und Stapelgeschirre bisher an der Heuwaage in Empfang genommen hatten, assen nun anderswo. Die Baracke, die ihnen in der Nähe der Basler Endstation als Unterkunft zur Verfügung stand, war einige Zeit praktisch verwaist.

interessierten Kreisen zur Stellungnahme zu. Die Verbände äussern sich zum Entwurf und schlagen gegebenenfalls auch Alternativen vor. Die Verwaltung wertet die Stellungnahmen der interessierten Kreise aus und arbeitet sie in ihre Vorlage ein. Indem sie die Vorschläge der Verbände – so gut es geht – berücksichtigt, verhindert sie, dass sich deren Opposition erst im Landrat, im späteren Abstimmungskampf oder allenfalls in langwierigen Gerichtsverfahren meldet. Je stärker ein Verband ist und je rascher er gegen eine Vorlage Opposition formieren kann, desto mehr Gewicht haben seine Stellungnahmen im Vernehmlassungsverfahren. Das Verhältnis zwischen den Verbänden war anfänglich sehr gespannt. So mobilisierte zum Beispiel der Gewerbeverein Liestal während des Landesstreiks im November 1918 eine Bürgerwehr, die sich gegen die Gewerkschaften richtete. Nach dem Zweiten Weltkrieg aber fanden die Verbände zur Sozialpartnerschaft. Auf harsche Töne und forsche Auseinandersetzungen greifen sie nur ausnahmsweise in wirtschaftlich schwierigen Zeiten zurück. Das Bild zeigt den Demonstrationszug zum 1. Mai 1960, den das Gewerkschaftskartell Baselland in Pratteln durchführte. Zu Beginn des Jahrhunderts war der 1. Mai ein Kampftag der Arbeiterschaft. Mit der Sozialpartnerschaft, die in den 1960er Jahren ihre Blütezeit hatte, entwickelte er sich zum Festtag. Seit 1969 ist er im Kanton Basel-Landschaft ein gesetzlicher Feiertag. Transparente, Fahnen und Aufzug erinnern an kämpferische Tage.

Wir bauen auf sichern Grund mit LISTE 5

**KATHOLISCHE VOLKSPARTEI
CHRISTLICHSOZIALE VEREINIGUNG**

Katholische Volkspartei, 1953
In der Christlich-sozialen Vereinigung hatte sich der linke Flügel der Katholiken zusammengeschlossen. In Wahlen traten die beiden Flügel geschlossen auf.

sche Positionen und Bestrebungen in einem unvorteilhaften Licht erscheinen liessen. Im Katholischen Volksverein von Baselland, der seit 1905 als Sektion des schweizerischen Dachverbandes bestand, waren die Meinungen darüber geteilt, ob der Verein nicht auch politische Aufgaben wahrnehmen müsse. Einen Ausweg aus der Pattsituation fand man mit dem Entscheid, in seinem Schosse eine katholische Landratsgruppe zu bilden. Ein gutes Jahr später, am 9. November 1913, ging daraus die basellandschaftliche Katholische Volkspartei hervor. Als oberstes Ziel ihrer Arbeit bezeichneten die Statuten der neuen Partei «die Förderung der allgemeinen Volkswohlfahrt [...] auf der Grundlage der christlichen Weltanschauung».[9] Nach der parteipolitischen Flurbereinigung von 1919 bekannte sich die neue Partei konsequent zum bürgerlichen Lager.[10]

Die Linke

Seit 1848 gab es in Liestal eine Sektion des Grütli-Vereins. Später entstanden weitere Ableger, die sich 1882 im Kantonalverband der basellandschaftlichen Grütli-Sektionen zusammenschlossen. Neben den katholischen Arbeiter- und Männervereinen bildete dieser die zweite Hauptstütze des Bauern- und Arbeiterbundes. Die Grütli-Vereine stellten wie ihr schweizerischer Verband die Bildung, soziale Fürsorge und die Geselligkeit in den Vordergrund ihrer Aktivität.[11] Das politische Programm war demgegenüber recht vage gehalten und einem allgemeinen Fortschrittsideal verpflichtet.[12] In den 1890er Jahren erlebten die Baselbieter Grütli-Sektionen ein intensives Auf und Ab. Der Übergang von handwerklichen zu industriellen Arbeitsformen veränderte ihre Trägerschaft und machte ihnen zu schaffen. Die Fabrik- oder Eisenbahnarbeiter, die neu dazustiessen, setzten nach und nach eine Neuorientierung durch: Die Grütli-Vereine politisierten sich, ihr Anliegen blieb aber eine national orientierte Sozialreform.[13] Mit dieser Veränderung rückten Grütli-Sektionen und Ableger der radikaleren Arbeiterbewegung einander näher. So war Stephan Gschwind, der Anfang der neunzi-

Nach rund zehn Tagen, am Donnerstag der zweiten Boykott-Woche, kamen die Parteien erneut zu Verhandlungen zusammen. Doch blieben die Fronten vorerst verhärtet. Es dauerte noch zwei weitere Wochen, bis einer Volksversammlung in Ettingen ein neues Angebot vorlag. Die Bahnverwaltung war ihren Kundinnen und Kunden so weit entgegengekommen, dass die Aufschläge im Maximum 22,5 Prozent betrugen. Damit war nun auch eine Mehrheit der Boykottierenden zufrieden. Mit 164 gegen 74 Stimmen bei etwa 20 Enthaltungen stimmten sie dem Verständigungsvorschlag zu. In einer Resolution gaben sie den Abbruch des Boykotts bekannt und forderten die Bevölkerung auf, die Bahn wieder zu benützen. Die unfreundliche Zurückweisung des Geschenkes der Birsigtalbahn zahlte sich aus. Die Leute aus dem Leimental mussten ihre Abonnemente zwar immer noch teurer kaufen als zuvor. Gegenüber dem anfänglichen Tarif aber konnten sie sparen. Das Boykottergebnis erlaubte zum Beispiel einem Rodersdorfer Bahnbenützer, im Jahr rund 50 Franken einzusparen. Für Angestellte und Arbeiter war dies beim Preis-Lohn-Gefüge der frühen 1950er Jahre ein erklecklicher Betrag. Wie der Konflikt um die Tariferhöhung der Birsigtalbahn Anfang 1951 zeigt, waren die Tarife des öffentlichen Verkehrs aus sozia-

ger Jahre des 19. Jahrhunderts den Grütli-Kantonalverband präsidierte, auch Mitglied der Sozialdemokratischen Partei der Schweiz. In einigen Grütli-Sektionen traten zwischen neuen und alten Strömungen Spannungen auf. In Gemeinden wie etwa in Birsfelden gründeten unzufriedene Grütlianer einen unabhängigen Arbeiterverein. 1913 setzten sich auf kantonaler Ebene die radikalen Positionen durch und gaben dem Kantonalverband den Namen Sozialdemokratische Partei. In seinen Statuten bekannte er sich zum Programm der schweizerischen Partei. Als Hauptaufgabe nahm er sich vor, für «die Besserstellung des arbeitenden Volkes in politischer und wirtschaftlicher Beziehung» zu kämpfen.[14] Die Spannungen waren damit jedoch nicht ausgeräumt. Unter dem Einfluss der Radikalisierung der schweizerischen Partei nahmen sie sogar noch zu, und 1916 traten zahlreiche ehemalige Grütlianer aus der Sozialdemokratischen Partei aus. Trotz der Spaltung waren Grütlianer und Sozialdemokraten die grossen Gewinner der ersten Proporzwahl. Auf einen Schlag vervierfachten sie die Zahl ihrer Mandate. Die Sozialdemokraten stellten 27, die Grütlianer sieben Landräte. 1921 spaltete sich die Sozialdemokratische Partei erneut. Der Flügel, welcher den Anschluss an die Kommunistische Internationale befürwortete, trennte sich ab und gründete auch im Kanton Basel-Landschaft eine Kommunistische Partei. Diese wurde 1940 verboten und 1944 unter dem Namen Partei der Arbeit neu gegründet. Die Grütlianer, von den sozialen Verschiebungen innerhalb ihrer Trägerschaft geschwächt, fanden wieder zur Sozialdemokratischen Partei zurück. 1925 löste sich ihr schweizerischer Dachverband auf.

Bunte Mittelgruppe

Nicht nur die politische Linke hatte unter Spaltungen zu leiden. Auch die aus der Not der unmittelbaren Nachkriegszeit geborene Einheit des Bürgertums zeigte schon bald Zerfallserscheinungen. Im Mittelfeld zwischen den Freisinnigen und Katholiken auf der einen sowie den Sozialdemokraten und Kommunisten auf der anderen Seite entstand im Kanton Basel-Landschaft

Sozialdemokratische Partei, 1931

Freisinnig-demokratische Partei, 1935

len und noch nicht aus ökologischen Gründen eine wichtige Angelegenheit. Da die Löhne der unmittelbaren Nachkriegszeit knapp waren und sich das Automobil noch nicht als individuelles Massenverkehrsmittel durchgesetzt hatte, waren die zahlreichen Pendlerinnen und Pendler, die auf der Landschaft wohnten und in der Stadt arbeiteten, auf günstige Tarife angewiesen. Schon in der Krise der Seidenbandweberei war die Förderung der Autobuslinien im oberen Baselbiet Teil des Massnahmenpakets zu Gunsten der krisengebeutelten Posamenterei. Nach dem Zweiten Weltkrieg sahen sich die kantonalen Behörden weiterhin gezwungen, an Autobusunternehmen und Schmalspurbahnen Subventionen auszurichten. Die privaten Betreiber der öffentlichen Verkehrsverbindungen spürten die Konkurrenz der Strasse. Um eine ausgeglichene Rechnung zu erreichen, hätten sie ihre Tarife nach oben anpassen müssen. Dieser Weg verbot sich aber, weil höhere Transportkosten für viele Pendlerinnen und Pendler mit kleinem Geldbeutel nicht tragbar waren. Also schritt der Kanton im Rahmen seiner Sozialpolitik ein. Er subventionierte die Verkehrsunternehmen mit jährlichen Zahlungen, die ausdrücklich der Verbilligung der so genannten Arbeiterabonnemente dienten. Verkehrspolitik war in den fünfziger

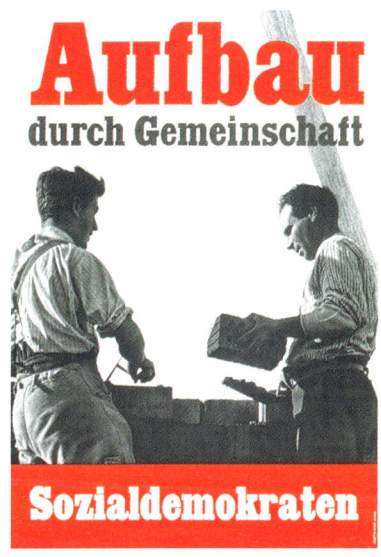

Regierungsratskollegium

Die politische Flurbereinigung nach dem Ersten Weltkrieg und das Verhältniswahlrecht sorgten nicht nur im Landrat für eine ausgeglichenere Verteilung der politischen Macht. Obwohl bei Regierungsratswahlen das Majorzverfahren gültig blieb, zerbrach etwas später die freisinnige Vorherrschaft auch in der Exekutive. 1925 und 1931 holte sich die Sozialdemokratische Partei mit Jakob Mosimann und Walter Hilfiker zwei Regierungsratssitze. Nach den beiden Niederlagen bemühte sich die Freisinnig-demokratische Partei um Bündnisse mit den anderen bürgerlichen Parteien und begann, einen freiwilligen Proporz zu praktizieren. So war sie 1936 bereit, Dr. Hugo Gschwind, dem Kandidaten der Katholischen Volkspartei, einen Sitz einzuräumen. Obwohl sie im Gegenzug die Unterstützung der Katholiken erhielt, verlor sie nach dem Rücktritt von Adolf Seiler einen weiteren Regierungsratssitz. Dieser ging 1939 an Hans Fischer, einen Vertreter der Bauern, welcher auch die Unterstützung eines Teils der Mittelparteien genoss. 1944 hielt die einst dominierende Freisinnig-demokratische Partei im Regierungsrat nur noch einen Sitz. Die übrigen vier Sitze hatten die Katholiken (1 Sitz), die Mittelparteien (1 Sitz) und die Sozialdemokraten (2 Sitze) inne. Für kurze Zeit sass sogar eine «rote Mehrheit» im Baselbieter Regierungsrat. Der von den Freiwirtschaftern aufgestellte Otto Kopp trat nämlich 1947 nach seiner Wahl den Sozialdemokraten bei, so dass diese die Mehrheit stellten. Bereits nach einem Jahr wechselte Kopp allerdings zur Freien Politischen Vereinigung, womit es mit der «roten Mehrheit» bereits wieder vorbei war. Aus der Zusammenarbeit zwischen den bürgerlichen Parteien entwickelte sich die Bürgerliche Zusammenarbeit (Büza), welche eine bürgerliche Regierungsmehrheit sicherstellte. Den Sozialdemokraten gelang es unter diesen Umständen nicht mehr, ihre Zweiervertretung zu verteidigen. Dafür räumte der von der Bürgerlichen Zusam-

eine ganze Reihe von Parteien. Meistens handelte es sich um Abspaltungen der Demokratischen Fortschrittspartei. Für sie hat sich der Sammelbegriff «Mittelgruppe» eingebürgert. Diese Parteien waren in den wenigsten Fällen Gründungen, die lange Zeit bestehen blieben. Meist gingen sie schon nach wenigen Jahren wieder ein oder verbündeten sich mit anderen Gruppierungen zu neuen Kleinparteien.

Den Ansturm der Parteien der Mitte hatte die Demokratische Fortschrittspartei zunächst unbeschadet überstanden. Die ersten Sitzgewinne der Evangelischen Volkspartei und der dissidenten Freisinnigen Partei gingen noch auf Kosten der Linken. In den Wahlen von 1923 konnte die Fortschrittspartei sogar noch einen Sitz zulegen. Die späteren Wahlen und die Gründung weiterer Mittelparteien setzten der freisinnigen Einheitspartei, die sich 1927 in Freisinnig-demokratische Partei umbenannte, jedoch stark zu. Ihren Tiefpunkt erreichte sie bei den Landratswahlen von 1944, als sie noch 18 der 80 Mandate errang.

In der Zwischenkriegszeit wurde aus der Baselbieter Parteienlandschaft ein farbenfroher Flickenteppich. Fragt man nach den Gründen für die weitgehende Aufsplitterung, dann lassen sich im Wesentlichen vier benennen: Erstens war die Gründung der Demokratischen Fortschrittspartei ein Produkt starken politischen Druckes. Die Furcht vor der «roten Flut» erzwang die bürgerliche Einheit. Als sich die Angst bald als unbegründet herausstellte, liess dieser Druck nach, und die internen Meinungsunterschiede und Interessengegensätze traten wieder stärker hervor. Zweitens war der Anspruch der Freisinnigen, das ganze Volk zu vertreten, nicht zu halten. Mit der wirtschaftlichen und gesellschaftlichen Entwicklung vervielfältigten sich die Lebenslagen, was fortlaufend neue Interessen und soziale Unterschiede hervorrief.[15] Diese wirkten sich auch auf der politischen Ebene aus. Zudem erlaubte es das Proporzverfahren auch kleinen politischen Gruppierungen, sich mit Erfolg an den Landratswahlen zu beteiligen. Drittens unterwarf die distanzierte Haltung, welche viele Baselbieter den

und sechziger Jahren Sozialpolitik. Erst die Umweltbewegung der siebziger und achtziger Jahre verhalf umweltpolitischen Gesichtspunkten zum Durchbruch.

Baselbieter Mittelparteien[4]

Die erste Partei, die im Mittelfeld auftrat, war die Evangelische Volkspartei, die 1921 entstand. Sie störte sich an der «Politik des Klassenkampfes und Hasses», die aus ihrer Sicht linke wie rechte Parteigänger förderten, und beteiligte sich 1923 erstmals an den Landratswahlen. In den 1930er Jahren verbündete sie sich mit anderen Parteien der Mittelgruppe und ging schliesslich in der Demokratischen Partei

auf. Erst in den 1960er Jahren trat sie wieder als selbständige Partei in Erscheinung. 1923 meldete sich erstmals die dissidente Freisinnige Partei zu Wort. Sie hatte sich in Liestal aus kommunalen Streitigkeiten heraus gebildet und formierte sich nun auch auf der kantonalen Ebene. Sie nährte ihre Kraft aus der distanzierten Haltung der Wählenden gegenüber den Parteien, bekundete sie doch die Absicht, dem Partei- und Politikerfilz an den Kragen zu gehen. Mit einer Volksinitiative setzte sie 1926 durch, dass der inzwischen auf 102 Köpfe angewachsene Landrat auf 80 Volksvertreter reduziert wurde. 1929 ging ihr die Unterstützung der Zeitung

Parteien gegenüber einnahmen, einmal entstandene Zusammenschlüsse einem ständigen Zerfallsprozess. Viele Männer liessen sich nur kurzfristig an Parteien binden. Bald lockerte sich die Verbindung wieder oder man wechselte zu einer neuen Gruppe. Davon betroffen waren vor allem die bürgerlichen Parteien, in deren Klientel die Reserve gegenüber der Parteipolitik besonders stark ausgeprägt war. Viertens schliesslich blieb die herkömmliche Art, sich mit losen Bewegungen politischen Einfluss zu ergattern, im Kanton Basel-Landschaft noch lange prägend. Politische Konflikte wirkten sich nicht in erster Linie als belebendes Element der Parteipolitik aus, sondern führten oft zu Bewegungen, die von Parteien unabhängig waren. Dies zeigt sich zum Beispiel an der Auseinandersetzung um die Tariferhöhung der Birsigtalbahn, später im Widerstand gegen das Atomkraftwerk Kaiseraugst.[16]

Konkordanz

Die Auffächerung der politischen Macht vollzog sich nicht nur im Parlament, sondern auch in der Regierung.[17] Längerfristig entschärfte sie die politischen Gegensätze. Da der Regierungsrat als Kollegialbehörde wirkte, trug die Zusammenarbeit, zu der die verschiedenen Parteien in seinem Kreis gezwungen waren, zusätzlich dazu bei, dass sich die politischen Gegensätze abschliffen und eine einvernehmliche politische Praxis Platz griff. Wie sich im wirtschaftlichen Bereich nach dem Zweiten Weltkrieg die Sozialpartnerschaft durchsetzte, so spielte sich auf der politischen Ebene die Konkordanz ein. Die grossen Parteien fanden zu einer pragmatischen Zusammenarbeit. Förderlich waren diesem Prozess verschiedene Faktoren: Erstens zwangen die Wirtschaftskrise in den dreissiger Jahren und der Zweite Weltkrieg zur Einigkeit. Zweitens verschaffte der Wirtschaftsaufschwung der Nachkriegszeit dem Kanton und seinen Bewohnerinnen und Bewohnern wachsenden Wohlstand. Dieser entschärfte die Verteilungskämpfe, welche die Parteikämpfe der Zwischenkriegszeit polarisiert hatten. Drittens setzte sich in der

menarbeit eingehaltene freiwillige Proporz der Bürger-, Gewerbe- und Bauernpartei sowie der Katholischen Volkspartei je einen, den Freisinnigen zwei Regierungsratssitze ein. Das Bündnis zwischen den bürgerlichen Parteien geriet erst in den 1980er Jahren ins Wanken, als es den Sozialdemokraten nach mehreren Anläufen erneut gelang, einen zweiten Sitz zu erobern. 1999 ging dieser allerdings wieder verloren.

Team 1
Der bisherige sozialdemokratische Regierungsrat Leo Lejeune trat 1963 gemeinsam mit Nationalrat Fritz Waldner zur Regierungsratswahl an. Der Versuch der Sozialdemokraten scheiterte, den durch den Rücktritt von Heinrich Abegg verwaisten Regierungsratssitz zu sichern. Während Lejeune im Amt blieb, verlor Fritz Waldner den zweiten sozialdemokratischen Sitz an den freisinnigen Ernst Loeliger.

Team 2
1967 traten mit Paul Gürtler, Ernst Boerlin und Max Kaufmann drei Regierungsräte zurück, die viele Jahre im Amt gewesen waren. Zu den verbleibenden Ernst Loeliger von den Freisinnigen und Leo Lejeune von den Sozialdemokraten wählten die Stimmbürger Karl Zeltner von der Katholischen Volkspartei, den Freisinnigen Theo Meier und Paul Manz von der Bauern-, Gewerbe- und Bürgerpartei. Die vier bürgerlichen Regierungsräte traten als Team auf. Mit Leo Lejeune zusammen waren sie für den neuen Wind verantwortlich, der die Kantonsverwaltung Ende der 1960er, Anfang der 1970er Jahre durchzog und dem Kanton zu einem Modernisierungsschub verhalf.

Bürgerliches Baselbiet

Die Grafik, welche die Sitzverteilung im Landrat seit 1920 veranschaulicht, zeigt, dass sich die politischen Gewichte im Kanton Basel-Landschaft während des 20. Jahrhunderts nicht stark verschoben haben. Zwar gab es zwischen dem linken und dem bürgerlichen Lager immer wieder kleine Verschiebungen. Radikale Gewichtsverlagerungen aber blieben aus. Die Linke konnte zwischen 1920 und 1999 immer rund einen Drittel der Landratssitze erobern, während die Mittelparteien und die bürgerliche Seite etwa zwei Drittel der Sitze inne hatte. Markanter als die Verschiebungen zwischen den Lagern waren die Veränderungen, welche sich innerhalb der Parteigruppen ergaben. Deutlich ist die Aufsplitterung der freisinnigen Vormachtstellung im bürgerlichen Lager zu erkennen. 1920 teilten die Freisinnigen die bürgerlichen Sitze ausschliesslich mit der Katholischen Volkspartei. Schon 1923 und 1926 aber traten mit den Mittelparteien und den Bauern zunehmend stärkere Konkurrenten auf. Während die Mittelparteien auch im linken Lager Stimmen holten und nach dem Zweiten Weltkrieg an Kraft verloren, blieb die Konkurrenz der Bauern bestehen. Als Schweizerische Volkspartei gelang es der ehemaligen Bauern-, Gewerbe- und Bürgerpartei, eine neue Klientel zu mobilisieren, so dass sie sich in den letzten Wahlen zu stärken vermochte, obwohl die Zahl der Bauern ständig rückläufig war. Deutlich zu erkennen sind auch die beiden Phasen der parteipolitischen Entwicklung im Kanton Basel-Landschaft. Die Zwischenkriegszeit war zunächst geprägt von einer starken Polarisierung zwischen dem linken und rechten Lager, welche die vermittelnde und zur Parteipolitik auf Distanz gehende Mittelgruppe mobilisierte. Nach dem Zweiten Weltkrieg, in der Phase des wirtschaftlichen Wachstums, spielte sich die Konkordanzpolitik ein. Die beiden parteipolitischen Lager rückten näher und suchten vermehrt die Zusammenarbeit.

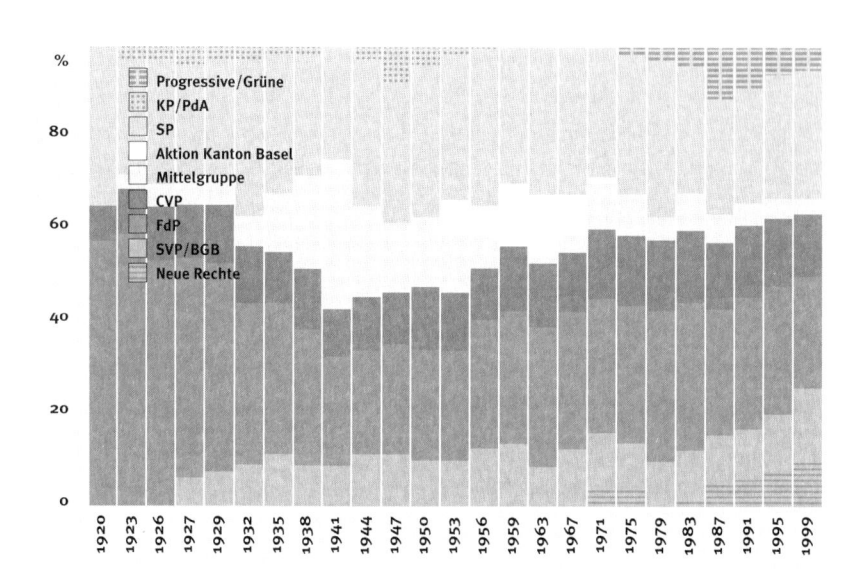

Konkordanz in anderer Form und auf anderer Ebene die Tradition der korporativen Bewältigung öffentlicher Aufgaben fort.

Auch die Mittelparteien trugen dazu bei, dass die Pole zur Zusammenarbeit fanden. Sie griffen nämlich die Kritik an einer polarisierenden Parteipolitik auf und fanden dafür immer wieder Zustimmung. Indem die grossen Parteien ihre Gegensätze abbauten, reagierten sie auf diese Kritik. Zudem bewegten sich die grossen Parteien selber der politischen Mitte zu. Die Katholische Volkspartei ergänzte bereits 1926 ihren Namen mit dem Zusatz «und christlichsoziale Vereinigung». 1961 benannte sie sich in Christlichsoziale Volkspartei, 1970 in Christlich-demokratische Volkspartei um. Eine ähnliche Entwicklung vollzog auch die Baselbieter Bauernpartei. Sie firmierte ab Anfang der fünfziger Jahre als Bauern-, Gewerbe- und Bürgerpartei und gab sich Mitte der siebziger Jahre die Bezeichnung Schweizerische Volkspartei. Vor allem die letzten Namensänderungen signalisierten, dass die beiden Parteien eine Öffnung anstrebten. Im Zuge der Vervielfältigung der Lebenslagen lockerten sich die Bindungen zwischen den Parteien und ihren

‹Landschäftler› verloren. Zudem schwächten sie interne Querelen. Wenig später löste sie sich auf. In den vierziger Jahren trat mit der Freien Demokratischen Vereinigung erneut eine freisinnige Dissidentengruppe auf.

Die Bauern klinkten sich 1925 aus der Demokratischen Fortschrittspartei aus. In den oberen Bezirken formierten sie sich als Oberbaselbieter Bauernpartei. Im unteren Kantonsteil traten sie als Bürger-, Bauern- und Gewerbepartei auf. Vorübergehend war auch eine Bauernheimatbewegung aktiv. Später traten sie unter dem Namen Bauern-, Gewerbe- und Bürgerpartei und Schweizerische Volkspartei auf.

1932 entstand im Kanton Basel-Landschaft eine Ortsgruppe des Schweizerischen Freiwirtschaftsbundes. Schon 1925 hatte Emil Roppel aus Birsfelden eine Schuldner-, Pächter- und Mieter-Liste gegründet, welche freiwirtschaftliche Forderungen erhob. Zudem waren freiwirtschaftliche Ideen seit Jahren regelmässig im ‹Landschäftler› aufgetaucht. 1927 hatte das Liestaler Blatt mit Hans Konrad Sonderegger einen Anhänger der Ideen von Silvio Gesell zum Redaktor berufen. Unter dem Einfluss der weit verbreiteten Zeitung und des Freiwirtschaftsbundes entwickelte sich der Kanton Basel-Landschaft zu einer Hochburg der Bewegung. Bei den Kleinbauern, Ge-

gesellschaftlichen Milieus. Die Parteien waren immer weniger in der Lage, sich auf eine fest gefügte und klar abgrenzbare Klientel abzustützen. Sie versuchten neue Wählergruppen zu gewinnen, indem sie die Interessen breiter Bevölkerungskreise zu vertreten beanspruchten, und wandelten sich zu so genannten Volksparteien.

Bewegung links und rechts des Spektrums

Je besser sich die Konkordanz nach dem Zweiten Weltkrieg einspielte, je enger die grossen Parteien zusammenrückten, je stärker sich die parteipolitischen Gegensätze abschliffen, desto begrenzter wurde der Bereich zwischen den Polen. Die Mittelparteien verloren im Zuge der wirtschaftlichen und sozialen Entwicklung nicht nur einen Teil ihrer Klientel, sie gingen auch des Feldes verlustig, auf dem sie zwischen den Lagern politisiert hatten. Selbst ihre Kritik an einer polarisierenden Parteipolitik verlor mit der Konkordanzpolitik an Zugkraft. Die Bedeutung der kleinen Parteien der Mittelgruppe sank. Je weniger Platz zwischen den grossen Parteien blieb, desto mehr Raum öffnete sich jedoch am linken und rechten Rand des politischen Spektrums. Dieses Feld besetzten ab Ende der sechziger Jahre, als die Folgen des rasanten Wachstums der Nachkriegszeit unübersehbar wurden, die parteipolitischen Ableger der sozialen Bewegungen.

Zunächst meldeten sie sich auf der rechten Seite des politischen Spektrums. Das starke Wachstum und die damit verbundenen sozialen Verwerfungen hatten im Kanton Basel-Landschaft in Teilen der Arbeiterschaft ein Unbehagen geweckt, das die Nationale Aktion für Volk und Heimat und die Republikaner von James Schwarzenbach als Angst vor einer «Überfremdung» der Schweiz auf den Punkt brachten. Den Folgen des Wachstums wollten diese Gruppierungen mit fremdenfeindlichen Forderungen begegnen. Später traten die Vertreterinnen und Vertreter dieser politischen Richtung als Schweizer Demokraten auf und gewannen sowohl einige Landratssitze als auch eines der sieben Baselbieter Nationalratsmandate.

Für die Mittelparteien blieb immer weniger Raum. Sie verloren an Boden. Dafür aber entstanden am linken und rechten Rand des politischen Spektrums Wählerpotenziale, welche von den Progressiven Organisationen und den Grünen einerseits, der Nationalen Aktion gegen die Überfremdung von Volk und Heimat und den Schweizer Demokraten andererseits erfolgreich mobilisiert wurden.

werbetreibenden und Posamentern des Oberbaselbiets, die unter der strukturellen Krise ihrer Erwerbszweige litten, fand das Versprechen, mit einer Geld- und Bodenreform eine krisenfreie Wirtschaft zu garantieren, grossen Rückhalt. 1935 nahm der Freiwirtschaftsbund erstmals an den Landratswahlen teil.
Drei Jahre später verbündete er sich mit der Evangelischen Volkspartei zum Bund für wirtschaftlichen Aufbau. 1939 gelang es diesem Bündnis sogar, mit Hans Konrad Sonderegger einen Vertreter in den Nationalrat nach Bern zu schicken, der nicht im Kanton wohnte, sondern als Appenzeller ein Auswärtiger war. Nach dem Zweiten Weltkrieg verloren die Freiwirtschafter rasch an Boden.
1941 trat mit dem Landesring der Unabhängigen eine weitere Mittelpartei auf. 1944 machte er auf der «Liste der Verständigung» mit und ging 1945 in der Demokratischen Partei auf. Wie die Evangelische Volkspartei tauchte der Landesring erst in den sechziger Jahren wieder als selbständige Partei auf. Anfang der siebziger Jahre beerbte er die Aktion Kanton Basel und eroberte vorübergehend einen der Baselbieter Nationalratssitze. Er verlor aber bald wieder an Rückhalt und verschwand schon Anfang der neunziger Jahre praktisch ganz von der Bildfläche.

Bauern-, Gewerbe- und Bürgerpartei, 1951

Aktion Kanton Basel

Partei der Arbeit, 1983
Die Kommunisten, welche nach dem Verbot ihrer Organisation unter dem Namen Partei der Arbeit aktiv blieben, konnten in einzelnen Gemeinden namhafte Wähleranteile mobilisieren und einige Landratsmandate erringen. So waren sie etwa im industrialisierten Pratteln zeitweise stark vertreten und stellten mit Hans Jeger von 1944 bis 1950 sogar den Gemeindepräsidenten.

Schweizerische Volkspartei, 1991
Werner Spitteler aus Bennwil war von 1982 bis 1994 Regierungsrat.

Landesring der Unabhängigen, 1987

Christlich-demokratische Volkspartei
1994 erhielt der Kanton Basel-Landschaft mit Elsbeth Schneider-Kenel seine erste Regierungsrätin.

Wilde Kandidatur
1987 versuchte der langjährige freisinnige Nationalrat Karl Flubacher aus Läufelfingen erfolglos eine wilde Kandidatur. Er trat gegen den offiziellen FDP-Kandidaten René Rhinow sowie gegen die sozialdemokratische Kandidatin Heidy Strub an. Rhinow setzte sich durch und blieb bis 1999 Baselbieter Ständeherr.

Sozialdemokratische Partei, 1995

Progressive Organisationen, um 1990

Auf der linken Seite des Parteienspektrums wurde es mit der 68er Bewegung bunter. Die Stadt Basel war der Geburtsort der Progressiven Organisationen, die aus der Studentenbewegung von 1968 hervorgegangen waren und ihre Kreise auch auf der Landschaft zogen. Die Progressiven Organisationen Baselland entstanden 1974. Sie traten mit betont linksradikalen Analysen und Forderungen auf und unterstützten zum Beispiel revolutionäre Befreiungsbewegungen im «Trikont», der so genannten Dritten Welt. Ihre politische Praxis umfasste auch unkonventionelle Aktionsformen. So beteiligten sie sich am Widerstand gegen das Atomkraftwerk Kaiseraugst. Später nahmen sie auf der kommunalen und kantonalen Ebene an Wahlen teil. In einigen grösseren Gemeinden des unteren Kantonsteils gelang ihnen der Sprung in die Einwohner- und vereinzelt in die Gemeinderäte. Ab 1975 waren sie im Landrat vertreten. Stand den Progressiven Organisationen die Studentenbewegung zu Gevatter, so den Grünen die Umweltbewegung. Die Grünen Parteien waren die parteiförmigen Ableger dieser sozialen Bewegung. Sie warfen sich in den herkömmlichen politischen Betrieb und stritten mit den traditionellen Parteien um politische Mandate. Im Kanton Basel-Landschaft schlossen sich die Progressiven Organisationen und die Grünen in den achtziger Jahren zusammen. Doch war die Einheit nur von kurzer Dauer. Bald trat neben den Grünen wieder eine Freie Grüne Liste auf. Als Grünes Bündnis gelang es dieser Parteigruppe, nicht nur einige Landratsmandate, sondern auch einen Nationalratssitz zu erobern.

Die neuen Parteien auf der rechten und linken Seite des politischen Spektrums setzten ihrerseits die grossen Parteien unter Druck. Wie die Mittelgruppe dazu beigetragen hatte, dass sich die polarisierten Lager einander näherten, so bewirkten die neuen Gruppierungen, dass sich die Spannungen zwischen den in der Konkordanz eingebundenen Parteien wieder verstärkten. Zusätzlich fachten die wirtschaftlichen Stockungen seit den siebziger Jahren die Verteilungskämpfe wieder an und aktualisierten alte Konfliktlinien.

1944 taten sich der Landesring, die Bürger-, Bauern- und Gewerbepartei, die Bauernheimatbewegung, der Bund für wirtschaftlichen Aufbau und die Freie Demokratische Vereinigung zur «Liste der Verständigung» zusammen. Aus diesem Bündnis ging 1945 die Demokratische Partei hervor. 1950 aber zerfiel die Einheit der Mittelgruppe bereits wieder. Der linke, freiwirtschaftliche Flügel der Demokraten machte sich damals selbständig und formierte sich als Freie Politische Vereinigung. Der Rest der Demokratischen Partei blieb vorläufig selbständig, schloss sich 1968 aber der Bauern-, Gewerbe- und Bürgerpartei an. Anfang der fünfziger Jahre meldete sich eine weitere Spezialität der Baselbieter Parteienlandschaft. Politiker aus dem Umkreis des Wiedervereinigungsverbandes gründeten die Aktion Kanton Basel. Sie bildete den parteiförmigen Ableger der Bewegung und setzte sich den Zusammenschluss der beiden Basel zum obersten Ziel. Sie beurteilte alle tagespolitischen Fragen unter dem Gesichtspunkt der Wiedervereinigung. Vor allem im unteren Kantonsteil fand sie als Einpunktpartei grossen Rückhalt. Die entscheidende Abstimmung über die Wiedervereinigung im Jahre 1969, die zu ihren Ungunsten ausgefallen war, besiegelte auch ihr politisches Schicksal.

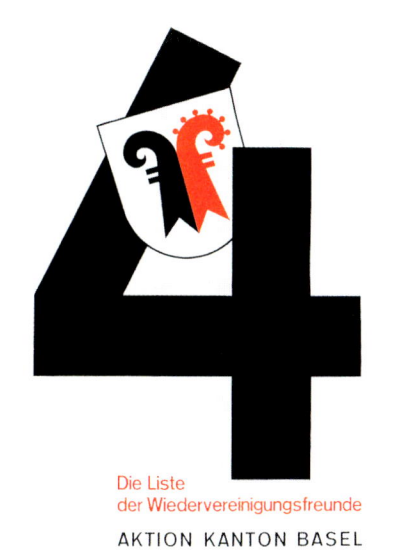

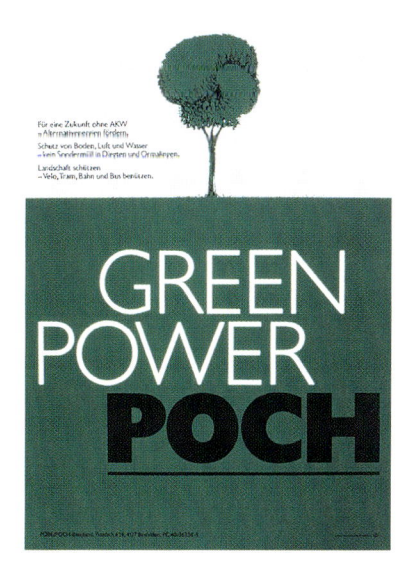

PARTEIEN-LANDSCHAFT 175

Lesetipps

Für die Baselbieter Parteigeschichte sind die Arbeiten von Blum nach wie vor unerlässlich. Sein Parlamentsbrevier (Blum 1980) liefert eine gute Übersicht, wobei vor allem die Tabellen sehr hilfreich sind. Auch in seiner Geschichte des Baselbieter Freisinns (Blum 1969) findet man wertvolle Hinweise auf die Parteigeschichte des Kantons.

Für die Zwischenkriegszeit zeichnet Rudin (1999) ein eindrückliches Bild der Parteienlandschaft. Da nur wenig Archivmaterial aufzutreiben war, stützte sich ihre Untersuchung, die im Auftrag der Forschungsstelle Baselbieter Geschichte entstand, vor allem auf die Berichterstattung der Zeitungen. Auf dieser Grundlage gelingt es der Autorin, den Anfängen der wichtigsten Parteien auf die Spur zu kommen. Nicht berücksichtigt sind die Parteien der Katholiken sowie der Kommunisten.

Über die Geschichte der Christlich-demokratischen Volkspartei gibt es allerdings zwei kleinere Bändchen: Blunschi 1966; Christlich-demokratische Volkspartei Basel-Landschaft (Hg.) 1989.

Abbildungen

Foto Mikrofilmstelle: S. 161.
Plakatsammlung Basel: S. 163, 164, 169, 171, 175.
Birsigtal-Bote Basel, 26. Januar 1951: S. 165 unten.
J. R. Thüring-Favre, Ettingen: S. 165 oben.
Foto-Archiv Jeck, Basel und Reinach.
Foto: Lothar Jeck: S. 166.
Christlich-demokratische Volkspartei Basel-Landschaft (Hg.) 1989: S. 168.
Anne Hoffmann: Grafik S. 172. Quellen Blum 1980 und Amtsblatt des Kantons Basel-Landschaft.

Reproduktionen durch Mikrofilmstelle.

Anmerkungen

1 BZ, 4. August 1919.
2 Degen 1986, S. 94–97.
3 Vgl. Bd. 5, Kap. 16.
4 Zum Folgenden: Rudin 1999, S. 39–142.
5 Die Debatte ist dokumentiert in: Blum 1969.
6 Blunschi 1966, S. 6–30; Christlich-demokratische Volkspartei Basel-Landschaft (Hg.) 1989, S. 6–30; Altermatt 1972.
7 Blunschi 1966, S. 30.
8 Vgl. Bd. 5, Kap. 17.
9 Statuten zit. in: Christlich-demokratische Volkspartei Basel-Landschaft (Hg.) 1989, S. 32.
10 Blunschi 1966, S. 30–64; Christlich-demokratische Volkspartei Basel-Landschaft (Hg.) 1989, S. 20–67.
11 Brandt 1905.
12 Balthasar/Gruner 1989, S. 365–366.
13 Brandt 1905, S. 453–457.
14 Art. 1 der Statuten. Zit. nach: Rudin 1999, S. 176.
15 Vgl. Bd. 6, Kap. 4.
16 Vgl. Bd. 6, Kap. 11.
17 Zum Folgenden: Blum 1969; Blum 1980.

1 Zum Folgenden Epple 1998b, S. 351–361.
2 BZ, 9. Februar 1951.
3 BZ, 8. März 1951.
4 Zum Folgenden: Blum 1980.

Wachstumsbewältigung

Bild zum Kapitelanfang
Arlesheim, 1890 und 1992
Die Orts- und Regionalplanung, die nach dem Zweiten Weltkrieg einsetzte, wollte das Wachstum der Siedlungsgebiete in geordnete Bahnen leiten. Ein erster Schritt bestand darin, in den stark wachsenden Dörfern Zonen auszuscheiden. Das Baugesetz, das Mitte 1942 in Kraft trat, ermöglichte es, zwischen Wohn-, Geschäfts- und Industriequartieren zu unterscheiden. Arlesheim gehörte zu den ersten Gemeinden des Kantons, welche die neuen Bestimmungen nutzten. Mit Dornach schrieb es einen Wettbewerb aus, in dessen Rahmen sich Planer und Architekten darüber Gedanken machten, wie die beiden Gemeinden 50 Jahre später aussehen sollten. Die Ergebnisse der Ideensammlung fasste der ‹Landschäftler› in seinen Ausgaben vom 23. und 27. August 1946 in einem Bericht zusammen: «Die Planung der Gemeinden Arlesheim/Dornach wird sich nach den Überlegungen des sachverständigen Preisgerichts [...] anders zu gestalten haben, als etwa jene einer stadtnahen oder einer ausgesprochen industriell interessierten Gemeinde. Die Gemeinden Arlesheim und Dornach sind ausgesprochene Wohngemeinden, sie sollen ungefähr die Aufgabe übernehmen wie das bessere Zürichbergquartier für Zürich. Der Wohncharakter der beiden Gemeinden steht daher im Vordergrund aller Überlegungen. Neuansiedlungen von Industrie werden direkt als unerwünscht bezeichnet. Im Interesse des künftigen Wohn- und Gartendorfes Dornach-Arlesheim soll denn auch das heutige Landschaftsbild durch Bauverbote in gewissen Gebieten (Waldränder, Geländeeinschnitt des Ramstales, westlich der Ruine Dorneck etc.) möglichst unverfälscht erhalten, die Schönheiten der Hanglage und des Ausblickes nicht verdorben werden.» Die Flugaufnahmen zeigen Arlesheim im Jahre 1890 und 1992. Die ältere der Aufnahmen stammt vom bekannten Ballonfahrer Eduard Spelterini.

Nachdem die Baselbieter Stimmberechtigten am 23. Februar 1936 erstmals über die Frage der Wiedervereinigung abgestimmt und die Volksinitiative des Wiedervereinigungsverbandes gutgeheissen hatten, gingen die Gegner der Wiedervereinigung, die im Heimatbund für das Selbständige Baselbiet zusammengeschlossen waren, über die Bücher. Am Freitag nach der Abstimmungsniederlage fragten sie sich an einer «allgemeinen Aussprache», warum so «viele Kantonsbürger der Wiedervereinigung zugestimmt» hätten. Einer der Anwesenden meinte, die hohe Zustimmung des Bezirks Arlesheim bringe zum Ausdruck, dass man vom Kanton verlange, er solle sich vermehrt der Bedürfnisse des unteren Kantonsteils annehmen: «Vor allem [...] glaube ich, dass in erster Linie dem Kanton vorgeworfen wird, er sei zu wenig initiativ in der Lösung von Problemen, die ihn nicht unmittelbar berühren. Er lässt sich vieles aufdrängen, wartet zu mit eigenem Vorgehen, bis daraus politische Schwierigkeiten entstehen. [...] Vor allem arbeitet die kantonale ‹Gesetzgebungsmaschine› viel zu langsam.» Der Redner folgerte, dass die «verschiedenen revisionsbedürftigen Gesetze [...] mit spezieller Beschleunigung zu bearbeiten» wären. Unter anderem führte er das «Baugesetz, mit spez. Berücksichtigung der Bedürfnisse der stadtnahen Gemeinden» und «das Schulgesetz mit besonderm Ausbau unserer Mittelschulen» an. Die Reformen dürften allerdings nicht in Form von «Flickgesetzen» verwirklicht werden, meinte er. Was ihm als Alternative vorschwebte, sprach er nicht direkt aus. Seiner Stellungnahme ist trotzdem anzumerken, worum es ihm ging: Die politisch Verantwortlichen sollten sich einen Ruck geben und entscheidende Schritte zur Erneuerung des Kantons Basel-Landschaft und zum Ausbau seiner Infrastruktur tun. Alles andere «würde der Selbständigkeit sicherlich schaden».[1]

Was der Diskussionsteilnehmer den Anhängern des Selbständigen Baselbiets ins Stammbuch schrieb, hätte Programm sein können. Doch in der Zwischenkriegszeit dominierte im Heimatbund eine bewahrende Mehrheit, welche die kantonale Selbständigkeit als Bollwerk gegen Veränderung,

Gegen das bauliche Chaos
1956 schrieb der Binninger Gregor Kunz in der ‹Basellandschaftlichen Zeitung›: «Es fehlte jede Ortsplanung; Strassen wurden unpraktisch und unschön angelegt; Wohnhäuser, Gewerbe und Landwirtschaft mischten sich kunterbunt; die verschiedenen Bautypen, hoch und flach, Villa und Miethaus, standen nebeneinander. Die spekulativ-billige Mietbaracke herrschte vor, deren Fassade dem Nachbarn womöglich noch auf die Grenze gesetzt wurde.»[1] Der Wiedervereinigungsfreund Kunz blickte in seinem Artikel in die Zwischenkriegszeit zurück, als die bauliche Entwicklung der Agglomerationsgemeinden ein wichtiger Aspekt der Auseinandersetzung um die Wiedervereinigung war. Gesetzliche Grundlagen für planerische Eingriffe gab es damals noch kaum. Das änderte sich mit dem Baugesetz von 1941. Dessen Artikel 58 räumten den Gemeindebehörden weitgehende planerische Rechte ein: «Die Gemeinden sind befugt, im Interesse ihrer baulichen Entwicklung für ihr ganzes Gebiet oder für einzelne Teile desselben Bebauungs-, Zonen- und Baulinienpläne sowie dazu gehörende Baureglemente und Baupolizeivorschriften aufzustellen.»[2] Mit dem neuen Baugesetz erhielten aber auch die kantonalen Behörden die Möglichkeit, planerisch einzugreifen, denn die

städtische Lebensweise und sozialen Fortschritt verteidigte.[2] Zu Reformen, welche die Voraussetzung für die Erhaltung der Selbständigkeit gewesen wären, bestand in ihrem Kreis wenig Neigung. Erst nach dem Zweiten Weltkrieg machte diese Haltung nach und nach einer offeneren und reformfreudigen Position Platz. In den politischen Behörden, im Landrat und in der Regierung, gab es bereits in den fünfziger Jahren Leute, welche den Ausbau und die Modernisierung des Kantons vorantrieben. Sie erkannten den Nachholbedarf und wollten ihm durch tatkräftiges Handeln entsprechen. Dabei nahmen sie sich dieses Ziel nicht allein aus staatsmännischer Ein- und Weitsicht vor. Ihrer Politik stand auch pure Notwendigkeit Pate: So sahen sich die politischen Behörden des Kantons Basel-Landschaft zeitweise einer städtischen Politik gegenüber, die ihnen keine andere Wahl liess. Weder im Spital- noch im Bildungswesen konnten sie sich darauf verlassen, dass ihnen die Dienstleistungen Basels auch längerfristig zur Verfügung stehen würden. Zudem war der Kanton Basel-Landschaft mit einem rasanten Bevölkerungswachstum konfrontiert, dessen Folgen seine Behörden nur dann in den Griff bekamen, wenn sie die Infrastruktur auf- und ausbauten. Dabei kam ihnen entgegen, dass sich die beiden grossen politischen Lager, die Gegner und die Befürworter der Wiedervereinigung, immer wieder zu punktuellen Bündnissen zusammenfanden. Auch hatten sich die politischen und sozialen Spannungen der Zwischenkriegszeit nach dem Zweiten Weltkrieg so weit abgebaut, dass die wichtigsten politischen Parteien zu einer einvernehmlichen Politik in Landrat und Regierung fanden. Auf dieser breiten politischen Basis liessen sich wichtige Projekte durchsetzen. Günstige Bedingungen schuf schliesslich auch der lang andauernde Konjunkturaufschwung der Nachkriegszeit. Er bot nicht nur der sozialen Entspannung gute Voraussetzungen. Er verschaffte dem Kanton auch die finanziellen Mittel, die er benötigte, um seine Vorhaben in die Tat umzusetzen.

Wachstums- und Planungsglaube
*Am 23. August 1963 träumte im ‹Baselbieter-Anzeiger› ein Prattler Verkehrsbüro, sein Dorf würde im Jahre 1980 als Stadt 24 000 Einwohnerinnen und Einwohner beherbergen. Auch Liestal rechnete damals damit, gross und grösser zu werden. «Es ist kaum zu erwarten, dass eine 150-jährige, stetige Entwicklung morgen sich verflachen wird», schrieb zum Beispiel der Architekt Rolf Otto in der ‹Basellandschaftlichen Zeitung› vom 6. Mai 1960. Er sagte dem Kantonshauptort deshalb voraus, dass seine Einwohnerschaft «voraussichtlich von 10 000 auf 30 000 Einwohner ansteigen» werde. Solche Prognosen waren weit übertrieben. Pratteln zählte 1980 erst 15 751, Liestal 1997 nur 12 507 Einwohnerinnen und Einwohner. Doch waren Vorhersagen wie die des Verkehrsbüros Pratteln oder diejenige des Planers Rolf Otto typisch für die 1950er und frühen 1960er Jahre. Zweifel darüber, ob die vorausgesagte Zukunft auch wünschbar wäre, kamen kaum auf. Auch schien es vielen Zeitgenossen von damals undenkbar, das skizzierte Wachstum beeinflussen zu können. Auch Otto empfahl den Liestaler Stadtbehörden lediglich, sich der Entwicklung anzupassen und einzig durch verdichtetes Bauen Landreserven zu sichern. Die Vorstellung, dass gesellschaftliche Entwicklungen beeinfluss- und planbar seien, setzte sich erst in den späten 1960er Jahren auf breiterer Basis durch.
Das Bild zeigt, wie sich ein unbekannter Künstler 1920 die Zukunft Sissachs vorstellte.*

Bodenrecht

Das rasante Bevölkerungswachstum und die Ausdehnung der Siedlungs- und Industriegebiete verknappten den unvermehrbaren Boden. Die Landpreise stiegen, Boden wurde zum Spekulationsobjekt. Für die Mieter hatte diese Entwicklung steigende Mietzinsen und geringere Aussichten auf Wohnungseigentum zur Folge. Auf der anderen Seite erlaubte der Handel mit Boden, grosse Gewinne zu erzielen. Anfang der 1960er Jahre erhielt die Bodenfrage in der Baselbieter Öffentlichkeit hohe Priorität. Als 1967 die sozialdemokratische Initiative gegen die Bodenspekulation zur Abstimmung gelangte, fand diese nicht nur gesamtschweizerisch, sondern auch im Kanton Basel-Landschaft keine Mehrheit.

Spitalautarkie

Mitte April 1947 erhielt der Baselbieter Regierungsrat Post seiner Kollegen aus der Stadt.[3] Sie schickten ihm ihre Eingabe an die eidgenössische Preiskontrollstelle. Darin beantragten sie eine Erhöhung der Spitaltaxen im Basler Bürgerspital. Bei der Preiskontrollstelle wollten sie die Zustimmung des Bundes einholen. Die städtische Staatskasse schrieb damals rote Zahlen, und die Erhöhung der Spitaltaxen war eine der Massnahmen, welche die städtische Regierung zur Sanierung ihrer Finanzen ergriff. Weil die Taxerhöhung in erster Linie «Kantonsfremde» betraf, wandte sich die Basler Regierung auch an die Regierungsräte der Nachbarkantone. Sie schlug diesen vor, dem Basler Bürgerspital durch Direktzahlungen unter die Arme zu greifen, so dass die Taxerhöhung für die auswärtigen Patientinnen und Patienten nicht kostendeckend sein musste. Das Schreiben aus der Basler Staatskanzlei brachte die Baselbieter Regierung in eine Zwangslage: Einerseits war der Kanton Basel-Landschaft seit Jahrzehnten darauf angewiesen, dass seine Verunfallten und Kranken in Basel die ärztliche Versorgung erhielten, derer sie bedurften. Von allen eidgenössischen Kantonen wies er die geringste Dichte an Spitalbetten auf. Im Liestaler Krankenhaus waren die Platzverhältnisse äusserst prekär und oft war es völlig überbelegt. Für die Einwohnerinnen und Einwohner des Birs- oder Leimentals war es umständlich, nach Liestal zu gelangen. Ein eigenes Spital stand denn schon länger auf der Wunschliste des Bezirks Arlesheim. Andererseits aber waren die Spitalbaupläne noch nicht so weit gediehen, dass sie innert kurzer Frist in die Tat hätten umgesetzt werden können. Als die Stadt ihre Taxerhöhung für auswärtige Patientinnen und Patienten anmeldete, waren erst Vorstudien im Gang. In dieser Situation blieb den kantonalen Behörden nichts anderes übrig, als auf die Forderungen der städtischen Regierung einzugehen. Sie boten Hand zu einem Spitalabkommen, mit dem sie sich an den Spitalkosten beteiligten. Gleichzeitig aber regte die Zwangslage in der Spitalfrage die Baselbieter Behörden an, das Problem grundsätzlich zu lösen. Politiker

kommunalen Pläne und Reglemente waren dem Regierungsrat zur Genehmigung vorzulegen. Wie Regierungsrat Hugo Gschwind 1944 in einem Vortrag vor der Neuen Helvetischen Gesellschaft ausführte, war es nicht allein die «wilde und chaotische Überbauung» der Vororte, welche den Landrat in seiner Mehrheit bewog, zentralistische Planungsinstrumente einzuführen. Ebenso wichtig war die Absicht, den Bauern mit einer «vernünftigen Bodenpolitik» zu einer «gesunden Existenzgrundlage» zu verhelfen und zu verhindern, dass das ungestüme Wachstum der Vororte zur Ansiedlung unerwünschter Bevölkerungsschichten aus der Stadt führen würde.[3] Die Planungsinstrumente, über die der Kanton später die bauliche Entwicklung der Gemeinden beeinflussen konnte, hatten somit auch bewahrende Wurzeln.

Mit den Zonenplänen konnten die Gemeinden Wohn-, Geschäfts- und Industriequartiere ausscheiden, Bauhöhe, Geschosszahl, Gebäudeprofil und Nutzungsgrad festlegen sowie den Verlauf von Strassen und Wegen und auch von Gas-, Wasser- und Kanalisationsleitungen vorschreiben. Die neu ins Leben gerufene kantonale Planungsstelle unterstützte sie dabei. Sie prüfte die Pläne und stellte dem Regierungsrat Antrag. Damit sie Bauvorhaben

wie zum Beispiel Ernst Boerlin fanden sich, die als Gegner der Wiedervereinigung die Abhängigkeit von der Stadt abschütteln wollten und deshalb vehement dafür eintraten, dass der Kanton seine eigene Spitalkapazität ausbaute. Gegner wie Befürworter der Wiedervereinigung waren sich darin einig, dass der Ausbau des Spitalwesens eine der dringendsten Aufgaben des Kantons darstellte. Doch während die eine Seite nach Spitalautarkie strebte, drängte die andere Seite zur engeren Zusammenarbeit zwischen den beiden Basel. Aus dem Bestreben beider Seiten resultierte im Laufe der fünfziger Jahre eine Spitalbaupolitik mit klarer regionaler Ausrichtung, auf die sich beide Kantonsregierungen einigen konnten. Neben dem Ausbau des städtischen Bürgerspitals und der Verlängerung des Spitalabkommens sah das gemeinsame Programm die Beteiligung des Kantons Basel-Landschaft am Bezirksspital Dornach, den Neubau des Kantonsspitals Liestals sowie den späteren Bau des Kantonsspitals auf dem Bruderholz vor. Mit dem Gesetz über das Spitalwesen, das 1957 zur Abstimmung gelangte, fanden

Ausbau und Reform: Gesundheit
Nachdem der Kanton mit dem Bau der Krankenhäuser in Liestal und auf dem Bruderholz (Bild) den Nachholbedarf an Spitalbetten gedeckt hatte, machten sich seine Behörden an qualitative Neuerungen. So wagten sie zum Beispiel eine grundlegende Psychiatriereform. Man begann 1979, die Externen Psychiatrischen Dienste aufzubauen, und schuf damit die Voraussetzungen, um psychisch angeschlagene Menschen weniger häufig oder weniger lang hospitalisieren zu müssen. Auch die Betreuung der Patientinnen und Patienten in der Klinik erfolgte nach neuen Grundsätzen. Dazu gehören beispielsweise offene und gemischte Abteilungen und der Einsatz von Bezugspersonen. Die Reform fand im Bericht des Regierungsrates vom 11. November 1980 zum neuen Psychiatriekonzept ihren Niederschlag und wurde in den folgenden Jahren schrittweise umgesetzt.

erkennen konnte, die auf eine «Veränderung der Landschaft oder der Nutzungsmöglichkeit des Kantonsgebietes» hinausliefen, waren ihr sämtliche Tätigkeiten im Hoch- und Tiefbau schon im Projektstadium zu melden. Zunächst waren es vor allem die Gemeinden des unteren Kantonsteils, welche die Ortsplanung nutzten, so zum Beispiel Arlesheim und Münchenstein. Andere beschränkten die Überbauung mit Hilfe der generellen Kanalisationsprojekte, welche die Erschliessung der Aussenquartiere regulierten. Die stürmische Entwicklung, die das starke Bevölkerungswachstum der Nachkriegszeit mit sich brachte, konnten sie trotzdem nicht bremsen. Im Gegenteil: Viele Gemeinden erlagen in den fünfziger und sechziger Jahren einer Wachstumseuphorie und schieden – wie sich später erwies – überdimensionierte Bauzonen aus. Es waren die kantonalen Behörden, denen zuerst auffiel, zu welchen Dimensionen sich die einzelnen Bauzonen der Gemeinden summierten: «Nach den vorliegenden Zahlen gemäss Vollausbau kann […] der Kanton Basel-Land gegen 650 000 Einwohner aufnehmen», stellte der Regierungsrat in seinem ersten Bericht zur Regionalplanung im Jahre 1968 fest.[4]

Schon Anfang der 1960er Jahre hatten verschiedene parlamentarische Vorstösse die

182   WACHSTUMSBEWÄLTIGUNG

Ausbau und Reform: Bildung
Auch im Bildungswesen standen zuerst quantitative Aspekte im Vordergrund: Die kantonalen Behörden mussten das Angebot an Ausbildungsgängen und -stätten erweitern. Erst in einem zweiten Schritt nahmen sie Reformen in Angriff. Weitgehende Modelle wie das Gesamtschulprojekt Muttenz scheiterten zwar, doch das neue Bildungsgesetz von 1979 realisierte einige andere Reformvorhaben. So verlängerte es etwa die obligatorische Schulzeit, schuf für Knaben und Mädchen das gleiche Unterrichtsangebot, tauschte die Namen der Real- und Sekundarschulen aus und führte Jugendmusikschulen ein. Das Bild zeigt den Lichthof des Aescher Sekundarschulhauses.

diese Vorhaben die Zustimmung der Baselbieter Stimmberechtigten. 1958 erfolgte die Grundsteinlegung, 1962 die Inbetriebnahme des neuen Liestaler Krankenhauses. Aufgrund des starken Bevölkerungswachstums mussten die Planer dessen Kapazitäten laufend vergrössern. Auch der vorerst aufgeschobene Bau des Bruderholz-Spitals drängte sich früher auf als erwartet. Im Spitalabkommen, das 1965 verlängert wurde, vereinbarten die beiden Kantone, den Bau des zweiten Kantonsspitals vor den Toren der Stadt sofort an die Hand zu nehmen. Der Bau begann 1969, das Krankenhaus wurde 1973 eröffnet. Damit kam der Kanton Basel-Landschaft in die Lage,

Regierung dazu aufgefordert, sich vermehrt um die Regionalplanung zu kümmern und die dazu erforderlichen gesetzlichen Grundlagen zu schaffen. So schrieb beispielsweise der Allschwiler Landrat Georg Huber im Namen der christlich-sozialen Landratsfraktion 1962 in einer Motion: «Durch die enorme bauliche Entwicklung in allen Teilen unseres Kantons ist für jedermann ersichtlich geworden, dass man ohne umfassende Regionalplanung nicht mehr auskommt. Über die [...] Sicherung des erforderlichen Bodens für kantonale Werke und zur Erhaltung von Natur- und Kulturdenkmälern hinaus geht es heute darum, den stark wachsenden Gemein-

den Grünflächen und Erholungsgebiete und ein Minimum an bäuerlichem Grundbesitz zu erhalten.»[5] Das revidierte Baugesetz von 1967 vermehrte die Planungsinstrumente. Die Gemeinden erhielten die Möglichkeit, Quartierpläne zu erstellen. Der Kanton konnte die bauliche Entwicklung durch Regionalpläne steuern.[6] Doch um überhaupt Zeit zu haben, die Siedlungsgebiete, die Verkehrsanlagen, die Landschaftsflächen sowie die öffentlichen Werke und Anlagen in seinen Regionalplänen auszuscheiden, kam der Kanton nicht darum herum, mit raschen und provisorischen Massnahmen zu operieren. 1969 fror er die Baugebiete der Gemeinden kur-

BAND SECHS / KAPITEL 10

einen grossen Teil der Pflegetage, die seine Einwohnerinnen und Einwohner beanspruchten, in seinen eigenen Spitälern anzubieten.[4] 1950 hatten die eigenen Kapazitäten für etwas über 40 Prozent der Pflegetage ausgereicht. Den grösseren Teil der Pflegetage hatten die Spitäler in Basel und Dornach bewältigt. 1997 leisteten die Baselbieter Spitäler – inzwischen gehörte auch das Kantonsspital Laufen dazu – rund 90 Prozent der Pflegetage selbst. Nur noch einen kleinen Anteil von zehn Prozent und einige Spezialitäten erbringen die Spitäler der Nachbarkantone.

Bildungsoffensive
Eine ähnliche Entwicklung wie im Spitalwesen erlebte der Kanton Basel-Landschaft im Bildungsbereich.[5] Seit sich die beiden Basel getrennt hatten, zogen begabte junge Menschen, welche die entsprechende Förderung und finanzielle Unterstützung genossen, in die Stadt, wenn sie höhere Schulen besuchen wollten. Im Kanton Basel-Landschaft gab es keine höheren Bildungsstätten, und Vorstösse, die Bezirksschule Liestal zu einer Kantonsschule mit Maturitätsabschluss auszubauen, verliefen in der Zwischenkriegszeit im Sande. Stattdessen übernahm der Kanton Basel-Landschaft die Schulgelder seiner Schülerinnen und Schüler an Basler Instituten.[6] In den 1950er Jahren veränderte sich die Situation grundlegend. Die Zuzüger, welche mit dem Wirtschaftsaufschwung in reicher Zahl in der Stadt und ihrer Agglomeration Wohnsitz nahmen, waren vorwiegend jüngere Leute, welche in den meisten Fällen Familien gründeten. Deshalb nahm die Zahl der Kinder in der Nachkriegszeit überproportional zu. Sowohl die städtischen wie die basellandschaftlichen Schulen stiessen bald an die Grenzen ihrer Kapazität. Dazu kam, dass die Mittelschulreform, welche der Kanton Basel-Landschaft 1946 einleitete, Realschulen,[7] kleinere Klassen und neue Pflichtfächer einführte, was den Bedarf an Schulraum und Lehrkräften zusätzlich erhöhte. In der unmittelbaren Nachkriegszeit hob denn auch ein reger Schulhausbau an. Die Gemeindehilfe und der Finanzausgleich sorgten

zerhand ein. 1974 doppelte er mit weiteren Sofortmassnahmen nach: Er verlängerte die provisorischen Massnahmen, die fünf Jahre zuvor in Kraft getreten waren. Sodann setzte er eine zeitliche Staffelung der Erschliessung von Baugebieten durch. Schliesslich begrenzte er den Bau von Einkaufszentren. Drei Jahre später war die kantonale Planungsstelle in der Lage, dem Parlament mit dem Regionalplan Landschaft den ersten definitiven Grundstein vorzulegen. Aufgrund dieses Planes erklärte der Landrat 1980 den haushälterischen und umweltschonenden Umgang mit Boden und Landschaft zur verbindlichen Planungsmaxime.[7] Der Kanton stand mit seinen Planungszielen nicht allein. Seit das eidgenössische Raumplanungsgesetz 1980 in Kraft getreten war, verfolgte der Bund parallele Bestrebungen.

Für ihre forsche Gangart ernteten die kantonalen Behörden allerdings nicht nur Zustimmung. Schon der Motionär Georg Huber hatte 1962 vorausgesehen, dass die Regionalplanung individuelles Besitzrecht und kommunale Autonomie schmälern würde. Trotz Einigkeit im Ziel traten bei der konkreten Umsetzung denn auch scharfe Interessengegensätze zu Tage. Die Gemeinden waren nicht ohne weiteres gewillt, zu kostspieligen Rückzonungen ihres

Wachsendes Umweltbewusstsein
In den ersten Nachkriegsjahrzehnten ging man vergleichsweise rücksichtslos mit Natur und Umwelt um. Mottende Abfalldeponien oder brennendes Altöl wie hier auf dem Liestaler Lindenstock erregten wenig Aufsehen. Es bedurfte zahlreicher kleiner und grosser Luft- und Gewässerverschmutzungen sowie der Sensibilisierung durch Medien, Umweltorganisationen und Behörden, bis sich auf breiter Basis das Bewusstsein durchsetzte, dass Natur und Umwelt hochempfindliche Systeme sind, deren Gleichgewicht menschliches Handeln massiv stören kann. In den 1990er reagierte die Öffentlichkeit weit sensibler auf Umweltgefahren und -gefährdungen. So erlaubt zum Beispiel das Umweltschutzgesetz, das seit 1992 in Kraft ist, selbst das Verbrennen von organischen Abfällen aus «Feld, Wald und Garten» nur unter einschränkenden Bedingungen und ausserhalb des Siedlungsgebietes.

dafür, dass nun alle Gemeinden in der Lage waren, die wachsenden Bildungsaufgaben zu erfüllen. Die neuen Realschulen waren Sache des Kantons. Engpässe entstanden aber bei den weiterführenden Schulen, denn diese bot der Kanton Basel-Landschaft nicht an. Da die Bevölkerung auch in der Stadt stark wuchs, vermochte diese den Zustrom von Baselbieter Gymnasiastinnen und Gymnasiasten längerfristig nicht mehr zu schlucken. 1958 vereinbarten deshalb die beiden Kantone im verlängerten Schulabkommen, dass der Kanton Basel-Landschaft vom Schuljahr 1959/60 an selbst untere Klassen des Gymnasiums anbieten werde. Die Realschule Liestal hatte bereits früher damit begonnen, eine progymnasiale Abteilung zu führen. 1959 folgten nun weitere Klassen in Binningen, Münchenstein, Reinach und Muttenz. Anfänglich war vorgesehen, dass die Absolventinnen und Absolventen der Baselbieter Progymnasien in städtische Gymnasien übertreten sollten. Doch weil die Engpässe bestehen blieben, musste der Kanton Basel-Landschaft wenig später auch Gymnasien aufbauen. Mit dem Gesetz über kantonale Gymnasien und ein Lehrerseminar schuf er 1961 die gesetzlichen Grundlagen dazu. 1963 öffnete das Gymnasium Liestal seine Türen. Ein Jahr später folgte Münchenstein. 1966 begann das Seminar in Liestal mit der Ausbildung von Lehrkräften. 1972 kamen die Gymnasien Oberwil und Muttenz dazu.

Kanalisieren und Reinigen

Die Bäche seien zu grau verschlammten Abwasserrinnen verkommen. Sie sähen ekelerregend aus und belästigten durch Gestank und Ungeziefer. Der Fischbestand unserer Flüsse gehe unaufhaltsam zurück. Walter Schmassmann, Lehrer an der Bezirksschule Liestal und seit Jahren kantonaler Fischereiexperte und -aufseher im Nebenamt, und der Regierungsrat waren sich einig. Der Zustand der Gewässer war sehr schlecht. Den Grund für die Misere sahen Experten und Behörden darin, dass immer mehr Menschen immer mehr Abwässer produzierten.[8] Der wachsende Bedarf in Industrie

Baugebiets Hand zu bieten. Und Grundbesitzer wollten ihr Land nur gegen Entschädigung in weniger lukrative Zonen umteilen lassen. So kam es beispielsweise in Bottmingen, wo auf dem Bruderholz 60 Hektaren Land umzuzonen waren, zu Streitigkeiten, welche die Gerichte noch während Jahren beschäftigten.[8]

Basel-Stadt und Basel-Landschaft

Das Verhältnis zwischen den beiden Basel war lange Zeit gespannt. Zwar kam es, nachdem die Trennungswirren ausgestanden waren, zu keinen militärischen Konfrontationen mehr und auch die gegenseitigen wirtschaftlichen Sanktionen unterblieben nach einigen Jahren.[9] Doch immer, wenn die Wiedervereinigung zur Diskussion stand, gingen die Wellen hoch und belasteten die nachbarschaftlichen Beziehungen.[10] Die Spannungen hinderten die beiden Nachbarkantone aber nicht daran, dort zusammenzuarbeiten, wo es sich aufdrängte. Zunächst waren es vor allem die stadtnahen Gemeinden, welche die Zusammenarbeit mit der grossen Nachbarin suchten.[11] In den zwanziger Jahren des 20. Jahrhunderts kamen sich auch die Kantone näher, als sie erstmals ein Schulabkommen schlossen. Dieses sicherte den begabten Kindern aus der Landschaft den Zugang zu den höheren Schulen der Stadt.

und Haushalten, beispielsweise die Einrichtung von Spülklosetts und Bädern, liess den durchschnittlichen Wasserverbrauch pro Person und Tag rasant steigen. Dieser lag nach dem Zweiten Weltkrieg bei 150 Litern und belief sich rund 50 Jahre später auf 700 Liter. Das Abwasser fiel in Mengen an, welche die Oberflächengewässer überforderten und das Grundwasser gefährdeten: «Die Filterwirkung eines Bodens ist nicht unbeschränkt. Leider weist heute schon eine grössere Anzahl von Pumpwerken Bakterienzahlen und Bakterienarten auf, die den im Lebensmittelbuch enthaltenen Anforderungen an ein einwandfreies Trinkwasser nicht mehr entsprechen [...] Die Versorgung der Bevölkerung und der Industrie mit einwandfreiem Trink- und Brauchwasser ist auf die Dauer nur noch möglich, wenn das gebrauchte, mit Schmutzstoffen beladene Wasser, das Abwasser, sachgemäss beseitigt bzw. vor seiner Wiedereingliederung in den Wasserhaushalt der Natur gereinigt wird.»[9] Die stimmberechtigten Baselbieter teilten die Sorge ihrer Behörden.[10] Als ihnen der Regierungsrat 1952 das Gesetz über Abwasseranlagen vorlegte, stimmten sie diesem mit einer Ja-Mehrheit von über 80 Prozent zu. Das Gesetz übertrug den Gemeinden die Aufgabe, mit der finanziellen Unterstützung des Kantons das Abwasser in ihrem Gemeindegebiet zu kanalisieren. Der Kanton übernahm dafür den Bau der Sammelstränge und der zentralen Abwasserreinigungsanlagen. Diese vergleichsweise zentralistische Lösung erwies sich als vorteilhaft. Der Kanton Basel-Landschaft entwickelte sich zum schweizerischen Gewässerschutzpionier. In keinem anderen Kanton waren innert derart kurzer Zeit so grosse Mengen des Abwassers gefasst und gereinigt.[11] Die erste Abwasserreinigungsanlage ging 1958 in Therwil in Betrieb. 1948 hatte man budgetiert, dass bis 1970 für den Bau der Kanalisationsnetze und Reinigungsanlagen für 118 000 Einwohnerinnen und Einwohner Gesamtkosten von 51 Millionen Franken auflaufen würden. Tatsächlich aber waren 1970 die Abwässer von über 204 000 Menschen zu reinigen, und die Gesamtkosten für Bau und Anschluss der neun Gross- und der 27 Kleinkläranlagen beliefen sich bis 1978 auf rund eine Milliarde

Reparaturdienste

In der Umweltpolitik standen lange Zeit so genannte End-of-Pipe-Lösungen oder Reparaturdienste im Vordergrund. Zum Beispiel reinigte man verschmutztes Wasser oder behob Umweltschäden, nachdem sie eingetreten waren. Seit den 1970er Jahren versuchte man vermehrt, Umweltschäden gar nicht erst entstehen zu lassen und den schonenden Umgang mit begrenzten natürlichen Ressourcen zu fördern. 1973 gab sich der Kanton Basel-Landschaft ein Lufthygienegesetz, das den vorsorglichen Massnahmen zur Reinhaltung der Luft die rechtliche Grundlage gab. 1980 folgte das Energiegesetz, welches den sparsamen Umgang mit der Energie und alternative Energieformen förderte.

Franken. Grösser als erwartet waren auch die Probleme, die sich mit den industriellen Abwässern und beim Anschluss der stadtnahen Gemeinden ergaben, welche am städtischen Kanalisationsnetz hingen. Erst als 1983 die Basler Reinigungsanlage in Betrieb ging, flossen auch die Abwässer des letzten Viertels der Baselbieter Bevölkerung in gereinigter Form in den Rhein. Das Problem der industriellen Abwässer lösten Kanton und Chemiefirmen in enger Zusammenarbeit. Sie schlossen 1972 einen Vertrag, welcher der Industrie nach dem Verursacherprinzip den grösseren Teil der Kosten übertrug. Die Reinigungsanlage für die industriellen Abwässer im Raum Schweizerhalle-Pratteln war 1975 betriebsbereit.[12]

Qualitatives Wachstum

Ob im Spitalwesen, bei den Schulen oder beim Bau von Kanalisations- und Reinigungsanlagen, in den fünfziger und sechziger Jahren dominierte die Bewältigung des quantitativen Wachstums. Schulraum und Lehrkräfte mussten mit dem Ansturm von Schülerinnen und Schülern, Spitäler mit der Zahl an Patientinnen und Patienten, die Kanalisationsnetze mit dem Bevölkerungswachstum Schritt halten. Zudem galt es, Versäumnisse vergangener Jahrzehnte auszubügeln: Zu lange hatten sich die Baselbieter Behörden darauf verlassen, dass ihnen die Dienstleistungen der städtischen Schulen und Spitäler zur Verfügung standen. Zu oft waren die Rufe der Warner, die auf Mängel und Reformbedarf aufmerksam gemacht hatten, ungehört verhallt. Mitte der sechziger Jahre aber waren die grössten Lücken geschlossen und der dringendste Nachholbedarf gedeckt. Zudem vollzog sich 1967 in der Regierung ein Generationenwechsel. Mit den neuen Leuten wehte ein frischer Wind im Regierungsteam. Dieses liess sich nicht länger von der bevorstehenden Abstimmung über die Wiedervereinigung in den Bann schlagen, sondern es entfaltete sofort eine Dynamik, die über den Tag der Entscheidungsschlacht hinauswies. Im Leitbild Baselland unterbreitete die neue Regierung nur eineinhalb Jahre nach ihrem Amtsantritt ein Programm,

1942 folgte eine Vereinbarung, welche die Lehrerbildung regelte, 1946 eine gemeinsame Rheinhafenverwaltung.
Nach dem Zweiten Weltkrieg erwärmten sich die Beziehungen zwischen den beiden Basel langsam. Zwar sah sich zunächst die Landschaft durch die Erhöhung der städtischen Spitaltaxen brüskiert, und die Stadt nahm Anstoss daran, dass der Kanton Basel-Landschaft den städtischen Grundbesitz auf der Landschaft mit einer Steuer belastete. Ein Spitalabkommen kam trotzdem zustande, und auch das Schulabkommen wurde erneuert. Mit jedem Abkommen gestand der Kanton Basel-Landschaft der Stadt höhere Abgeltungen zu und versprach, seine eigenen Kapazitäten im Spital- und Bildungswesen auszubauen. Zudem einigten sich die beiden Nachbarkantone auf gemeinsame Fach- und Planungskommissionen, welche die Anstrengungen beider Seiten koordinierten. Auch in anderen Bereichen verstärkten die beiden Basel während der fünfziger und sechziger Jahre ihre Zusammenarbeit: So bauten sie zusammen das Kraftwerk Birsfelden sowie die Aufbereitungsanlage für Trinkwasser im Hardwald. 1962 legten sie mit einem weiteren Abkommen den Grundstein für das Technikum beider Basel, das später zur Ingenieur- und schliesslich zur Fachhochschule beider Basel mutierte.

Vermeiden statt entsorgen
Beispielhaft zeigt sich der Wandel in der Umweltschutzpolitik auch beim Abfall: Mit dem ersten Abfallgesetz von 1961 versuchten die Behörden die zahlreichen, über den ganzen Kanton verstreuten wilden Deponien unter Kontrolle zu bekommen. Das revidierte Gesetz von 1975 konzentrierte die Abfallberge in geordneten Deponien und in Verbrennungsanlagen. Gleichzeitig postulierte es als neuen Grundsatz die Abfallvermeidung. Der Massnahmenplan Abfallvermeidung von 1993 schliesslich setzte diese Strategie in konkrete Schritte um. Die stärkere Betonung des Umweltschutzes ist auch daraus ersichtlich, dass der Kanton Basel-Landschaft nach dem Atomunfall in Tschernobyl und dem Brand der Sandoz-Lagerhalle eine Umweltdirektion schuf und in Zusammenarbeit mit den städtischen Behörden 1991 ein gleich lautendes Umweltgesetz erliess, das die Umweltschutznormen unter anderem auch durch marktwirtschaftliche Anreize durchsetzen will.

1969 schlossen sie einen Vertrag über die gemeinsame Regionalplanungsstelle.
Waren die beiden Regierungen früher nur sporadisch zu Beratungen zusammengetreten, so setzten ab 1960 regelmässige Zusammenkünfte ein, zu denen man sich zwei- bis viermal jährlich traf. Als 1969 die entscheidende Abstimmung über die Wiedervereinigung stattfand, gab es bereits ein Geflecht von Abkommen und gemeinsamen Einrichtungen, das es den beiden Basel erlaubte, einen Teil der Wachstumsfolgen gemeinsam zu meistern.[12]
Die Abstimmung über die Wiedervereinigung, welche in der Stadt bejahend und auf der Landschaft verneinend ausfiel, führte vorübergehend zu neuen Verstimmungen zwischen den beiden Halbkantonen. Basler Grossräte lancierten eine jahrelange Auseinandersetzung um kostendeckende Beiträge der Landschaft an die städtischen Zentrumsleistungen und opponierten vorübergehend gegen die Verlängerung des Schulabkommens. Aber bereits 1974 beschlossen beide Kantone gleich lautende Partnerschaftsartikel. Der Partnerschaftsvertrag festigte die Zusammenarbeit und dehnte sie auf weitere Bereiche aus: So entstand eine gemeinsame Motorfahrzeugprüfstation, und die Volkshochschule Basel expandierte auf die Landschaft. Im Umweltbereich ergriff man

Gebäude, Beamte, Gelder

Die Bewältigung des Wachstums in der Nachkriegszeit hat im Liestaler Regierungsviertel zwischen Bahndamm und Rheinstrasse, zwischen Pfrund und Kantonalbank ihren baulichen Ausdruck gefunden. Seit den 1950er Jahren hat jedes Jahrzehnt und jeder Baustil sein architektonisches Denkmal hinterlassen. Das erste Verwaltungsgebäude, das auf dem Gelände entstand, war der Bürotrakt, den die Gebäudeversicherungsanstalt 1954 eröffnete. 1955 folgte das Gebäude der Erziehungsdirektion, 1968 dasjenige der Baudirektion. Die letzten Baulücken füllten 1993 die neue Finanzdirektion mit ihrem auffälligen Gebäude aus Glas und Metall sowie 1997 die Polizei- und Justizdirektion mit dem postmodernen Verwaltungsgebäude Gutsmatte. 1950 musste der Kanton für 539 kantonale Angestellte Büros bereitstellen. Weitere 320 Kantonsangestellte arbeiteten in den kantonalen Schulen und Krankenanstalten. 1997 wirkten 2559 Personen in der allgemeinen Verwaltung, 1913 Personen an den kantonalen Schulen und 3311 an den Spitälern. 1950 kamen auf 1000 Einwohnerinnen und Einwohner rund fünf Mitarbeitende der allgemeinen Verwaltung. Ende der 1990er Jahre waren es – bei enorm gewachsenen Staatsaufgaben – rund doppelt so viele. Für seine Aufgaben standen dem Kanton 1950 rund 30 Millionen Franken zur Verfügung. Bis Mitte der 1960er Jahre nahmen Aufwand und Ertrag der ordentlichen Staatsrechnung ungefähr im Gleichschritt zu. Allerdings war der Kanton seit Ende der 1950er Jahre gezwungen, seinen Finanzbedarf mit Anleihen zu decken. In der zweiten Hälfte der 1960er Jahre, vor allem aber in den 1970er Jahren, überstiegen die Ausgaben die Einnahmen immer wieder um beträchtliche Summen, so dass der Schuldenberg, welchen der Kanton zu verzinsen hatte, weiter anwuchs. Erst zu Beginn der 1980er Jahre schrieb die Staatsrechnung wieder schwarze Zahlen. Allerdings hielt die Entspannung nur

das die wichtigsten Vorhaben der nächsten 15 Jahre und ihre Finanzierung skizzierte. Weitere Leitbilder, so zum Beispiel für die Alters- und Jugendpolitik oder über die Wasser- und Energieversorgung, folgten. Die Programme und Pläne stellten den Versuch dar, die Wachstumsfolgen durch konzeptionelle Politik in den Griff zu bekommen. Gleichzeitig richtete man sich stärker als bisher an qualitativen Kriterien aus. Es waren mindestens drei Faktoren, welche die neue politische Dynamik in Gang gebracht hatten: Erstens waren im Verlauf der sechziger Jahre die Meinungen zur Wiedervereinigungsfrage umgeschwenkt. Diese verlor an Attraktivität, dafür gewann eine Politik an Bedeutung, die auf die Renovation des eigenen Hauses hinauslief. Zweitens wirkte sich die 68er Bewegung aus. Die Jugend- und Studentenbewegung löste eine Reformfreude aus, die auf breite Kreise übergriff. So waren zum Beispiel die Auswirkungen der Reformbewegung auf die Kirchen unverkennbar. Und selbst bürgerliche Parteien wie etwa die Christlich-demokratische Partei oder die Schweizerische Volkspartei verschafften sich mit neuen Namen und Programmen einen dynamischen Auftritt. Schliesslich meldete sich in der Region Basel eine starke Umweltbewegung zu Wort, welche die Warnungen des Club of Rome aufnahm und für das qualitative Wachstum eintrat. Aus ihrer Sicht waren Mengenwachstum und technokratische Lösungen an Grenzen gestossen.[13]

Der deutliche Entscheid der Stimmbürgerinnen und Stimmbürger gegen die Wiedervereinigung bestätigte und bestärkte die neue Politik. Auch räumte er ihr die Gelegenheit ein, einen Teil ihrer Vorhaben in die Tat umzusetzen. Nach der Entscheidungsschlacht 1969 wurden schliesslich auch Kräfte frei, welche bisher im Bann dieses Damoklesschwerts gestanden waren.[14] So nahm man die Totalrevision der Staatsverfassung in Angriff, die 1984 zu einem neuen Grundgesetz führte. 1972 leitete man eine Regierungs- und Verwaltungsreform, 1973 eine Parlamentsreform ein. Neue Gesichtspunkte rückten aber auch in jenen Bereichen in den Vordergrund, in denen bisher die Bewältigung des Mengenproblems im Vordergrund gestan-

gemeinsame Massnahmen gegen die Rheinverschmutzung und setzte sich vereint gegen das Atomkraftwerk Kaiseraugst ein. 1985 legte man die Lufthygieneämter zusammen und 1991 verabschiedete man gemeinsam ein gleich lautendes Umweltgesetz. Schliesslich schloss man 1976 einen Universitäts- und 1997 einen Kulturvertrag ab. In beiden Vereinbarungen verpflichtet sich der Kanton Basel-Landschaft zu regelmässigen Zahlungen für Zentrumsleistungen der Stadt.[13]

In der Spitalpolitik traten vorübergehend Unstimmigkeiten auf. So kündigte Basel Anfang der siebziger Jahre das Spitalabkommen. Um dessen Erneuerung und die Kinderklinik entbrannte ein längeres Geplänkel. Erst in den 1990er Jahren fanden beide Seiten auch in diesen Fragen wieder zur Zusammenarbeit zurück. So erstellten sie Ende der neunziger Jahre eine gemeinsame Liste der Spitäler, deren Patientinnen und Patienten Anspruch auf die Leistungen nach dem eidgenössischen Krankenversicherungsgesetz haben, und bauten ihr Überangebot an Spitalbetten koordiniert ab. Zudem fusionierten sie die beiden Kinderkliniken und legten einzelne Spitalabteilungen auf der Landschaft mit den städtischen Universitätskliniken zusammen.

den hatte. Das lässt sich sowohl in der Gesundheits- und Bildungspolitik als auch in der Umweltpolitik zeigen. Der Reformeifer ging teilweise derart weit, dass der Kanton Basel-Landschaft sich zu Pionierleistungen aufschwang.[15]

Der wirtschaftliche Einbruch von 1974/75 bremste die Reformen. Erstens führte er vor Augen, dass der Einfluss eines Kantons auf die Folgen weltwirtschaftlicher Entwicklungen äusserst bescheiden ist. Auch die Reise der beiden Regierungsvertreter Paul Manz und Paul Nyffeler an den Hauptsitz des Firestone-Konzerns in den USA konnte dessen Entscheid, die Pratteler Tochtergesellschaft zu schliessen, nicht rückgängig machen.[16] Zweitens verschärfte der Wirtschaftseinbruch die Verteilungskämpfe und damit die Auseinandersetzung um die Staatsfinanzen. In dem Masse, wie im Landrat und in der Regierung neoliberale Rezepte an Rückhalt gewannen, verengte sich der finanzielle Spielraum für Reformen. Wichtige Impulse aus der Aufbruchphase wirkten trotzdem fort. Einzelne der Reformkonzepte hatten den Beweis erbracht, dass sie nicht nur Kosten verursachten, sondern auch Einsparungen brachten. So erübrigte die Psychiatriereform den Bau eines zweiten Bettenhauses der Psychiatrischen Klinik, und im Umweltschutz erschloss das Verursacherprinzip neue Finanzquellen.

Die Politik der Nachkriegszeit verwirklichte, was der Redner in der Versammlung der Wiedervereinigungsgegner 1936 in groben Zügen entworfen hatte. Seine Vision aber wurde nicht deshalb Realität, weil sie sich als Programm durchgesetzt hatte. Es waren einerseits die Probleme eines Wachstumskantons, die diese Schritte erzwangen. Andererseits ermöglichten die politischen Kräfteverhältnisse, wie sie nach dem Zweiten Weltkrieg im Kanton Basel-Landschaft vorherrschten, schlussendlich den Durchbruch. Trotzdem erzielte diese Politik genau jene Wirkung, welche der Redner von 1936 erwartet hatte: Die Bewältigung der Wachstumsfolgen nahm der Wiedervereinigung einen Teil ihrer Dringlichkeit. Weil der Kanton seine Probleme selbständig in Angriff nahm, brauchte man deren Lösung nicht im Zusammengehen mit dem Stadtkanton zu suchen.[17]

wenige Jahre an. Zu Beginn der 1990er Jahre folgten bereits wieder defizitäre Abschlüsse. In absoluten Zahlen betrachtet gab der Kanton Ende der 1990er Jahre mit 2 Milliarden Franken rund 66-mal mehr aus als 1950. Berücksichtigt man aber die Bevölkerungsentwicklung sowie die Geldentwertung, dann erweist sich die Zunahme als wesentlich bescheidener. 1950 gab der Kanton indexbereinigt pro Kopf 181 Franken aus. 1997 waren die Ausgaben rund sechsmal höher. Sie beliefen sich auf 1136 Franken pro Kopf und Jahr.

Ausbau und Reform: Verkehr
Nach dem Zweiten Weltkrieg hatte der Ausbau des Strassennetzes dominiert. Um die öffentlichen Verkehrsmittel kümmerten sich die Behörden nur, wenn es aus sozialpolitischen Gründen wichtig war. In den 1970er Jahren setzte dann ein Umdenken ein, und der öffentliche Verkehr erfuhr unter ökologischen Gesichtspunkten eine Renaissance. Man erkannte, dass sich Verkehrsprobleme durch neue Strassen allein nicht beheben liessen, und trug der Knappheit des Erdöls Rechnung. Zunächst führten die Behörden 1974 eine Reihe von Transportunternehmen in der Baselland Transport AG zusammen. Die gemeinsame Betriebsstruktur war die Voraussetzung, um Roll- und Gleismaterial zu erneuern, einheitliche Tarife zu gestalten und neue Verbindungen einzuführen. Höhepunkt der Anstrengungen war 1984 die Einführung des Umwelt-Abonnements, das zu einem günstigen Preis die freie Fahrt auf allen Strecken des Tarifverbundes ermöglichte, der schrittweise auf die ganze Nordwestschweiz ausgedehnt wurde.

Lesetipps

Das Wirtschafts- und Bevölkerungswachstum der Nachkriegszeit und die Bewältigung seiner Folgen sind Gegenstand einer strukturgeschichtlich ausgerichteten Untersuchung, die Blanc (1996) für die Forschungsstelle Baselbieter Geschichte erarbeitet hat. Die Geschichte der Planung und der Umweltschutzmassnahmen stellt Blanc ausführlich dar. Ergänzungen aus historischer Sicht liefern zwei Lizentiatsarbeiten, die am Historischen Seminar der Universität Basel entstanden sind. Das Umweltbewusstsein in der Region behandelte Niederer-Schmidli (1991), die Abfallbeseitigung Hodel (1995).

Wichtige Dokumente zum gleichen Zeitraum und zu den gleichen Themen hat Epple (1998b) zusammengetragen. Der Geschichte des Spitalbaus hat der gleiche Autor zudem ein ausführliches Kapitel einer weiteren Studie gewidmet (Epple 1998a, S. 481–524).

Die Sicht der an der Wachstumsbewältigung beteiligten Regierungsräte kommt in einer Reihe von Aufsätzen zum Ausdruck, die mit einer Ausnahme in den Baselbieter Heimatbüchern erschienen sind (Loeliger 1973, Lejeune 1973, Jenni 1987, Manz 1985).

Die Zusammenarbeit zwischen den beiden Basel und die Geschichte der Partnerschaft behandeln die beiden Aufsätze von Loeliger (1985) und Blum (1985).

Abbildungen

Oskar Studer, Arlesheim: S. 177.
Arbeitsgemeinschaft Natur- und Heimatschutz, Sissach: S. 179.
Plakatsammlung Basel: S. 180.
Max Mathys, Muttenz: S. 181, 182.
Hans Peter Eppler, Lufthygieneamt beider Basel: S. 184, 187.
Foto Mikrofilmstelle: S. 185, 189.

Reproduktionen durch Mikrofilmstelle.

Anmerkungen

1 Zusammenfassung der Ausführungen vom 28. Februar 1936 über die allgemeine Aussprache, StA BL, PA 29, 01.01.
2 Vgl. Bd. 6, Kap. 5; Epple 1998a, S. 299–333.
3 Zum Folgenden: Epple 1998a, S. 481–524; Epple 1998b, S. 300–323.
4 Loeliger 1973.
5 Zum Folgenden: Lejeune 1973; Jenni 1987; Epple 1998b, S. 253–299.
6 Kron u.a. 1936, S. 81–83.
7 1979 benannte das neue Bildungsgesetz die Realschulen in Sekundar-, die Sekundar- in Realschulen um.
8 Schmassmann 1944.
9 Vorlage für die Volksabstimmung vom 14. Dezember 1952.
10 Zum Folgenden: Blanc 1996, S. 213–218.
11 TA, 14. August 1964.
12 Zimmermann 1983.
13 Niederer-Schmidli 1991.
14 Manz 1985.
15 Jenni 1987; Blanc 1996; Epple 1998b, S. 253–437; Messmer 1987.
16 Vgl. Bd. 6, Kap. 1.
17 Vgl. Bd. 6, Kap. 8; Epple 1998a, S. 334–480; Epple 1998b, S. 438–464.

1 BZ, 27. November 1956.
2 Gesetz betreffend das Bauwesen vom 15. Mai 1941, GS BL 18, S. 535–536.
3 BZ, 30. März 1944.
4 Regionalplanung Kanton Basselland, 1. Bericht 1968, Teil A Text, S. 4–5.
5 Protokoll LR, 4. Juni 1962.
6 Bau-Gesetz vom 15. Juni 1967, GS BL 23, S. 607ff.
7 Blanc 1996; Epple 1998b, S. 418–437.
8 BZ, 12. Oktober 1984.
9 Vgl. Bd. 5, Kap. 12 und 13.
10 Vgl. Bd. 5, Kap. 16 und Bd. 6, Kap. 5.
11 Epple 1998a, S. 220–222.
12 Loeliger 1985; Epple 1998a, S. 523–524.
13 Schneider 1986.

Thema:
Umweltvorstellungen – Aspekte der Beziehung Mensch – Gesellschaft – Umwelt

Umweltpolitik ist seit den 1970er Jahren ein Thema von breitem öffentlichem Interesse. Die Diskussionen um die «Grenzen des Wachstums» läuteten einen Wendepunkt in der Auseinandersetzung um die Mensch-Umwelt-Beziehungen ein: Die Notwendigkeit weiteren Wachstums wurde grundsätzlich in Frage gestellt. Der Kanton Basel-Landschaft nahm im eidgenössischen Vergleich in den Bereichen Raumplanung, Energie- und Umweltpolitik eine Pionierrolle ein: In den 1960er Jahren gehörte er beim Gewässerschutz zur Spitze; in den siebziger Jahren gab er sich als erster Kanton ein Energiegesetz. Die Haltung des Baselbiets äusserte sich auch in der Verwaltungsreorganisation des Jahres 1989, die zur Erweiterung der Baudirektion in die Bau- und Umweltschutzdirektion führte.

Doch auch nach rund 30 Jahren öffentlicher Diskussionen um die Umweltproblematik herrscht kein Konsens über den einzuschlagenden Weg. Genügt es, technische Massnahmen zu treffen, die zum Beispiel dafür sorgen, dass Abwässer gereinigt, Schadstoffe aus der Luft gefiltert werden? Genügt es, Grenzwerte zu erlassen? Oder ist es nicht höchste Zeit, einen nachhaltigen Umgang mit der Erde anzustreben? Das würde beispielsweise bedeuten, die Produktion von Schadstoffen zu verhindern, die Nutzung erneuerbarer Energien zu fördern, Abfälle nicht nur zu trennen und wiederzuverwerten, sondern sie zu vermeiden. Insbesondere im Bereich technischer Massnahmen sind Erfolge zu verzeichnen; so scheint sich die Luftqualität seit Mitte der 1980er Jahre messbar verbessert zu haben. Der Rhein ist heute sauberer als zu Beginn des Jahrhunderts, als Abwässer aus der Kanalisation und der Industrie ungeklärt in den Fluss geleitet wurden. In Richtung Nachhaltigkeit weisen etwa das Verbot von Phosphat im Waschmittel, das in der Schweiz seit 1986 in Kraft ist, sowie die Förderung des Energiesparens und die Nutzung erneuerbarer Energien wie Holz oder Sonnenenergie. Welche Vorstellung unseres Verhältnisses zur Umwelt in Zukunft bestimmend sein wird – jene der zwingenden Umkehr zu einer nachhaltigen Nutzung der Erde oder der Glaube an eine technische Lösbarkeit der Umweltproblematik –, ist heute offen. Historikerinnen und Historiker stellen ihre Fragen immer aus heutiger Sicht, aus einer Sicht, die durch gegenwärtige Probleme geprägt ist. Der folgende Längsschnitt versucht, aus diesem Blickwinkel einen grossen zeitlichen Bogen zu schlagen, wobei der Blick immer nur auf einzelne Zeitpunkte und Aspekte gerichtet werden kann. Die Beziehung der Menschen zu ihrer Umwelt hat eine lange Geschichte, die nicht erst mit der Industrialisierung und deren sowohl qualitativ als auch quantitativ neuartigen Belastungen einsetzt. Im Zentrum des Interesses steht nicht der Wandel von Natur und Landschaft,[1] sondern die Veränderung des menschlichen Umgangs mit der Umwelt. Um den Vorstellungen unserer Vorfahrinnen und Vorfahren auf die Spur zu kommen, müssen wir ihrem Verhalten gegenüber der Umwelt nachspüren. Denn Schriftstücke, die diese Frage thematisieren, liegen erst aus jüngster Zeit vor. Soll Umweltgeschichte mehr sein als die Geschichte der Umweltverschmutzung oder -zerstörung, muss sie nach Herrschaftsverhältnissen, ökonomischen Nutzungsformen, Konflikten und sozialen Gegensätzen fragen.

Anpassung an die Umwelt

Die Auseinandersetzung der Menschen mit ihrer Umwelt war seit der Frühgeschichte durch ein Abhängigkeitsverhältnis geprägt, das die Menschen zur Anpassung zwang. Dies zeigt sich bereits in der Wahl des Siedlungsgebietes: Es sind nicht die naturräumlichen Gegebenheiten allein, die ein Gebiet als günstig für die menschliche Anwesenheit erscheinen lassen oder nicht. Abgesehen vom Grundbedürfnis nach Wasser in erreichbarer Nähe, sind alle anderen Aspekte als Variablen zu betrachten, die je nach den speziellen Erfordernissen für eine bestimmte Lebensweise dazu führen, dass einmal die eine, einmal die andere Gegend zum Leben bevorzugt wird. Ob in einer bestimmten Epoche ein Tal oder eine Hochebene zum Lebensraum menschlicher Gemeinschaften wird, ist nicht durch die Natur vorgegeben, sondern wesentlich durch unterschiedliche Lebensweisen beeinflusst: Menschen, die vom Jagen und Sammeln leben, bevorzugen andere Gegenden als jene, die Ackerbau treiben. In friedlichen Zeiten entscheiden sie sich für andere Siedlungsformen als in unruhigen, und in Zeiten der (relativen) Selbstversorgung wählen sie für einen gewerblichen Betrieb mit Sicherheit nicht denselben Standort wie in Zeiten grossräumiger Handelsbeziehungen und gut ausgebauter Transportwege.[2]

Die Anpassung an Veränderungen der naturräumlichen Gegebenheit ist älter als die Sesshaftigkeit des Menschen. Die wechselnden Klimaverhältnisse veränderten nicht nur die Tier- und Pflanzenwelt, sondern bestimmten auch in entscheidendem Masse die Lebensverhältnisse des urgeschichtlichen Menschen. In den wärmeren Abschnitten des Eiszeitalters begingen Menschen vermehrt auch Landstriche, die zuvor wegen der Vereisungen nicht oder nur sporadisch aufgesucht worden waren. Die Wildbeuter des Paläolithikums passten ihre Lebensweise immer wieder den neuen Umweltbedingungen und dem veränderten Nahrungsangebot an. Die Ausbreitung der Wälder anstelle der Tundra hatte neben den Veränderungen in der Pflanzenwelt auch einen Wandel der Tiergesellschaften zur Folge. Die späteiszeitlichen Wildpferd- und Rentierherden wanderten in weiter nördlich oder nordöstlich gelegene Gebiete ab. Anstelle der weiträumig umherziehenden Grosswildherden lebten nun in den Wäldern vermehrt Einzeltiere, wie zum Beispiel Rothirsch und Reh. Die Jagd auf dieses standorttreue Einzelwild erforderte nicht nur andere Strategien unter Verwendung von Pfeil und Bogen, sie führte sicher auch zu einer geringeren Mobilität und damit generell zu einem anderen territorialen Verhalten der spätpaläolithischen Jägertruppen.[3]

Im Neolithikum wurde der Mensch erstmals in seiner langen Geschichte sesshaft. Die sesshafte Lebensweise war untrennbar mit dem Roden von Wald zur Errichtung von Wohnbauten und zum Anlegen von Äckern verbunden. Auch die Haltung von Haustieren beginnt in dieser Zeit. Diese neuen Tätigkeiten hatten Veränderungen im Gerätebestand zur Folge: Produkte wie Keramikgefässe zum Kochen und zum Aufbewahren von Speisen, geschliffene Steinbeilklingen für die Bearbeitung von Holz, Silexklingen als Sicheleinsätze zum Ernten von Getreide, Mahlsteine zum Verarbeiten der Getreidekörner, Webstühle zum Herstellen von Textilien sowie weitere technologische Neuerungen hielten im Neolithikum Einzug. Rodungen nahmen sie auch zur Gewinnung von Rohstoffen vor, so am Stälzler bei Lampenberg, wo Silex, der «Stahl der Steinzeit», abgebaut und Beilklingen hergestellt wurden.[4] Der Stälzler ist heute wieder bewaldet. Die Menschen des ausgehenden 5. und beginnenden 4. Jahrtausends vor unserer Zeitrechnung haben jedoch unverkennbare Spuren in der Umwelt hinterlassen, die es der Archäologie ermöglichen, den Silexabbau bei Lampenberg nachzuweisen.

Mittelalterliche Rodungen und Wüstungen

Die Veränderung der Landschaft durch Rodungen lässt sich auch im Mittelalter nachweisen: Im Zuge des hochmittelalterlichen Landesausbaus holzten die Menschen Wald ab, um neue Siedlungen anzulegen. Hintergrund dieser Entwicklung war ein starkes Bevölkerungswachstum, das dazu zwang, Land für die Getreideproduktion urbar zu machen. Teilweise dehnten sich die Siedlungen in Zonen aus, die aufgrund der Bodenbeschaffenheit und der klimatischen Bedingungen nur einen begrenzten Ertrag versprachen. Diese Gebiete mussten oft schon bald aufgegeben werden. Die Wüstungen hängen auch mit dem krisenbedingten Rückgang der Bevölkerung zu Beginn des 14. Jahrhunderts zusammen.[5] Im 13. Jahrhundert, auf dem Höhepunkt des mittelalterlichen Bevölkerungswachstums, gab es Anzeichen einer Übernutzung des Bodens. Die Gewinnung neuen Landes konnte hier Erleichterung verschaffen; die Waldrodungen bargen jedoch auch Gefahren: Die Abholzung führte zur Bodenerosion und zur Verminderung der Bodenproduktivität, der Grundwasserspiegel ging zurück. Der Bergsturz, der 1295 das zwischen den heutigen Gemeinden Oberdorf und Niederdorf gelegene Dorf Onoldswil zerstörte, ist mit grosser Wahrscheinlichkeit auf den Raubbau am Wald im Waldenburgertal zurückzuführen.[6] Keine Umweltkatastrophe, sondern politische und ökonomische Interessen führten zum Verlassen der Siedlungen Bettenach bei Lausen und Munzach bei Liestal: Archäologische Grabungen konnten nachweisen, dass Bettenach seit römischer Zeit bis um 1200 bestand. Die Wüstung dieses Dorfes und des ebenfalls seit römischer Zeit bestehenden Munzach etwa zur selben Zeit stehen wohl in Zusammenhang mit der Erhebung Liestals zur Stadt.[7] Die Wüstungen der Siedlungen Hendschikon, Werdlingen, Loglingen und Wohlwingen vor dem 14. Jahrhundert sind das Ergebnis einer Siedlungskonzentration in einem neuen Dorf: Mit Rothenfluh entstand nicht nur eine neue Siedlungsform, das Dorf anstelle der Weilersiedlungen, sondern mit dem Zusammenführen der landwirtschaftlich genutzten Fläche in Zelgen auch eine andere Wirtschaftsform.[8] Aus heutiger Sicht, die den Kulturlandverlust und die Zersiedelung vor Augen hat, kann dieser Siedlungsverdichtung auch der haushälterische Umgang mit Boden zugute gehalten werden.

Im Baselbiet und seinen angrenzenden Gebieten errichteten Adlige im Zusammenhang mit dem Landesausbau zahlreiche Burgen auf Rodungsland, so wohl bereits im 9. Jahrhundert die Frohburg bei Trimbach, um die Mitte des 11. Jahrhunderts die Ödenburg bei Wenslingen sowie verschiedene kleine Anlagen des 13. Jahrhunderts, wie etwa die Scheidegg bei Gelterkinden. Die Suche nach noch unbesetztem Siedlungsgebiet und Besitz war nicht der einzige Grund, der die adligen Geschlechter auf die unwirtlichen Jurahöhen trieb. Das Beispiel der Grafen von Frohburg belegt, dass ein weiterer Grund – die Verfügung über Bodenschätze – wohl manchmal von noch grösserer Bedeutung war. Von der Frohburg aus stiessen sie auf den Jurahöhen Richtung Norden vor und gründeten im frühen 12. Jahrhundert einen Stützpunkt auf der Gerstelfluh, der als Vorläufer der späteren Waldenburg und des gleichnamigen Städtchens gelten darf. Auf der Frohburg, der Gerstelfluh sowie in der Umgebung des von den Frohburgern gegründeten Klosters Schöntal lassen sich Spuren von Eisengewinnung oder -verarbeitung nachweisen.[9]

Die Menschen lebten seit der Frühzeit nicht nur in Abhängigkeit von ihrer Umwelt, sondern sie wussten sie – zunächst als Jäger und Sammler, später als Ackerbautreibende und als «Steinhauer» – auch zu nutzen. Die Nutzungsformen veränderten sich mit dem Wandel der Gesellschaft; die Nutzung selbst hatte jedoch noch relativ begrenzte Umweltveränderungen oder -probleme zur Folge. So verlegten die Menschen aus Onoldswil ihre Häuser in den ehemaligen oberen und unteren Siedlungsteil und passten sich damit den veränderten Umweltbedingungen an. Eine grosse Anpassungsleistung stellt auch das landwirtschaftliche System der Dreizelgenwirtschaft dar, das frühestens ab 1200 im Baselbiet Einzug hielt. Konfliktfrei war die Nutzung der natürlichen Ressourcen jedoch nicht: Die Frohburger etwa waren mit ihrem Interesse am Eisenerz nicht allein, es gelang ihnen aber, Konkurrenten in ihrem Einflussgebiet auszuschalten. Die Untersuchung von Konflikten eignet sich besonders, um den Mensch-Umwelt-Beziehungen auf die Spur zu kommen, weil sich in ihnen unterschiedliche Vorstellungen und Interessen fassen lassen.

Wald und Wasser gehören allen Menschen

Im Jahr 1525 erschütterten Bauernaufstände weite Teile des Reichs und der Eidgenossenschaft. Im Frühjahr erfasste die Bewegung auch die Basler Landschaft und das Fürstbistum Basel.[10] Die Ursachen für die Unruhen liegen tief, sie sind sowohl in der obrigkeitlichen Politik gegenüber der Landschaft als auch in Veränderungen der ländlichen Gesellschaft selbst zu suchen. Die vermehrten Anforderungen der Obrigkeit etwa an Steuer- und Frondienstleistungen traf eine ländliche Gesellschaft, die – bedingt durch ein Bevölkerungswachstum – zunehmend unter Ressourcenknappheit litt. Zu Beginn des 16. Jahrhunderts zeigten sich in den Dörfern verschärfte soziale Gegensätze: Durch diese Spannungen zwischen Arm und Reich stieg auch die Empfindlichkeit gegenüber den Ansprüchen der Obrigkeit, zumal diese nicht nur höhere Steuererträge, sondern auch einen verstärkten Zugriff auf die natürlichen Ressourcen wie den Wald anstrebte. Die meisten Forderungen der Landleute waren deshalb konkreter materieller Natur: Im Fürstbistum wie auf der Basler Landschaft forderten die Landleute Erleichterungen in der Wald- und Allmendnutzung, bei der Jagd sowie bei Fisch- und Vogelfang. Sie forderten damit weniger die Ausweitung gemeindlicher Befugnisse als vielmehr die Einschränkung des wachsenden obrigkeitlichen Zugriffs auf diese lebenswichtigen Ressourcen.

Nicht immer lieferten die Bauern eine Begründung für ihre Anliegen. Die Vorstellungen, die sie von ihrer Umwelt hatten, äusserten sich besonders illustrativ in der Legitimation, welche die Laufentaler Landleute formulierten: In ihrem Beschwerdebrief führten sie aus, dass die Natur «frei und gemein» sei und allen Menschen gehöre. Auch die Forderung nach der Abschaffung des Zolls auf geflösstem Holz und anderen auf dem Fluss transportierten Gütern untermauerten die Laufner mit der Feststellung, dass das Wasser für alle Menschen frei sei.[11] Mit der Forderung nach der Freigabe machten die Bauern keine grenzenlose Nutzung geltend, vielmehr ging es ihnen darum, ihre bisherigen Rechte zu wahren, um ihr Auskommen finden zu können. Die Aufständischen stellten die bischöfliche Herrschaft nicht grundsätzlich in Frage: So baten etwa die «armen lut von Zwingen» in ihrem Beschwerdebrief den Bischof, ihnen seine Gnade und Mildtätigkeit zu beweisen und sie ihrer alten Rechte nicht zu berauben, sie wollten ihm dafür jetzt und in alle Zeiten willig und gehorsam sein.[12] Die Landleute konnten ihre Forderungen nicht vollständig durchsetzen. Der Bischof kam seinen Untertanen insofern entgegen, als er ihre Rechte festschrieb. Sie durften mit beschränkten Hilfsmitteln fischen und Kleintiere wie Füchse und Hasen jagen, für Bären und Wildschweine galten bestimmte Jagdzeiten. Im Wald wurden alte Rechte geschützt, wenn sie schriftlich belegt waren.

Der Bauernaufstand von 1525 weist schlaglichtartig auf zwei Bereiche hin, deren Nutzung umstritten war und blieb: auf die Flüsse und die Wälder. Im Ancien Régime beanspruchte die Obrigkeit als Landesherrschaft das Obereigentum über Wälder und Gewässer. Die Untertanen durften diese Ressourcen zwar nutzen, die Obrigkeit behielt sich jedoch Einschränkungen vor. Im Bauernaufstand legten die Landleute offen, dass sie das Eigentumsrecht etwas anders sahen: Für sie waren die natürlichen Ressourcen zum Wohl aller Menschen geschaffen worden. Zu Konflikten kam es, wie der Bauernaufstand von 1525 belegt, einerseits zwischen der Obrigkeit und den Landleuten, andererseits gab es aber auch Konflikte zwischen Landleuten mit unterschiedlichen Nutzungsinteressen. Die folgenden Beispiele zeigen, dass Menschen Umweltveränderungen ausgehend vom Nutzen interpretierten, den sie selbst aus ihnen zogen.

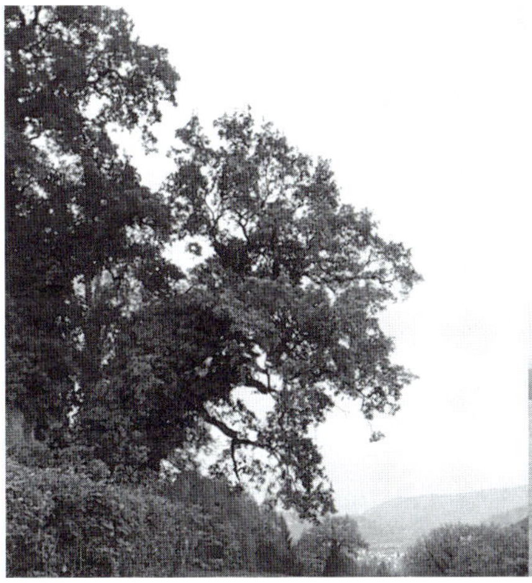
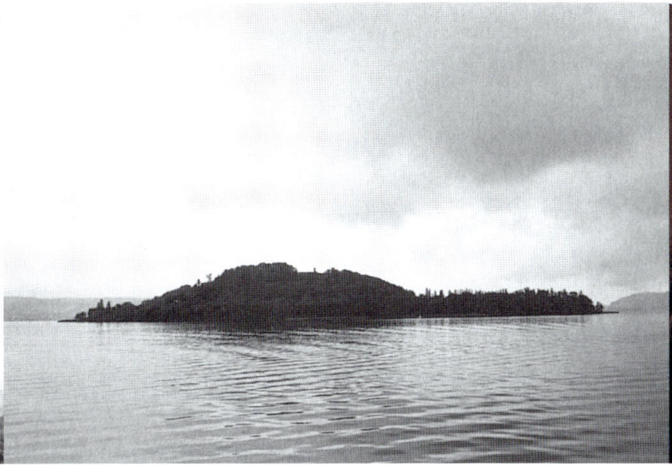
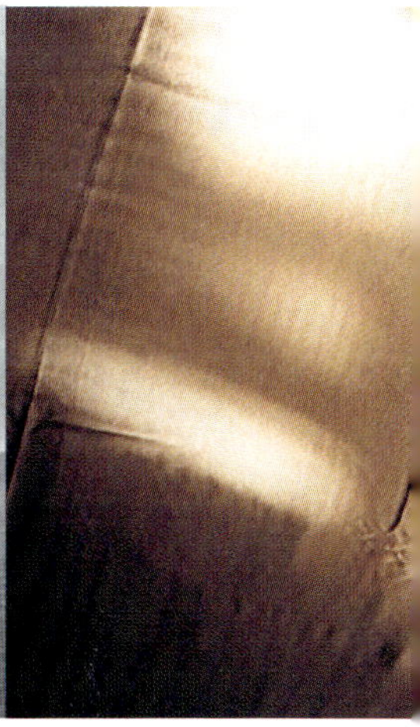

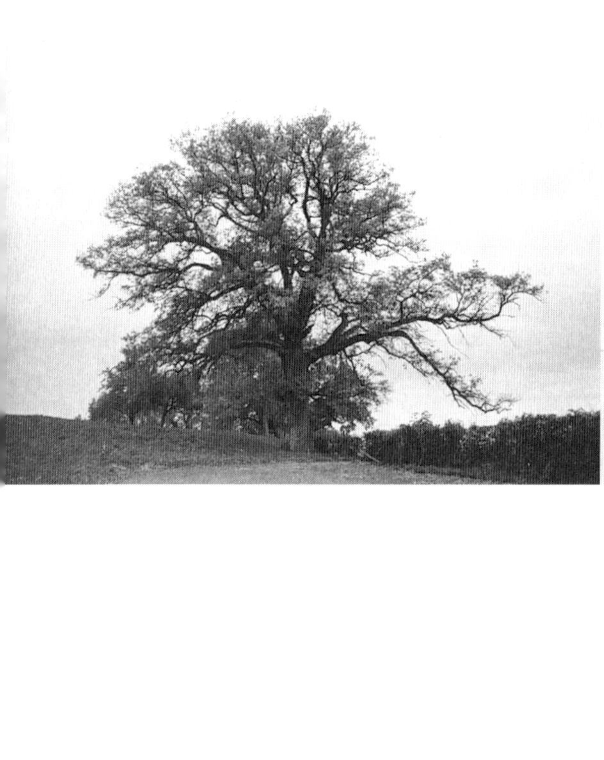
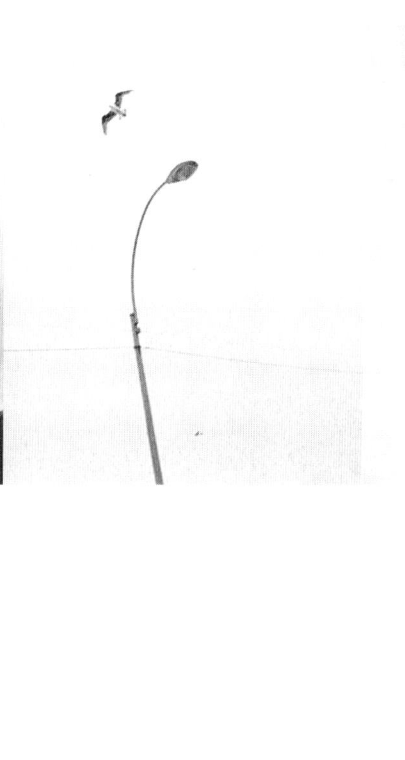
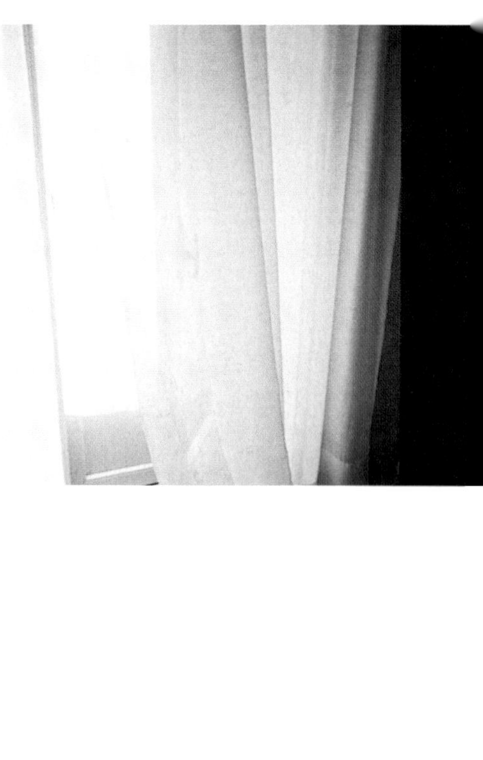

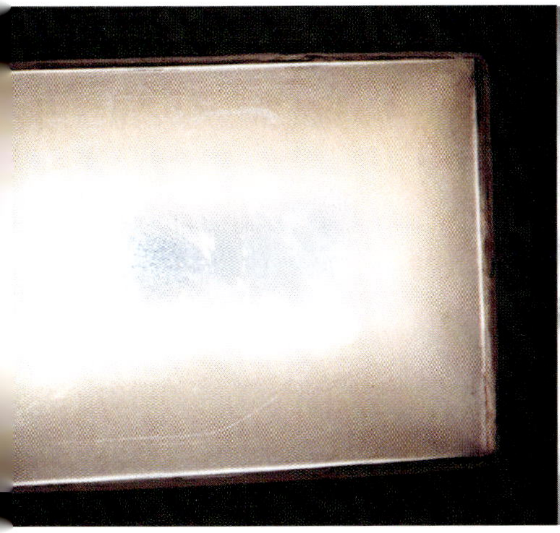

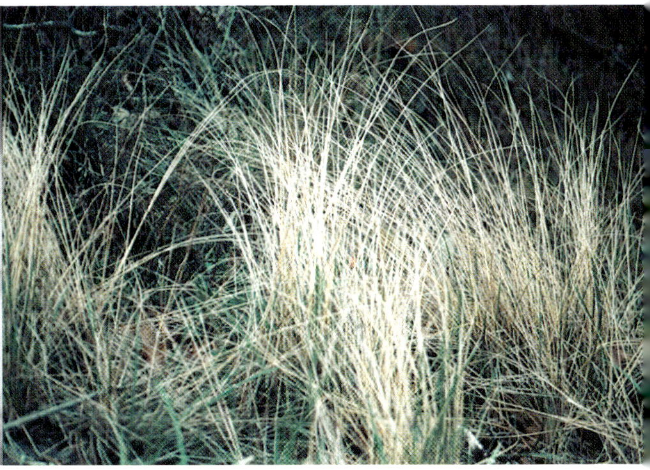

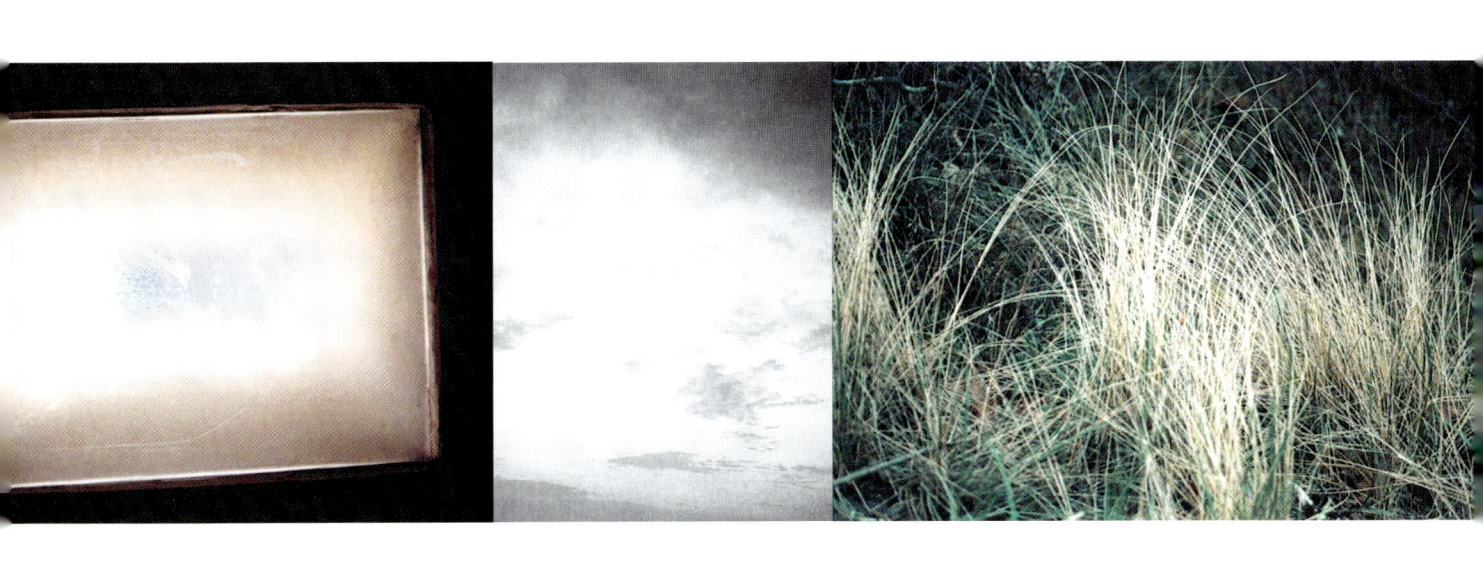

Konflikte um das Wasser der Birs

Flüsse lieferten Wasser zum Wäschewaschen, zur Bewässerung und für gewerbliche Zwecke, waren Wasserstrassen, Fischgründe und Wasserkraftlieferanten, zuweilen auch Abwasserkanäle. Die Nutzung all dieser Möglichkeiten führte zwischen den Nutzniessern unter Umständen zu langwierigen Konflikten. Bei der Birs mögen sie besonders heftig gewesen sein, weil drei Anrainerstaaten, das Fürstbistum, Solothurn und Basel, Nutzungsrechte geltend machten. 1625 entstand in der Neuen Welt bei Münchenstein, auf Basler Territorium also, ein Wuhr und ein Teich. Der Bischof beschwerte sich darauf über die Schmälerung seiner Fischrechte, weil der Lachs die Verbauungen nicht überwinden und in seine Laichgründe zurückkehren konnte. Der Bau von Kanälen stellte nicht nur für die Fische ein Hindernis dar, sondern auch für die Flösser. 1593 beklagten sich verschiedene Flösser aus dem Laufental darüber, dass bei Dornachbrugg fast das ganze Wasser in den Teich der Arlesheimer Mühle eingeleitet worden sei, wodurch das Flössen gefährlicher geworden sei. Bartle Frey, der Meier von Laufen, führte aus, dass der Platz, der zum Flössen zur Verfügung stehe, sehr eng und steil sei. Einmal sei ihm nachts Holz in den Mühleteich geraten, worauf der Inhaber des Teichs behauptet habe, es gehöre ihm. Hans Hammel von Liesberg verlor auf dieselbe Weise Holz im Wert von 50 Pfund, weil der Landvogt von Dorneck es dem Müller zusprach.[13]

In der Mitte des 17. Jahrhunderts kam es bei dieser Mühle zu einem über 30 Jahre dauernden Streit um den Unterhalt der Verbauungen. Die Verpflichtung zum Unterhalt von Wuhr und Flösserkanal, der die gefahrlose Überwindung des Wasserfalls ermöglichen sollte, oblag dem Besitzer der Mühle, Martin Bürgi, alt Landschreiber zu Dorneck. Dieser versprach zwar, sich darum zu kümmern, es geschah jedoch nichts. Nach Bürgis Tod nahmen die Flösser selbst Reparaturen vor, deren Kosten die Erben tragen sollten. Als mehrmalige Zahlungsaufforderungen nichts fruchteten, schaltete sich die Stadt Basel ein: Die Stadt, an die sich die Flösser gewandt hatten, verwies auf die vertraglichen Bestimmungen aus den 1640er Jahren, in denen sich Bürgi zum Unterhalt des Wuhrs verpflichtet habe. Auch seine Erben seien daran gebunden. Basel habe ein Interesse am Funktionieren der Flösserei und rufe deshalb den Bischof dazu auf, einen Entscheid zu fällen und diesem Nachachtung zu verschaffen. Basel war, das zeigt diese Episode, stark von der Holzzufuhr aus dem Bistum und dem Solothurnischen angewiesen. Dieser Konflikt dauerte wohl deshalb so lange, weil er zwei Territorien betraf: Die Mühle lag in Arlesheim und war bischöfliches Lehen, deshalb auch die Aufforderung Basels an den Bischof, eine Lösung herbeizuführen. Die Einleitung des Kanals und die Verbauungen befanden sich jedoch in Dornachbrugg – und die Inhaber waren Solothurner.[14] Potentiell konfliktträchtig war auch das Verhältnis zwischen Fischern und Flössern, weil das Flössen während der Laichzeit des Lachses und der Nasen untersagt war. Unter Umständen führte der Fluss aber genau dann genügend Wasser zum Flössen. Die Menschen waren sich jedoch bewusst, dass der Fischbestand nur durch die Schonzeiten erhalten werden konnte. Zum Schutz der Fische wurden deshalb auch vorübergehende Fangverbote erlassen, so 1594 im Laufental, was allerdings bei den Laufnern auf Widerspruch stiess. Das Flössen wie auch das Fischen stellten im Laufental wichtige saisonale Verdienstmöglichkeiten dar. Die Fische spielten in der Ernährung der Fastenzeit eine wichtige Rolle.

Die Wasserkraftnutzung der Birs blieb über das Ancien Régime hinaus wichtig. Bei der Arlesheimer Mühle entstand 1830 mit der Schappespinnerei eine der ersten Fabriken auf Baselbieter Boden. Sie nutzte bis ins 20. Jahrhundert das Wasser der Birs.[15] Die Gewerbe am Fluss veränderten sich im Laufe des 19. Jahrhunderts: Mit dem Bau von Strassen verloren Schifffahrt und Flösserei an Bedeutung, der Fischfang ging durch die zunehmende Gewässerverschmutzung aus der Kanalisation und industriellen Quellen zurück. Mit Kraftwerksprojekten zur Stromgewinnung zum Beispiel am Rhein erhielt die Wasserkraft eine neue Bedeutung, die wiederum zu Konflikten führte. Grossprojekte drohten Naturschönheit, wie etwa die Laufenburger Stromschnellen, zu zerstören. Dagegen wehrten sich seit Beginn des 20. Jahrhunderts Natur- und Heimatschutzverbände.[16] Gegen die Technikbegeisterung und die Wachstumsvorstellungen, die sich mit dem Bau von Kraftwerken verbanden, konnten sich ökologische Argumente kaum durchsetzen, das erwies in den 1950er Jahren auch der gescheiterte Widerstand gegen das Rheinau-Kraftwerk.[17]

Verknappung der zentralen Ressource Holz?

Die Forderung nach dem schonenden Umgang mit der Umwelt ist nichts Neues, das zeigt sich etwa bei den Schonzeiten für laichende Fische. Besonders gut dokumentiert ist der Einsatz der frühneuzeitlichen Obrigkeit für den sparsamen Umgang mit Holz als Energie- und Baustoff. Dabei standen wiederum unterschiedliche Nutzungsinteressen und nicht nur die Umweltschonung im Vordergrund, wie ein Beispiel aus dem Laufental illustriert. Die Klagen über den schlechten Zustand des Waldes sind im Ancien Régime allgegenwärtig. Für das Laufental erliess der Bischof 1601 eine Waldordnung, weil die Untertanen die Wälder unordentlich und «unspärlich» genutzt und «verwüstet» hätten. Deshalb entstehe je länger je mehr Mangel an Holz. Die Ordnung regelte die obrigkeitliche Kontrolle über die Waldnutzung und versuchte, den sparsamen Umgang mit der Ressource zu verordnen: So war es verboten, geschlagenes Holz einfach liegen und verfaulen zu lassen. Häuser sollten gut instand gehalten werden, damit der Bauholzverbrauch möglichst gering blieb. Ausserdem waren Neubauten bewilligungspflichtig. Schafe und Geissen durften nicht mehr im Wald weiden, die Eichelmast der Schweine unterstand genauen Regeln.[18] Auch die stadtbaslerische Obrigkeit erliess seit dem 16. Jahrhundert immer wieder Mandate, die dem Schutz der Wälder dienten.[19]

Das Lamentieren über den Zustand des Waldes weist ohne Zweifel auf Übernutzungstendenzen hin. Der Wald diente ja nicht nur der Landwirtschaft als Weide, sondern auch zahlreichen holzverarbeitenden Handwerken als Brenn- und Rohstofflieferant. Besonders grosse Mengen von Holz, teilweise auch von Holzkohle, brauchten Gewerbebetriebe wie Ziegeleien, Glas- und Eisenhütten. Gefürchtet und deshalb immer wieder mit Nutzungsbeschränkungen belegt waren die «Waldgewerbe» der Köhler, Harzer und Pottaschebrenner. Die Klagen über den schlechten Zustand lassen sich jedoch auch anders deuten: Nicht selten bedeutet der Hinweis auf die drohende Holzverknappung lediglich, dass man Holz zu einem knappen Gut *machen* wollte, etwa um die fürstlichen Kassen zu füllen. Finanzielle Engpässe wurden mit neu erschlossenen Forsteinnahmen und dem Ertrag aus den holzabhängigen Bergregalien (Salinen oder Eisenwerken) umschifft. Die angeblich drohende Holznot legitimierte nicht nur neue oder höhere Gebühren, sondern auch obrigkeitliche Eingriffe in bäuerliche Waldnutzungsrechte. Angesichts der Möglichkeit, Holz zu vermarkten, wurde die überkommene, bäuerliche Waldnutzung in den Augen der Forstherren zur minderwertigen Nutzung.[20] Einiges spricht dafür, dass sich auch die fürstbischöflichen Waldordnungen in dieser Richtung interpretieren lassen. Die Holzordnung von 1601, die den wenig sparsamen Umgang mit Holz vor allem den Bauern des Laufentals anlastete, verschweigt die Tatsache, dass es der Bischof selbst war, der seit dem 16. Jahrhundert im Delsberger Amt die Eisenindustrie förderte, die grosse Mengen von Holz verschlang und durch die Erzauswaschung auch die Gewässer verschmutzte. Auch die Waldordnung aus dem Jahr 1755, die für das ganze Bistum Geltung hatte, hemmte vor allem die bäuerliche Holznutzung. Den gewerblichen Holzbedarf hingegen schränkte sie nicht ein.

Beim Holzexport präsentiert sich die Situation im Bistum etwas anders: Von der Ausfuhr profitierte nicht nur der Bischof als Obereigentümer, sondern auch die Bevölkerung der Dörfer, die zur Deckung besonderer Kosten immer wieder um die Bewilligung zum Holzverkauf nachsuchten. Dem Exportverbot, das die Ordnung von 1755 vorsah, konnte deshalb nur beschränkte Nachachtung verschafft werden.[21] Für die Holzversorgung Basels hätte die konsequente Durchsetzung weitreichende Folgen gehabt, war die Stadt doch auf die Zufuhr von Holz angewiesen. Die Holzordnungen verschweigen, dass der Mangel an Holz nicht zuletzt ein soziales Problem war. Den Holzfrevlern, die den Wald besonders in Zeiten der Krise «wild» und «ungeordnet» nutzten, fehlte eine Alternative genauso wie der ländlichen Bevölkerung, die versuchte, Nahrungsmittel in ausreichender Quantität zu produzieren. Auf die Nachhaltigkeit ihrer Bodennutzung oder den durch Rodungen gestörten Wasserhaushalt konnte sie keine Rücksicht nehmen. Das heisst jedoch nicht, dass sie sich der Folgen ihres Handelns nicht bewusst war.

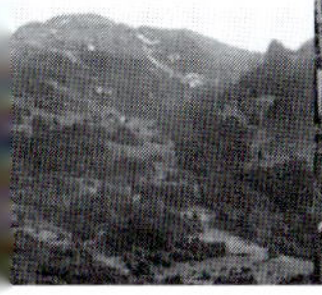

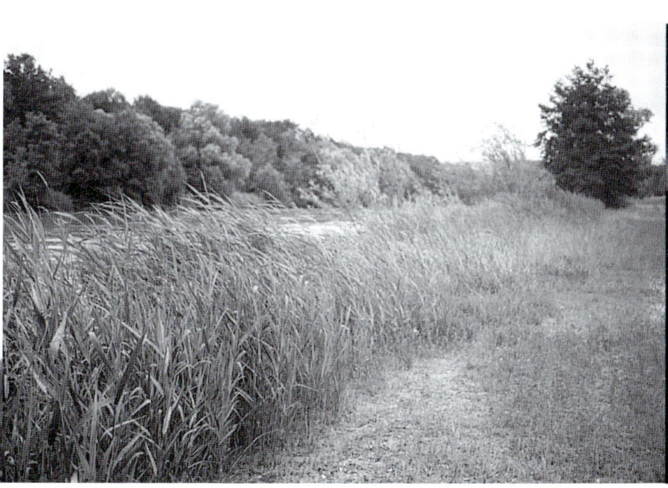

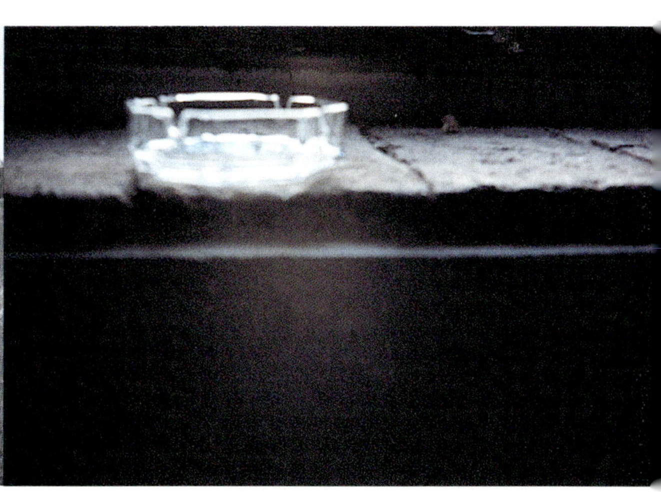

Ein anpassungsfähiges System: Die Dreizelgenwirtschaft

Seit dem Spätmittelalter organisierten die Gemeinden die Landwirtschaft im kollektiven System der Dreizelgenwirtschaft.[22] Diese Nutzungsordnung blieb an vielen Orten, insbesondere im Laufental, bis zu Beginn des 19. Jahrhunderts bestehen. Da die Möglichkeiten des einzelnen Bauern in diesem gemeinsam betriebenen System stark eingeschränkt waren, apostrophierten aufklärerische Agronomen des 18. und 19. Jahrhunderts – und mit ihnen mancher Forscher des 20. Jahrhunderts – diese Ordnung als unbeweglich und rückständig. Bei genauerem Hinsehen zeigt sich jedoch, dass die Dreizelgenwirtschaft elastisch und anpassungsfähig war: Sie lässt sich als Versuch interpretieren, die Abhängigkeit des Menschen von der Natur durch Adaptationsprozesse zu vermindern.[23] Das in drei Zelgen geteilte Ackerland einer Gemeinde wurde in einem Dreijahresrhythmus abwechslungsweise mit Winter-, dann mit Sommerfrucht bepflanzt und anschliessend während eines Jahres brach liegen gelassen. Diese Rotation diente dazu, die Bodenfruchtbarkeit zu erhalten. Über Dünger verfügten die Menschen des Ancien Régime, bedingt durch die relativ kleinen Viehbestände, nur in sehr beschränktem Mass. Die Nutzung einer Winter- und einer Sommerzelg bot auch weitere Vorteile: Sie half mit, das Risiko eines totalen Ernteausfalls zu minimieren, wuchsen doch auf den beiden Zelgen verschiedene Getreide, die unterschiedliche Anforderungen an die Witterung stellten. Ausserdem konnte die Winterzelg, wenn sich dort zwischen September und April ein Ernteausfall abzeichnete, im Frühjahr umgepflügt und mit Sommergetreide bepflanzt werden. Eine noch ausgeklügeltere Strategie zur Verhinderung einer völligen Missernte bei klimatischer Ungunst war die Aussaat einer Mischung von Getreiden, die unterschiedliche klimatische Bedingungen verlangten. Die Flexibilität des Systems lässt sich auch daran erkennen, dass es über gewisse Nutzungsreserven verfügte: Vom Dorf aus betrachtet am Rand des Gemeindebannes lagen Allmend und Wald. Die Bewirtschaftung dieser Zonen konnte bei Bedarf intensiviert werden, etwa indem gerodet wurde. Die Wichtigkeit dieser Möglichkeit belegt eine Forderung des Bauernaufstandes von 1525, die die Befreiung solcher Aufbrüche vom Rodungszins beinhaltete. Zur Überbrückung von Krisen stand auch die Brache als Landreserve zur Verfügung.

Seit Beginn des 18. Jahrhunderts wandelte sich das Nutzungssystem: Die Landbevölkerung pflanzte neue Kulturpflanzen wie die Kartoffel, die einen hohen Flächenertrag aufweist, und Ackerfutterpflanzen wie Klee an. Durch die Einführung der ganzjährigen Stallfütterung des Viehs konnte sie den Dünger sammeln und gezielter einsetzen. Schliesslich veränderte sich das Landnutzungsmuster, indem sie Brache und Allmend in die Fruchtfolge einbezog. Durch diese Neuerungen nutzte die Landbevölkerung bestehende Energie- und Nährstoffquellen effizienter und erschloss sich neue, wie Klee und Kartoffel, deren Wachstum auf der Sonnenenergie und dem Luftstickstoff basiert.[24] Dadurch wurde der Düngermangel behoben, der die Produktivität der Dreizelgenwirtschaft hemmte. Die fruchtbarkeitssteigernde Wirkung der Kleepflanzen, sie vermögen mittels Knöllchenbakterien den Stickstoff der Luft zu gewinnen und damit den Boden anzureichern, konnte bis ins letzte Viertel des 19. Jahrhunderts jedoch nur empirisch nachgewiesen werden.

Diese Neuerungen des landwirtschaftlichen Systems waren von den oben erwähnten Agronomen, die man auch als «ökonomische Patrioten» bezeichnet, propagiert worden. Mit ihren Forderungen nach Ertragssteigerungen weisen sie bereits in eine neue Zeit, in der nicht mehr das Auskommen, sondern das Leistungs- und Gewinnstreben im Vordergrund stand. Während im 18. Jahrhundert noch die Vorstellung eines natürlichen, wenn auch manchmal gefährdeten Gleichgewichtes vorherrschte, prägten Fortschritt und Wachstum seit dem 19. Jahrhundert die Beziehung zwischen Mensch und Umwelt.

Die Ästhetik der Umwelt: Natur- und Heimatschutz nach 1900

Während in den bisher beschriebenen Nutzungskonflikten die direkt betroffenen Parteien agierten, meldeten sich zu Beginn des 20. Jahrhunderts mit den Natur- und Heimatschutzorganisationen neue Interessengruppen zu Wort. Die grossen Verbände wie Heimatschutzvereinigung (1905) und Naturschutzbund (1909) entstanden in einer Zeit beschleunigten gesellschaftlichen Wandels, der einen «Modernisierungsschock»[25] auslöste. Die Gründungen waren kein schweizerisches Phänomen: Auch in Frankreich, Grossbritannien und Deutschland bildeten sich zur selben Zeit Vereinigungen zum Schutz von Natur- und Kulturdenkmälern. Sie sind im Kontext anderer Lebensreformbewegungen zu sehen, die Gegenentwürfe zur Industriegesellschaft liefern wollten. Der Begriff Heimatschutz tauchte in den 1880er Jahren auf. Der Heimatschutz vertrat eine konservativ geprägte, nostalgische Sehnsucht nach Harmonie, die er durch die Industrialisierung, den entstehenden Tourismus, den modernen Städtebau bedroht sah. Er argumentierte vor allem ästhetisch. Nicht die haushälterische Nutzung der vorhandenen Ressourcen wurde propagiert, sondern ein punktueller und partieller Schutz jener Landschaften, die als besonders bedroht galten.

Die Gründung des Heimatschutzes beider Basel erfolgte im Jahr 1905. Der Baselbieter Heimatschutz entstand 1950 durch die Trennung der Sektionen Basel-Stadt und Baselland des schweizerischen Dachverbandes. 1924 berief der Kanton Basel-Landschaft eine Kommission für Natur-, Pflanzen- und Heimatschutz, die gewisse Einsprache- und Beratungsrechte hatte. Gegen Ende der 1950er Jahre stieg ihre Aktivität deutlich an. Im Kanton Basel-Landschaft gab es zwar keine politischen Kämpfe von ähnlich grosser Bedeutung wie auf gesamtschweizerischer Ebene der Widerstand gegen das Rheinau-Kraftwerk, einige Projekte waren aber dennoch sehr umstritten. So die verschiedenen Gondelbahnprojekte im Jura.[26] Die Beanspruchung der Umwelt durch Freizeitaktivitäten hatte bereits um die Jahrhundertwende eingesetzt; in der Belle Epoque entwickelte sich der Tourismus zu einem eigentlichen Wirtschaftszweig. Der Heimatschutz wandte sich seit seinen Anfängen gegen diese Form der Ausbeutung. In den 1950er Jahren nahm diese Belastung der Umwelt durch die steigende Mobilität der Bevölkerung und die vermehrten Freizeitmöglichkeiten zu. Sie rief Widerstand hervor.

Langenbruck, eine Gemeinde, die seit der zweiten Hälfte des 19. Jahrhunderts auf den Tourismus setzte, baute zu Beginn der fünfziger Jahre zwei Skilifte. Im Februar 1956 nahm auch auf der Wasserfallen oberhalb von Reigoldswil ein Skilift seinen Betrieb auf. Nur einen Monat später wurde die Gondelbahn Reigoldswil—Wasserfallen eröffnet. 1931 war sie noch an der Ablehnung der Gemeinde Reigoldswil und des regionalen Transportunternehmens Autobus AG gescheitert. Unumstritten war die Bahn allerdings auch in den fünfziger Jahren nicht, so wurde 1957 ein Brandanschlag verübt und 1958 zu nächtlicher Stunde ein Mast demontiert. Schon in der Planungsphase hatten sich Natur- und Heimatschutzkreise gegen den Bau gewandt. Trotz wirtschaftlicher Schwierigkeiten steht die Gondelbahn bis heute in Betrieb.

Ein gescheitertes Sesselbahnprojekt

Auch an anderen Orten der Region wurden in jenen Jahren Konzessionsgesuche für Bergbahnen eingereicht. Die meisten scheiterten am Widerstand nicht zuletzt von Heimatschutzorganisationen, die sich in Vernehmlassungsverfahren äusserten. Ein derartiges Projekt war eine Sesselbahn von Ettingen auf den Hochblauen. Das Konzessionsgesuch reichte eine Einzelperson, ein Bürger von Ettingen, der in Basel wohnte und als Einnehmer bei der Birsigtalbahn arbeitete, im Juli 1956 ein. Sein Projekt begründete er mit den Naturschönheiten des Blauen und seiner Umgebung sowie mit der Tatsache, dass das Gebiet von Basel aus einfach zu erreichen war. «Um allen Touristen und Bergfreunden gross und klein, eine allgemeine Rundsicht bis weit ins Land hinein, bei klarem Wetter sogar bis in die Alpenwelt zu ermöglichen», sah er den Bau eines Aussichtsturms beim Blauenpass vor, ausserdem plante er ein «heimeliges Bergrestaurant mit guter Küche für alle Ansprüche». Er wollte Wanderer und Ausflügler mit sportlichem wie kulturellem Interesse vor allem aus Basel ansprechen, die «zum Blauenberg zurückkehren» würden, wenn er durch den Bau der Sesselbahn innert 45 Minuten erreicht werden könnte, statt wie bisher in über zwei Stunden. Der Gesuchsteller sah sein Projekt eingebettet in ein Netz anderer regionaler Verkehrsunternehmen: Insbesondere mit der Birsigtalbahn, die die Ausflügler von Basel nach Ettingen und wieder zurück bringen sollte, war eine Zusammenarbeit vorgesehen. Bei der Talstation war jedoch auch – Zeichen der Zeit – ein Parkplatz vorgesehen. Zur Finanzierung sollte nach der Erteilung der Konzession eine Aktiengesellschaft gegründet werden. Soweit kam es jedoch nicht: Das Gesuch wurde abgelehnt, weil das Projekt in den betroffenen Gemeinden Ettingen und Hofstetten, bei den lokalen Verkehrsvereinen, den eidgenössischen wie kantonalen Natur- und Heimatschutzkommissionen sowie bei den Natur- und Heimatschutzorganisationen in Baselland und Solothurn auf breite Ablehnung stiess. Beide Kantonsregierungen schlossen sich dieser Stellungnahme an. Einzig die SBB, die Birsigtalbahn und die Trambahngesellschaft Basel–Aesch hatten sich zustimmend geäussert. In wesentlichen Punkten waren sich die ablehnenden Gremien einig. Kurz und illustrativ nimmt die Solothurnische Natur- und Heimatschutzkommission Stellung: «Der Bau der Sesselbahn in die unberührte Landschaft des Blauen mit den prächtigen Kirschgärten und dem nahegelegenen Wallfahrtsort Mariastein würde ohne Zweifel die Einheit zerstören. Die Bahn führt ausserdem nicht zu einem bekannten Aussichtsort. Zu diesem Zweck muss erst noch ein Aussichtsturm erstellt werden. Die Bergmatte wird heute als Spielwiese benützt, welche über die relativ geringe Höhendifferenz und Distanz mit Leichtigkeit zu Fuss erreicht werden kann. Die beiden Bürgergemeinden [...] sind am Ausbau der Waldwege, sodass in absehbarer Zeit die Bergmatten auch per Auto erreicht werden können. Nicht allein die Waldschneise würde das Landschaftsbild verändern, auch das ganze Drum und Dran mit Konservenbüchsen etc. würde sich nachteilig auswirken. Mit der Bewilligung dieser Bahn würde jedoch auch noch ein anderes Projekt präjudiziert: Dornach–Gempenfluh.» Die Baselbieter Stellungnahmen erwähnten die zunehmende Verunstaltung der Landschaft durch technische Anlagen wie Starkstromleitungen und -masten. Obwohl die Argumente der Bürgergemeinde Hofstetten ökonomisch geprägt waren, griff auch sie auf die Ästhetik zurück: Sie führt den Verlust von Waldboden, die Entwertung der Waldbestände entlang der Schneise und die Erschwerung der Bewirtschaftung an. Mit einer Geschäftsbelebung in Hofstetten sei nicht zu rechnen, da sich der Verkehr hauptsächlich über Ettingen abwickeln werde. Im ganzen Projekt sei eine «materielle Schädigung der Bürgergemeinde zu sehen, geschweige noch von der Verunstaltung unseres schönen Blauengebietes».[27]

Die 1950 gegründete Arbeitsgemeinschaft für Natur- und Heimatschutz Baselland hatte sich 1954 auch gegen das Wasserfallenprojekt und grundsätzlich gegen die «Gondel- und Sesselbahn-Seuche» gewandt, vermochte sich damals jedoch nicht durchzusetzten. Ihr Verständnis von Natur und Naturerlebnis unterschied sich fundamental von jenem, das sich im Zeichen der entstehenden «Freizeitgesellschaft» ausbreitete und eine möglichst gute verkehrstechnische Erschliessung der Landschaften anstrebte. Ob sich in der geschlossenen Ablehnung anderer Bahnprojekte bereits Ansätze eines Lernprozesses zeigen, ist zu bezweifeln. Dagegen spricht, dass die Einsprecher den Ausflugstourismus nicht grundsätzlich ablehnten, obwohl die Folgen in Form von Lärm und Abfall bereits bekannt waren. Aus heutiger Sicht mag auch überraschen, dass sie die Befahrung des Blauen mit dem Auto nicht als Störung der Umwelt empfanden.

Umweltschutz als Politik

Seit der Industrialisierung zeigte sich deutlich, dass der Mensch die Umwelt nicht nur nutzte, sondern sie zunehmend auch schädigte und belastete. Gleichzeitig glaubte man jedoch, der Gewässer- und Luftverschmutzung auf technischem Weg, etwa durch höhere Kamine oder längere, bis in die Mitte der Flüsse reichende Abwasserrohre, Herr werden zu können. Verursacher der Gewässerverschmutzung war nicht allein die Industrie: Auch die Haushaltsabfälle und Abwässer der schnell wachsenden Städte bedrohten bereits im 19. Jahrhundert die Wasserqualität und das Trinkwasser. Mit nur wenigen Jahrzehnten Verzögerung zeigten sich die Probleme auch auf dem Land: Im Baselbiet wurde die Gewässerverschmutzung – zuerst von den Fischern – seit der Zwischenkriegszeit wahrgenommen, Massnahmen diskutierte man jedoch erst im Laufe der 1940er Jahre. Der Anschluss der Häuser an die Kanalisation wurde im Baugesetz von 1941 vorgeschrieben, die Planung von Kläranlagen ebenfalls in jenen Jahren an die Hand genommen, mit der Realisierung derselben haperte es allerdings noch bis in die sechziger Jahre. Zur Lösung des Gewässerschutzproblems verfügte der Kanton über Konzepte und Strategien, die zielstrebig verfolgt wurden: Mit dem Gesetz über die Abwasseranlagen aus dem Jahr 1952 besass der Kanton Basel-Landschaft eine moderne Rechtsgrundlage. Das 1955 erlassene Bundesgesetz zum Schutz der Gewässer blieb weit hinter den Baselbieter Regelungen zurück, denn es enthielt weder bindende Vorschriften noch regelte es die Finanzierung.[28]

Die Zeit nach dem Zweiten Weltkrieg war durch ein starkes Wachstum geprägt, welches das Mensch-Umwelt-Verhältnis nachhaltig verändert hat: Gewachsen ist einerseits die Bevölkerung, durch den langsam einsetzenden Wandel hin zur Konsumgesellschaft stiegen mit dem zunehmenden Wohlstand auch die Güterproduktion und der Ressourcenverbrauch, insbesondere der Verbrauch fossiler Energien. Auch die stärkere Verbreitung von Konsumgütern wie Kühlschrank und Waschmaschine sowie des Autos setzte in jener Zeit ein. In der Rückschau gelten die fünfziger Jahre jedoch auch als Zeit noch tragbarer Umweltbelastung, wollte doch das Bundesamt für Umweltschutz in den achtziger Jahren die Grenzwerte für Luftschadstoffe auf den Ausstoss der fünfziger Jahre festsetzen.[29] In den fünfziger und sechziger Jahren wurde die Umweltsituation noch nicht als krisenhaft wahrgenommen, weil der Glaube an die technische Lösbarkeit ungebrochen war. Die siebziger und achtziger Jahre waren durch einen Wertewandel gekennzeichnet, der auch die Einstellung zur Umwelt radikal veränderte; das permanente Wachstum wurde allmählich in Frage gestellt. Bis in die 1990er Jahre entwickelte sich die Umwelt zwar zu einer wichtigen wirtschaftlichen und sozialen Alltagsfrage, offen bleibt jedoch die eingangs erwähnte Frage, welcher Weg im Umgang mit der Umwelt in Zukunft einzuschlagen sei.

Lesetipps

Einen Überblick über die Umweltgeschichte in der Schweiz seit 1800, gelegentlich anhand von Baselbieter Beispielen, gibt François Walter (1996, französisches Original 1990).

Über Umweltfragen im Bereich der Baselbieter Politik (Raumplanung, Energie, Trinkwasser, Abwasser und Abfälle) während der Jahre 1940 bis 1980 informiert die bei der Forschungsstelle entstandene Arbeit von Jean-Daniel Blanc (1996).

Die Mensch-Umwelt-Beziehung in der Region Basel der 1950er Jahre hat der reich illustrierte Ausstellungskatalog Perlon, Petticoats und Pestizide (Andersen [Hg.] 1994) zum Thema.

Äusserst anregend zum Thema Siedlungsgeschichte seit dem Paläolithikum im Kanton Basel-Landschaft ist der illustrierte, materialreiche Ausstellungskatalog Tatort Vergangenheit von Ewald/Tauber ([Hg.] 1998).

Die Bedeutung des Klimas für die Geschichte von Bevölkerung und Landwirtschaft untersucht Christian Pfister in seinem Standardwerk (1984).

Künstlerischer Beitrag

Annette Fischer, 1969 in Biel geboren. 1990 bis 1994 Ecole d'arts appliqués, Fachklasse für Fotografie, Vevey. Arbeitet und lebt in Basel.

Anmerkungen

1 Vgl. dazu Bd. 1, Thema.
2 Tauber 1998a, S. 29.
3 Sedlmeier 1998b, S. 286f. und 327.
4 Sedlmeier 1998a, S. 159, Abb. S. 155; Sedlmeier 1998c, S. 349.
5 Vgl. Bd. 2, Kap. 8; Rösener 1987, S. 40ff.
6 Rippmann 1991, S. 42.
7 Vgl. Bd. 2, Kap. 3 sowie Tauber 1998b, S. 240.
8 Vgl. dazu unten sowie Bd. 2, Kap. 1; Rippmann 1996, S. 18f.
9 Tauber 1998c, S. 510ff. sowie Bd. 2, Kap. 1.
10 Vgl. Bd. 3, Kap. 7 und 10 und ausführlich Berner 1994; Landolt 1996.
11 Artikel der Laufner «sampt anderen so mit Inen in der Empörung In das Delspergerthall [...] gezogen», AAEB, B 234/2, Nr. 2.
12 Franz 1968, S. 263.
13 AAEB, B 142/1, S. 151–155.
14 AAEB, B 234/1 und 3, passim.
15 Vgl. Grieder 1993.
16 Vgl. Linse 1997.
17 Vgl. Walter 1996, S. 180ff.
18 AAEB, B 234/5, 30. April 1601, S. 63–85.
19 Vgl. Röthlin 1993.
20 Radkau 1983, S. 515 f.; Radkau 1986, S. 10.
21 Zur Ordnung von 1755, vgl. Weisz 1935. Zu den bischöflichen Eisenwerken, vgl. Abplanalp 1971, S. 83ff.
22 Vgl. dazu Bd. 3, Kap. 1.
23 Vgl. Mattmüller 1991, der auch die sozialen Aspekte des Systems würdigt, sowie Pfister 1984, Bd. 2, passim.
24 Pfister 1984, Bd. 2, S. 128.
25 Pfister 1997, S. 53; vgl. auch Walter 1996, S. 71 und 82ff.
26 Blanc 1996, S. 224f.
27 StA BL, NA, Bau-Akten Nr. 422, 1956. Zum Widerstand gegen die Starkstromleitungen, Bd. 6, Kap. 5.
28 Blanc 1996, S. 180ff. und 213ff.
29 Andersen/Tanner 1993. Vgl. auch Bd. 6, Kap. 11.

Risiko – Kehrseite des Wohlstands

Bild zum Kapitelanfang
Ohne Worte

Um 3.43 Uhr in der Nacht auf Allerheiligen wecken die Sirenen Muttenz. Lautsprecherwagen fahren durch die Quartiere: «Achtung, Achtung, hier spricht die Polizei. Bitte schliessen Sie Fenster und Türen und bleiben Sie in den Gebäuden. Schalten Sie Radiogeräte ein und hören Sie die Programme von Radio DRS oder von Radio Basilisk.» In nordöstlicher Richtung flammt der Himmel. Ostwind treibt übel riechende Rauchschwaden vor sich her. Wenig später erreicht der Alarm Münchenstein, Birsfelden, Binningen, Bottmingen, Oberwil, Allschwil, Pratteln und Basel. Über Radio DRS unterbricht Andrea Müller seit 2.37 Uhr immer wieder die Sendung Nachtclub. Er ist einer der ersten Journalisten vor Ort und meldet den Brand der Lagerhalle 956 der Firma Sandoz in Schweizerhalle. Schwefeldioxyd, Stickstoff und Phosphor entweiche in die Luft. «Keine Panik. Türen und Fenster schliessen. Radio hören», beruhigt er die aufgeschreckten Zuhörerinnen und Zuhörer. In der Stadt und ihrer Agglomeration laufen die Telefone heiss. Wer den Alarm gehört hat, gibt ihn seinen Verwandten und Freunden weiter. Cornelia Kazis, Radio-Journalistin, schreibt ihrer dreijährigen Tochter später ins Tagebuch: «Du schliefst, den grauen Elefanten fest an dich gedrückt, in unserem Bett, als G. kurz nach vier anrief, weinte und von uns wissen wollte, ob es besser sei, sich in nasse Tücher zu hüllen und sich ins Auto zu setzen, um möglichst weit wegzufahren, oder hinter geschlossenen Fenstern und Türen abzuwarten, einfach zu warten, bis alles vorbei wäre. In unserem Haus roch es, als hätte jemand draussen im Garten zentnerweise Zwiebelhäute und bengalische Zündhölzer verbrannt. Langsam fand ich aus dem Schlaf zu dem, was G. zu berichten hatte. Ich wollte lieber zu Hause bleiben und abwarten, ging, als wäre es reine Routinesache, durchs Haus und schloss sämtliche Fenster, weckte deinen Vater und streichelte dich mit einer Hand, die weder zu mir noch zu dir eine Beziehung zu haben schien. […] Ein Reporter vom Regionaljournal, den ich in der Radiokantine manchmal sehe und mit dem ich ein Dutzend Worte wechsle, hatte mir inzwischen […] mitgeteilt, dass alles so ist, wie ich schon dachte, dass es sei. Nun musstest du weiterschlafen. Hätte

«Weil wir auch in Zukunft hier leben wollen»

Auf schwarzem Hintergrund greift eine Röntgenhand von oben nach den grauen Umrissen der Basler Skyline. Die Stadt steht in Flammen. Das Plakat fordert zur Teilnahme an einer Grossveranstaltung gegen Atomkraftwerke auf. Diese findet am 29. September 1974 auf dem künftigen Baugelände bei Kaiseraugst statt. Organisatoren des Anlasses sind das Nordwestschweizerische Aktionskomitee gegen Atomkraftwerke und die Gewaltfreie Aktion Kaiseraugst. Das regionale Komitee ist seit 1969 am Werk und hat zusammen mit der lokalen Bürgerinitiative Kaiseraugster für gesundes Wohnen durch Beschwerden und Einsprachen den ganzen Instanzenweg von der Gemeindeversammlung über den Regierungsrat des Kantons Aargau bis vor Bundesgericht mitgemacht. Die Gewaltfreie Aktion gibt es seit 1973. Leute aus dem Umkreis der Baselbieter Jungsozialisten haben sie nach dem Bundesgerichtsentscheid vom 13. August 1973 in Liestal gegründet. Sie versammelt Frauen und Männer, welche die Auseinandersetzung mit gewaltlosen Handlungsformen fortsetzen wollen. Im Winter 1973 besetzt die Gruppe das künftige Baugelände in einer symbolischen Aktion.[1] «Es gibt Geschenke, die ungefährlich sind. Atomkraft-

Sandoz-Brand, 1986
Die grosse Hitze verbrannte die gelagerten Substanzen zu vielen unbekannten chemischen Verbindungen und trieb sie in die Atmosphäre. Mit dem Löschwasser gelangten Gifte in den Rhein und führten zu einem gravierenden Fischsterben. Mit aufwändigen Reinigungsmassnahmen gelang es jedoch, die Rheinflora und -fauna wieder zu beleben, so dass der Rhein nach einigen Jahren wieder als gesundes Gewässer gelten konnte.

ich eine Stimme gehabt, um dir das alte Schlaflied zu singen von der Mutter, die Bäume schüttelt, von denen Träume fallen? Als A., mein Mann, dein Vater, endlich kam, trug er ein Tablett mit Kerzen, Kaffee, Tee und Zopf vor sich her und sagte: ‹Noch einmal Tee, noch einmal Kaffee, noch einmal Zopf, noch einmal Frühstück.› Er lachte, als er das sagte. Ich lachte auch und wusste, dass hinter dem Lachen die Tränen waren und die Gedanken an den Tod. Schlaf, Kindlein, schlaf, um Himmels Willen schlaf!»[1] Einige Stunden erstarrt ein Teil der Region Basel in Angst und Schrecken. Den Endalarm morgens um sieben Uhr nehmen die meisten Menschen erleichtert entgegen.

15 Feuerwehren mit 392 Mann, 68 Fahrzeugen, 21 Wasserwerfern und einem Löschboot haben das Feuer niedergerungen. Sie standen unter dem Kommando der kantonalen Katastropheneinsatzleitung, die ihr Aufgebot um 0.53 Uhr, 34 Minuten nachdem der Brand entdeckt worden war, erhalten hatte. Knapp eine Stunde später war Einsatzleiter Hans Suter, Kommandant der Kantonspolizei Basel-Landschaft, auf dem Brandplatz eingetroffen und hatte mit seinem Stab einen Zivilschutzraum auf dem

Aufräumen
Arbeiter räumen nach dem Sandoz-Brand auf.

Sandoz-Areal bezogen. Später vertrieben eindringende Brandgase die Einsatzleitung in einen anderen Kommandoposten. Das Hauptproblem des Katastrophenstabs bestand darin, das Gefahrenpotential einzuschätzen. Da vollständige und genaue Lagerlisten fehlten und Analysen noch nicht vorlagen, wusste er nicht genau, was verbrannte und welche chemischen Verbindungen mit dem Rauch in die Luft gingen. Erst später liess sich feststellen, dass dort 1350 Tonnen Agro-Produkte, Insektizide, Herbizide, Fungizide, organische Quecksilberverbindungen, Lösungsmittel und andere Chemikalien lagerten und zu Tausenden unbekannter Verbindungen verbrannten. Den Gestank verursachten vermutlich so genannte Mercaptane, schwefelhaltige alkoholähnliche Stoffe.

Die Einwohnerinnen und Einwohner der Agglomeration Basel hatten Glück gehabt. Von wenigen gesundheitlichen Schädigungen abgesehen, waren sie mit dem Schrecken davongekommen. Die Feuerwehren hatten ein Übergreifen des Brandes auf Natrium- und Phosgenlager in der Nachbarschaft verhindern können. Kein Glück hatten Flora und Fauna des Rheins. Mit dem Löschwasser gerieten Tonnen von Schadstoffen in den Strom, darunter schätzungsweise 150 Kilogramm Quecksilber. Das Wasser verfärbte sich rot und trug seine giftige Fracht während Tagen Richtung Nordsee. Die Trinkwasseranlagen flussabwärts mussten stillgelegt werden. Die Pflanzen- und Tierwelt des Flusses überlebte die Verseuchung nicht. Selbst den widerstandsfähigen Aal fischte man tonnenweise tot aus dem Rhein. «Obwohl laut Radiomeldungen das Unglück weiter oben schon seit gut zehn Stunden behoben ist, schimmert das Wasser noch immer rot. Auch der Gestank ist noch da, der die Bevölkerung nachts aus dem Schlaf gerissen hat. Er hängt in der Luft, er drückt in die Lunge, er erinnert an Tod. Unten auf dem Treidelweg, dicht über dem Wasser, steht ein Junge. Neben sich hat er einen grünen Plastikkessel. Er blickt ins Wasser, er bewegt sich nicht. [...] Da unten sind sie, sagt er plötzlich, ein gutes Dutzend. Sie wollen an Land kommen, aber sie können nicht wegen der Mauer. Ich schaue hinunter ins Wasser und sehe

werke sind es nicht. [...] Wir besetzen vom 26.–30. Dezember den zukünftigen Bauplatz des A-Werkes Kaiseraugst, um auf den Notstand hinzuweisen und unsere Bereitschaft zur Verhinderung des A-Werkes zu bekunden.»[2] Diese Worte stehen auf dem Flugblatt, mit dem die Gewaltfreie Aktion Kaiseraugst die Bevölkerung der Region zum Besuch ihres eisigen Camps einlädt. Rund 400 Leute folgen der Aufforderung. Die Besucherinnen und Besucher bilden den Grundstock der Bewegung, welche in den nächsten Monaten entsteht. «Ich habe die ganze Entwicklung als Bauer mitgemacht. Diese Region ist schon jetzt mit Industrie überbelastet; und jetzt kommt nochmals viel mehr. Es kommen Einflüsse von aussen, gegen die der Bauer nichts machen kann. Ein Hag schützt nicht gegen das Fluor und die Sachen vom Atomkraftwerk. Am schlimmsten aber ist, dass das eine weitere Industrialisierung nach sich zieht, vor der wir Angst haben. Wir befürchten allen Ernstes, ein zweites Ruhrgebiet zu werden.»[3] Otto Buess, Bauer und Leiter der Landwirtschaftlichen Schule Ebenrain in Sissach, versucht seine Beweggründe den drei Bundesräten zu erläutern, die ihm in den späteren Verhandlungen zwischen Bundesrat und Atomkraftwerkgegnerschaft gegenübersitzen. Die Motive, welche zahlreiche Menschen ge-

Aale, die gewunden im Sand liegen und sich an die Mauer schmiegen, die sie nicht überwinden können. Zwei zeigen ihre Bäuche. Das Gift hat sie getötet. Aale sind zäh, sagt der Junge und schaut mich aus hellen Augen an. Sie sterben langsam. Die Aeschen sind feiner, die sind schon tot. Die da unten sind jung. Sie wollen flüchten, sie könnten an Land überleben. Aber sie schaffen es nicht.»[2]

Als Industriegesellschaft eingeschlafen, erwachten die Menschen der Region am Morgen des 1. November 1986 als Risikogesellschaft. Die Katastrophe in Schweizerhalle bringt der Bevölkerung über Nacht zu Bewusstsein, dass sie nicht nur in Wohlstand, sondern auch in Gefahr lebt. Zur Risikogesellschaft ist die Region Basel und mit ihr der Kanton Basel-Landschaft nicht von einem Tag auf den anderen herangewachsen. Die technische Entwicklung ist untrennbar mit der wirtschaftlichen verknüpft. Technik ist Grundlage und Produkt der modernen Industrie zugleich, und sie verändert den Alltag. Der Sandoz-Brand von 1986 war ein Schock. Der Einstieg in die Risikogesellschaft verlief weit sanfter.

Technik durchdringt den Alltag

«G., ihr seid ein Hexer!», habe eine alte Frau gesagt, berichtet ein Elektriker. Er hatte soeben die Installationen fertig gestellt und zum ersten Mal das elektrische Licht angedreht.[3] Die neue Energie, welche um die Jahrhundertwende im Kanton Basel-Landschaft Einzug hielt, erregte Aufsehen. Auch 1905 in Wenslingen, wie der Dorfschullehrer in der Chronik festhielt: «Es war just vormittags 10 Uhr, die Unterschule hatte gerade Pause und die Kinder stürmten hinaus, den Sonnenschein und die freie Zeit zu benützen, als das erste Kinde ängstlich und in voller Aufregung zurückeilte: ‹Chömet, d'Lampe voruss brennt!› Ein Hasten, ein Eilen, ein Sichfreuen und Sichaufregen, wie es nur Kinder können. ‹Die dört vorne brennt au!› Alles rennt vorwärts […]: ‹In der Müsgass brennt's au und uff em Schoche obe!› Also links und hinauf, nach vorn und auf die Seite, in die Gasse hinein, im Nu ist alles ver-

Aufarbeiten
Künstlerinnen und Künstler verarbeiteten den Schock und die Angst der Sandoz-Nacht auf unzähligen Plakaten und Bildern.

Menschenkette
Die Reaktorkatastrophe in Tschernobyl im Frühjahr und der Sandoz-Brand im Herbst rüttelten die Menschen auf. Viele engagierten sich in Bürgeraktionen, welche sich für mehr Umweltschutz und eine bessere Katastrophenvorsorge einsetzten.

Licht
Das elektrische Licht löste die brandgefährlichen Petrol-Lampen ab.

Abhängigkeit
Die Bedeutung, welche die Elektrizität im Alltag gewann, schuf Abhängigkeiten. Klappte die Versorgung einmal nicht, standen Bandwebstühle, Herde und Boiler still und es blieb dunkel im Land. Nur wer seine Petrollampe, seinen Holzherd und seinen Holz-, Kohle- oder Ölofen behalten hatte, kam ohne Unannehmlichkeit davon. Ende des 20. Jahrhunderts ist die Abhängigkeit noch ausgeprägter. Selbst moderne Ölfeuerungsanlagen oder alternative Wärmepumpen funktionieren nur mit Strom.

schwunden. ‹Bis Ochsis brennt's in der Schtube und im Stall!› Ein neuer Zunder: Wohin sich wenden? Ein Trüpplein verschwindet im Stall, ein anderes da, ein anderes dort hinein in irgend eine Türe. Einer kam zurück: ‹Brennt's in der Schuel au?› – ‹Natürlich›, sagte ich und zündete an. Jetzt war Feuer im Dach: ‹I gang go luege, öbs deheim au brennt!› Hinaus und fort, auf der Strasse wird's rapportiert: ‹In der Schuel brennt's und bis Lehrers in der Chuchi!› – ‹Aber euseri brennt nit, i cha dreie, wie ni will›, ruft verdriesslich ein Oberschüler. ‹S Hässigs Schtuehl lauft vor em sälber!› – ‹He und euse deheim au›, rufen zwei. Ein neues Feld! Fortgestürmt in die Häuser zu den Stühlen. ‹Eusers Bäbi het juscht z'Nüni gno, wo der Schtuel afot laufe, das isch verschrocke›, ruft ein Knabe. Auch die grossen Leute freuten sich über die Neuerung. Alles lief auf die Gassen, in die Häuser, in des Nachbars Haus, bis der erste Gwunder gestillt war.»[4]

Im unteren Kantonsteil, wo die Elektrifizierung Mitte der 1890er Jahre einsetzte, stand das elektrische Licht im Vordergrund.[5] Ende 1898 brannten dort bei 141 Abonnenten schon 1980 Lampen, Motoren aber liefen erst vier. Es waren zunächst vor allem Wirtschaften und Handwerksbetriebe, welche die neue Lichtquelle einführten. Bauern und Arbeiter waren noch wenige dabei. Im oberen Kantonsteil, wo die Posamenterei stark verbreitet war, diente die Elektrizität in erster Linie der Motorisierung der zuvor von Hand betriebenen Seidenbandwebstühle. Sie ermöglichte dem krisengeschüttelten Industriezweig, noch einige Jahre gegenüber der fabrikindustriellen Herstellung der Seidenbänder konkurrenzfähig zu bleiben. Die Umstellung vom Petrollicht auf die elektrische Glühbirne war demgegenüber zweitrangig.[6]

Die Elektrizität war nicht die erste technische Neuerung, welche im Kanton Basel-Landschaft zum Einsatz kam. Dampf- und wasserbetriebene Maschinen gab es schon länger. Die Eisenbahn schnaubte bereits seit der Mitte des 19. Jahrhunderts durch die Gegend. Selbst die Bekanntschaft mit der Elektrizität hatte man bereits machen können: so 1882 am Gesangsfest in Gelterkinden oder seit 1892 in der Kantonshauptstadt, wo das elektrische

gen das geplante Werk aufbringen, sind verschieden. Für viele gilt, was Otto Buess anspricht: Was sie antreibt, sind die Gefahren der Risikogesellschaft.

Bereits 1966 ist Parlamentariern im Basler Grossen Rat aufgefallen, dass sich am Oberrhein eine Massierung von Atomkraftwerken abzeichnet, und die Gemeinde Kaiseraugst selbst hat sich schon 1963 erfolgreich gegen ein geplantes ölthermisches Kraftwerk zur Wehr gesetzt. Die Einwohnerinnen und Einwohner der dicht besiedelten und hoch industrialisierten Region um Basel haben längst bemerkt, dass die Luft über dem Rheintal nicht mehr die sauberste und gesündeste ist. Gerade das Fricktal hat stark an den Fluorschwaden des Aluminiumwerks im benachbarten Badisch Rheinfelden gelitten. Und die etwas näher bei Basel liegenden Gemeinden haben schon häufig Geruchsbelästigungen der Schweizer Chemiefirmen in Schweizerhalle ausstehen oder Verschmutzungen des Rheins durch Ölunfälle miterleben müssen. Die Sensibilität gegenüber den Gefahren einer technisierten Welt ist in und um Basel gross.[4] Bedenken gegenüber dem Kaiseraugster Projekt hegen auch die Baselbieter Behörden. Zwar soll das Werk auf Fricktaler Boden und damit im Kanton Aargau erstellt werden. Doch hindert das den Regierungsrat des Kan-

Licht Strassen beleuchtete. Die Liestaler Gewerbeausstellung von 1891 hatte zudem einen elektrisch betriebenen Webstuhl gezeigt und seit dem gleichen Jahr nutzte auch die Sissach-Gelterkinden-Bahn die Elektrizität, wenn der Homburgerbach ausreichend Wasser führte. Erst mit der flächendeckenden Elektrifizierung der Dörfer aber drang die neue Technik prägend in den Alltag der Menschen vor. Nicht alle Häuser eines Dorfes wurden gleichzeitig ans Netz angeschlossen. Viele Familien scheuten die Kosten und warteten zu. Abgelegene Bauernhöfe erhielten ihren Anschluss erst Jahre später.

Die meisten Frauen und Männer, welche um die Jahrhundertwende erstmals mit der neuen Energieform Elektrizität Bekanntschaft machten, standen den technischen Neuerungen grundsätzlich positiv gegenüber. Zwar begegnete man der neuen Kraft mit Respekt und Vorsicht, bald aber war die Angst verflogen und man schätzte die grossen Vorteile, die sie bot. Nur bei wenigen, vor allem bei älteren Leuten, blieb eine grundsätzliche Distanz zur neuen Technik bestehen. So soll es in einzelnen Haushalten vorgekommen sein, dass die junge Generation das elektrische Licht benutzte, während die Alten noch mit Kerzen oder Petrollampen zu Bett gingen. Auch gelangten einzelne Häuser erst nach einem heftigen Generationenkonflikt oder nach einem Erbgang ans elektrische Netz.

Die Elektrotechnik veränderte den Alltag der Menschen. Die vor der Einführung der Glühbirne häufigste Lichtquelle war die Petrollampe. Wie die Kerze nutzte sie den Schein des Feuers. Sie war deshalb gefährlich und setzte umsichtige Vorsichtsmassnahmen voraus. So war es beispielsweise kleinen Kindern untersagt, damit umzugehen. Auch war der Unterhalt der Petrolfunzel aufwendig. Ihr Glas musste häufig gereinigt, Brennstoff täglich nachgefüllt und der Abbrand ständig überwacht werden. Zudem war Petrol- oder Kerzenlicht schwach. Es erleuchtete nur einen engen Umkreis. Um ausreichende Helligkeit zu schaffen, mussten die Leute oft mehrere Lichtquellen benutzen oder das Licht mit sich herumtragen. Der grosse Aufwand, den man für künstliche Helligkeit treiben musste, band die Menschen stärker an

tons Basel-Landschaft nicht daran, sich bereits 1968 beim Nachbarkanton zu informieren und im März 1969 Stellung zu beziehen. Die Regierung ist nicht grundsätzlich gegen das Werk. In erster Linie stört sie die Flusswasserkühlung, von der sie eine übermässige Belastung des Rheins erwartet. Zudem kritisiert sie den Standort in einer dicht besiedelten Region, die ungenügenden Mitspracherechte sowie die Politik der vollendeten Tatsachen.[5]

«Rund um Basel, von Gösgen bis Breisach, sollen 8 Atomkraftwerke mit vorläufig 14 Atomreaktoren entstehen. An keinem Ort der Welt gibt es eine derartige Konzentration. Das Gefahrenrisiko in einer so dicht besiedelten Gegend mit rund 2 Millionen Einwohnern ist unannehmbar. Das Bundesgericht hat einen unannehmbaren Standpunkt eingenommen. Die totale Ausschaltung der betroffenen Bevölkerung hat mit Demokratie nichts mehr zu tun. Recht ist Unrecht geworden. Darum ergibt sich für die Agglomeration Basel, ja für die ganze Region, eine Notsituation.»[6]

500 Atomkraftwerkgegnerinnen und -gegner verabschieden diese Entschliessung. Sie haben sich am 30. November 1973 auf Initiative einiger Umweltschutzverbände in Basel versammelt. Ihre Forderungen verpacken sie in einen Appell an die Regierungen beider Basel. Doch die Chancen,

Kein Aprilscherz
Am 1. April 1975 zogen die Gegnerinnen und Gegner des Atomkraftwerks Kaiseraugst die Notbremse und besetzten das Baugelände. Am Morgen des 1. April hingen in der ganzen Region Plakate, die auf die Aktion aufmerksam machten.

den natürlichen Wechsel von Tag und Nacht. «Ja, man ist einfach, man ist früh zu Bett gegangen, nicht wahr, wenn es finster gewesen ist», berichtet beispielsweise Sandra Kaspar. Am Morgen sei sie dafür schon als Kind mit der Sonne aus den Federn und am Abend wieder früh ins Bett: «Wir sind nie lange auf gewesen, am Abend, wegen dem Petroleum.»⁷ Das neue Licht verlängerte dann den Tag. Elektrische Glühbirnen leuchteten sehr viel heller. Es genügte, einen Schalter zu drehen, um sie in Gang zu setzen. Abgesehen davon, dass sie anfänglich alle paar Monate durchbrannten und zu ersetzen waren, blieb der Aufwand zu ihrem Unterhalt gering.

Rationalisierung des Haushalts

Die elektrische Energie erleichterte auch das Bügeln und Kochen. Um die dafür nötige Hitze herzustellen, waren bisher aufwendige Vorbereitungen erforderlich. Brennholz oder Kohlen mussten herbeigeschafft, Glut und Feuer angefacht und sorgsam unterhalten sein. Zudem war gerade beim Bügeln grösste Vorsicht am Platz, wollte man die frische Wäsche nicht durch Asche verschmutzen. Das elektrische Bügeleisen blieb garantiert sauber, und es genügte, das Kabel mit der Steckdose zu verbinden, um es in Betrieb zu nehmen. Beim elektrischen Kochen war dazu wie beim Licht lediglich ein Schalter zu drehen. Doch hatte die neue Kochenergie einen gewichtigen Nachteil. Der alte Feuerherd hatte nicht nur dazu gedient, die Hitze zum Garen oder Braten der Speisen zu liefern. Er war darüber hinaus auch mit kupfernen Wasserschiffen versehen, in denen Wasser erhitzt wurde, und die Wärme, die beim Abbrand des Heizmaterials entstand, temperierte nicht nur die Küche, sondern über Kunst und Kamin auch andere Räume des Hauses. Die neue Technik beim Kochen setzte deshalb weit grössere Umstellungen voraus. Man musste gleichzeitig auch eine andere Lösung für die Warmwasseraufbereitung oder die Heizung realisieren. Die Umstellung beim Kochen dauerte denn auch sehr viel länger als diejenige beim Licht oder beim Bügeln. Die elektrischen Glühbirnen und Bügeleisen waren längst in Be-

Hüttendorf

Auf dem besetzten Bauplatz in Kaiseraugst entstand ein provisorisches Hütten- und Zeltdorf, das den Besetzerinnen und Besetzern während elf Wochen als Wohn- und Versammlungsort diente. Die Besetzung verlief friedlich. Die Organisatoren der Aktion hatten sich ausdrücklich zur Gewaltlosigkeit eines Martin Luther King oder eines Mahatma Gandhi bekannt. In der Bevölkerung der Region fand die Aktion grosse Unterstützung. Wer nicht selbst zeitweise auf dem Gelände sein und die ständigen Besetzer beim Kochen, Informieren oder Wache Schieben ablösen konnte, trug das Seine mit Geld- oder Materialspenden bei.

trieb, als in den meisten Küchen noch immer die alten Feuerherde standen. Nur wer sich auch einen Boiler anschaffte und Haus oder Wohnung mit einzelnen Holz- oder Ölöfen oder sogar mit einer Zentralheizung wärmte, konnte vollständig auf den alten Feuerherd verzichten. Viele Familien aber stellten während einer langen Übergangsphase nur saisonal um: Der elektrische Herd kam neben den alten Feuerherd zu stehen und diente im Sommer. Im Winter sorgte aber nach wie vor der alte Herd für umfassende Wärme.

Die Erleichterungen, welche die Elektrotechnik beim Licht, beim Bügeln, beim Kochen, später mit dem Staubsauger auch beim Putzen und mit der Waschmaschine bei der Wäschepflege verschaffte, betrafen vor allem Arbeiten, die Frauen und Kinder verrichteten. Das Einkaufen von Petrol oder das Hereintragen von Brennholz waren typische Kinderpflichten. Das Unterhalten der Petrollampen, das Feuern im Herd, das Bügeln, Kochen, Waschen und Putzen waren in erster Linie Verrichtungen, welche den weiblichen Familienmitgliedern oblagen. Die Rationalisierung der Haushaltsarbeit, welche sich mit der Elektrifizierung verband, entlastete folglich die Frauen. Doch blieben die Zeitspannen, die sich dabei während des Tagesablaufs der Frauen auftaten, nicht frei, sondern füllten sich mit neuen Tätigkeiten und Verantwortungen. Zum Beispiel beim Posamenten: Am elektrischen Webstuhl war die körperliche Anstrengung wesentlich geringer als am von Hand betriebenen. Das führte einerseits zu längeren Arbeitszeiten, andererseits aber auch zu vermehrter Frauenarbeit. Nach dem Aufmachen des Stuhles und dem Drehen des Schalters beschränkte sich das Weben im Wesentlichen auf die Kontrolle und auf das Auswechseln der Spülchen – Arbeiten, die sich von geübten Frauen auf zwei Apparaten gleichzeitig bewältigen liessen. Oder zum Beispiel im Kleinbetrieb des Rucksackbauern: Während der Abwesenheit des Mannes, der tagsüber in der Fabrik werkte, war es an den daheim verbliebenen Familienangehörigen, die landwirtschaftlichen Tätigkeiten zu erledigen. Oder im Arbeiterhaushalt: Viele Arbeiterfamilien fanden ihr Auskommen nur dann, wenn Mann und Frau einer

Vollversammlung

Während der elfwöchigen Besetzung des Atomkraftwerkbauplatzes traf eine täglich stattfindende Vollversammlung die Entscheidungen. Neben den ständigen Besetzerinnen und Besetzern nahmen daran immer auch Leute teil, die nur nach Feierabend oder über das Wochenende auf dem Gelände verweilen konnten. Standen wichtige Entscheidungen an, konnte eine Vollversammlung auch mehrere tausend Personen umfassen.

Tollkühne Männer in fliegenden Kisten
«Hühnerkisten» nannte man im Baselbiet die Flugzeuge der ersten Stunde. So despektierlich der Begriff, so gross war die Faszination der Baselbieterinnen und Baselbieter für die Fliegerei.
Am 13. Mai 1911 hatte man erstmals ein Flugzeug über dem Baselbiet gesichtet. Laut der ‹Basellandschaftlichen Zeitung› vom 13. und 16. Mai 1911 war es ein Doppeldecker, der von Basel über Liestal und den Unteren Hauenstein nach Bern gelangen wollte. Bei Läufelfingen aber blieb die Maschine in einem Baum hängen. Der Pilot überlebte die Bruchlandung praktisch unverletzt.
Wo immer in den kommenden Jahren Flugzeuge zu bestaunen waren, schlugen diese tausende von Zuschauern in ihren Bann. Beim Schaufliegen bei St. Jakob im April 1912 sollen 20 000 Schaulustige zugegen gewesen sein, wie die ‹Basellandschaftliche Zeitung› am 29. April berichtete. Auch später, als Starts und Landungen von Linienflügen auf dem Flugplatz Sternenfeld in Birsfelden bereits tägliche Routine waren, brachten fliegerische Attraktionen noch Menschenmassen auf die Beine.
Auf einen Sonntag im Oktober 1930 war angekündigt, dass das Luftschiff Graf Zeppelin in Birsfelden landen würde. Laut dem Berichterstatter der ‹Basellandschaftlichen Zeitung› sollen sich schon Stunden vor dem Ereignis über 50 000 Menschen auf dem Sternenfeld versammelt haben. In der Ausgabe vom 13. Oktober 1930 schrieb er, die Zuschauerinnen und Zuschauer hätten das Aufsetzen des Zeppelins mit Jubel und Applaus quittiert.
Das Können der tollkühnen Männer, die mit Hilfe der Technik die Schwerkraft überwanden, löste grosse Bewunderung aus. Sie machten den alten Traum vom Fliegen wahr. Selbst Mond und Sterne rückten näher. Schon 1865 hatte Jules Verne in einem Roman den Flug zum Mond erwogen. Als am 21. Juli 1969 tatsächlich der erste Mensch seinen Fuss auf den Erdtrabanten Mond setzte, registrieren die Elektrizitätswerke im

Lohnarbeit nachgingen. Für alle Frauen, welche die Arbeitserleichterungen eines elektrifizierten Haushalts geniessen konnten, galt zudem, dass die Ansprüche an ihre Hausarbeit wuchsen. Zum Beispiel sollten neue und zusätzliche Hygiene- und Sauberkeitsnormen erfüllt werden. Oder neue Aufgaben entstanden in der Erziehungsarbeit sowie im sozialen Kontakt zu Nachbarschaft und Freundeskreis. Die Männer, die tagsüber ortsabwesend waren, konnten sich darum nur noch beschränkt kümmern. Was die Rationalisierung der Hausarbeit durch den Einsatz elektrischer Geräte an Zeitgewinn einbrachte, führte deshalb nicht unmittelbar zu einer Entlastung der weiblichen Arbeitskräfte, sondern vertiefte die innerfamiliäre Arbeitsteilung.

Forschung und Entwicklung

Was im elektrifizierten Haushalt, im rationalisierten Betrieb oder in der mechanisierten Landwirtschaft an technischen Geräten und Verfahren eingesetzt wurde, stellten zum Teil Unternehmen her, welche selbst in der Region Basel ansässig waren. So produzierten Cleis in Sissach oder Prometheus in Liestal elektrische Haushaltsgeräte wie Bügeleisen, Waschmaschinen und Kochherde. Brown Boveri & Co. in Münchenstein oder Moser-Glaser & Co.

nach dem letztinstanzlichen Entscheid noch etwas ausrichten zu können, sind gering. Die Rechtslage spricht dagegen. «Beim Bau eines jeden Kaninchenstalles dürfen wir mitreden. Doch wenn es um A-Werke geht, sind wir machtlos.»[7] Drastisch bringt der Basler Grossrat Hansjörg Weder die rechtliche Situation der Kraftwerkgegnerinnen und -gegner auf den Punkt. Seit 1957 ist die «Gesetzgebung auf dem Gebiete der Atomenergie» Bundessache und den Behörden steht bloss ein polizeiliches Aufsichtsrecht zu. Die Stimmbürger haben einen entsprechenden Verfassungsartikel gutgeheissen. Ende der fünfziger Jahre ist der Glaube an die Technik noch ungebrochen gewesen. Atomenergie galt als sicher und sauber. Zweifel stellen sich erst später ein. Doch zu diesem Zeitpunkt ist die Rechtslage bereits klar und die Betreiber eines Atomkraftwerks haben Anspruch auf eine Bewilligung, wenn sie die baupolizeilichen und technischen Vorgaben der Bewilligungs- und Kontrollbehörde einhalten. Der Widerstand der Kaiseraugster Gegnerschaft kommt zu spät. Auch die rechtlichen Regeln des Bewilligungsverfahrens lassen sich in der verfügbaren Zeit nicht mehr ändern. Die Firma Motor Columbus AG, welche das Kraftwerk bauen will, ist seit 1969 im Besitz einer Standortbewilligung.[8]

in Muttenz stellten Elektromotoren, Rauscher und Stöcklin in Sissach Transformatoren her. Die Firma Grunder & Co. in Binningen machte ihr Geschäft unter anderem mit Landwirtschaftsmaschinen. Chemische Produkte und Hilfsstoffe lieferten Sandoz, CIBA, Geigy, Hoffmann-La Roche, Knoll, Van Baerle, Rohner, Lonza und Cheddite sowie andere Firmen in und um Basel. Voraussetzung für den wirtschaftlichen Erfolg dieser Unternehmen war nicht nur, dass sie ihren eigenen Betrieb unter Einsatz technischer Verfahren und Apparate effizienter gestalteten. Um auf dem Markt zu bestehen, mussten sie auch dafür sorgen, dass ihre Produktepalette mit der technologischen Entwicklung Schritt hielt. Eine Branche, der dies ganz besonders gut gelang, war in der Region Basel die chemische Industrie.[8] Sie hatte im 19. Jahrhundert mit der Herstellung von Farben für die Textilindustrie begonnen, gliederte diesem Kerngeschäft mit der Zeit aber eine ganze Palette weiterer Geschäftszweige der Feinchemie an. Sie importierte Rohstoffe und stellte hochwertige End- und Zwischenprodukte her. Neben Farben produzierten die Basler Chemiebetriebe nach dem Zweiten Weltkrieg beispielsweise auch Schädlingsbekämpfungs- und Pflanzenschutzmittel, Pharmazeutika für Mensch und Tier, Vitamine, Riechstoffe, Fotochemikalien, Kosmetika, Diagnostika, Klebstoffe sowie Wasch- und Nahrungsmittel. Die neuen Geschäftszweige wurden von den wachsenden Konzernen angegliedert, indem diese Firmen erwarben, welche bereits über das entsprechende technologische Know-how verfügten. Noch wichtiger aber war, dass die Unternehmen in grossem Stil Mittel in die Forschung lenkten, um die technologische Entwicklung zu fördern. Die Chemieindustrie ist in der Schweiz denn auch die Branche, welche am meisten Geld für angewandte Forschung ausgibt. Die grossen Basler Chemieunternehmen entwickelten in wichtigen Bereichen bahnbrechende Innovationen. Damit verschafften sie sich in gewissen Marktsegmenten einen Vorsprung auf die Konkurrenz, was ihren grossen wirtschaftlichen Erfolg begründete. Geigy entdeckte 1939 zum Beispiel das Insektenvernichtungsmittel DDT.[9] Hoffmann-La Roche gelang ab 1933 der

Kanton Basel-Landschaft einen stark erhöhten Stromverbrauch, weil sehr viele Leute dieses Meisterwerk der technischen Naturbeherrschung am schwarzweissen Bildschirm mitverfolgten. Zu diesem Zeitpunkt, Ende der 1960er Jahre, hatte das Wunder der Technik noch keinen Glanz eingebüsst. Das Bild entstand 1912 beim Schaufliegen auf dem Gitterli in Liestal.

Die Grossveranstaltung, zu der die regionalen Organisationen der Atomkraftwerkgegnerinnen und gegner Ende September 1974 einladen, wird von diesen als letzte Warnung an die Bauherrschaft sowie als Test für ihren Rückhalt in der Bevölkerung verstanden.[9] Sie bestehen die Prüfung. Rund 6000 Leute nehmen an der Demonstration teil. Um die Zeit bis zum Baubeginn zu überbrücken, beschliesst die Kundgebung, den politischen Druck mit einem Stromrechnungsstreik sowie einem Aluminiumboykott zu erhöhen. Die Vorbereitungen zu diesen Aktionen sind im Gang, als Ende März 1975 in Kaiseraugst die Bagger auffahren. Die Bauherrschaft hat die Signale offensichtlich nicht ernst genommen. Die Gewaltfreie Aktion Kaiseraugst und das Nordwestschweizerische Aktionskomitee treffen die letzten vorbereitenden Massnahmen. Eine internationale Kundgebung auf dem besetzten Atomkraftwerkgelände im badischen Wyhl gibt ihnen Gelegenheit, die Besetzung in Kaiseraugst anzukündigen. Auf dem Baugelände hat sie inzwischen eine einfache Infrastruktur errichtet und in der Region Alarmplakate ausgehängt: «Kaiseraugst: Der Aushub hat begonnen. Atomkraftwerkgelände: besetzt. Wir fordern: Demokratischer Volksentscheid! Meteorologische Oberexpertise! Gesamtenergie-Konzeption

Flugtag Liestal, 1913
Auch Oskar Bider flog eine «Hühnerkiste», als er 1913 die Pyrenäen und wenig später im Erstflug die Alpen bezwang. Bider, Sohn des Langenbrucker Landrates und Tuchhändlers Jakob Bider-Glur, war 1891 zur Welt gekommen, hatte zuerst den Beruf des Agronomen und 1912 bei Louis Blériot im französischen Pau denjenigen des Aviatikers erlernt. Im April 1912 war Bider die Hauptattraktion am Schaufliegen auf dem Liestaler Gitterli.

Paul Müller, 1952

1939 fand der promovierte Chemiker Paul Müller heraus, dass der Wirkstoff Dichlor-Diphenyl-Trichloräthan oder DDT für Insekten hochgiftig war und lange wirkte, Warmblüter aber verschone. DDT war die 350. Substanz, die Müller auf ihre Eignung als Insektenvernichtungsmittel getestet hatte. DDT wirkte gegen Kartoffelkäfer, Maikäfer, Motten, Malaria-Mücken und anderes Ungeziefer. Es entwickelte sich zum Verkaufsschlager der Firma J. R. Geigy A.G., für die Paul Müller seit 1925 arbeitete. Ihm selbst verschaffte seine Entdeckung Weltruhm und 1948 erhielt er den Nobelpreis für Medizin. Bis in die 1960er Jahre hielt der Siegeszug von DDT an. Doch dann zeigten sich die Kehrseiten der Medaille: Erstens entwickelten sich Ungezieferstämme, die gegen das Mittel resistent waren. Zweitens stellte sich heraus, dass sich das Gift nur sehr langsam abbaute und sich mit der Zeit über die Nahrungskette bei Tier und Mensch anreicherte. Drittens schliesslich kam das Insektenvernichtungsmittel in Verdacht, auch auf Warmblüter und Menschen schädlich zu wirken. In den Industrieländern galt DDT fortan als gefährliches Umweltgift. Weil die inzwischen entwickelten Ersatzstoffe teuer waren, kam DDT in den Ländern der Dritten Welt auch später noch zum Einsatz. Der in Oberwil wohnhafte Paul Müller erlebte den Niedergang seiner einst hochgepriesenen Entdeckung nicht mehr. Im Alter von 66 Jahren starb er 1965, vier Jahre nach seiner Pensionierung.

ohne vollendete Tatsachen!»[10] Am 1. April 1975, einem Osterdienstag, will die Baumannschaft die Arbeit aufnehmen. Sie findet ihre Maschinen und das Gelände von mehreren hundert Hausfrauen und Familienvätern, Rentnerinnen und Rentnern, Schülerinnen und Schülern, Lehrlingen und Studierenden besetzt. An eine Fortsetzung der Arbeit ist nicht zu denken.

Für die Gewaltfreie Aktion Kaiseraugst hat die Besetzung in den ersten Tagen provisorischen Charakter. Obwohl ihre Aktion sofort Sympathie und Unterstützung findet, will sie ihren Rückhalt erneut testen und den Entscheid für die Fortsetzung der Besetzung einer Versammlung auf dem Baugelände überlassen. Zu dieser Kundgebung ruft sie auf Sonntag, den 6. April 1975, auf. Wieder erhält sie die gewünschte Bestätigung: Trotz Kälte, Schnee und Regen nehmen rund 15 000 Leute aus der ganzen Region an der Kundgebung teil und stimmen für die Fortsetzung der Besetzung. In den folgenden elf Wochen wächst eine breite Bewegung heran, welche bis tief in bürgerliche und bäuerliche Kreise hineinreicht. Ein Flugblatt, das am 14. April erscheint, zählt bereits rund 40 schweizerische und regionale Organisationen auf, welche die Besetzung unterstützen. In den folgenden Wochen stossen weitere Gruppierungen dazu. Auf dem Gelände entsteht

Frauen verpacken Neocid
Unter dem Namen Neocid wurde DDT auch gegen Läuse eingesetzt.

nach und nach ein Hüttendorf, welches das erste Zeltlager ablöst. Tägliche Vollversammlungen, die dort jeweils nach Feierabend stattfinden, treffen die wichtigsten Entscheide. Eine Kerngruppe bereitet die Versammlungen vor und bietet den verschiedensten politischen Strömungen die Möglichkeit, ihre Ideen und Argumente einzubringen. Für den Fall einer polizeilichen Räumung, deren Wahrscheinlichkeit mit der Dauer der Aktion wächst und mit der man schliesslich jeden Tag rechnet, ist eine Alarmorganisation vorbereitet. Die Organisatoren hoffen, damit innert kurzer Frist tausende von Atomkraftwerkgegnerinnen und -gegnern auf das Gelände zu bringen. Sie gehen davon aus, dass die Polizei das Gelände räumen, nicht aber halten kann. Die Gewaltfreie Aktion Kaiseraugst, welche die Besetzung vorbereitet hat, ist vom Erfolg der Aktion und vom Umfang der Solidarisierung überfordert. Den harten Auseinandersetzungen, die innerhalb der politisch breiten Bewegung auftreten, ist sie nicht gewachsen. Wenige Wochen nach der Räumung wird sie sich aus den Gremien, die während der Besetzung entstanden sind, ausklinken und die Bewegung spalten. Auch die Gegner der Besetzung melden sich. Auf Flugblättern und in Inseraten bringen sie die Aktion mit terroristischen Vereinigungen in Verbin-

Durchbruch bei der Herstellung von Vitaminen und wichtigen Medikamenten, wie Psychopharmaka, Schlaf- und Desinfektionsmitteln.[10]

Auf dieser Grundlage trat die Chemiebranche nach dem Zweiten Weltkrieg das Erbe der Textilindustrie an und wuchs zur neuen, am Weltmarkt orientierten Leitbranche der Region Basel heran. Die wichtigsten Firmen verbanden sich zu multinationalen Konzernen, die weltweit tätig sind und am Ende des 20. Jahrhunderts als so genannte Global players gelten.[11] Die Stellung, welche sich die Chemiebranche für den Arbeitsmarkt und den Wohlstand der Region Basel erwarb, ist zentral. Wie die Wirtschaftsstudien Nordwestschweiz zeigen, erarbeiteten 1980 die gut 36 000 Arbeiter und Angestellten der chemischen Industrie insgesamt 2800 Millionen Franken oder 56 Prozent der fundamentalen Wertschöpfung der Region. Als fundamental bezeichnet die Wirtschaftswissenschaft jenen Teil der Wertschöpfung, welcher in der Region durch Exporte nach dem Ausland oder nach der übrigen Schweiz entsteht. An der grossen Bedeutung der Chemieindustrie hat sich seither wenig verändert. Zwar ging die Zahl der Vollarbeitsplätze, welche 1990 mit fast 40 000 ihren Höhepunkt erreicht hatte, bis 1996 auf 31 000 zurück.[12] Der Betrag, den die Chemieunternehmen mit dem Export erwirtschafteten, belief sich 1996 aber auf 6850 Millionen Franken, was noch immer der Hälfte der fundamentalen Wertschöpfung entsprach.[13] Auch in diesen Zahlen zeigt sich der Rationalisierungseffekt moderner Technikanwendung.[14]

Gefahr im Anzug

Dass der Einsatz neuer Verfahren und Hilfsstoffe, technischer Errungenschaften und neuer Energieformen durch die Industrie Gefahren heraufbeschwor, konnte man bereits im 19. Jahrhundert zur Kenntnis nehmen. Gewisse Abwässer der chemischen Fabriken in Basel und Schweizerhalle waren schon in ihrer Anfangszeit hochgiftig und belasteten die Umwelt.[15] Auch der elektrifizierte Alltag hatte seine Tücken. Bei unvorsichtigem Verhalten folg-

dung und warnen vor dem Ausbruch von Seuchen. Gemässigte Befürworter der Atomtechnik schliessen sich im Energieforum Nordwestschweiz zusammen. Dieses setzt sich in einer Inseratekampagne «für eine gesicherte umweltfreundliche Energieversorgung» ein. Der «verantwortungsbewusste Bau von Kernkraftwerken» ist aus seiner Sicht «notwendig und tragbar».[11] Die Baselbieter Behörden nehmen während der Besetzung des Baugeländes eine moderate Haltung ein. Zwar spricht sich der Regierungsrat deutlich gegen die illegale Aktion aus, innerhalb der Regionalkonferenz der nordwestschweizerischen Regierungen nimmt er aber eine vermittelnde Position ein, was zu Spannungen mit dem Kanton Aargau führt.

Am 11. Juni 1975 räumen die Besetzerinnen und Besetzer nach zähem Hin und Her und elfwöchigem Ausharren freiwillig das Feld. Zuvor hat der Bundesrat zugesagt, sich mit einer Delegation zu treffen, und die Bauherrschaft hat versprochen, die Bauarbeiten vorläufig einzustellen. Wenige Wochen später, am 4. Juli 1975, kommen erstmals Delegationen der Atomkraftwerkgegnerschaft und des Bundesrates zusammen. Laut Deutung der Gegnerinnen und Gegner handelt es sich um «Verhandlungen». Nach bundesrätlicher Lesart führt man «Gespräche». Die Treffen zwischen Bun-

te die Strafe des Stromschlages auf dem Fuss. Die benzinbetriebenen Automobile und Motorräder waren rascher als alle anderen Verkehrsteilnehmer und erzwangen wegen der Unfallgefahr eine hohe Regelungsdichte. Nach dem Zweiten Weltkrieg, als das Erdöl und seine Derivate eine immer zentralere Rolle als Energieträger zu spielen begannen, war es vor allem das Öl, welches die gefährlichen Konsequenzen des technisierten Alltags vor Augen führte: 1955 floss es im Au-Hafen aus und gefährdete das Trinkwasser im Hardwald. 1967 entwich es in Reinach und bedrohte die Wasserversorgung des Birsecks. 1971 führte erneut ein Leck zu einer grossen Rheinverschmutzung. Die kantonalen Behörden sahen sich veranlasst, Vorsichtsmassnahmen zu ergreifen. 1967 überwies der Landrat eine Motion, die Ölwehren verlangte. 1970 schufen Polizei und Wasserwirtschaftsamt eine Alarmorganisation, welche bei Ölunfällen zum Einsatz kam. 1971 stimmten die Baselbieter Stimmberechtigten einem Ölwehrgesetz zu. Die Massnahmen, mit denen man den Risiken der Technik und der neuen Energieträger begegnete, liefen nicht darauf hinaus, die Gefahr durch den Verzicht auf technische Anwendungen zu bannen. Statt das Öl auf der Strasse zu transportieren, plante man den Bau einer Pipeline. Der Gewässerverschmutzung rückte man mit Auffangbecken und Kläranlagen zu Leibe. Als Alternative zum Öl als Heizenergie schlug man Strom aus thermischen Kraftwerken vor. Das Vertrauen in die Technik war derart ausgeprägt, dass man versuchte, die technischen Probleme durch zusätzliche oder andere Techniken zu meistern. Und die Bilder, die man sich in den fünfziger und sechziger Jahren von der Zukunft machte, verbanden sich automatisch mit Technik. Sie phantasierten ein hoch technisiertes und vollautomatisiertes Schlaraffenland: Ein «Verkehrsbüro», das sich 1963 Gedanken über Pratteln im Jahre 1980 machte, sah beispielsweise nicht nur einen Auto- und Eisenbahnanschluss vor. Auf die Schauenburger Fluh führte zudem eine Sesselbahn und vom 15-stöckigen Hoch- und Hotelbau im Zentrum der Gemeinde stellte eine Helikopterfluglinie die Verbindung zum Flughafen Basel her.[16]

desrat und Atomkraftwerkgegnern beruhigen die Situation, entscheiden die Auseinandersetzung aber nicht. Faktisch bleibt in Kaiseraugst ein Baustopp verhängt, und der Konflikt verlagert sich in doppeltem Sinne auf andere Ebenen: Erstens wechselt der Widerstand gegen das Kaiseraugster Atomkraftwerk nach der Räumung von der regionalen auf die nationale Ebene. Zweitens findet die Gegnerschaft nach einer Phase der direkten, gewaltfreien Aktion zu konventionellem politischem Handeln zurück. Aus ihrem Kreis gehen zahlreiche kantonale und eidgenössische Volksinitiativen hervor, die eine grundlegende Änderung der Bewilligungsverfahren und der Energiepolitik anstreben. Dabei ergibt sich zwischen den Atomkraftwerkgegnerinnen und -gegnern, den Elektrizitätswerken und Kraftwerksbetreibern sowie den Behörden eine Pattsituation: Das geplante Atomenergie-Programm ist zwar gebremst, mit Leibstadt und Gösgen nehmen aber nach der Kaiseraugster Besetzung zwei weitere Grosskraftwerke den Betrieb auf. Die Atomkraftwerkgegnerinnen und -gegner können zwar neue Bewilligungsverfahren und Energiesparmassnahmen durchsetzen, aus den schweizerischen Steckdosen aber fliesst trotzdem zeitweise ein Anteil von über 40 Prozent Atomstrom.

Mechanisierte Landwirtschaft

Im Transportwesen beschleunigte die Elektrifizierung die Eisenbahn. Auf den Strassen ersetzten schnellere und kräftigere Benzinmotoren den tierischen Antrieb. Nur im Begriff der Pferdestärke überlebte die einst grosse Bedeutung animalischer Kraft. Auch in der Landwirtschaft hielt die Technik auf breiter Basis Einzug. Zunächst fanden die Maschinen Verbreitung, welche die landwirtschaftliche Arbeit mechanisierten und Arbeitskräfte einsparten: beispielsweise Mäh-, Sä- und Dreschmaschinen oder Traktoren, später Melkmaschinen, Mähdrescher, Maiserntemaschinen, Kirschen-Schüttler und andere Spezialgeräte. Mit jedem dieser Geräte löste sich die Landwirtschaft ein Stück weit aus ihrer Abhängigkeit von menschlicher oder tierischer Arbeitskraft. Tätigkeiten, die zu Beginn des 20. Jahrhunderts noch den Einsatz zahlreicher familieneigener und fremder Arbeitskräfte und Tiere nötig machten, erledigen am Ende des Jahrhunderts wenige Bauern und landwirtschaftliche Lohnunternehmen mit grossem Maschinenpark. Auch emanzipierte sich die Landwirtschaft zusehends von ihren natürlichen Produktionsbedingungen. Eine mechanisierte Landwirtschaft war kapitalintensiv. Die Bauern versuchten deshalb, ihre Abhängigkeit von anderen natürlichen Unwägbarkeiten, zum Beispiel vom Klima, zu reduzieren. Solche konnten die Ernten und damit das landwirtschaftliche Einkommen beeinträchtigen. Auch hier kam Technik zum Einsatz: Schädlingen rückte man mit Insektiziden, Fungiziden und andern Spritzmitteln zu Leibe. Die Sprühmittel brachte man in der Nachkriegszeit ab und zu auch grossflächig mit Flugzeugen aus. So flogen zum Beispiel im Baselbiet Helikopter und Flugzeuge gegen Maikäfer an. Kunstdünger wirkte dem Nachlassen der Bodenfruchtbarkeit entgegen. Dürre bekämpfte man mit Bewässerungssystemen, Nässe mit Trocknungsanlagen, Hagelschlag mit der Impfung herannahender Gewitter-

Konsequenzen der Gefahr

Die Region Basel steht mit ihren Erfahrungen mit dem Öl nicht allein. In den 1950er Jahren fügten die Fluorschwaden des Aluminiumwerks in Badisch Rheinfelden Tieren und Pflanzen im oberen Teil des Kantons Basel-Landschaft und im Fricktal schweren Schaden zu. In der Nähe der chemischen Werke mussten immer wieder Schulen schliessen, weil übel riechende Abgase entwichen. Hin und wieder forderten Explosionen Opfer unter den Fabrikarbeitern und schreckten die Nachbarschaft auf. Das wirtschaftliche Wachstum der Nachkriegszeit und der steigende Wohlstand, der darauf beruhte, offenbarten ihre Schattenseiten und forderten ihren Preis. «Basel lebt riskant», schrieb der Philosoph Hans Saner wenige Wochen nach dem Sandoz-Brand. «Der wichtigste Garant seiner Prosperität ist zugleich der Ursprung seiner grössten Gefährdung», analysierte er. «Die Chemie [...] ist mit zunehmender Verwissenschaftlichung immer grösser und profitabler geworden, aber auch immer gefährlicher. Man hat das Pulverfass zum Esstisch gemacht. Und da reichlich aufgetragen worden ist, hat man vergessen, an welchem Tisch man sitzt.»[17] Nicht erst die Sandoz-Katastrophe zeigte den Zusammenhang zwischen Wirtschaftswachstum, Wohlstand und Risiken auf. Bereits Ende der sechziger Jahre trat eine neue, ökologisch argumentierende Umweltbewegung neben die älteren Natur- und Heimatschutzverbände. Für die Region Basel von besonderer Bedeutung war die Auseinandersetzung um das geplante Atomkraftwerk in Kaiseraugst. Sie führte zu einer breiten Diskussion um die Vor- und Nachteile einer hoch technisierten und hoch industrialisierten Gesellschaft. Die Furcht vor den Gefahren der Atomtechnik war eine der Hauptantriebskräfte der Bewegung. Im Falle des Atomkraftwerkes Kaiseraugst schreckte eine breite Volksbewegung auch vor illegalen Aktionen nicht zurück, und ihr Anliegen setzte sich schliesslich durch. Auch nach der Brandnacht bei Sandoz bildete sich eine Bürgerinitiative. Die Aktion Selbstschutz informierte über die Gefahren der chemischen Industrie, forderte wirkungsvolle Sicherheitsvorkehrungen und stellte Überlegungen darüber an, wie sich die Region Basel allmählich aus ihrer ausgeprägten Abhängigkeit von der chemischen Industrie lösen könnte. Die Bewegung entstand unter dem Schock der Katastrophe und entfaltete eine rege Aktivität.[18] Doch schon nach ein bis zwei Jahren liess der Elan ihrer Aktivistinnen und Aktivisten wieder nach. Obwohl sie sich einer akuten Gefahr annahm, die ihr Zerstörungspotential in der Brandnacht vor Augen geführt hatte, entwickelte die Aktion Selbstschutz nie die Ausdauer und Radikalität der Bewegung gegen das Atomkraftwerk Kaiseraugst. Vermutlich wirkte die kollektive Verdrängung bremsend, die ein Leben auf dem Pulverfass, von dem man abhängig war, erst ermöglicht. Und möglicherweise speisten sich Ausdauer und Radikalität der Bewegung gegen das Atomkraftwerk Kaiseraugst zum Teil auch aus genau dieser Verdrängung. In diesem Fall liesse sich die Abwehr einer vorausgenommenen Gefahr als Ventil für die Angst vor der realen Gefahr verstehen. Zudem dürfte auch eine Rolle gespielt haben, dass in den zehn Jahren seit dem Kampf gegen das Atomkraftwerk Kaiseraugst die wirtschaftlich unsichere Entwicklung die Angst um Arbeitsplatz und Einkommen geschürt hatte.

Wirkungslos aber blieb der Sandoz-Schock nicht. Zwar verhallten die Forderungen bald, die nach einer sanften Chemie und nach einer geringeren Abhängigkeit riefen. Die Chemieunternehmen sowie die staatlichen Behörden trafen aber eine ganze Reihe von Massnahmen, welche die Sicherheit der Region und ihrer Industrie erhöhten. Zunächst bemühten sie sich mit Erfolg, die unmittelbaren Schäden der Brandkatastrophe zu beheben. Spezialfirmen entgifteten den Rheingrund unterhalb Schweizerhalle, und die Firma Sandoz entwickelte technische Verfahren, die es ihr erlaubten, den Boden auf dem Brandplatz zu reinigen. Wenige Jahre nach der Katastrophe hatte sich der Rhein weitgehend erholt und die Sandoz mit ihren Reinigungsverfahren einen lukrativen Geschäftszweig aufgebaut.[19] Die Chemiefirmen verbesserten auch ihre Lager und ihre Sicherheitsanlagen. Sie zogen damit nach der Katastrophe die Konsequenzen, die ihnen Versicherungs-

wolken und Frost mit Gewächshäusern und Öfen. Im Mai 1962 wärmten 850 Ölbrenner die Rebberge Aeschs. Im Kanton Basel-Landschaft gab es aber seit 1972 auch eine kräftige Gegenströmung, die ausgehend von der Landwirtschaftlichen Schule Ebenrain in Sissach den biologischen Landbau förderte.

Das Kaiseraugster Werk wird schliesslich nicht gebaut. In späteren Verhandlungen mit Parlament und Bundesrat erklären sich die beteiligten Firmen bereit, auf das Projekt zu verzichten. Da sie im Besitz sämtlicher rechtskräftiger Bewilligungen sind, lassen sie sich den Rückzug mit einer Zahlung des Bundes von 350 Millionen Franken entschädigen. Den Ausschlag für den Verzicht hat am Ende nicht die Besetzung gegeben. Die Kompromissbereitschaft hat sich den Atomkraftwerkfirmen nicht nur politisch, sondern auch wirtschaftlich und technisch empfohlen: Erstens hat der wirtschaftliche Einbruch Mitte der siebziger Jahre die Wachstumsraten beim Energieverbrauch gebremst. Die Energiewirtschaft muss ihre Prognosen revidieren. Zweitens hat der beinahe gleichzeitige Beginn mehrerer Projekte nicht nur die Bewilligungsbehörden, sondern auch den Kapitalmarkt überfordert. Günstiges Kapital ist knapp geworden. Schliesslich ist im benachbarten Frankreich beinahe ungehindert ein moderner Atompark entstanden, der billigen Strom exportiert. Demgegenüber sind die in der Schweiz projektierten Werke technisch veraltetet. Der regionale Widerstand und die Besetzung im Jahre 1975 haben den Baubeginn so weit hinausgeschoben, dass alle diese Faktoren ihre Wirkung entfalten konnten.[12]

analysen bereits Jahre vor dem Unglück empfohlen hatten.[20] So entstanden zum Beispiel Rückhaltebecken für Löschwasser. Auch die Behörden beider Basel sowie der Bund zogen ihre Lehren. Der Kanton Basel-Landschaft beauftragte zunächst eine Spezialkommission, die Ursachen und Konsequenzen der Katastrophe abzuklären. Aufgrund kriminaltechnischer Abklärungen vermutete sie als Brandursache das Schrumpfen von Plastikfolie mit Hilfe von Gasbrennern. Unter dem Plastik lagerte auf Paletten der chemische Stoff Berlinerblau. Dieser entzündete sich und setzte nach mehreren Stunden die Lagerhalle in Brand.[21] Später schuf der Kanton ein Sicherheitsinspektorat, richtete eine Umweltdirektion ein und stellte 17 Millionen Franken für die Stiftung Mensch–Gesellschaft–Umwelt zur Verfügung, welche an der Universität Basel einen interdisziplinären Studiengang einrichtete. Die Stiftung koordiniert fachübergreifende ökologische Lehrveranstaltungen, unterstützt Forschungsvorhaben und orientiert die breite Öffentlichkeit über deren Ergebnisse. Das Sicherheitsinspektorat führt ein umfassendes Verzeichnis aller Betriebe, deren Tätigkeiten Risiken enthalten. Zudem kontrolliert es im Rahmen der eidgenössischen Störfallverordnung, ob die Unternehmen ihre Selbstverantwortung wahrnehmen.[22] Schliesslich regten die Behörden des Kantons Basel-Landschaft eine ausgedehnte Schutzzieldiskussion an, in der sie feststellten, welche Risiken sie zu tragen bereit sind. Während Regierungsrat und Landrat in ihrer Mehrheit diese Entscheidung für die Bevölkerung treffen wollten, suchte eine Minderheit nach Möglichkeiten, auch die Betroffenen in diese Diskussion einzubeziehen. Ein Projekt, das die Stiftung Mensch–Gesellschaft–Umwelt finanzierte, schlug zum Beispiel vor, einen konsultativen Umwelt- und Risikorat zu bilden, in dem Vertreterinnen und Vertreter der betroffenen Kreise sowie der Nachwelt Stellung zu riskanten Vorhaben nehmen. Das Projekt gedieh bis zu einem konkreten Verordnungsentwurf, harrt aber noch immer seiner Realisierung.[23]

Als sich die Kraftwerkgegnerinnen und -gegner wieder auf legale Aktionsformen beschränkt haben und sich die Baselbieter Stimmbürgerschaft in mehreren Abstimmungen gegen Atomkraftwerke ausgesprochen hat, macht sich die Baselbieter Regierung zur Fürsprecherin der Bewegung. Im Schreiben, mit dem sie 1985 auf den Entscheid des Nationalrates reagiert, am Kaiseraugster Atomkraftwerk festzuhalten, erinnert sie den Bundesrat an den breiten Widerstand in der Region: «Die Tatsache, dass sich in der Nordwestschweiz eine überwiegende Mehrheit der Bevölkerung durch den Bau und die Projektierung einer grösseren Zahl von Kernkraftwerken in der näheren Umgebung von Basel bedroht fühlt, hat unseres Erachtens bei der Entscheidung des Parlaments nicht die notwendige Berücksichtigung gefunden.»[13] Den späteren Verzicht auf das projektierte Werk nimmt der Regierungsrat mit Erleichterung auf. Die hohe Sensibilität der Region für umwelt- und energiepolitische Fragen, die sich im Zuge der Auseinandersetzung um Kaiseraugst einstellt, nutzen die Baselbieter Behörden, um erneut eine schweizerische Pionierleistung zu vollbringen. Als erster Stand gibt sich der Kanton Basel-Landschaft ein Energiegesetz, welches das Energiesparen und Alternativenergien fördert.[14]

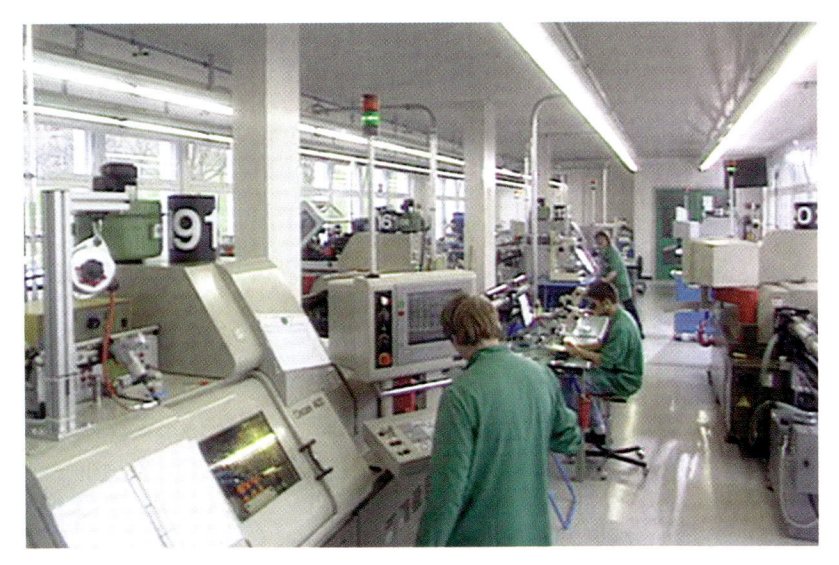

Rationalisierung der Arbeitswelt

Technische Geräte und neue Energieformen rationalisierten nicht nur die Hausarbeit. Technik durchdrang im Zuge der Mechanisierung auch die Arbeitswelt und das Transportwesen. In den Fabriken verdrängten elektrische Motoren die dampf- und wasserbetriebenen Maschinen. Nach dem Zweiten Weltkrieg wurde die Automatisierung zum Zauberwort. Nachhaltige Spuren hinterliess diese aber erst mit den Computern, welche in den achtziger Jahren die dritte technologische Revolution einläuteten. Nach dem Dampf und der Elektrizität war es nun die Computertechnik, welche die Arbeitswelt radikal umkrempelte. Gewisse Berufe, etwa im Schriftsatz- und Druckergewerbe, verschwanden oder ihre Tätigkeit veränderte sich völlig. Gleichzeitig erzielte man dank der moderneren Produktionsmethoden einen grösseren Ausstoss an Produkten und Dienstleistungen mit einer geringeren Zahl von Arbeitskräften. Wie die Wirtschaftsstudien Nordwestschweiz herausgefunden haben, verdoppelte sich allein zwischen 1980 und 1996 in der Region Basel die Wertschöpfung pro Vollarbeitsplatz.

Mit Technik zum Welterfolg

Wie aus dem Firmenporträt und dem Geschäftsbericht 1997 des Instituts Straumann AG in Waldenburg hervorgeht, wurde das private Forschungsunternehmen 1954 von Reinhard Straumann gegründet. Es beschäftigte sich mit den physikalischen Eigenschaften von Metallen. In der Baselbieter Uhrenmetropole suchten Straumann und seine Mitarbeiter nach bruchfesten Metallmischungen, die weder magnetisch sind noch Rost ansetzen und die bei der Produktion von Federn für mechanische Zeitmesser Verwendung finden können. In den 1960er und 1970er Jahren dehnte die Firma Straumann ihre Tätigkeit auf Platten und Schrauben aus, die Mediziner bei der operativen Behandlung von Knochenbrüchen und Zahndefekten einsetzen. Wieder waren spezielle Metalllegierungen gesucht. Auch mit diesem Geschäftszweig erntete Straumanns Unternehmen Erfolg. 1990 teilte sich die inzwischen stark gewachsene Firma. Während sich die Stratec Medical in Oberdorf weiterhin mit den Heiltechniken bei Knochenbrüchen befasste, spezialisierte sich das Institut Straumann fortan auf metallische Hilfsmittel und Instrumente für die Zahnmedizin. 1997 stellten Betriebe in Waldenburg, Niederdorf und St-Imier Straumann-Produkte her. Ein weltweites Netz von Tochter- und Vertriebsgesellschaften sorgte für den Absatz. Insgesamt beschäftigte die Straumann Gruppe rund 450 Mitarbeiterinnen und Mitarbeiter. Davon waren etwa 180 im Kanton Basel-Landschaft tätig. In der Produktion arbeiteten nur gerade 26 Prozent der Beschäftigten. Zahlreicher waren mit 42 Prozent die Mitarbeitenden, welche sich um Marketing und Verkauf kümmerten. Die beiden Bilder entstanden in den Fabrikationshallen des Instituts Straumann.

Lesetipps

Die Sandoz-Katastrophe 1986 ist in einer Reihe von Publikationen aktuell aufgearbeitet worden. Hervorzuheben ist der von Bachmann, Burri und Maissen noch 1986 herausgegebene Sammelband. Die Sicht der Behörden ist dem Bericht des Regierungsrates (1987) sowie dem Aufsatz von Thüring (1987) zu entnehmen. Einblicke darüber, wie die Industrie mit Risiken umgeht, erlauben der Sammelband von Locher und Brauchbar (1992) sowie eine diesem Thema gewidmete Ausgabe des BUWAL-Bulletins (3/1996).

Die Technik-Anwendung am Beispiel der Elektrizität war Thema einer Untersuchung, die Blumer (1994) im Auftrag der Forschungsstelle Baselbieter Geschichte erarbeitete. Seine Oralhistory-Studie beruht auf einer Reihe von Interviews, die er mit älteren Frauen und Männern durchführte, die über ihre Erfahrungen mit der Einführung der neuen Energie berichteten.
Die ausgezeichnete Arbeit erlaubt eindrückliche Einblicke in den Alltag zu Beginn des 20. Jahrhunderts und liefert Informationen, die weit über ihren eigentlichen Gegenstand hinausgehen.

Die Geschichte des Widerstands gegen das Atomkraftwerk Kaiseraugst hat Schroeren (1977) detailliert aufgearbeitet. Das wirtschaftliche und politische Umfeld leuchten Epple (1981) und Kriesi (1982) aus. Eine Basler Lizentiatsarbeit von Niederer-Schmidli (1991) und eine Freiburger Lizentiatsarbeit von Skenderovic (1992) gehen vertiefend auf die Geschichte der regionalen und schweizerischen Umweltbewegung ein. Eine Einschätzung des Widerstands aus grösserer zeitlicher Distanz versucht Epple (1997 und 1998b).

Abbildungen

Anonym: S. 207, 211 oben.
StA BL, PA 133 Gewaltfreie Aktion Kaiseraugst: S. 208, 213.
Amt für Bevölkerungsschutz, Liestal: S. 209 oben.
Polizei Basel-Landschaft, Erkennungsdienst: S. 209 unten.
Dominik Labhardt, Basel: S. 211 unten.
Eder Matt, K. / Wunderlin, D.: Weil noch das Lämpchen glüht. Lampen, Laternen und Licht, Basel 1988: S. 212.
Paul Dieterle, Liestal: S. 214, 215.
Foto Team Schwarz, Oberdorf: S. 216, 217.
Firmenarchiv der Novartis AG, Basel: S. 218, 219.
StA BL, VR, Amt für Landwirtschaft: S. 222.
Institut Straumann AG, Waldenburg: S. 225.

Reproduktionen durch Mikrofilmstelle.

Anmerkungen

1 Kazis 1986, S. 193–194.
2 Schneider 1986, S. 178.
3 Zit. nach Blumer 1994, S. 151.
4 Zit. nach Suter 1936, S. 16.
5 Zum Folgenden Blumer 1994.
6 Vgl. Bd. 5, Kap. 2.
7 Zit. nach Blumer 1994, S. 268.
8 Meier 1997, S. 407–425; Sandoz o. J. (1961); CIBA (Hg.) 1959; Hoffmann-La Roche (Hg.) 1982.
9 BaZ, 12. Januar 1999.
10 Hoffmann-La Roche (Hg.) 1982, S. 124.
11 Höpflinger 1977.
12 Wirtschaftsstudie Nordwestschweiz 1996/97, S. 98.
13 Wirtschaftsstudie Nordwestschweiz 1996/97, S. 20.
14 Knoepfli (Red.) 1994.
15 Meier 1997, S. 410–415.
16 «Baselbieter-Anzeiger», 23. August 1963.
17 Saner 1986, S. 201.
18 «Die Weltwoche», 31. Oktober 1991.
19 «Die Weltwoche», 31. Oktober 1991.
20 Künzi 1996; Brutschin 1995.
21 Thüring 1987.
22 Thüring 1987; Locher / Brauchbar (Red.) 1992.
23 Rehmann (Hg.) 1996.

1 Schroeren 1977.
2 Flugblatt zit. nach Epple 1998b, S. 470.
3 Protokoll der Verhandlungen vom 4. Juli 1975 zit. nach Salfinger (Hg.) 1975.
4 Niederer-Schmidli 1991.
5 Epple 1998b, S. 465–479.
6 Zit. nach Epple 1998b, S. 469–472.
7 NZ, 3. Dezember 1973.
8 Epple 1981; Kriesi 1982, S. 13–16.
9 Zum Folgenden: Schroeren 1977; Epple 1998b, S. 472–497.
10 Zit. nach Epple 1998b, S. 476.
11 Gesprächsbeiträge des Energieforums Nordwestschweiz zit. nach Epple 1998b, S. 498–499.
12 Epple 1997.
13 Schreiben des Regierungsrates vom 2. April 1985 zit. nach Epple 1998b, S. 500.
14 Epple 1998b, S. 500–502.

Der Kanton als Heimat

Bild zum Kapitelanfang
Liestal brennt
Der alljährlich am Fasnachtssonntag stattfindende Chienbäse-Umzug durch die Liestaler Altstadt entwickelte sich in den 1990er Jahren zu einer Attraktion mit grosser Anziehungskraft. Im benachbarten Ausland warben Busunternehmen für einen Ausflug an die «Feuerwagen-Schau». Das Gedränge und die Hitze in der Rathausstrasse sind jeweils gross. Dank der Bereitschaft der Liestaler Feuerwehr, die Wache steht, ereignete sich noch nie ein grösserer Unfall.

«Ich freue mich auf's Baselbiet», schrieb Rudolf Imhof 1991, drei Jahre bevor der bernische Amtsbezirk Laufen auf den 1. Januar 1994 zum Kanton Basel-Landschaft wechselte. Seit seiner Jugendzeit hatte der damalige Gemeindepräsident von Laufen und spätere Baselbieter Nationalrat der Christlichdemokratischen Volkspartei im Laufental und im Kanton Basel-Landschaft «die gleiche Vergangenheit, den gleichen Menschenschlag und die gleiche Mentalität» kennen gelernt: «Ich merkte, dass wir denken, fühlen und reden wie die Baselbieter, dass wir die gleichen Bräuche und Feste feiern.» In der Auseinandersetzung um die Kantonszugehörigkeit des Laufentals vertrat er deshalb die feste Überzeugung: «Unsere Heimat ist das Baselbiet.» Auch sein ehemaliger sozialdemokratischer Amtskollege aus Zwingen, alt Gemeindepräsident und alt Regierungsstatthalter Marcel Cueni-Stark, hatte seit langem Beziehungen zur Baselbieter Nachbarschaft. In Liestal hatten er und sein Sohn die Infanterie-Rekrutenschule absolviert. Er passierte Baselbieter Dörfer, wenn er zum Einkaufen, zum Theater- oder Kinobesuch nach Basel fuhr. Und er trieb früher mit seiner Familie gelegentlich auf der Wasserfallen Wintersport. Heimatliche Gefühle, wie sie bei Rudolf Imhof entstanden, empfand Marcel Cueni aber einzig dann, wenn im Baselbiet die Kirschbäume blühten. Die Gemeinden des Schwarzbubenlandes im benachbarten Kanton Solothurn standen ihm viel näher. Mit den Behörden dieser Dörfer hatte er als Zwingens Präsident häufigen Kontakt. Gegenüber dem Kanton Bern hegte er keine Abneigung. Er hatte die relative Autonomie schätzen gelernt, welche das Laufental aus seiner Sicht als Berner Amtsbezirk geniessen durfte. Für die Zukunft im Kanton Basel-Landschaft sah Cueni schwarz. Erstens habe die Auseinandersetzung um die Kantonszugehörigkeit im Laufental tiefe Wunden hinterlassen. Rund die Hälfte der Bevölkerung werde zum Wechsel gezwungen. Zweitens erwartete er, dass sich mit dem Übertritt der mehrheitlich katholischen Laufentaler Bevölkerung die Gegensätze zwischen dem Ober- und Unterbaselbiet verschärfen würden. Der Streit um die Wiedervereinigung werde wieder aufflackern, prophezeite er.[1]

Rennbahn Muttenz
Neben den Fussballspielen gehörten die Radrennen zu den in der Zwischenkriegszeit rasch an Popularität gewinnenden neuen Sportarten. In Muttenz stand von 1927 bis 1936 eine Holzrennbahn mit Tribünen. Im Hintergrund ist das Freidorf zu erkennen.

Die Frage, ob sie mit dem Kantonswechsel eine Heimat finden oder verlieren würden, stellte sich vor dem 1. Januar 1994 nicht nur Rudolf Imhof und Marcel Cueni, sondern vielen der rund 15 000 Laufentalerinnen und Laufentaler, die, ohne den Wohnort zu wechseln, von einem Tag auf den anderen einem anderen Kanton angehörten. Ähnlich dürfte es auch jenen Tausenden von Frauen und Männern ergangen sein, die in der Nachkriegszeit von Nah und Fern in den Kanton Basel-Landschaft umzogen. In der Phase des rasantesten Wachstums dauerte es jeweils zwei, drei Jahre, bis die Baselbieter Bevölkerung um das Kontingent von Personen zugenommen hatte, welches mit dem Laufental auf einen Schlag zum Kanton stiess. Die Integration zuziehender Menschen stellte sich dem Kanton Basel-Landschaft als Daueraufgabe. Und das Heimisch-Werden in neuer Umgebung dürfte wohl viele Zuzüger zumindest unbewusst beschäftigt haben. Von Ausnahmen abgesehen, vollzog sich das Einleben am neuen Wohnort jedoch für die meisten unproblematisch. Stellvertretend sei ein geborener Zürcher zitiert, der in Bern aufgewachsen, mit einer Muttenzerin verheiratet und seit 1963 im Kanton Basel-Landschaft wohnhaft war. Anlässlich des Kantonsjubiläums von 1982 schrieb er an Regierungsratspräsident Paul Manz: «Ich fühle mich in diesem Kanton zu Hause und wohl.»[2]

Identitätsstiftung

Dass den vielen Zugezogenen die Integration weitgehend gelang, war kein Zufall. Das Baselbiet bot nicht nur Arbeitsplätze und Wohnraum, es bot darüber hinaus weitere Anreize, sich daheim zu fühlen. Schon im 19. Jahrhundert hatte sich ein ländliches Bildungsbürgertum, dem Lehrer, Pfarrer und andere Akademiker angehörten, darum bemüht, im jungen Kanton Identität zu stiften. Sie hatten ein reiches Vereinsleben angeregt, das Brauchtum gefördert und Heimatkunde betrieben.[3] Aufgrund ihres Wirkens setzte sich in den Köpfen der Menschen das Bild eines ländlichen und eigenwilligen Kantons fest. Ende des 19. Jahrhunderts fasste Wilhelm Senn dieses Selbst-

Heimatsuche

«Steht fest», bestimmt Artikel 5 des Zusatzes zur Berner Staatsverfassung vom 1. März 1970, «dass ein Trennungsverfahren eingeleitet wird, in das der Amtsbezirk Laufen nicht einbezogen ist, so kann ein Fünftel der Stimmberechtigten des Amtsbezirkes Laufen [...] verlangen, dass in diesem Amtsbezirk eine Volksbefragung durchgeführt wird über die Einleitung des Verfahrens auf Anschluss an einen benachbarten Kanton.» Den Zusatz zur Staatsverfassung hat die Stimmbürgerschaft des Kantons Bern beschlossen, um den seit Jahrzehnten schwelenden Jura-Konflikt zu lösen. Artikel 5 regelt die Konsequenzen, die eine Kantonstrennung für das Laufental hätte. Nach dem ersten Jura-Plebiszit vom 23. Juni 1974 ist die Bedingung erfüllt, welche der zitierte Passus stellt: Während sich in den jurassischen Bezirken gesamthaft eine Mehrheit von 51,94 Prozent für eine Kantonsgründung ausgesprochen hat, lehnt das Laufental diese mit einer Nein-Mehrheit von 74 Prozent ab. Im zweiten Plebiszit vom 14. September 1975 bestätigt der einzige deutschsprachige Bezirk des Juras seinen Entscheid, sich nicht am neuen Kanton zu beteiligen. Die Abtrennung des Kantons Jura vom Berner Staatsverband kommt ohne das Laufental zustande. Die zwölf Laufentaler Gemein-

Vereinslandschaft

Die Vereinslandschaft war am Ende des 20. Jahrhunderts deutlich dichter und vielfältiger als zu Beginn des Jahrhunderts. Allein in der Kleinstadt Laufen mit rund 5000 Einwohnerinnen und Einwohnern gab es nach einem Verzeichnis der Gemeindeverwaltung 1998 insgesamt 75 Vereine. Kamen 1912 im ganzen Kanton rund 141 Personen auf einen Verein, so waren es 1998 in Laufen weniger als die Hälfte. Im Verhältnis zur Bevölkerung hatte sich die Zahl der Vereine somit mehr als verdoppelt. Parallel dazu hatten sich aber auch deutliche Verschiebungen in der Zusammensetzung ergeben. Die zu Beginn wichtigen Schützen- und Militärvereine, Chöre und Musikgesellschaften stellten am Ende des Jahrhunderts noch einen Drittel aller Organisationen. Die ehemals ebenfalls zentralen landwirtschaftlichen Vereine tauchen nicht mehr im Verzeichnis auf. Zur wichtigsten Gruppe hatten sich in der Zwischen- und Nachkriegszeit die Sportvereine entwickelt. Wo die alten Turnvereine den neuen Sportarten keine Heimat bieten mochten, entstanden neue Zusammenschlüsse, wie zum Beispiel der Wasserfahrverein Muttenz, der Tennis-Club Liestal, der Fussballclub Gelterkinden oder der Sportclub Liestal. Die Sportvereine machten 1998 in Laufen über einen Viertel aller Vereine aus. Die zweitgrösste Gruppe bildeten die Organisationen, welche sich Freizeitbeschäftigungen wie dem Briefmarkensammeln, dem Züchten von Bienen oder dem Fischen widmeten. Während es vereinzelte Sportvereine schon 1912 gegeben hatte, war die Gruppe der Freizeitvereine damals noch nicht bekannt. Als weitere neue Vereinsgruppe tauchten die Zusammenschlüsse auf, die sich mit Kultur, Natur oder Brauchtum befassten. In der Baselbieter Vereinslandschaft spiegelte sich damit deutlich der Übergang von der Arbeits- zur Freizeitgesellschaft, und das Vereinsleben spielte auch Ende des 20. Jahrhunderts noch eine bedeutende Rolle. Laut dem Mikrozensus

verständnis im Baselbieter Lied prägnant zusammen. Zeitweise festigten sich die Vorstellungen vom Baselbiet auch durch die Ausgrenzung der anderen und des Fremden. Wer dem Bild von der echten Baselbieterin oder dem echten Baselbieter nicht zu entsprechen schien, stiess bei eingefleischten Lokalpatrioten auf Ablehnung. So erging es Leuten aus der benachbarten Stadt Basel und Ausländern, so konnte es Einheimischen ergehen, wenn sie sich nicht anpassten.[4] Das Selbstbild vom ländlichen Kanton und seinen bäuerlichen Bewohnerinnen und Bewohnern hielt sich auch in der Nachkriegszeit. Bei jeder sich bietenden Gelegenheit, ob auswärts oder an Festanlässen innerhalb seiner Grenzen, setzte sich der Kanton mit Landwirtschaft und Posamenterei, mit Kirschen und Kirsch, mit Lärm und Feuer in Szene.[5] Noch 1982 besang man das herkömmliche Bild. Damals eröffnete Landratspräsident Max Mundwiler die Jubiläumsfeier zum 150-jährigen Bestehen des Kantons, indem er aus dem Baselbieter Lied zitierte. Und die Feier klang aus, indem die Festgemeinde im Chor die Kantonshymne anstimmte.[6] Kräftige Nahrung erhielt das Bild vom ländlichen und eigensinnigen Baselbiet auch während der langen Auseinandersetzung um die Wiedervereinigung und damit verbunden in der Abgrenzung von der Stadt.[7] Später erlebten die Leute im Laufental Ähnliches. Ihr Selbstverständnis als Laufentalerinnen und Laufentaler schälte sich vor allem im Streit um die Kantonszugehörigkeit heraus. In einem Gespräch meinte zum Beispiel ein Grellinger: «Hören Sie, ich sagte immer, ich war Berner und jetzt sind wir Landschäftler, aber ich bin Laufentaler. Das ist einfach immer noch ein Ding für sich.»[8]

Mit dem gesellschaftlichen Wandel, der sich in der Zwischen- und Nachkriegszeit vollzog, veränderten sich die Bedingungen radikal, unter denen Vereine, Heimatkunden und Brauchtum das Baselbieter Selbstverständnis prägen und damit integrierend wirken konnten. Erstens zeichneten sich spätestens seit der Zwischenkriegszeit Veränderungen ab, die in krassem Widerspruch zum Selbstbild standen: Aus dem Kanton Basel-

Landschaft des 19. Jahrhunderts, der sich ökonomisch weitgehend auf Landwirtschaft, damit kombinierte Seidenbandweberei, Handwerk und einiges an Fabrikindustrie stützte, hatte sich ein Kanton mit modernem Industrie- und Dienstleistungssektor entwickelt, in dem die heimindustrielle Seidenbandweberei ausgestorben war und nur noch ein geringer Anteil der Bevölkerung von der Landwirtschaft lebte.[9] Zweitens war ein immer kleinerer Teil der Bevölkerung in seinem Wohnort heimatberechtigt oder geboren, während die Zahl der Zugezogenen wuchs.[10] Drittens verbesserte sich der Lebensstandard eines grossen Teils der Bevölkerung, und die Arbeitsgesellschaft wandelte sich zur Freizeit- oder Erlebnisgesellschaft. Viertens lockerten sich die Bindungen an Familie und Milieus, so dass sich der Individualisierungsgrad erhöhte. Auch die Prägung durch Schule und Kirche liess nach, wodurch sich Orientierungen und Werthaltungen vervielfältigten. Schliesslich geriet das herkömmliche Selbst- und Fremdverständnis in Konkurrenz zu Bildern, welche die elektronischen Medien in grossen Mengen ins Haus lieferten. Auch der Kanton Basel-Landschaft machte sich auf den Weg in die Informationsgesellschaft, welche den Raum schrumpfen liess und die Zeit beschleunigte.[11] Das kollektive Selbstverständnis passte sich denn auch nach und nach den veränderten Gegebenheiten an. Zwar blieben zentrale Teile des ländlichen Selbstbildes erhalten, spätestens seit der Auseinandersetzung um die Wiedervereinigung in den sechziger Jahren gesellten sich aber neue Elemente dazu. Der Landkanton präsentiert sich seither auch als fortschrittliches, weltoffenes und reformfreudiges Gemeinwesen. Obwohl zum Beispiel in der Ausländerinnen- und Ausländerpolitik auch gegenläufige Tendenzen zu verzeichnen sind, streicht er gerne Parallelen zwischen sich und den europafreundlichen Kantonen der Romandie heraus, welche sich zum Beispiel bei aussenpolitischen Abstimmungsvorlagen zeigen. Und auch auf die Pionierleistungen, welche er zum Beispiel mit dem neuen Psychiatriekonzept oder mit seiner Umwelt-, Verkehrs- und Energiepolitik vollbracht hat, weist man immer wieder diskret

des Bundesamtes für Statistik gaben 1988 rund 31 Prozent der Befragten an, mindestens einmal wöchentlich bei einem Verein oder in einem Club mitzumachen. Rund 46 Prozent gaben zudem an, ihre Freizeit mindestens einmal pro Woche mit Sport und Bewegung zu verbringen. Ein guter Teil der sportlichen Aktivität dürfte ebenfalls in Vereinen stattfinden. Allerdings konkurrenziert seit einigen Jahren eine wachsende Zahl von Fitness-Zentren deren Angebot. Am Ende des Jahrhunderts ist sportliche Aktivität nicht mehr an die Mitgliedschaft in einem Sport- oder Turnverein gebunden. Anleitung und Geräte gibt es auch im Fitness-Zentrum. Einzig bei den Mannschaftssportarten dürfte das Monopol der Vereine noch weitgehend intakt sein. Das Bild zeigt ein Grümpelturnier in Frenkendorf. Solche Turniere bieten Gelegenheit, den populären Fussballsport, den viele als Zuschauende verfolgten, selber einmal aktiv zu betreiben. Das Spektrum der Mannschaften reicht von Gruppen, die zum Spass dabei sind, bis zu Teams, welche den Turniersieg mit sportlichem Eifer und Ehrgeiz anstreben.

den, zu denen sich am 1. Januar 1976 auch Roggenburg aus dem Amtsbezirk Delsberg gesellt, halten sich damit die Möglichkeit offen, in einem zweiten Schritt darüber zu befinden, ob ihr Bezirk beim Kanton Bern bleiben oder ob er sich einem Nachbarkanton anschliessen soll.[1]

Das Gesetz des Grossen Rats des Kantons Bern, welches das Anschlussverfahren regelt, sieht eine gewählte Bezirkskommission vor, welche die Frage der Kantonszugehörigkeit prüft und die Verhandlungen mit den Nachbarkantonen führt.[2] Dieses 26-köpfige Bezirksparlament wählen die Laufentaler Stimmberechtigten am 4. April 1976 erstmals. Anderthalb Jahre später, am 15. November 1977, wird eine Volksinitiative eingereicht, welche das Anschlussverfahren einleitet. Am 18. Juni 1978 findet das Begehren die Unterstützung von 4135 oder 65 Prozent der Stimmenden. Da noch vor der Abstimmung alle Nachbarkantone signalisiert haben, dass sie zu Verhandlungen bereit seien, müssen die Laufentalerinnen und Laufentaler in zwei weiteren Abstimmungen herausfinden, mit welchen Nachbarn sie am liebsten zusammenspannen würden. Im ersten Urnengang vom 13. Januar 1980 erreicht der Kanton Basel-Landschaft 3167, der Kanton Solothurn 1999 und der Kanton Basel-Stadt 983 Stimmen. Der letztplazierte Kandidat

Freizeitvergnügen, 1933
Im Schwimmbad Eglisee, Basel

Heimat

Für Aussenstehende haftet der harten Auseinandersetzung um die territoriale Zugehörigkeit und Identität des Laufentals – ähnlich dem Kampf um die Wiedervereinigung der beiden Basel – etwas Anachronistisches an. Doch spielt das räumliche Zugehörigkeitsgefühl auch am Ende des 20. Jahrhunderts eine wichtige Rolle, wie der Historiker Georg Kreis 1993 mit Blick auf den Laufentalkonflikt bemerkte: «Es gibt in einer bewegten und sich immer schneller verändernden Welt Rückhalt, Geborgenheit, Verankerung in einem bestimmten ‹Revier›. Diese Befindlichkeit trägt, sofern sie mit dem Gang der Welt richtig verknüpft wird, Wesentliches zur Lebensqualität bei.» Allerdings, räumte Kreis ein, hafte diesen Zugehörigkeitsgefühlen hin. Von den einstigen Minderwertigkeitsgefühlen gegenüber der Stadt Basel ist kaum mehr etwas zu spüren. Die heutige Generation der Baselbieter Politikerinnen und Politiker tritt den Miteidgenossen mit Selbstbewusstsein gegenüber.

Die Welt im Kasten

Die ersten Radioapparate, die im Kanton Basel-Landschaft in den zwanziger Jahren auftauchten, waren eine Attraktion. Wer einen solchen besass, lud auch einmal interessierte Nachbarn ein oder stellte das Gerät vorübergehend auf den Fenstersims, so dass Passanten mithören konnten. Wie beim Telefon und später beim Fernsehen zeigte sich auch beim Radio ein auffälliges Durchsetzungsmuster. Man nutzte die neuen Medien und Kommunikationsmittel zunächst gemeinsam: Wer den neuen und wenig verbreiteten Apparat besass, machte ihn der Nachbarschaft zugänglich. Man richtete Telefonanrufe aus oder rief die Nachbarn an den Draht. Zum Radiohören oder Fernsehen lud man die Nachbarn ein oder man stellte das Gerät öffentlich auf. Erst mit zunehmender Verbreitung der neuen Errungenschaft setzte sich ihre ausschliesslich individuelle oder familiäre Nutzung durch.[12]

Der Ton der ersten Radios war oft schlecht und verzerrt. Häufig musste das Radio neu eingestellt werden. Als der Sekundarlehrer Debrunner 1925 seinen Schülerinnen und Schülern in Laufen sein selbstgebautes Radio vorführen wollte, scheiterte der erste Versuch. Erst der zweite Anlauf eine Woche später gelang. Anna Mamie-Asprion, eine von Debrunners Schülerinnen, erinnerte sich 1997: «Wir hörten gebannt Stimmen, die unsichtbar durch die Luft kamen, von der Maschine vor uns eingefangen wurden und schliesslich verstärkt aus dem Schalltrichter drangen. […] Es gab grosses Aufsehen und Diskussionen über die Frage, ob das unsere Zukunft sei.»[13] Zu hören waren anfänglich nur ausländische Sender. Regionale Stationen wie etwa Radio Basel begannen in der Schweiz erst Mitte der 1920er Jahre zu senden. Die Landessender Sottens, Beromünster und Monte Ceneri folgten

Basel-Stadt scheidet damit aus. In der zweiten Ausmarchung vom 16. März 1980 macht erneut das Baselbiet das Rennen. Damit hat das Laufental den Nachbarn Basel-Landschaft zu seinem Wunschkandidaten auserkoren und die Bezirkskommission nimmt ihre Gespräche mit den Baselbieter Behörden auf.

Ziel der Verhandlungen ist ein Vertrag, welcher den Kantonswechsel regelt. Es entsteht ein 112 Paragraphen umfassendes Vertragswerk, der so genannte Laufentalvertrag, der am 10. Februar 1983 von beiden Verhandlungsdelegationen unterzeichnet wird. Dieser bildet die Grundlage der späteren Verwaltungsvereinbarungen, welche den Übertritt bis in kleinste Einzelheiten regeln. Er gewährleistet, dass der Kanton Basel-Landschaft das Laufental als vollwertigen fünften Bezirk aufnimmt, dass dem Laufental die kantonalen Dienstleistungen ohne Unterbruch zur Verfügung stehen und dass sich die Laufentaler Gemeinden dem basellandschaftlichen Recht anpassen.

Nach der zweiten Laufentalabstimmung von 1989 nimmt eine ganze Reihe von Arbeitsgruppen die Arbeit auf und stellt auf der Basis des Laufentalvertrags den nahtlosen Übergang von der bernischen zur basellandschaftlichen Verwaltung sicher. Schwierig gestaltet sich die Regelung des

DER KANTON ALS HEIMAT 233

in den dreissiger Jahren. Da Radios nur als Bausatz erschwinglich waren und ihr Betrieb technisches Können voraussetzte, waren sie wie andere elektrische Apparate zuerst bei Elektrikerfamilien oder anderen Tüftlern anzutreffen. Auf breiterer Basis setzten sich Radioempfänger erst in den dreissiger und vierziger Jahren durch. 1930 hatte die eidgenössische Obertelegrafendirektion landesweit rund 104 000 Empfangsbewilligungen erteilt. 1940 waren es über sechsmal mehr. Über die Verbreitung des Radios im Kanton Basel-Landschaft sind nur gerade für Reigoldswil Zahlen bekannt. Ende des Zweiten Weltkrieges hatte dort rund jeder zweite der zirka 300 Haushalte ein Gerät. 1960 kamen auf die 341 Reigoldswiler Haushaltungen 282 Radioapparate.[14] Ende des 20. Jahrhunderts besassen die meisten Familien mehr als ein Radio. Auch der Fernseher, der im Kanton Basel-Landschaft versuchsweise erstmals 1952 auftauchte, stand nun praktisch in jedem Haushalt. Regionale Kabelnetze und Satellitenschüsseln übermittelten die Programme einer grossen Zahl von Sendern. Die Gemeinschaftsantennenanlage auf der Sissacher Fluh, die 13 Gemeinden des Oberbaselbiets versorgte, übertrug 1998 die Signale von 34 Fernsehstationen sowie von über 60 Radioprogrammen.[15]

Die neuen Medien wie Radio, Kino und später Fernsehen stiessen nicht bei allen Menschen auf Begeisterung. Leute, die erstmals Radio hörten, konnten sich nicht erklären, woher die Töne kamen. Nicht selten stellten sie sich vor, die Sprecher und Musikanten hielten sich in den Radiogeräten auf. Auch war zum Beispiel der Sinn von Schulfunksendungen in der Baselbieter Lehrerschaft umstritten. Und noch in den fünfziger Jahren und zu Beginn der sechziger Jahren warnten die Baselbieter Kirchen vor den schädlichen Auswirkungen von Film und Fernsehen auf die Jugendlichen.[16] Doch trotz aller Vorbehalte setzte sich der Medienkonsum als neue Freizeitbeschäftigung durch und stand hoch im Kurs. Laut einer Umfrage zerstreuten sich 1988 rund drei Viertel der Befragten fast täglich in ihrer Freizeit, indem sie lasen, fernsahen oder Radio hörten.[17]

viel Künstliches an. Es handle sich um Bilder, welche die herkömmlichen Ideenvermittler wie Lehrerinnen und Lehrer, Pfarrer und Journalistinnen sowie Politikerinnen und Politiker produzierten und in denen in hohem Masse Stilisierungen und Klischees fortlebten. Zudem ständen sie im ausgehenden 20. Jahrhundert nicht mehr in selbstverständlichem Einklang mit der tatsächlichen Raumordnung und den Gesellschaftsprozessen, sondern immer häufiger und deutlicher in spannungsvollen Widersprüchen dazu. Auch Daniel Hagmann, der die Heimat-Vorstellungen von Frauen und Männern aus dem Laufental untersuchte, traf in hohem Masse auf Konstruktionen. Seiner Meinung nach entsteht Heimat dort, wo man sie im Alltag gestaltet und wo man um sie streitet. Im 19. Jahrhundert verband sich Heimat in erster Linie mit dem dörflichen Horizont. Erst im 20. Jahrhundert und in der Auseinandersetzung um die Kantonszugehörigkeit schob sich das Tal oder der Kanton als Identifikationsgrösse in den Vordergrund.

Gemeindewesens. Weil das Berner Recht auch gemischte Gemeinden erlaubt, haben verschiedene Laufentaler Gemeinden keine getrennten Einwohner- und Bürgergemeinden, wie es das Baselbieter Recht verlangt. Da zudem über Angelegenheiten zu verhandeln ist, die den Kanton Bern betreffen, berät zeitweise auch die Berner Regierung mit. Bis auf die Vermögensausscheidung, über die man sich später einigt, liegen Anfang des Jahres 1993 insgesamt 85 Vereinbarungen vor.[3]

Zehn Jahre zuvor war der Laufentalvertrag unterzeichnet worden. Optimisten hatten bereits mit einem Kantonswechsel auf den 1. Januar 1984 gerechnet.[4] Doch daraus wurde nichts. Schon im Entscheidungsverfahren über den Kanton, dem man beitreten will, sind die Positionen bezogen worden. Die Vereinigung für eine gesicherte Zukunft des Laufentals hat sich für den Verbleib im Kanton Bern eingesetzt. Das Komitee Ja zur besten Lösung hat die Option Basel-Landschaft vertreten. Für den Kanton Solothurn hat sich das Laufentaler Aktionskomitee pro Solothurn engagiert. Vor der Abstimmung über den Laufentalvertrag stehen sich die Aktion Bernisches Laufental und das Komitee Ja zur besten Lösung gegenüber. Beide Organisationen geben regelmässig Abstimmungszeitungen heraus. «Mitenand für Baselland»

Laufental-Vertrag
Am 10. Februar 1983 unterzeichneten die Verhandlungsdelegationen des Baselbieter Regierungsrates und der Laufentaler Bezirkskommission den Anschlussvertrag.

BAND SECHS / KAPITEL 12

Apfelhauet in Biel-Benken

Maibaum in Muttenz

Die neuen Medien beschleunigten und vermehrten den Informationsfluss. Zwar transportierte auch die vordem dominante Presse Internationales und schon der ‹Unerschrockene Rauracher› hatte seine Leser am 12. August 1835 gemahnt, dass «der Himmel sich nicht allein über Liestal» wölbe. Radiowellen, Kabel und Satellit vermitteln aber doch sehr viel mehr Informationen aus aller Welt. Am Bildschirm und über Internet ist Ende des 20. Jahrhunderts auch in Liestal jederzeit zu erfahren, was sich gleichzeitig in anderen Hauptstädten der Welt tut. In den siebziger Jahren beklagten sich Baselbieter Politiker darüber, dass die kantonale Politik in einer «Fernsehlücke» verschwinde. Die nationalen Medien würden die öffentliche Aufmerksamkeit auf die eidgenössische und internationale Ebene lenken. Sie trügen deshalb dazu bei, dass das Interesse für kantonale Angelegenheiten und damit die politische Beteiligung der Stimmbürgerinnen und -bürger sinke.[18] Später sprangen lokale Radio- und vereinzelt auch lokale Fernsehstationen in diese Lücke. Im Kanton Basel-Landschaft ging 1983 das lokale Radio Raurach auf Sendung.[19] Das Interesse des Publikums für die Angelegenheiten im Nahbereich war vorhanden. So hatte eine Umfrage noch 1988 erbracht, dass bei der Lektüre der Presse lokale, regionale oder kantonale Meldungen auf mehr Interesse stossen als das schweizerische oder internationale Geschehen. Doch zwang der internationale Medienmarkt auch den lokalen Radiostationen seine Gesetze auf. Ihre Programme unterschieden sich in den 1990er Jahren nur wenig von denen grosser Sender. Radio Raurach konnte nur überleben, indem es als Radio Edelweiss seinen lokalen Bezug abstreifte und die Zusammenarbeit mit einer französischen Lokalradiokette aufnahm.

Maibäume wachsen

Die Förderung des Brauchtums, wie sie im 19. Jahrhundert eingesetzt hatte, blieb nicht erfolglos. Jedenfalls wies der Kanton Basel-Landschaft im 20. Jahrhundert ein reiches Brauchtum auf, das sich bei jeder Gelegenheit zur

heisst das Blatt der Befürworter des Laufentalvertrags, «Die Entscheidung» das Organ der Gegner. Öffentliche Veranstaltungen, Inserate, Plakate und Briefaktionen ergänzen das propagandistische Trommelfeuer, das auf die Laufentalerinnen und Laufentaler niederprasselt. Die Laufentaler Parteien sind gespalten, trotzdem lassen sich parteipolitische Fronten ausmachen. Die Freisinnigen engagieren sich mehrheitlich auf der Seite Berns. Dagegen stehen die Christlich-demokratische Volkspartei und die Sozialdemokraten vornehmlich auf der Seite des Kantonswechsels. Bei der Presse sind die Verhältnisse ähnlich. Der freisinnige ‹Volksfreund› hält zu den Pro-Bernern, die christdemokratische ‹Nordschweiz› zu den Pro-Baselbietern.

Im Abstimmungskampf gehen die Wellen hoch. Zwar tauschen die Kontrahenten auch sachliche Argumente aus. So führen die Pro-Baselbieter die geografische Nähe, die wirtschaftliche Verflechtung sowie die historische Verbundenheit des Laufentals mit der Region Nordwestschweiz an. Die Pro-Berner verweisen dagegen auf den Wohlstand, den das Tal als Berner Amtsbezirk erworben habe, sowie auf die Eigenständigkeit, die das Laufental bei einem Kantonswechsel einbüssen würde. Doch ebenso wichtig sind die Gefühle: Es geht

Selbstdarstellung anbot.[20] Wo immer der Kanton sich vorstellte, waren nicht nur Bauern, Posamenter, Trachten und Kirschen zugegen, sondern man präsentierte meistens auch feurige Chienbesen oder lärmige Banntagsrotten aus Liestal, Ziefener Nüünichlingler, die Sissacher Chluriverbrennung, Kienfackeln und Feuerrädchen aus Biel-Benken, einen Eierläset oder einen Bändeltanz um den Maibaum.[21] Am Beispiel des Maibaums lässt sich beispielhaft nachzeichnen, wie sich das Baselbieter Brauchtum in der zweiten Hälfte des 20. Jahrhunderts entwickelte. Dabei ist zu beobachten, dass sich parallel zur Öffnung zur Welt, welche die neuen Medien herbeiführten, offenbar eine Gegenbewegung zum Traditionellen und Regionalen einstellte.

Maibäume, die Brunnen zieren, sind nach Eduard Strübin eine Baselbieter Eigentümlichkeit. Nach seinen Studien waren sie nur noch im Schaffhausischen und in einigen Gegenden Deutschlands anzutreffen. Geschmückte Tannenbäumchen tauchten auch zu Weihnachten, bei der Aufrichte, beim Bannumritt, vor Wirtshäusern, auf Erntewagen oder schliesslich als Ehren- oder Freiheitsbäume auf. Als Brunnenschmuck aber waren sie im 19. Jahrhundert nicht mehr anzutreffen. Jedenfalls verzeichnete keine der 64 Heimatkunden aus den 1860er Jahren das Schmücken der Brunnen mit Maibäumen als lebenden Brauch. Auch Gustav Adolf Seiler, der 1879 im Baselbiet eine Vielzahl von Maibäumen beobachtet hatte, führte sie nicht als Beispiel an. Im Gegenteil: Wo die Chronisten den Maibaum als Brunnenschmuck erwähnten, sprachen sie davon, dass dieser Brauch nicht mehr vorkomme. Bei einer Bestandesaufnahme während des Zweiten Weltkriegs aber fand Paul Suter den Maibaum wieder in zwölf Baselbieter Gemeinden als Brunnenschmuck. Es ist denkbar, dass einzelne dieser Gemeinden den Brauch nie ganz verloren. Für andere Dörfer aber ist nachweisbar, dass er durch die Bestrebungen zur Festigung des Brauchtums zwischenzeitlich wieder aufgelebt war. In Oltingen war es beispielsweise Lehrer Emil Weitnauer, der dem Gemischten Chor mit Erfolg den Vorschlag unterbreitete, diesen Brauch wieder zu pflegen. Dass der alte Brauch einen Aufschwung

um die «Grenzen der Heimat», die mit dem Kantonswechsel verrückt werden. Die Berntreuen sehen ihre Heimat bedroht. Die Anhängerschaft des Baselbiets will sich im Nachbarkanton heimisch fühlen. Nach den klaren Meinungsäusserungen des Laufentals bei der Auswahl des Wunschkantons überrascht die Abstimmung über den Laufentalvertrag vom 11. September 1983. Bei einer ausserordentlich hohen Stimmbeteiligung von 93 Prozent lehnen 4675 Laufentalerinnen und Laufentaler oder 56,7 Prozent der Stimmenden den Vertrag mit dem Kanton Basel-Landschaft ab. Nur 3575 Stimmende oder 43,3 Prozent heissen die Vorlage gut. In neun der 13 Gemeinden überwiegen die Gegner. Nur gerade Blauen, Dittingen, Grellingen und Nenzlingen stimmen mehrheitlich zu.[5] Der Kanton Basel-Landschaft, der gleichentags über die Aufnahme eines fünften Bezirks abstimmt, heisst die Vorlagen mit überwiegender Mehrheit gut. Nur zwei Gemeinden, Zeglingen und Liedertswil, weisen Nein-Mehrheiten auf. Im Vorfeld der Abstimmung hat sich im Baselbiet ein breites überparteiliches Komitee für ein Ja eingesetzt. Das gegnerische Komitee Laufental blyb bi Bärn ist vergleichsweise unbedeutend geblieben.[6]

Mit der Abstimmung vom 11. September 1983 ist der Kampf um die Kantonszu-

Dorffest in Arlesheim

erlebte, erbrachte schliesslich auch eine weitere Bestandesaufnahme von Eduard Strübin zu Beginn der achtziger Jahre. Er stellte in 32 Gemeinden Maibäume fest, die Brunnen schmückten. Sogar in der stadtnahen Gemeinde Muttenz tauchte regelmässig ein solcher auf. In den 40 Jahren, die zwischen den beiden Bestandesaufnahmen lagen, hatte der Brauch seine Form allerdings verändert. Als wichtigste Neuerung stellte Strübin fest, dass das Schmücken der Brunnen in einigen Gemeinden, zum Beispiel in Sissach und Ramlinsburg, von Lieder- und Tanzvorträgen begleitet war. Auch die Träger des Brauchs waren andere. In der Zwischenkriegszeit hatten in erster Linie Brunnennachbarn oder die unorganisierte Dorfjugend den Brauch gepflegt. In den achtziger Jahren waren es vorwiegend Vereine und andere feste Gruppierungen, die sich der Maibäume annahmen. Wo Tanz und Gesang als begleitende Elemente hinzukamen, waren Chöre und Trachtengruppen aktiv.

Der Volkskundler Eduard Strübin deutet das Wiederaufleben und den Wandel des Maibaumbrauchs als Reaktion auf das Schrumpfen des Raumes und die Beschleunigung der Zeit. Beides habe mit dem Regionalismus und

Bannumgang

In Reinach und anderen Gemeinden des unteren Kantonsteils wurde der Bannumgang, der entlang der Gemeindegrenze führt, in den 1960er und 1970er Jahren wieder eingeführt. Er sollte als Familienfest dazu dienen, die zugezogenen Einwohnerinnen und Einwohner zusammenzubringen und mit ihrer neuen Wohnumgebung vertraut zu machen.

dem Traditionalismus «Gegenbewegungen» hervorgerufen: «den Drang nach Geborgenheit im engern Kreis, nach einer regionalen und lokalen Kultur, und die Hinwendung zum (scheinbar) Unverrückbar-Festen, zur Tradition».[22] Die Verbindung des Maibaums zum Regionalismus sieht Strübin zum Beispiel darin, dass an der Schlussfeier zum 150-jährigen Kantonsjubiläum die mitgetragenen 73 Maibäume laut dem Organisationskomitee die «Autonomie der 73 Baselbieter Gemeinden» symbolisieren sollten. In die gleiche Richtung weist für ihn die Rolle, die zugezogene oder neu eingebürgerte Frauen und Männer beim Wiederaufleben des Maibaumbrauchs gespielt haben. Die Beziehung zwischen dem Maibaum und dem Traditionalismus erkennt Strübin im Wandel, den der Brauch erfahren hat. Mit Tanz und Gesang hätten die Trachtengruppen und Chöre nicht nur den Maibaumbrauch bereichert. Mit dem Bändeltanz führten sie zudem einen Brauch ein, der in der Schweiz vorher nicht praktiziert wurde. Wie das Beispiel der Maibäume zeigt, leben im Brauchtum Traditionen fort und wieder auf. Doch mit den Menschen, die sie tragen und pflegen, und mit der Gesellschaft wandeln sich auch die Bräuche.

Moderne Kulturförderung

Die bildungsbürgerlichen Bestrebungen zur Identitätsstiftung wurden nach der Wende zum 20. Jahrhundert in der Kulturpolitik von Kanton und Gemeinden fortgesetzt. In der sich verschärfenden Auseinandersetzung um die Wiedervereinigung erhielten sie zusätzlichen Auftrieb. Dieser Streit stellte die Existenz des Halbkantons in Frage und provozierte dadurch zahlreiche Bemühungen, seine Daseinsberechtigung zu untermauern. Schon die Heimatkunden, welche in den sechziger Jahren des 19. Jahrhunderts entstanden, liessen sich vor diesem Hintergrund deuten. Noch deutlicher aber tritt der Zusammenhang in der Zwischenkriegszeit zu Tage, als der Kampf um die Wiedervereinigung seinen ersten Höhepunkt erlebte. 1921 entstand eine Kommission zur Erhaltung der Altertümer, die sich von 1937 an unter ande-

gehörigkeit des Laufentals vorerst beendet. Das Gesetz über das Anschlussverfahren sieht keine Wiederholung der Auswahl- und Übertrittsabstimmungen vor. Allein die Laufentaler Bewegung, welche enttäuschte Pro-Baselbieter am 11. Mai 1984 gründen, gibt sich nicht geschlagen. Sie zweifelt die Gültigkeit der verlorenen Abstimmung an.[7] Doch das Rätsel um den überraschenden Ausgang löst sich erst, als der Berner Finanzrevisor Rudolf Hafner das Finanzgebaren der Berner Regierung prüft und dabei Unregelmässigkeiten aufdeckt.[8] Am 22. August 1984 reicht Hafner Aufsichtsbeschwerde gegen den Regierungsrat ein. Eine besondere Untersuchungskommission, die sich der Vorwürfe annimmt, bestätigt Hafners Feststellungen weitgehend. Am 31. August 1985 enthüllt sie unter anderem, dass sich der Berner Regierungsrat massiv in den Abstimmungskampf um den Laufentalvertrag eingemischt hat. Obwohl er zugesagt hatte, das Laufentaler Selbstbestimmungsrecht zu achten und still zu halten, liess er der Aktion Bernisches Laufental verdeckt und ohne rechtliche Grundlage rund 330 000 Franken aus dem kantonalen Lotteriefonds zukommen. Damit steuerte der Berner Regierungsrat drei Viertel der finanziellen Mittel bei, die das Komitee gegen den Laufentalvertrag aufwenden konnte.

Neues Kulturkonzept

Ein neues Kulturkonzept und die Neuorganisation der Kulturabteilungen vermittelten der kantonalen Kulturpolitik Ende der 1980er, Anfang der 1990er Jahre neue Impulse. Stärker als bis anhin strich der Kanton die Arbeitsteilung zwischen der Stadt Basel als dem kulturellen Zentrum der Region und den dezentralen Leistungen der Gemeinden und ihrer Kulturschaffenden, Vereine und Veranstalter heraus. Zudem anerkannte er den hohen Stellenwert und die Qualität des Kulturschaffens in der Stadt und erklärte sich bereit, sich mit namhaften Beiträgen an den kulturellen Zentrumsleistungen Basels zu beteiligen. Seinen Niederschlag fand dieses Bekenntnis im Kulturvertrag, den die beiden Halbkantone 1997 schlossen und der im Kanton Basel-Landschaft einen Referendumskampf rechtsbürgerlicher Kreise überstand. Dem dezentralen Kulturschaffen trug die Kulturdirektion durch eine konsequente Förderung Rechnung. Dazu reorganisierte sie die bisherigen Kommissionen, gründete so genannte Fachgruppen zur Bildenden Kunst, zur Literatur, zu Theater und Tanz, zur Musik sowie zu Film und Video. Die Baselbieter Kulturförderung schaffte damit nicht nur den Anschluss an moderne künstlerische Ausdrucksformen, sie sicherte sich gleichzeitig auch die Unterstützung anerkannter Expertinnen, Experten und Kulturschaffender.
Einen weiteren Schritt zur Förderung der dezentralen Kultur unternahm die Abteilung Kulturelles, indem sie ein Inventar der Kulturräume der Region erstellte. In der Raumfrage erkannte sie eine «Schlüsselfrage» der Kulturpolitik, denn längerfristig führe eine anhaltende Raumknappheit zu einer geringeren kulturellen Vielfalt. Das Bild (rechts oben) zeigt das Schloss Ebenrain in Sissach, das zu den denkmalgeschützten Kulturräumen des Kantons Basel-Landschaft zählt.

rem auch um Gemeindewappen kümmerte.[23] Seit 1936 kamen die Baselbieter Heimatblätter heraus.[24] 1942 erschien das erste Baselbieter Heimatbuch. Eine günstige Gelegenheit, die Daseinsberechtigung des Kantons zu unterstreichen, wurde die Feier zu seinem 100-jährigen Bestehen von 1932. Zu diesem Anlass gab die Regierung bei Karl Weber, Karl Gauss, Ludwig Freivogel und Otto Gass auch die ‹Geschichte der Landschaft Basel und des Kantons Basellandschaft› in Auftrag.[25]

Die Heimatblätter standen im Jahr 2000 in ihrem 65. Jahrgang. Vom Baselbieter Heimatbuch waren bis dahin 22 Bände erschienen. Weitere Kommissionen und Projekte ergänzten die bestehenden: Die Kommission Quellen und Forschungen zur Geschichte und Landeskunde von Baselland begann 1952 eine umfangreiche Reihe heimatkundlicher und historischer Werke herauszugeben. Am 4. November 1961 fand die Gründungsversammlung der Gesellschaft für Baselbieter Heimatforschung statt, «die allen Erforschern der Baselbieter Geschichte, Landes- und Volkskunde» offen stand und die Baselbieter Heimatblätter zum offiziellen Publikationsorgan erklärte.[26] 1962 organisierte der Kanton Heimatkundekurse für auswärtige Lehrkräfte. Anfänglich unterstützte er auch die Forschungsstelle für Flurnamen, die 1987 entstand. Später zog er sich zurück, und die Forschungsstelle arbeitet seit 1994 als unabhängige Stiftung weiter. Die Arbeitsgemeinschaft zur Herausgabe von Baselbieter Heimatkunden gab in den 1960er Jahren den Anstoss zu neuen Heimatkunden, deren Konzept sich weitgehend an die 100 Jahre alten Vorgaben hielt.[27] Bis 1998 erschienen neue Heimatkunden von 43 Gemeinden. Die Heimatschutzkommission und die kantonale Denkmalpflege nahmen sich des kulturellen Erbes an, das sich in der Bausubstanz niedergeschlagen hatte. Seit 1964 verfügt der Regierungsrat über eine Verordnung, die ihm erlaubt, gewisse Gebäude unter Schutz zu stellen.[28] Auch das 150-jährige Kantonsjubiläum von 1982 bot erneut Gelegenheit zur Identitätsstiftung. Der Kanton veranstaltete am 17. März 1982 einen Festakt, finanzierte eine Wanderausstellung mit dem Titel «Baselland unterwegs», stiftete

Pro Stimmberechtigten schoss die Regierung rund 40 Franken ein. Rechnet man diese verdeckte Subvention auf eidgenössische Verhältnisse hoch, hätten einem nationalen Abstimmungskomitee 150 Millionen Franken zur Verfügung gestanden. Wie das Bundesgericht später festhält, hat der Regierungsrat des Kantons Bern damit klar in das Selbstbestimmungsrecht des Laufentals eingegriffen. Folgerichtig annulliert es die Abstimmung über den Laufentalvertrag vom 11. September 1983. Die Laufentaler und Laufentalerinnen erhalten am 12. November 1989 nochmals die Möglichkeit, über den Anschluss an den Kanton Basel-Landschaft abzustimmen.[9]

Im Vorfeld der zweiten Abstimmung öffnen sich wieder die gleichen Gräben wie 1983. Neue Argumente sind kaum zu hören. Die Emotionen aber sind noch deutlicher zu spüren als beim ersten Urnengang. Auch die Pro-Baselbieter kämpfen nun mit harten Bandagen. Immerhin sind die Spiesse jetzt ungefähr gleich lang, ist doch die Aktion Bernisches Laufental nun auf sich selbst gestellt. Neben alten Gesichtern tauchen im zweiten Abstimmungskampf auch neue Leute auf. Es handelt sich um Zuzüger, die sich erst in den letzten Jahren im Tal niedergelassen haben. Oder es sind Frauen und Männer, die erst durch das skandalöse Verhalten der Berner Regie-

einen Jubiläumsfonds und veranlasste die Gemeinden dazu, ihrerseits Anlässe durchzuführen. Den Schlusspunkt der Jubiläumsfeierlichkeiten bildete ein Volksfest auf dem Schänzli bei Muttenz. Am Festzug waren sämtliche Gemeinden mit Maibäumen und Fahnen vertreten. Schon am Vorabend hatten die Schulkinder der meisten Gemeinden in ihrem Bann Eichenbäume gepflanzt, die ihnen der Kanton zur Verfügung gestellt hatte. Auch die Forschung und das literarische Schaffen wurden durch das Jubiläum angeregt. So entstand innert weniger Jahre ein umfangreiches Schrifttum historischer, heimatkundlicher und literarischer Art, das die politische, soziale und wirtschaftliche Entwicklung des Kantons aufarbeitet. Auch das Projekt einer neuen Baselbieter Geschichte nahm in den 1980er Jahren seinen Anfang.[29]

Doch nicht nur um Heimatkunde und Geschichte, auch um andere kulturelle Ausdrucksformen kümmerte sich der Kanton. So wirkten seit 1953 eine Kunstkreditkommission, eine Literaturkommission sowie seit 1963 eine Kommission für Musik und Theater. Zudem leistete der Kanton aufgrund eines Gesetzes aus dem Jahre 1963 «Beiträge zur Förderung kultureller Bestrebungen» und baute seine Kantonsbibliothek aus. 1969 stiftete er den Kultur- und 1986 den Sportpreis.[30] Schliesslich gliederte er 1983 der Erziehungsdirektion eine Kulturdirektion an, und die neue Kantonsverfassung von 1984 erhielt einen Kulturartikel, der Kanton und Gemeinden verpflichtet, «kulturelle Bestrebungen und Tätigkeiten» sowie «Bestrebungen zur Gestaltung der Freizeit» zu fördern.[31] Beides unterstrich die Bedeutung, welche der Kanton Basel-Landschaft dem kulturellen Leben zumass.[32]

Neben den kantonalen Stellen beteiligten sich in der Nachkriegszeit zunehmend auch die lokalen Behörden an der Kulturpolitik. Viele Gemeindepolitikerinnen und -politiker waren sich dessen bewusst, dass sich die Integration der Zugezogenen nicht automatisch vollzog. Wollten sie verhindern, dass sich ihre Dörfer zu Schlafstädten entwickelten, mussten sie selber aktiv werden oder private Initiativen unterstützen, die sich in ihren Gemeinden regten.[33] So führten beispielsweise Therwil, Biel-Benken und

Schloss Ebenrain

rung politisiert worden sind. Doch so ähnlich sich die Abstimmungskämpfe von 1983 und 1989 auch sind, das Ergebnis fällt unterschiedlich aus. Mit einem knappen Vorsprung setzen sich im zweiten Urnengang 4650 Ja- (51,7%) gegen 4343 Nein-Stimmen (48,3%) durch. Die Stimmbeteiligung ist nochmals angestiegen. Sie beträgt 93,6 Prozent. Von den 13 Laufentaler Gemeinden stimmen nur noch fünf berntreu. Zu Blauen, Dittingen, Grellingen und Nenzlingen, die bereits 1983 mehrheitlich für den Kantonswechsel stimmten, stossen Burg, Duggingen, Liesberg und Röschenz.[10] Nach dem zweiten Entscheid sind es die Gegner eines Anschlusses an den Kanton Basel-Landschaft, welche den Kampf nicht aufgeben. Sie versuchen die Baselbieter Stimmberechtigten umzustimmen, die über zusätzliche Bestimmungen des Laufentalvertrages zu befinden haben und setzen sich auch bei der eidgenössischen Abstimmung über den Kantonswechsel zur Wehr. Zudem tragen sie die Auseinandersetzung vor die Gerichte und fechten die Abstimmungsergebnisse an. Ausser zu einer mehrjährigen Verzögerung führen diese Bestrebungen aber zu keinem Ziel.[11] Diesmal lassen sich keine Unregelmässigkeiten mehr feststellen. Die demokratischen Spielregeln wurden von allen Seiten eingehalten. Im Kanton Basel-Landschaft

Augusta Raurica
Theater und Konzerte beleben die alten Mauern des römischen Theaters in Augst.

Vo Schönebuech bis Ammel
Der Blick von der Bölchenfluh führt weit über den Horizont der Baselbieter Heimat hinaus. Er kann entweder über das Mittelland hinweg bis zur Alpenkette oder aber in der Gegenrichtung über das Baselbiet hinweg bis tief in die europäische Nachbarschaft schweifen.

Reinach Banntage ein. Einige Dörfer hielten regelmässig Märkte ab. Grosser Beliebtheit erfreuten sich die so genannten Dorffeste, bei denen sämtliche Vereine mit Beizen und anderen Attraktionen mitwirkten. Bräuche wie die Pfingstblütler in Ettingen oder das Hutzgüri in Sissach lebten wieder auf. Auch das Fasnachtstreiben erhielt neue Impulse, wobei das grosse Basler Vorbild unverkennbaren Einfluss ausübte. Andere Gemeinden wie etwa Allschwil oder Muttenz machten sich um ihre historischen Dorfkerne verdient. 1976 zeichnete der Europarat Allschwil aus, Muttenz erhielt 1982 den Wacker-Preis. In einzelnen Gemeinden setzten sich Bürgerinitiativen für die bauliche Substanz ein, so zum Beispiel in Buus das Aktionskomitee für das Ständerhaus, in Ettingen der Kulturhistorische Verein und in Therwil die Interessengemeinschaft Alt-Therwil. In zahlreichen Dörfern entstanden weitere Ortsmuseen, wobei vor allem die schnell wachsenden Unterbaselbieter Vororte nachzogen. Ergänzend oder anstelle von Ortssammlungen fanden auch zahlreiche Ausstellungen statt. Augst zeigte den Silberschatz von Augusta Raurica, Oberwil, Muttenz, Rothenfluh und Gelterkinden organisierten Ausstellungen zur Dorfgeschichte. Viele Dörfer eröffneten Gemeindebibliotheken. In einigen Gemeinden bildeten sich kulturelle Vereinigungen, welche ein vielfältiges Kleinkunst- und Vortragsprogramm veranstalteten. Andere Vereine bestritten selbst solche Anlässe. So zum Beispiel die Theatergruppe Sapperlot in Arlesheim, die Theatermühle Arisdorf, der Orchesterverein Liestal, der Verein für Freilichtspiele Augst oder der Oberbaselbieter Singkreis. Die Aufzählung muss unvollständig bleiben. Trotzdem zeigt sie, was bereits der Entwurf zum Kulturkonzept 1991 festgestellt hatte: «Der Kanton Basel-Landschaft ist kein kulturelles Niemandsland. Die kulturellen Äusserungen [...] zeigen sich im äusserst vielfältigen und durchaus intakten Leben der traditionellen Orts- und Dorfvereine, das von grossen Teilen der Bevölkerung getragen wird, aber auch in den Beiträgen und Werken der Kultur- und Kunstschaffenden. In diesen Aktivitäten spiegeln sich Selbstverständnis und Traditionsbewusstsein.»[34]

behalten am 22. September 1991 diejenigen Stimmberechtigten die Oberhand, die das Laufental als fünften Bezirk willkommen heissen.[12] Auch die Stimmenden der übrigen Schweiz stimmen dem Kantonswechsel 1993 zu. In der Nacht vom 31. Dezember 1993 auf den 1. Januar 1994 schliesslich, rund zehn Jahre nach der ersten Abstimmung über den Laufentalvertrag, wechseln 15 506 Männer und Frauen auf einen Schlag ihre Kantonszugehörigkeit. Administrativ vollzieht sich der Wechsel praktisch problemlos. Der Laufentalvertrag und die zahlreichen Detailvereinbarungen bewähren sich. Auch die politischen Schwierigkeiten, welche die Pro-

Berner vorausgesagt haben, stellen sich nicht ein. Die Frage aber, ob sich die Laufentalerinnen und Laufentaler im neuen Kanton auch heimisch fühlen, bleibt vorläufig offen. Obwohl Heimat ein Konstrukt ist und heimatliche Gefühle produziert sind, brauchen sie Zeit, um sich einzustellen – oder auszubleiben.

DER KANTON ALS HEIMAT 241

BAND SECHS / KAPITEL 12

Lesetipps

Eine grössere Einzelstudie zum Thema dieses Kapitels gibt es bisher nicht. Man ist darauf angewiesen, ganz unterschiedliche Literatur heranzuziehen. Eine gute Übersicht über das kulturelle Leben bietet René Salathés (1982) Beitrag zum Ausstellungskatalog Baselland unterwegs, der ein Beispiel der Selbstsicht des Kantons darstellt. Wie sich Heimat im Alltag herausbildet, hat Daniel Hagmann (1998) im Auftrag der Forschungsstelle Baselbieter Geschichte am Beispiel des Laufentals untersucht.

Der Einführung des Radios als erstem Massenmedium hat Florian Blumer (1994) ein Kapitel seiner Studie über die Elektrifizierung des dörflichen Alltags gewidmet.

Die Präsentation des Kantons durch Schaubräuche ist Gegenstand eines Artikels von Wunderlin (1991). Ausführliche Darstellungen des Brauchtums aus volkskundlicher Sicht liefern die Aufsätze und Monographien von Eduard Strübin. Zwar schimmert die kulturpessimistische Sicht des Autors stellenweise deutlich durch, doch sind seine Werke Jahresbrauch im Zeitenlauf (1991) und Baselbieter Volksleben (1952/67) unverzichtbar.

Über den Weg des Laufentals ins Baselbiet gibt es einen informativen und gut lesbaren Sammelband, den Andreas Cueni herausgegeben hat (1993). In diesem Werk kommen zahlreiche kompetente Autoren zu Wort, welche das Laufentalproblem aus juristischer, historischer, geografischer und politischer Sicht behandeln. Es ist allerdings zu berücksichtigen, dass sämtliche Beiträge aus der Sicht von Befürwortern eines Kantonswechsels geschrieben sind. In diesem Band finden sich auch die interessanten Ausführungen von Georg Kreis zur Bedeutung von Heimat in modernen Gesellschaften.

Abbildungen

Foto Mikrofilmstelle: S. 227.
Foto-Archiv Jeck, Basel und Reinach.
Foto: Lothar Jeck: S. 228, 229.
G. Martin, Frenkendorf: S. 230.
Kantonsmuseum Baselland,
Liestal: S. 231.
StA BL, PA 198 Laufentaler Bewegung:
S. 232.
Theo Meyer, Lausen: S. 233.
Max Mathys, Muttenz: S. 234–239.
Dominik Labhardt, Basel: S. 241.

Reproduktionen durch Mikrofilmstelle.

Anmerkungen

1 Imhof 1991; Cueni 1991.
2 Handschin 1986, S. 22.
3 Vgl. Bd. 5, Kap. 7.
4 Vgl. Bd. 6, Kap. 4 und 5.
5 Wunderlin 1991.
6 Handschin 1986.
7 Hagmann 1998; Epple 1998a, S. 299–469.
8 Zit. nach Hagmann 1997, S. 125.
9 Epple 1993.
10 Vgl. Bd. 5, Kap. 5 und 15.
11 Strübin 1991, S. 11–20.
12 Blumer 1994, S. 415–431.
13 Mamie-Asprion 1997, S. 64.
14 Blumer 1994, S. 415–431.
15 Manz (Red.) 1998, S. 300.
16 Epple 1998b, S. 184–188.
17 Mikrozensus 1988, Tab. 1.1.
18 Expertenkommission zur Hebung der Stimmbeteiligung o. J. (1972), S. 41–47.
19 Bitterlin 1987.
20 Strübin 1991.
21 Wunderlin 1991.
22 Strübin 1991, S. 195.
23 Suter 1952.
24 Suter 1979.
25 Epple 1990.
26 BHbl 1962, S. 156.
27 Salathé 1994.
28 Heyer 1986.
29 Handschin 1986.
30 Stohler 1987.
31 § 101 der Verfassung des Kantons Basel-Landschaft vom 17. Mai 1984.
32 Jenni 1987.
33 Salathé 1982.
34 Entwurf Kulturkonzept Kanton Basel-Landschaft o. J. (1991), S. 5.

1 Fleiner 1993.
2 Zum Folgenden: Jecker 1993.
3 Cueni 1993.
4 Zum Folgenden: Jecker 1993.
5 Jecker 1993, S. 40.
6 Auer 1993, S. 130.
7 Jecker 1993.
8 Hafner 1993.
9 Fleiner 1993.
10 Brodbeck 1993.
11 Noser 1993.
12 Auer 1993.

Anhang

Abkürzungen

AAEB = Archives de l'Ancien Evêché de Bâle, Porrentruy
AZ = Arbeiter Zeitung, Basel
BaZ = Basler Zeitung, Basel
BZGA = Basler Zeitschrift für Geschichte und Altertumskunde
BHB = Baselbieter Heimatbuch
BHbl = Baselbieter Heimatblätter
BUWAL = Bundesamt für Umwelt, Wald und Landschaft
BV = Basler Volksblatt, Basel
BZ = Basellandschaftliche Zeitung, Liestal
GS BL = Gesetzessammlung für den Kanton Basel-Landschaft 1832–, Liestal 1833–
HK = Heimatkunde
LR = Landrat
LS = Landschäftler, Liestal
NZ = National-Zeitung, Basel
NZZ = Neue Zürcher Zeitung, Zürich
QF = Quellen und Forschungen zur Geschichte und Landeskunde des Kantons Basel-Landschaft
RR = Regierungsrat
RRB = Regierungsratsbeschluss
SB = Selbständiges Baselbiet
SpP = Springender Punkt
StA BL = Staatsarchiv des Kantons Basel-Landschaft
StA BS = Staatsarchiv des Kantons Basel-Stadt
StJ BL = Statistisches Jahrbuch des Kantons Basel-Landschaft
SZG = Schweizerische Zeitschrift für Geschichte
TA = Tages-Anzeiger, Zürich

Literatur
inklusive gedruckter Quellen

• ABPLANALP, FRANZ: Zur Wirtschaftspolitik des Fürstbistums Basel im Zeitalter des Absolutismus, Bern 1971.
• ALTERMATT, URS: Der Weg der Schweizer Katholiken ins Ghetto. Die Entstehungsgeschichte der nationalen Volksorganisationen im Schweizer Katholizismus 1848–1919, Zürich 1972.
• ANDERSEN, ARNE (Hg.): Perlon, Petticoats und Pestizide. Mensch-Umwelt-Beziehung in der Region Basel der 50er Jahre, Basel/Berlin 1994.
• ANDERSEN, ARNE/TANNER, JAKOB: Die Gleichzeitigkeit von Sparsinn und Wegwerfmentalität. Die 1950er Jahre als Auftakt zur Umweltkrise in der Gegenwart, in: Andersen (Hg.) 1994, S. 134–139.
• AUER, FELIX (1964a): Baselland – Durchgangsland einst und jetzt, in: Basellandschaftliche Kantonalbank (Hg.) 1964, S. 241–295. • AUER, FELIX (1964b): Der Staatshaushalt des Kantons Basel-Landschaft, in: Basellandschaftliche Kantonalbank (Hg.) 1964, S. 329–471. • AUER, FELIX: «Ihr Laufentaler müsst selbst entscheiden!». Das Laufental aus der Sicht der Baselbieter Politik, in: Cueni, Andreas (Hg.) 1993, S. 125–144.
• AUER, FELIX/VOGEL, RUPERT: 1969: Dem 4 × Nein entgegen, in: Stiftung für Baselbieter Zeitgeschichte (Hg.) 1985, S. 160–258.

• BACHMANN, GUIDO/BURRI, PETER/MAISSEN, TOYA: Das Ereignis. Chemiekatastrophe am Rhein, Basel 1986.
• BALDINGER, E.: Geschichte der Wiedervereinigungsbestrebungen beider Basel, Binningen 1925.
• BALLMER, ADOLF: Die gewerbliche und industrielle Gütererzeugung im Wandel der Zeiten, in: Basellandschaftliche Kantonalbank (Hg.) 1964, S. 89–240.
• BALTHASAR, ANDREAS/GRUNER, ERICH: Soziale Spannungen – wirtschaftlicher Wandel, Dokumente zur Schweiz zwischen 1880 und 1914, Bern 1989.
• Basellandschaftliche Kantonalbank (Hg.): Beiträge zur Entwicklungsgeschichte des Kantons Basel-Landschaft, Liestal 1964.
• Bericht der Expertenkommission zur Hebung der Stimmbeteiligung: Die Baselbieter Stimmbürgeruntersuchung 1972. Partizipation und Abstinenz, Liestal o.J. (1972).
• Bericht des Regierungsrates zur Katastrophe Schweizerhalle vom 1. November 1986, Liestal 1987.
• BERNER, HANS: Gemeinden und Obrigkeit im fürstbischöflichen Birseck. Herrschaftsverhältnisse zwischen Konflikt und Konsens, Liestal 1994 (QF 45).
• BIRMANN, MARTIN: Lebensbild. Blätter der Erinnerung, bearbeitet von Fritz Klaus, Liestal 1990.
• BITTERLI, KONRAD: Basler Kunst im Spiegel der GSMBA, Basel 1990.
• BITTERLIN, ANDREAS: Radio Raurach, in: BHB 16, 1987, S. 213–220.
• BLANC, JEAN-DANIEL: Wachstum und Wachstumsbewältigung im Kanton Basel-Landschaft. Aspekte einer Strukturgeschichte 1940–1980, Liestal 1996 (QF 57).
• BLARER, CHRISTOPH VON/GUTZWILLER, BRUNO: Von der Initiative 1932 zum Baselbieter Verfassungsrat 1938, in: Stiftung für Baselbieter Zeitgeschichte (Hg.) 1985, S. 34–59.
• BLUM, ROGER: Weg und Wandlung des Baselbieter Freisinns. Eine geschichtliche Darstellung, Liestal 1969. • BLUM, ROGER: Erich Klötzlis Landratsjahre. Ein Brevier über das Parlament des Kantons Basel-Landschaft, Liestal 1980. • BLUM, ROGER: Der mühevolle Weg zum Partnerschaftsartikel 1969–1974, in: Stiftung für Baselbieter Zeitgeschichte (Hg.) 1985, S. 345–369.
• BLUMER, FLORIAN: Die Elektrifizierung des dörflichen Alltags. Eine Oral-History-Studie zur sozialen Rezeption der Elektrotechnik im Baselbiet zwischen 1900 und 1960, Liestal 1994 (QF 47).
• BLUNSCHI, JULES: Die Politik der Katholiken in Basel-Land. 50 Jahre Volkspartei Basel-Land, Aesch 1966.
• BRANDT, P.: Grütliverein, in: Reichesberg, Naum (Hg.): Handbuch der

Schweizer Volkswirtschaft, Bd. 2, Bern 1905, S. 451–458.
• Brassel-Moser, Ruedi: «Von da an sind wir eigentlich noch ein bisschen stark geworden.» Der Streik in der Arlesheimer Schappe 1945, in: Fridrich/Grieder (Hg.) 1993, S. 90–107. • Brassel-Moser, Ruedi: Dissonanzen der Moderne. Aspekte der Entwicklung der politischen Kulturen in der Schweiz der 1920er Jahre, Zürich 1994. • Brassel-Moser, Ruedi (1998a): Vor 80 Jahren: November 1918. Der Landesstreik in Pratteln, in: eS'Prattlet 6, November 1998. • Brassel-Moser, Ruedi (1998b): Erfahrungen von Frieden und Krieg im Baselbiet im 20. Jahrhundert, unveröffentlichtes Typoskript der Forschungsstelle Baselbieter Geschichte, 1998.
• Brassel-Moser, Ruedi: «Das Schweizerhaus muss sauber sein.» Das Kriegsende 1945 im Baselbiet, Liestal 1999 (QF 69).
• Breitenstein, Jonas: Jonas Breitenstein. Auswahl und Einleitung von Rudolf Suter, Basel 1992.
• Brodbeck, Martin: Vom Skandal zum guten Ende?, in: Cueni (Hg.) 1993, S. 47–60.
• Brutschin, Hans: Das «Komitee der beiden Basel gegen die Wiedervereinigung», in: Stiftung für Baselbieter Zeitgeschichte (Hg.) 1985, S. 269–281.
• Brutschin, Sandra: Schweizerhalle: Wann wird eine Umweltkatastrophe zu einem Umweltskandal?, in: Looser, Heinz u.a. (Hg.): Die Schweiz und ihre Skandale, Zürich 1995, S. 185–196.
• Bühler, Hans: Zwischen Wiedervereinigung und Selbständigkeit 1833–1932, in: Stiftung für Baselbieter Zeitgeschichte (Hg.) 1985, S. 18–33.
• Bürgi, Ueli: Der Widerstand gegen die Hochspannungsleitung der Nordostschweizerischen Kraftwerke im Kanton Basel-Landschaft 1923–1925. Ländliche und kleinbürgerliche Opposition im bürgerlichen Staat, unveröffentlichte Lizentiatsarbeit, Basel 1984.
• Bundesamt für Statistik (Hg.): Bildungsstatistik. Schlüssel für Berufsausbildung, Bern 1996.

• Burckhardt, Lucius: Gedanken zur Regionalplanung im Kanton Basel-Landschaft, in: Basellandschaftliche Kantonalbank (Hg.) 1964, S. 297–316.

• Christen, Walter: Der subventionierte Wohnungsbau im Kanton Baselland von 1942–1949, Liestal 1952.
• Christlich-demokratische Volkspartei Basel-Landschaft (Hg.): 75 Jahre Politik der Katholiken im Kanton Basel-Landschaft, Basel 1989.
• CIBA (Hg.): Herkunft und Gestalt der Industriellen Chemie in Basel, Olten/Lausanne 1959.
• Cleis, Anton: Von der Euphorie zur Ernüchterung 1948–1958, in: Stiftung für Baselbieter Zeitgeschichte (Hg.) 1985, S. 74–88.
• Cueni, Andreas (Hg.): Lehrplätz Laufental. Vom schwierigen Weg der direkten Demokratie, Zürich 1993. • Cueni, Andreas: Im Detail bleibt viel zu tun. Die Organisation des reibungslosen Übergangs des Laufentals in den Kanton Basel-Landschaft, in: Cueni (Hg.) 1993, S. 81–92.
• Cueni, Marcel: Das Baselbiet aus der Sicht eines berntreuen Laufentalers, in: BHB 18, 1991, S. 69–74.

• Degen, Bernard: Das Basel der andern. Geschichte der Basler Gewerkschaftsbewegung, Basel 1986.
• Dettwiler, Emil: Die Gartenstadt «Neu-Mönchenstein». Ein Beitrag zur Lösung der Wohnungsfrage in Basel unter besonderer Berücksichtigung der Mittelstands-Wohnungen, Basel 1912.
• Dietz, Edith: Den Nazis entronnen. Die Flucht eines jüdischen Mädchens in die Schweiz. Autobiographischer Bericht 1933–1942, Frankfurt am Main 1990. • Dietz, Edith: Freiheit in Grenzen. Meine Internierungszeit in der Schweiz 1942–1946, Frankfurt am Main 1993.
• Direktion des Innern (Hg.): Statistische Veröffentlichungen Kanton Basel-Landschaft 1944/46, Liestal 1947.
• Dohne, Volker: AusländerInnen und Anti-Rassismus im Dreiländereck. Volksabstimmungen zu «Fremden» und «Eigenem» im Baselbiet (1980–1994)

und ein Rundblick über antirassistische Initiativen im Dreiländereck, in: BHB 20, 1995, S. 33–50.

• Eichenberger, Ulrich: Die Agglomeration Basel in ihrer raumzeitlichen Struktur, Basel 1968.
• Entwurf Kulturkonzept Kanton Basel-Landschaft o. J. (1991).
• Epple, Rudolf: Schweiz – Atomare Präzision, in: Mez, Lutz (Hg.): Der Atomkonflikt. Berichte zur internationalen Atomindustrie. Atompolitik und Anti-Atom-Bewegung, Reinbek bei Hamburg 1981, S. 260–282. • Epple, Ruedi: Von der Geschichte der Geschichte des Baselbiets, in: Geschichte 2001. Mitteilungen der Forschungsstelle Baselbieter Geschichte, 4, 1990, S. 1–8. • Epple, Ruedi: Basel-Landschaft in historischen Dokumenten. 4. Teil: Eine Zeit der Widersprüche 1915–1945, Liestal 1993. • Epple, Ruedi: Ein Denkmal für Kaiseraugst – ein Denkmal für eine Jugendbewegung?, in: Stapferhaus Lenzburg (Hg.) Zürich 1997, S. 122–127. • Epple, Ruedi (1998a): Bewegung im Übergang. Zur Geschichte der Politik im Kanton Basel-Landschaft 1890–1990, Liestal 1998. • Epple, Ruedi (1998b): Basel-Landschaft in historischen Dokumenten. 5. Teil: Wachstum in Grenzen 1946–1985, Liestal 1998.
• Erny, Ernst: Der «Wiedervereinigungsvorbehalt des Tagsatzungsbeschlusses vom 26. August 1833», in: Zeitschrift für Schweizerisches Recht Neue Folge 1939, S. 1–18.
• Ewald, Jürg (Red.): Baselland unterwegs. Katalog der Ausstellung, Liestal 1982. • Ewald, Jürg/Tauber, Jürg (Hg.): Tatort Vergangenheit. Ergebnisse aus der Archäologie heute, Basel 1998.

• Fischer, Markus: Die Basel-Bilder in der Propaganda der Befürworter und Gegner einer Wiedervereinigung der beiden Basel im Baselbiet 1932, unveröffentlichte Lizentiatsarbeit, Basel 1994.
• Fleiner-Gerster, Thomas: Das Laufentaler Selbstbestimmungsrecht, in: Cueni (Hg.) 1993, S. 61–72.

- Franz, Günther: Der deutsche Bauernkrieg, Aktenband, Darmstadt 1968.
- Fridrich, Anna C./Grieder, Roland (Hg.): Schappe, Arlesheim 1993.
- Fridrich, Anna C.: Flüchtlinge im Kanton Basel-Landschaft 1933–47, in: Nach dem Krieg 1995, S. 66–76.

- Gantner-Schlee, Hildegard: Der Maler Johannes Senn 1780–1861, Liestal 1985 (QF 26). • Gantner-Schlee, Hildegard: Die Kunstproduktion im Baselbiet vor und nach der Kantonstrennung, in: Zeitschrift für schweizerische Archäologie und Kunstgeschichte 1990, Bd. 47, H. 2, S. 189–192. • Gantner-Schlee, Hildegard: Wilhelm Balmer, Vater (1837–1907), Maler – Wilhelm Balmer, Sohn (1872–1943), Maler und Keramiker, in: BHbl 56, 1991, Nr. 4, S. 105–140. • Gantner-Schlee, Hildegard: Raoh Schorr 1901–1991. Muttenz–Paris–London, ein Künstlerleben, Liestal 1995 (QF 51).
- Gedenk-Ausstellung Walter Eglin, 12.9.–11.10.1970, Liestal 1970.
- Gelpke, Rudolf: Die wirtschaftliche Notwendigkeit des politischen Zusammenschlusses der beiden Halbkantone, in: BZ 25. März 1912. • Gelpke, Rudolf: Die Wiedervereinigung beider Basel, in: LS 27. Januar 1914.
- Grieder, Fritz: Glanz und Niedergang der Baselbieter Heimposamenterei im 19. und 20. Jahrhundert. Ein Beitrag zur wirtschaftlichen, sozialen, kulturellen und politischen Geschichte von Baselland, Liestal 1985 (QF 25).
- Grieder, Roland: «In ästhetischer Hinsicht nichts einzuwenden.» Die Architektur auf dem Schappe-Areal, in: Fridrich/Grieder (Hg.) 1993, S. 128–163.
- Grieder, W.: Der Staatshaushalt des Kantons Basel-Landschaft 1833 bis 1923, Zürich 1926.
- GSMBK. Basler Künstlerinnen gestern und heute, Basel 1991.
- Guth, Nadia/Hunger, Bettina (Hg.): Réduit Basel, Basel 1989.
- Gutzwiller, Bruno: Der Streit um die eidgenössische Gewährleistung des Wiedervereinigungsartikels 1938–1948, in: Stiftung für Baselbieter Zeitgeschichte (Hg.) 1985, S. 60–73.
- Gysin, Max: Jubiläumsschrift zum hundertjährigen Bestehen des Kantonalverbandes basellandschaftlicher Gesangsvereine 1842–1942, Liestal 1942.

- Häberli, Wilfried: Die Geschichte der Basler Arbeiterbewegung von den Anfängen bis 1914, Basel 1986/87.
- Haberthür, Beat: Die Debatten im Gemeinsamen Verfassungsrat beider Basel von 1960–1969. Unter spezieller Berücksichtigung der Gegner einer Wiedervereinigung, unveröffentlichte Lizentiatsarbeit, Flüh 1989.
- Hafner, Rudolf: Von Transparenz und Partizipation. Erfahrungen nach sieben Jahren aktiver Politik, in: Cueni Andreas (Hg.) 1993, S. 115–124.
- Hagmann, Daniel: Bis es wieder geigt zusammen. Dörfliche Konfliktkultur im Laufental – Erinnerungen und Gedanken, in: BHB 21, 1997, S. 119–126. • Hagmann, Daniel: Grenzen der Heimat. Territoriale Identitäten im Laufental, Liestal 1998 (QF 65).
- Handschin, Hans: 150 Jahre Kanton Basel-Landschaft, in: BHB 15, 1986, S. 9–28.
- Häring, Eugen: Heimatkunde Känerkinden, Liestal 1991.
- Haus- und Grundeigentümerverband Baselland (Hg.): 50 Jahre Haus- und Grundeigentümerverband Baselland. 1920–1970, o. O. 1970.
- Herausgeberkommission Recht und Politik: Urteile Firestone, Liestal 1984.
- Heyer, Hans-Rudolf: Ziele der Denkmalpflege, in: BHB 15, 1986, S. 163–177.
- Hodel, Jan: Die Abfall-Lawine im Kopf. Technischer Wandel bei der Abfallbeseitigung in der Region Basel 1943 bis 1963/1969, unveröffentlichte Lizentiatsarbeit, Basel 1995.
- Hofer, M.: Die Landwirtschaft im Kanton Baselland. Vortrag gehalten vor der Statistisch-Volkswirtschaftlichen Gesellschaft Basel am 2. Oktober 1926, Liestal 1926.
- Hoffmann-La Roche & Co. AG (Hg.): Der kleine La Roche. Ein Lexikon für Freunde und Besucher der F. Hoffmann-La Roche & Co. AG, Basel 1982.
- Höpflinger, François: Das unheimliche Imperium. Wirtschaftsverflechtung in der Schweiz, Zürich 1977.
- Huber, Hans Jörg: Grenzbrigade 5. 50 Jahre, 1938–1988, Baden 1989.
- Huber, Martin: Grundeigentum, Siedlung, Landwirtschaft. Kulturlandschaftswandel im ländlichen Raum am Beispiel der Gemeinden Blauen (BE) und Urmein (GR), Basel 1989.
- Hummel, Th.: Die politische Vereinigung beider Basel, Basel 1925.

- Imhof, Rudolf: Ich freue mich aufs Baselbiet, in: BHB 18, 1991, S. 67–68.

- Jaisli, Urs: Katastrophenschutz nach «Schweizerhalle» unter besonderer Berücksichtigung des Risikomanagements im Kanton Basel-Landschaft, Liestal 1990.
- Jecker, Christian: Vom Musterfall zum Skandal. Die Geschichte des Selbstbestimmungsverfahrens des Bezirks Laufen 1970 bis 1988, in: Cueni (Hg.) 1993, S. 31–46.
- Jenni, Paul: Bildungs- und Kulturpolitik in den Jahren 1975–1987, in: BHB 16, 1987, S. 185–212.

- Kazis, Cornelia: Aus dem Tagebuch einer Mutter, in: Bachmann/Burri/Maissen 1986, S. 193–196.
- Keller, Hans E.: Walter Eglin. Leben und Werk, Basel 1964.
- Klaus, Fritz: Der Weg der Baselbieter Frauen zur Rechtsgleichheit, in: BHB 11, 1969, 213–227.
- Knoepfli, Adrian (Red.): Industriepolitik für die chemische Industrie. Ein Konzept aus gewerkschaftlicher Sicht, Basel 1994.
- Koller, Guido: Entscheidungen über Leben und Tod. Die behördliche Praxis in der schweizerischen Flüchtlingspolitik während des Zweiten Weltkriegs, in: Die Schweiz und die Flüchtlinge 1933–1945, Studien und Quellen, Zeitschrift des Schweizerischen Bundesarchivs 22, Bern 1996, S. 17–106.

• Kommission Leitbild Jugendhilfe (Hg.): Leitbild Jugendhilfe Baselland, Liestal 1972.
• Kreis, Georg: Territoriale Identität und gesellschaftlicher Wandel. Ist der Streit um Kantonszugehörigkeiten noch zeitgemäss?, in: Cueni (Hg.) 1993, S. 105–114.
• Kriesi, Hanspeter: AKW-Gegner in der Schweiz, Diessenhofen 1982.
• Kron, Carl u.a.: 100 Jahre Bezirksschulen des Kantons Basellandschaft, Liestal 1936.
• Kubli, Sabine: «Wie herrlich frech ich schrieb!» Elisabeth Thommen zum 100. Geburtstag, in: emanzipation 14, 1988, Mai, S. 3–8. • Kubli, Sabine / Meyer, Pascale (Hg.): Alles was RECHT ist! Baselbieterinnen auf dem Weg zu Gleichberechtigung und Gleichstellung, Liestal 1992.
• Künzi, Hans: Nur eine sichere Chemie ist auch rentabel. Störfallvorsorge bei der F. Hoffmann-La Roche AG, in: BUWAL-Bulletin 3/96, S. 21–23.

• Landolt, Niklaus: Untertanenrevolten und Widerstand auf der Basler Landschaft im 16. und 17. Jahrhundert, Liestal 1996.
• Lejeune, Leo: Wachstum und Wandel der Schulen im Kanton Basel-Landschaft 1973, in: BHB 12, 1973, S. 91–98.
• Linder, Marietta: Die Fabrikarbeiterin als Hausfrau und Mutter, Basel 1928.
• Linse, Ulrich: Die Vernichtung der Laufenburger Stromschnellen. Ein «klassischer» historischer Konflikt zwischen «Volkswirtschaft» und «Heimatschutz», in: Geschichte in Wissenschaft und Unterricht 1997, S. 399–412.
• Locher, Reto / Brauchbar, Mathis (Red.): Risiko zwischen Chance und Gefahr, Basel 1992.
• Loeliger, Ernst: Spitalbau in Baselland, in: BHB 12, 1973, S. 89–90.
• Loeliger, Ernst: Anfänge der Zusammenarbeit mit Basel, in: Stiftung für Baselbieter Zeitgeschichte (Hg.) 1985, S. 333–344.
• Lutz, Burkart: Der kurze Traum immerwährender Prosperität. Eine Neuinterpretation der industriell-kapitalistischen Entwicklung im Europa des 20. Jahrhunderts, Frankfurt / New York 1984.

• Mamie-Asprion, Anna: Mit 84 Jahren im CD-Geschäft. Die Anfänge der Unterhaltungselektronik im Laufental, in: BHB 21, 1997, S. 63–68.
• Manz, Matthias u.a.: 75 Jahre Arbeitsamt Baselland 1913–1988, Pratteln o.J. (1988). • Manz, Matthias (Red.): Heimatkunde Sissach, Liestal 1998.
• Manz, Matthias / Nebiker, Regula: Mein Leben. Erinnerungen von Friedrich Aenishänslin (1815–1890) Gelterkinden, in: BHB 17, 1989, S. 101–133.
• Manz, Paul: Die Wiedervereinigungsfrage als Damoklesschwert über der Baselbieter Politik, in: Stiftung für Baselbieter Zeitgeschichte (Hg.) 1985, S. 310–332.
• Manz, Peter: Zydrooneschittler, Maisdiiger und Bolänteschlugger. Hitzköpfe und Messerhelden. La diaspora italiana di Basilea alla vigilia della Prima Guerra mondiale rivisitata con l'aiuto dei (controversi) fatti di Muttenz, in: SZG 48, 1998, S. 241–272.
• Mattmüller, Markus: Die Dreizelgenwirtschaft – eine elastische Ordnung, in: Ansichten von der rechten Ordnung. Bilder über Normen und Normverletzungen in der Geschichte. Festschrift für Beatrix Mesmer, hg. v. Benedikt Bietenhard u.a., Bern 1991, S. 243–252.
• Maurer, Peter (1985a): Anbauschlacht. Landwirtschaftspolitik, Plan Wahlen, Anbauwerk 1937–1945, Zürich 1985. • Maurer, Peter (1985b): Landwirtschaft und Landwirtschaftspolitik der Schweiz im Zweiten Weltkrieg, in: Martin, Bernd / Milward, Alan S. (Hg.): Agriculture and Food Supply in the Second World War, Ostfildern 1985, S. 103–116.
• Mäusli, Theo: Jazz und Geistige Landesverteidigung, Zürich 1995.
• Meier, Martin: Die Industrialisierung im Kanton Basel-Landschaft. Eine Untersuchung des demographischen und wirtschaftlichen Wandels 1820–1940, Liestal 1997 (QF 60).
• Messmer, Paul: Der Öffentliche Verkehr. Vorgeschichte, Entwicklung, Zukunftsaussichten des Tarifverbunds Nordwestschweiz, in: BHB 16, 1987, S. 67–78.
• Meyer, Traugott: Heimetschutz und Muetersprooch, in: BHB 2, 1943, S. 34–61.
• Meyer, Traugott: s Tunnälldorf, Aarau 1988.
• Mikrozensus 1988: Freizeit und Kultur. Auswertung nach Kantonen: Basel-Landschaft, hg. v. Bundesamt für Statistik, Bern 1991.

• Nach dem Krieg / Après la guerre: Grenzen der Regio 1944–1948 – Frontières dans la régio 1944–1948, hg. v. Chiquet, Simone / Meyer, Pascal / Vonarb, Irene, Zürich 1995.
• Niederer-Schmiedli, Susanne: Umweltschutz. Schlagwort der siebziger Jahre. Die Entstehung eines neuen Umweltbewusstseins Anfang der siebziger Jahre mit besonderer Berücksichtigung der Situation in Basel-Stadt, unveröffentlichte Lizentiatsarbeit, Basel 1991.
• Noser, Kaspar: Lausanne spricht. Die herausragende Rolle des Bundesgerichts als Hüter der Volksrechte im Fall Laufental aus juristischer Sicht, in: Cueni (Hg.) 1993, S. 73–80.

• Oberer, Christoph: Das Phänomen der Periurbanisation oder die Vereinzelung der Menschen, in: BHB 16, 1987, S. 47–66. • Oberer, Christoph: Die Massenmotorisierung im Kanton Basel-Landschaft, unveröffentlichter Projektbericht für die Forschungsstelle Baselbieter Geschichte, Liestal 1991.
• Organisationskomitee (Hg.): Volkstag 1966 in Therwil. Eindrückliches Treuebekenntnis zum selbständigen Kanton Basel-Landschaft, Liestal 1966.
• Ott, Heinrich: Erinnerungen eines Wiedervereinigungsbefürworters, in: Stiftung für Baselbieter Zeitgeschichte (Hg.) 1985, S. 98–309.

• Personenlexikon des Kantons Basel-Landschaft, Liestal 1997 (QF 63).
• Pfister, Christian: Das Klima der Schweiz von 1525–1860 und seine Bedeutung in der Geschichte von

Bevölkerung und Landwirtschaft – Klimageschichte der Schweiz 1525–1860, 2 Bde., Bern 1984. • Pfister, Christian: Landschaftsveränderung und Identitätsverlust. Akzentverschiebung in der Modernisierungskritik von der Jahrhundertwende bis um 1970, in: traverse 1997, 2, S. 40–68.
• Pümpin, Fritz: Mit Beiträgen von Peter Suter, Max Jenne, Max Frey, Gelterkinden 1975.

• Radkau, Joachim: Holzverknappung und Krisenbewusstsein im 18. Jahrhundert, in: Geschichte und Gesellschaft 9, 1983, S. 513–543. • Radkau, Joachim: Zur angeblichen Energiekrise des 18. Jahrhunderts: Revisionistische Betrachtungen über die «Holznot», in: Vierteljahresschrift für Sozial- und Wirtschaftsgeschichte, 1, 1986, S. 1–37.
• Rehmann-Sutter, Christoph (Hg.): Demokratische Risikopolitik. Vorschlag für ein Mediationsverfahren im Kanton Basel-Landschaft, Liestal 1996.
• Richner, Anita / Schaad, Nicole: Die Zähmung einer Widerspenstigen: das Beispiel der Journalistin Elisabeth Thommen, in: Krisen und Stabilisierung: die Schweiz in der Zwischenkriegszeit, hg. v. Sebastien Guex u.a., Zürich 1998, S. 211–223.
• Rippmann, Dorothee: Bauern und Herren. Rothenfluh im Mittelalter. Ein Beitrag zur Geschichte der ländlichen Gesellschaft im Mittelalter, Liestal 1996. • Rippmann, Dorothee: Zur Geschichte des Dorfs im Mittelalter am Beispiel des Kantons Baselland, in: Tauber, Jürg (Hg.): Methoden und Perspektiven der Archäologie des Mittelalters, Liestal 1991, S. 31–56.
• Rösener, Werner: Bauern im Mittelalter, Zürich 1987.
• Röthlin, Niklaus: Energieträger – Rohstoff – Weide. Die Bedeutung von Wald und Holz im 16. bis 18. Jahrhundert am Beispiel des Basler Forstwesens, in: BZGA 1993, S. 175–214.
• Rudin-Bühlmann, Sibylle: «Und die Moral von der Geschicht», Parteiparole halt ich nicht. Parteigründungen im Baselbiet zwischen 1905 und 1939, Liestal 1999 (QF 71).
• Rüdisühli, Kaspar (Hg.): Heimatkunde Birsfelden, Festschrift zum hundertjährigen Bestehen der selbständigen Gemeinde Birsfelden, Liestal 1976.
• Rund, Hans-Rainer: Die Wiedervereinigungsfrage beider Basel 1924–1936, unveröffentlichte wissenschaftliche Zulassungsarbeit, Heidelberg 1968.

• s Baselbiet, Liestal 1996.
• Salathé, Paul: Die Arbeit des Verfassungsrates, in: Stiftung für Baselbieter Zeitgeschichte (Hg.) 1985, S. 117–135.
• Salathé, René: Die Baselbieter Heimatkunden des 19. und des 20. Jahrhunderts, in: Schweizer Volkskunde 84, 1994, S. 53–56. • Salathé, René: Kultur im Baselbiet, in: Ewald (Red.) 1982, S. 61–64.
• Salfinger, Kurt (Hg.): Expertengespräche zur Frage der Atomkraftwerke in der Region Basel. Ein Bericht der Verhandlungsdelegation, Liestal 1975.
• Sandoz (Hg.): 75 Jahre Sandoz, Basel o. J. (1961).
• Sandreuter, Martin: Frenkendorf. Erinnerungen aus dem Pfarrhaus um die Zeit des Ersten Weltkrieges, Frenkendorf 1979.
• Saner, Hans: Mit Risiken leben, in: Bachmann / Burri / Maissen 1986, S. 201–205.
• Sanitätsdirektion (Hg.): Alterspflege-Leitbild Baselland, Liestal o. J.
• Schmassmann, Walter: Die Ergolz als Vorfluter häuslicher und industrieller Abwasser. Untersuchungen zur Lösung der Abwasserfrage im Ergolztal, Liestal 1944.
• Schneider, Hansjörg: Die Aale wollen an Land, in: Bachmann / Burri / Maissen 1986, S. 178–179.
• Schneider, John: Mein Christentum. Konfirmandenbuch und religiöser Wegweiser, Liestal 1915, S. 91–92.
• Schneider, Werner: Die Beteiligung des Kantons Basel-Landschaft an der Universität Basel, in: BHB 15, 1986, S. 29–47.
• Schroeren, Michael: z. B. Kaiseraugst. Der gewaltfreie Widerstand gegen das Atomkraftwerk: Vom legalen Protest zum zivilen Ungehorsam, Zürich 1977.

• Sedlmeier, Jürg (1998a): Ein «steinreiches» Gebiet – der Stälzler bei Lampenberg, in: Ewald / Tauber 1998, S. 152–164.
• Sedlmeier, Jürg (1998b): Paläolithikum und Neolithikum: Die Zeit der Jäger und Sammler, in: Ewald / Tauber 1998, S. 286–348. • Sedlmeier, Jürg (1998c): Das Neolithikum – Sesshaftigkeit, Getreidebau, Haustierhaltung, in: Ewald / Tauber 1998, S. 349–378.
• Seliger, Kurt: Basel-Badischer Bahnhof. In der Schweizer Emigration 1938–1945, Wien 1987.
• Siegrist, Georg (1964a): Wohnungen und Mietpreise, in: Basellandschaftliche Kantonalbank (Hg.) 1964, S. 317–328.
• Siegrist, Georg (1964b): Die Bevölkerungsentwicklung, in: Basellandschaftliche Kantonalbank (Hg.) 1964, S. 37–62.
• Skenderovic, Damir: Die Schweizerische Umweltschutzbewegung in den 1950er und 1960er Jahren. Opposition und Aktionen, unveröffentlichte Lizentiatsarbeit, Freiburg 1992.
• Spitteler, Carl: Gesammelte Werke, Bd. 6, Zürich 1947.
• Stapferhaus Lenzburg (Hg.): a walk on the wild side. Jugendszenen in der Schweiz von den 30er Jahren bis heute, Zürich 1997.
• Steiner, Silvia: Analyse einer Abstimmungspropaganda, unveröffentlichte Quartalsarbeit, o. O. 1970.
• Stettler, Niklaus: Die Untertanenfabrik geht ein. Die Veränderungen der industriellen Beziehungen in der Chemischen Industrie, in: Guth / Hunger (Hg.) 1989, S. 51–57.
• Stiftung für Baselbieter Zeitgeschichte (Hg.): Baselland bleibt selbständig. Von der Wiedervereinigungsidee zur Partnerschaft, Liestal 1985.
• Stiftung für das Alter: Wie helfen wir dem Alter, o. O., o. J. (ca. 1930).
• Stirnimann, Charles: Die ersten Jahre des «Roten Basel». 1935–1938, Basel 1988.
• Stöcklin, Walter: Die Stellung der Basler Vorortsgemeinden in der grossstädtischen Agglomeration, Laufen 1928.
• Stohler, Franz: Der Baselbieter Sportpreis – ein neuer Beitrag zur Kulturförderung, in: BHB 16, 1987, S. 207–212.

• STRÜBIN, EDUARD: Baselbieter Volksleben. Sitte und Brauch im Kulturwandel der Gegenwart, Basel 1952. • STRÜBIN, EDUARD: Jahresbrauch im Zeitenlauf. Kulturbilder aus der Landschaft Basel, Liestal 1991 (QF 38). • STRÜBIN, EDUARD: Kinderleben im alten Baselbiet, Liestal 1998 (QF 67).
• SUTER, BARBARA: Die Malerin Marie Lotz, in: BHB 8, 1959, S. 136–138.
• SUTER, PAUL: Ortschroniken, in: BHBl 2, 1936, S. 13–23. • SUTER, PAUL: Die Gemeindewappen des Kantons Baselland, Liestal 1952. • SUTER, PAUL: Beiträge zur Landschaftskunde des Ergolzgebietes, Liestal 1971. • SUTER, PAUL: Die Siedlungen im Baselbiet, in: BHbl 1976, S. 96ff.; 1977, S. 139ff. • SUTER, PAUL: Heimatkundliche Zeitschriften, in: BHbl 1979, S. 369. • SUTER, PAUL: Landschaft und Siedlung, in: Ewald (Red.) 1982, S. 31–46.
• SUTER-ROTH, LOUISE: 1899–1965. Lebensbild und literarische Arbeiten, Liestal 1965.
• SUTTER, HANS: Bahn frei für die Wiedervereinigung 1958–1960, in: Stiftung für Baselbieter Zeitgeschichte (Hg.) 1985, S. 89–116.

• TAUBER, JÜRG (1998a): Natur und Landschaft beeinflussen die Siedlungsgeschichte, in: Ewald/Tauber (Hg.) 1998, S. 25–32. • TAUBER, JÜRG (1998b): Lausen-Bettenach – ein Sonderfall, in: Ewald/Tauber (Hg.) 1998, S. 221–240.
• TAUBER, JÜRG (1998c): Das Mittelalter – Siedlungsgeschichte und Herrschaftsbildung, in: Ewald/Tauber (Hg.) 1998, S. 481–532. • TAUBER, JÜRG (1998d): Archäologie im Kanton Basel-Landschaft: Seit wann – wer – wie?, in: Ewald/Tauber (Hg.) 1998, S. 11–24.
• THÜRING, PAUL: Die Umweltkatastrophe von Schweizerhalle und ihre Folgen, in: BHB 16, 1987, S. 165–183.
• Tiefbauamt des Kantons Basel-Landschaft: 150 Jahre Strassenbau im Kanton Basel-Landschaft. 1832–1982, Liestal 1982.
• TRIEBELHORN, ERNA/BALSCHEIT, MARGRIT: Frauen werden aktiv, in: Stiftung für Baselbieter Zeitgeschichte (Hg.) 1985, S. 259–268.

• VONARB, IRENE: «Mir si jede Dag unsrer Arbet noh.» Kriegsalltag eines Bauerndorfs an der Grenze, unveröffentlichte Lizentiatsarbeit, Basel 1990.

• WACKER, JEAN-CLAUDE: Humaner als Bern! Schweizer und Basler Asylpolitik gegenüber jüdischen Flüchtlingen von 1933 bis 1943 im Vergleich, Basel 1992.
• WALTER, FRANÇOIS: Bedrohliche und bedrohte Natur. Umweltgeschichte der Schweiz seit 1800, Zürich 1996.
• WEBER, CHARLOTTE: Gegen den Strom der Finsternis. Als Betreuerin in Schweizer Flüchtlingsheimen 1942–1945, Zürich 1994.
• WEBER, KARL: Entstehung und Entwicklung des Kantons Basellandschaft von 1798 bis 1932, in: Gauss, Karl u.a.: Geschichte der Landschaft Basel und des Kantons Basel-Landschaft, Liestal 1932, S. 321–744. • WEBER, KARL: Zum Kampf um Baselland, Sonderdruck aus: NZZ, Zürich 1936.
• WEISZ, LEO: Entstehung und Bedeutung der bischöflich-baselschen Waldordnung von 1755: SZG 15, 1935, S. 144–166 und S. 273–317.
• WIGGER, OTMAR: Die schweizerischen Reaktionen auf die Basler Wiedervereinigungsbestrebungen 1933–1960, unveröffentlichte Lizentiatsarbeit, Münchenstein 1990.
• Wirtschaftsstudie Nordwestschweiz 1996/97
• WRONSKY, DIETER: Wohnsiedlungen im Baselbiet – Neubau oder Ausbau?, in: BHB 16, 1987, S.9–26.
• WUNDERLIN, DOMINIK: Chluri und Chirsi – ein Beitrag zur Selbstdarstellung des Baselbiets, in: BHB 18, 1991, S. 41–54.

• ZEHNDER, LEO: Allschwil zur Zeit des Ersten Weltkrieges 1914–1918, in: BHB 15, 1986, S. 135–162.
• ZIMMERMANN, JÜRGEN (Red.): Abwasserreinigung in der Region Basel. Pro-Rheno – Der Weg zum Ziel, Basel 1983.

Personenregister

ABBEGG, HEINRICH (1904–1984): S. 171
AEBERSOLD-HUFSCHMID, MARIA (1904–1982): S. 106
AENISHÄNSLIN, FRIEDRICH: S. 109
ALIOTH, DANIEL (1816–1889): S. 114
ALLGÖWER, WALTER: S. 147
AUER, FELIX: S. 59
BACHOFEN, MATTHÄUS: S. 102
BALMER, FRIEDRICH: S. 112
BALMER-HÄRING, WILHELM (1837–1907): S. 112
BALMER-RINK, JOHANN JAKOB (1825–1898): S. 111
BALMER-SEILER, WILHELM (1872–1943): S. 112
BALMER-VIEILLARD, WILHELM (1865–1922): S. 111
BALSCHEIT, BRUNO (1910–1993): S. 154
BANGA-BAUMGARTNER, BENEDIKT (1802–1865): S. 105
BARTHES, ROLAND: S. 139
BIDER, OSKAR (1891–1919): S. 215
BIDER-GLUR, JAKOB: S. 215
BIRMANN, JULIANA: S. 58
BIRMANN-HAAG, PETER (1758–1844): S. 102f.
BIRMANN-SOCIN, MARTIN (1828–1890): S. 57f., 104
BISCHOFF, KARL: S. 155
BLÉRIOT, LOUIS: S. 215
BLUM, ROGER: S. 166
BLUNSCHI, JULES (1896–1966:) S. 41
BÖCKLIN, ARNOLD: S. 112
BOERLIN-WIDMER/HÄGLER, ERNST (1905–1975): S. 41, 90ff.
BOLENS, ERNEST (1881–1959): S. 102
BÖLGER, MARKUS (1784–1864): S. 28
BORN, AERNSCHD: S. 115
BOSSERT, HELENE: S. FAUSCH-BOSSERT, HELENE
BRECHBÜHL, FRITZ: S. 139
BREITENSTEIN-TSCHOPP, JONAS (1828–1877): S. 104, 113
BRENNER-KRON, EMMA (1823–1875): S. 105
BRODTBECK, KARL ADOLF (1866–1932): S. 84
BRODBECK-ZELLER, JOHANN JAKOB (1828–1892): S. 104
BRUNNER, CHRISTIANE: S. 99
BÜCHEL, EMANUEL: S. 103
BUESS, OTTO: S. 210ff.

BURCKHARDT, JAKOB: S. 105
BURCKHARDT, LUCIUS: S. 60f.
BUSER-TSCHAN, DORA: S. 71
CAMUS, ALBERT: S. 74
CUENI, AUGUST (1883–1966): S. 108
CUENI, JOSEPH: S. 114
CUENI-STARK, MARCEL: S. 228f.
DEGEN, WALTER (1904–1981): S. 138
DETTWILER, EMIL: S. 48f.
DÜRRENBERGER, ERIKA MARIA (1908–1986): S. 114
EGLIN-JÖRIN, WALTER (1895–1966): S. 109ff.
ERLACHER, GEORG J.: S. 86
ERNI, HANS: S. 130
ERNY, ERNST (1884–1956): S. 16, 89
FAUSCH-BOSSERT, HELENE (1907–1999): S. 70, 114
FEIGENWINTER, FELIX: S. 94
FEIN, GEORG (1803–1869): S. 106
FISCHER, HANS (1905–1942): S. 170
FLUBACHER, KARL (1921–1992): S. 174f.
FORD, HENRY: S. 11, 14
FREI, JULES (1874–1939): S. 163
FREIVOGEL, JAKOB (1794–1847): S. 84
FREIVOGEL, LUDWIG (1859–1936): S. 238
FREY, EMIL (1838–1922): S. 28f., 43
GANDHI, MAHATMA: S. 214
GASS, OTTO (1890–1965): S. 238
GAUSS, KARL OTTO (1867–1938): S. 238
GELPKE, RUDOLF ARNOLD (1873–1940): S. 84ff., 89
GERHARD, EMIL: S. 48
GESELL, SILVIO: S. 172
GOESCHKE, SYLVIA: S. 115
GOTTHELF, JEREMIAS: S. 113
GRAUWILLER, ERNST (1895–1981): S. 74
GRIEDER, HEINRICH (1821–1913): S. 102
GSCHWIND, HUGO (1900–1975): S. 171, 180
GSCHWIND, STEPHAN (1854–1904): S. 84, 168
GÜRTLER, PAUL (1905–1982): S. 171
GUTZWILLER, HERBERT (1888–1973): S. 145
GUTZWILLER-ZIEGLER, STEPHAN (1802–1875): S. 107
GYSIN-GYSIN, HANS (1882–1969): S. 114
GYSIN-STRÜBIN, SAMUEL (1786–1844): S. 102
HÄBERLIN, HEINRICH: S. 122
HÄFELFINGER, ROBERT: S. 122
HAFNER, RUDOLF: S. 237f.

HAGMANN, DANIEL: S. 233
HÄRING, HANS (1929–1983): S. 114
HEBEL, JOHANN PETER: S. 113
HEGNER, ANNA (1881–1963): S. 105
HILFIKER, WALTER (1897–1945): S. 170
HITLER, ADOLF: S. 69, 125
HODLER, FERDINAND: S. 104
HOFER, MATTHIAS: S. 30
HOLINGER, CHRISTA: S. 95
HUBER, GEORG: S. 182f.
IMHOF, RUDOLF: S. 228f.
ISELIN-MERIAN, FAMILIE: S. 28
JAUSLIN, KARL (1842–1904): S. 105, 113f.
JEGER, HANS (1907–1989): S. 174
KAUFMANN, MAX (1905–1973): S. 171
KAZIS, CORNELIA: S. 208
KELLER, ANNA (1879–1962): S. 106
KING, MARTIN LUTHER: S. 216
KÖNIGSBERGER, EDITH: S. 129
KÖNIGSBERGER, ILKA: S. 126
KOPP, OTTO (1903–1972): S. 170
KREIS, GEORG: S. 232
KUNZ, GREGOR: S. 178
LEJEUNE, LEO (1915–1985): S. 171
LENDORFF, GERTRUD (1900–1986): S. 106
LINDER MARIETTA: S. 38f.
LOELIGER, ERNST (1911–1984): S. 171
LOTZ, MARIE (1877–1970): S. 103ff.
LÜDIN, KARL (1879–1955): S. 93
LUTZ-VONKILCH, MARKUS (1772–1835): S. 104
MAMIE-ASPRION, ANNA: S. 232
MANZ, PAUL (1924–1995): S. 143, 152ff., 156, 171, 189, 229
MANZ, PETER: S. 72
MARTI, KURT: S. 115
MEIER, EUGEN: S. 167
MEYER, THEO: S. 171
MEYER-KELLER, TRAUGOTT (1895–1959): S. 68, 113f.
MOSIMANN, JAKOB (1880–1967): S. 170
MÜLLER, ADOLF (1896–1942): S. 47f., 105, 109
MÜLLER, ANDREA: S. 208
MÜLLER, EMIL (1893–1974): S. 146
MÜLLER, EMILIO (1892–1932): S. 115
MÜLLER, PAUL: S. 218
MÜLLER, SUSANNE: S. 95
MÜLLER-DÜBLIN, PAULINE: S. 114
MUNDWILER, MAX (1923–1988): S. 230
NORDMANN, GOTTFRIED: S. 102
NYFFELER, PAUL: S. 189

OBERER, CHRISTOPH: S. 62
OSER-HAUSER/STERCHI, FRIEDRICH (1820–1891): S. 102, 104
OTT, HEINRICH: S. 152, 158
OTTO, ROLF: S. 179
PELLEGRINI, HEINRICH: S. 108
PESTALOZZI, HEINRICH: S. 74
PFLUGSHAUPT, ERNST: S. 89, 152
PLATTNER-LÜDIN, OTTO (1886–1951): S. 105, 108, 114f.
PÖSINGER, FRANZ: S. 115
PROBST-HEMMI, JAKOB (1880–1966): S. 111, 115, 123
PÜMPIN-GERSTER, FRITZ (1901–1972): S. 114f.
RHINOW, RENÉ: S. 174
RICHARD, EMIL: S. 84
ROLLE, CHRISTOPH (1806–1870): S. 84
ROPPEL, EMIL: S. 172
ROTHMUND, HEINRICH: S. 122
SALATHÉ, FRIEDRICH (1793–1858): S. 102
SALATHÉ, PAUL: S. 152
SANDREUTER, MARTIN: S. 66
SANER, HANS: S. 222
SARTRE, JEAN-PAUL: S. 74
SCHAUB, WERNER: S. 115
SCHEIBLER, RUDOLF (1879–1949): S. 32
SCHILD, WALTER (1890–1957): S. 16
SCHMASSMANN, HANS WALTER (1890–1971): S. 105, 184
SCHNEIDER, ELSBETH: S. 174f.
SCHNEIDER, JOHN: S. 72
SCHREIBER-KUNZ, EMIL (1888–1972): S. 114
SCHWAB-PLÜSS, MARGARETHA (1881–1967): S. 105, 114
SCHWARZENBACH, JAMES: S. 16, 69ff., 173
SCHWEIZER-BUSER, IDA (1925–1985): S. 114
SEILER, ADOLF (1875–1949): S. 162, 170
SEILER, ERNST: S. 16
SEILER, GUSTAV ADOLF (1848–1936): S. 235
SELIGER, KURT: S. 124
SENN, WILHELM (1845–1895): S. 229
SENN-BAUMGARTNER, JOHANNES (1780–1861): S. 107
SENN-SENN/ALLEMAND, JAKOB (1790–1881): S. 107
SMITH, ADAM: S. 28
SONDEREGGER, HANS KONRAD (1891–1944): S. 172f.
SPEISER, GOTTLIEB: S. 111
SPELTERINI, EDUARD (1852–1931): S. 178

SPITTELER, WERNER: S. 174f.
SPITTELER-OP DEN HOOFF, CARL (1845–1924): S. 107, 110
STEHELIN-MIVILLE, FAMILIE: S. 28
STIRNIMANN, CHARLES: S. 87
STÖCKLIN, NIKLAUS: S. 108
STRAUMANN, REINHARD (1892–1967): S. 224
STRUB, HEIDY: S. 174
STRÜBIN, EDUARD: S. 72, 235ff.
STUDER, MONICA: S. 102
SUTER, HANS: S. 209
SUTER, PAUL (1899–1889): S. 235
SUTER-ROTH, LOUISE (1899–1965): S. 105
SUTER-ROTH, PAUL (1899–1989): S. 105
TANNER, KARL (1888–1962): S. 162
THIYAGARAJAH, SRITHARAN: S. 70f.
THOMMEN, ELISABETH: s. WIRTH/BÜHRER-THOMMEN, ELISABETH
THOMMEN, GEDEON (1831–1890): S. 19
TSCHOPP, LOUIS: S. 19
VAN DEN BERG, CHRISTOPH: S. 102
VEIT-GYSIN, ALFRED: S. 163
VERNE, JULES: S. 215
VON BLARER, CHRISTOPH: S. 142, 151
VON BLARER, KARL (1885–1978): S. 93
VON STEIGER, EDUARD: S. 139
WAGNER, JAKOB: S. 16
WAHLEN, FRIEDRICH TRAUGOTT: S. 130ff.
WALDNER, FRITZ (1911–1981): S. 146, 171
WEBER, CHARLOTTE: S. 127ff.
WEBER, FRIEDRICH (1813–1882): S. 102
WEBER, KARL (1880–1961): S. 88ff., 126, 238
WEBER-GLASER, LOUIS (1891–1972): S. 115
WEDER, HANSJÖRG: S. 214
WEIL, ARTHUR: S. 139
WEITNAUER, EMIL (1905–1989): S. 235
WENK, GUSTAV: S. 88
WIDMANN-ERNST, JOSEF VIKTOR (1842–1911): S. 104, 109
WIDMANN-WIMMER, CHARLOTTE (1814–1867): S. 104
WIDMANN-WIMMER, JOSEPH OTTO (1816–1873): S. 104
WIESNER, HEINRICH: S. 115
WIRTH/BÜHRER-THOMMEN, ELISABETH (1888–1960): S. 106f., 114
WÜRGLER, ERNST (1904–1985): S. 143ff., 153
ZELTNER, KARL (1912–1973): S. 155, 171
ZSCHOKKE, ALEXANDER: S. 108

Ortsregister

Aesch: S. 53, 59, 61, 93, 182, 223
Allschwil: S. 10, 14ff., 19ff., 36, 53, 68, 74f., 86f., 121, 164, 182, 208
Anwil: S. 54, 240
Arisdorf: S. 58, 125, 152, 240
Arlesheim: S. 14, 54, 84, 95f., 118, 130, 134, 145, 151, 154f., 178, 180f., 236, 240
Augst: S. 58f., 86, 95, 97, 239f.
Basel: S. 19, 21, 31, 46, 52ff., 56ff., 60f., 66f., 70f., 73ff., 78, 84ff., 92, 97f., 102ff., 108ff., 112, 114, 120f., 134ff., 142ff., 147, 150ff., 156ff., 162, 164f., 167, 174, 180f., 183ff., 208ff., 216f., 220ff., 228, 231f., 238, 240
Bennwil: S. 174
Berlin: S. 110, 118, 132
Bern: S. 22, 104, 111, 115, 143, 228ff., 233ff., 237ff.
Beromünster: S. 232
Beznau: S. 86
Biederthal: S. 164
Biel-Benken: S. 54, 102, 118f., 131ff., 234f., 239
Binningen: S. 19, 37, 51f., 87, 102, 121, 134, 145, 164, 184, 208, 217
Birsfelden: S. 25, 32, 36f., 45f., 49ff., 59, 87, 104, 106, 121, 156, 164, 169, 172, 208, 214
Blauen: S. 60ff., 235, 239
Bottmingen: S. 88, 184, 208
Breisach: S. 213
Bretzwil: S. 126
Brugg: S. 52
Brüssel: S. 132
Bubendorf: S. 54
Buchenwald: S. 118
Buckten: S. 71
Burg: S. 125, 239
Buus: S. 54, 240
Chur: S. 121
Delsberg: S. 231
Diegten: S. 59, 63, 102, 110
Dittingen: S. 62, 235, 239
Dornach: S. 53f., 178, 181, 183
Duggingen: S. 239
Egerkingen: S. 59
Eptingen: S. 54, 59, 126
Ettingen: S. 76, 162, 240
Fessenheim: S. 88
Florenz: S. 110
Frankfurt: S. 118, 121
Frenkendorf: S. 28, 62, 66, 84, 95, 97, 126, 129, 132, 231
Füllinsdorf: S. 62, 95
Gelterkinden: S. 10, 16, 48, 53f., 106, 114, 212, 240
Gösgen: S. 213, 221
Grellingen: S. 59, 61, 126, 235, 239
Hagenthal: S. 164
Hersberg: S. 155
Hölstein: S. 16, 19f.
Itingen: S. 62, 75, 108
Kaiseraugst: S. 76, 115, 171, 174, 188, 208ff.
Känerkinden: S. 61, 71, 110, 126
Langenbruck: S. 54, 125, 215
Läufelfingen: S. 53f., 126, 174
Laufen: S. 46, 48, 70, 106, 110ff., 114, 125f., 228ff.
Lausanne: S. 75, 146, 152
Lausen: S. 36, 108, 111
Lauwil: S. 125
Leibstadt: S. 221
Liedertswil: S. 237
Liesberg: S. 239
Liestal: S. 15f., 20f., 24, 35, 37, 42, 47f., 53f., 59, 61, 66, 75f., 78, 80, 84, 95f., 98f., 104ff., 111f., 114f., 123ff., 127, 129, 132, 139, 146, 154f., 165, 167, 170, 172, 179ff., 188, 208, 213f., 215f., 228, 230, 234f., 240
Maisprach: S. 54
München: S. 103, 108, 110, 112
Münchenstein: S. 20, 48f., 59, 86, 105, 121, 164, 181, 184, 208, 216
Muttenz: S. 25, 36f., 47ff., 52, 54, 66ff., 74, 106, 110, 113f., 115, 126, 134, 164, 184, 208, 217, 228ff., 234, 236, 239f.
Nenzlingen: S. 62, 235, 239
Niederdorf: S. 134, 224
Nunningen: S. 46
Nusshof: S. 126
Oberdorf: S. 224
Oberwil: S. 54, 57, 76, 145, 184, 208, 218, 240
Olsberg: S. 125f.
Olten: S. 19f., 52ff.
Oltingen: S. 72, 114, 126, 235
Paris: S. 102f., 110f., 132
Pau: S. 215
Pfeffingen: S. 46

Pratteln: S. 16, 19ff., 34, 36, 48, 52, 54, 86, 92, 95, 124, 126, 145, 164, 167, 174, 179, 208, 221
Ramlinsburg: S. 236
Reigoldswil: S. 54, 103, 125f., 233
Reinach: S. 54, 74, 125, 142, 184, 221, 236, 240
Rheinfelden: S. 54, 58, 61, 212, 222
Rickenbach: S. 125f.
Riehen: S. 10
Rodersdorf: S. 162
Roggenburg: S. 231
Röschenz: S. 14, 126, 239
Rothenfluh: S. 126, 153, 240
Rümlingen: S. 112, 126
Rünenberg: S. 56ff.
St.Gallen: S. 28f., 43
St-Imier: S. 225
St-Louis: S. 164
Sarajevo: S. 118
Schaffhausen: S. 126f., 235
Schönenbuch: S. 239f.
Sissach: S. 19, 48, 53f., 59, 72, 95, 105f., 108f., 115, 125f., 130, 143, 145, 154f., 162, 179, 210, 216f., 223, 233, 235f., 238, 240
Solothurn: S. 228, 232, 234
Sottens: S. 232
Stuttgart: S. 110, 112
Sumiswald: S. 127
Tecknau: S. 19, 53, 68
Tenniken: S. 126
Therwil: S. 47, 54, 151f., 156, 165, 167, 185, 239f.
Trimbach: S. 53
Tschernobyl: S. 187
Wahlen: S. 73
Waldenburg: S. 19f., 53f., 95, 102, 106, 108, 110, 130, 154f., 224
Wenslingen: S. 126, 211
Wien: S. 124
Wintersingen: S. 111, 114, 126
Worms: S. 110
Wyhl: S. 215
Zeglingen: S. 126, 237
Ziefen: S. 235
Zofingen: S. 105
Zunzgen: S. 108
Zürich: S. 125, 178, 229
Zwingen: S. 48, 108, 228

Sachregister

Abfall: S. 187
Abwasserreinigungsanlagen: S. 184ff.
Agglomeration: S. 47ff., 49ff., 60ff., 178
AHV: S. 38, 79ff.
Aktion Kanton Basel: S. 142ff., 173ff.
Aktion Selbstschutz: S. 211, 223
Alter: S. 67, 76ff.
Arbeitslosigkeit: S. 21, 24, 35ff.
Atomkraftwerk: S. 208ff.
Ausländerinnen, Ausländer: S. 15ff., 65ff., 70ff., 74ff.
Ausländerpolitik: S. 70f.
Basler Arbeiterbund: S. 162ff.
Bauern-, Gewerbe- und Bürgerpartei (BGB): S. 153, 172, 174f.
Bauern- und Arbeiterbund (BAB): S. 30, 84, 164, 167ff.
Bauernheimatbewegung: S. 172, 174
Berufe: S. 66, 76f., 95
Bildung: S. 182ff., 186f.
Bildungsbürgertum: S. 104f.
Bodenrecht: S. 178ff., 180
Brauchtum: S. 227, 234ff.
Bund für wirtschaftlichen Aufbau: S. 173f.
Bürgerliche Zusammenarbeit (Büza): S. 170
Christlich-demokratische Volkspartei (CVP): S. 172, 174f.
Christlich-soziale Volkspartei (CSP): S. 172
Demokratische Fortschrittspartei: S. 162ff., 166, 172
Demokratische Partei: S. 170, 173f.
Demokratisch-volkswirtschaftliche Vereinigung: S. 165
Eingemeindung: S. 84, 87, 89
Einigungsamt: S. 14ff., 34
Eisenbahn: S. 53
Elektrizität: S. 211ff.
Energie: S. 185, 224
Erster Weltkrieg: S. 117ff., 162f.
Erziehung: S. 72, 76
Evangelische Volkspartei: S. 170, 173
Firestone: S. 19ff., 189
Flüchtlinge: S. 68ff., 76ff., 118ff., 123ff., 128f., 134ff.
Frauen im Krieg: S. 93, 119, 127, 131, 135
Frauenarbeit: S. 12, 14f., 16, 39ff., 93, 95, 215f.
Frauenbewegung: S. 90ff., 99
Frauenbewegung Selbständiges Baselbiet: S. 153f.
Frauenstimmrecht: S. 86, 88ff.
Freie Demokratische Vereinigung: S. 172, 174
Freie Politische Vereinigung: S. 170, 174
Freisinnig-demokratische Partei (FdP): S. 28, 166, 169f.
Freisinnige Partei: S. 170
Freisinnige Volkspartei: S. 165f.
Freiwirtschafter: S. 170, 172f.
Freizeit: S. 73f., 109f., 227ff.
Fremde: S. 15ff., 62f., 65ff., 70ff., 74ff., 118ff., 122ff., 128ff., 134ff., 230
Fremdenfeindlichkeit: S. 16, 68ff., 86, 173
Fünfte Kolonne: S. 125, 138f.
Generalstreik: S. 20, 123f.
Gesamtarbeitsvertrag: S. 21f., 23ff.
Gesangsvereine: S. 102, 108ff.
Gesellschaft schweizerischer Maler, Bildhauer und Architekten (GSMBA): S. 104
Gesellschaft schweizerischer Malerinnen und Bildhauerinnen (GSMB): S. 103, 104
Gesundheit: S. 124, 180ff., 186f., 218
Gewährleistungsverfahren: S. 97ff., 142, 145ff.
Gewerbeverband Baselland: S. 22, 166f.
Gewerkschaften: S. 166f.
Gewerkschaftsbund Baselland: S. 166
Gewerkschaftskartell Baselland: S. 20, 166f.
Grenzbesetzung: S. 119, 126
Grenzen: S. 120f., 131ff., 136f.
Grüne Partei: S. 174
Grütliverein: S. 86, 164f., 168f.
Gymnasium: S. 183f.
Handelskammer beider Basel: S. 166
Hausarbeit: S. 14, 39ff., 214ff.
Heimatbund für das Selbständige Baselbiet: S. 84, 90ff., 178f.
Hochkonjunktur: S. 12ff.
Hochspannungsleitungen: S. 86ff.
Identität: S. 108f., 227ff.
Individualverkehr: S. 55ff.
Industrie: S. 9ff., 17ff., 217ff., 230f.
Internierung: S. 123ff.
Interventionsstaat: S. 27ff., 123, 126ff., 136
Jazz: S. 112
Juden: S. 118ff., 123ff., 128f., 134ff.
Jugend: S. 37, 67, 71ff.
Junges Baselbiet: S. 143, 146, 153f.
Jungfreisinnige: S. 165

Katholiken: S. 165ff.
Katholische Arbeiter- und Männervereine: S. 167f.
Katholische Volkspartei: S. 167f., 170ff.
Kinderbetreuung: S. 40, 72f.
Komitee beider Basel gegen die Wiedervereinigung: S. 154, 156, 158
Kommunistische Partei: S. 169
Konjunktur: S. 10ff., 40ff.
Konkordanzpolitik: S. 171ff., 174
Krieg: S. 118ff., 120f., 126
Kriegsende: S. 124, 136ff.
Kultur: S. 101ff., 104f., 107ff., 237ff.
Kunst: S. 101ff., 123, 130, 207, 211, 239
Kunstkredit: S. 105f.
Kunstverein: S. 102, 106
Landesgeneralstreik: S. 123f., 162ff., 166f.
Landesring der Unabhängigen: S. 98, 173ff.
Landrat: S. 170, 172
Landrätinnen: S. 98
Landwirtschaft: S. 18, 30ff., 119, 123, 129ff., 222f., 230f.
Landwirtschaftlicher Verein: S. 30f.
Liste der Verständigung: S. 173f.
Literatur: S. 102, 104, 106, 113ff.
Mechanisierung: S. 222f.
Medien: S. 231ff.
Mittelgruppe, Mittelparteien: S. 169ff.
Mobilität: S. 52ff., 56ff., 60ff., 231
Mobilmachung: S. 119f., 131f.
Museum: S. 105f.
Nationale Aktion gegen die Überfremdung von Volk und Heimat: S. 69, 173
Nationalsozialismus: S. 125, 138f.
Nationalsozialistische Deutsche Arbeiterpartei (NSDAP): S. 130.
Naturärzte: S. 84ff.
Neue Helvetische Gesellschaft: S. 180
Neutralität: S. 125, 138f.
Nordostschweizerische Kraftwerke: S. 86ff.
Notstandsarbeiten: S. 35ff.
Oberbaselbieter Bauernpartei: S. 172
Öffentlicher Verkehr: S. 53f.
Ordnungsdienst: S. 162ff.
Orts- und Regionalplanung: S. 51f., 57, 177ff.
Partei der Arbeit (PdA): S. 169, 174f.
Parteien: S. 161ff.
Partnerschaft: S. 151, 156ff., 184ff.
Pendlerinnen, Pendler: S. 48, 55ff.

Planung: S. 51f., 57, 178ff., 186f.
Progressive Organisationen Schweiz, Baselland (POCH; POBL): S. 173ff.
Proporz: S. 162ff., 170f.
Radio der deutschen und rätoromanischen Schweiz (Radio DRS): S. 208.
Rationalisierung: S. 11ff., 25, 214ff., 222f., 225
Rationierung: S. 122, 128f.
Republikaner: S. 69, 173
Risikogesellschaft: S. 207ff., 220ff.
Schuldner-, Pächter- und Mieter-Liste: S. 172
Schule: S. 71f., 74, 76, 182ff.
Schweizer Demokraten: S. 98, 173
Schweizerische Volkspartei (SVP): S. 172, 174f.
Seidenbandindustrie: S. 11f., 32f.
Selbständiges Baselbiet: S. 90ff., 142ff.
Sozialdemokratische Partei (SP): S. 20, 144, 146, 152, 162f., 166ff., 174f.
Soziale Differenzierung: S. 65ff., 76f., 231
Sozialpartnerschaft: S. 17, 19ff., 23ff., 126, 136, 167, 171
Sozialpolitik: S. 27ff., 38f., 43, 50, 56, 86ff., 121ff., 136, 162ff.
Spitalbau: S. 180ff., 186f.
Sport: S. 228f.
Staatsfinanzen: S. 32, 34ff., 188
Strassenbau: S. 58f., 62f.
Streik: S. 10ff., 19ff., 99, 123f., 136
Technik: S. 211ff., 224f.
Theater: S. 106
Umwelt: S. 184ff., 187, 189, 210f., 220ff.
Verband basellandschaftlicher Industrieller: S. 166
Verband der Industriellen Baselland: S. 22
Verbände: S. 166f.
Vereine: S. 162, 167, 230f.
Verfassungsrat: S. 147ff.
Verkehr: S. 46, 52, 189
Verkehrspolitik: S. 56ff., 162ff.
Verwaltung: S. 188f.
Völkerbund: S. 125
Volksverein: S. 164
Vororte: S. 49ff., 88f.
Wachstum: S. 177ff., 186ff.
Wiedervereinigung: S. 83ff., 141ff., 178, 184, 186f., 230ff., 237
Wiedervereinigungsinitiative: S. 88ff., 93ff., 145ff.

Wiedervereinigungsverband: S. 84ff., 87ff., 151
Wirtschaftskrise: S. 11, 16ff., 42f., 70, 91ff., 122, 189
Wirtschaftswachstum: S. 12ff., 70
Wohlstand: S. 220, 231
Wohnen: S. 45ff., 49ff., 61ff.
Wohnungsbau: S. 47ff., 178
Wohnungsnot: S. 46ff.
Zweiter Weltkrieg: S. 126ff.

	Schweiz	**Wirtschaft**
1990–2000	1. Frauenstreiktag 1991. Ablehnung EWR-Beitritt 1992. Bundesrätin Ruth Dreifuss 1993. Krankenversicherungsobligatorium zugestimmt 1994. Fusion Schweizerische Bankgesellschaft und Schweizerischer Bankverein 1998. Bundesrätin Ruth Metzler 1999.	Zustimmung BL zum EWR-Beitritt 1992. Fusion CIBA und Sandoz zu Novartis; Fusion Industriellenverband mit Handelskammer beider Basel 1997.
1980–1990	Gotthardautobahntunnel eröffnet; Jugendunruhen 1980. Gleiche Rechte für Mann und Frau 1981. Erste Aids-Fälle 1983. Bundesratsbericht über Waldschäden; 1. Bundesrätin Elisabeth Kopp 1984. Neues Eherecht 1985. UNO-Beitritt abgelehnt 1986. Rücktritt der 1. Bundesrätin; «Fichenaffäre»; Armeeabschaffungsinitiative abgelehnt 1989.	Wirtschaftsförderungsgesetz 1980. Bally Gelterkinden stellt Betrieb ein 1989.
1970–1980	Ablehnung Schwarzenbach-Initiative 1970. Einführung Frauenstimmrecht; Umweltschutzartikel 1971. Freihandelsvertrag; Konjunkturdämpfungsbeschlüsse; Pensionskassenobligatorium 1972. Flexibler Frankenkurs; Ölpreiskrise 1973. Jura-Plebiszit; Konjunktureinbruch 1974. Gesamtenergiekonzeption 1978. Atomschutzinitiative verworfen 1979.	Fusion Ciba und Geigy 1970. Abbruchverbot zur Konjunkturdämpfung 1971. Neuer Gesamtarbeitsvertrag Firestone 1973. Baselland Transport 1974. Schliessung Firestone 1978.
1960–1970	1. Rahmenkredit Entwicklungshilfe 1961. Filmgesetz; Atomwaffenverbotsinitiative abgelehnt 1962. Mirage-Affäre; Konjunkturdämpfung; EXPO Lausanne 1964. Totalrevision der Bundesverfassung aufgenommen 1965. Jugendunruhen 1968. Atomsperrvertrag; 1. Atomkraftwerk; POCH; Hochschulförderung 1969.	
1950–1960	Landwirtschaftsgesetz 1952. Gewässerschutzartikel angenommen; neue Bundesfinanzordnung verworfen; Fernsehversuchsbetrieb 1953. Protestkundgebungen für Ungarn 1956. Atomergieartikel angenommen; Radio- und Fernsehartikel verworfen 1957. Nationalstrassenartikel 1958. Frauenstimmrecht verworfen; Zauberformel Bundesrat 1959.	Heimarbeitsgesetz 1952. Institut Straumann Waldenburg 1954. Streik Firestone Pratteln 1958.
1940–1950	Eingabe der 200; Plan Wahlen 1940. Gesamtarbeitsverträge allgemeinverbindlich 1941. Verschärfte Flüchtlingspolitik; Rationierung Fleisch und Brot 1942. 1. SP-Bundesrat 1943. Partei der Arbeit; Bombardierung von Schaffhausen 1944. Kriegsende; Familienschutzartikel 1945. Neue Wirtschaftsartikel; AHV 1947. Rückkehr zur Demokratie 1949.	1. Arbeiterkommissionswahl van Baerle Münchenstein 1941. Streik Säurefabrik Schweizerhalle 1944. Streik und Gesamtarbeitsvertrag in der Arlesheimer Schappe 1945. Streik Schild Liestal; Schaffung Amt für Gewerbe, Handel und Industrie 1946. Heimarbeitsgesetz 1949.
1930–1940	Nationale Front 1930. AHV-Gesetz abgelehnt 1931. Bundesbeschlüsse gegen die Krise 1932. Ablehnung Staatsschutzgesetz 1934. Verwerfung Kriseninitiative und Totalrevisionsinitiative 1935. Höchststand Arbeitslosigkeit, Frankenabwertung 1936. Friedensabkommen Metallindustrie 1937. Mobilmachung; Landesausstellung; Grenzbesetzung 1939.	Streik Schuhfabrik Allschwil; Kantonale Arbeitslosenversicherung 1931. Motion gegen Doppelverdienerinnen 1932. Hoffmann-La Roche Vitaminherstellung 1933. Arbeitslosenmarsch Liestal; Rheinhafen 1936. Geigy DDT 1939.
1920–1930	Beitritt zum Völkerbund 1920. Spaltung SPS und KPS 1921. Ablehnung Lex Häberlin; Höhepunkt Nachkriegskrise 1922. Ablehnung Lex Schulthess; Arbeitslosenkassen 1924. Annahme AHV-Artikel 1925. Verwerfung Getreidemonopol 1926. 1. Schweizerische Ausstellung für Frauenarbeit (SAFFA) 1928. Petition für Frauenstimmrecht 1929.	Streiks in Münchenstein und Liestal 1920. Streik Oris Hölstein 1921. Heimarbeitsgesetz 1922. Streik Buss Pratteln 1923.
1910–1920	1. Flugplatz Dübendorf 1910. Kranken- und Unfallversicherung 1912. Mobilmachung; Landesausstellung 1914. Zimmerwald-Konferenz 1915. Oberstenaffäre 1916. Rationierung 1917. Landesgeneralstreik; Grippeepidemie; Annahme Proporzinitiative 1918. Vaterländischer Verband; Achtstundentag; Proporzwahl Nationalrat 1919.	Streiks in Binningen, Sissach und im Laufental 1911. Streik in Uhrenindustrie 1912. Revue Thommen baut in Waldenburg 3. Fabrikgebäude 1917. Gewerkschaftskartell Basselland; Verband Basellandschaftlicher Industrieller; Basler Generalstreik 1919.
1900–1910	1. Automobilfabrik, Arbon; Bund Schweizerischer Frauenvereine 1900. Neuer Zolltarif, verstärkter Protektionismus 1902. Bundesgesetz über Militärorganisation; Zivilgesetzbuch 1907. Zentralverband Schweizerischer Arbeitgeberorganisationen 1908. Schweizerische Vereinigung für Frauenstimmrecht 1909.	

Gesellschaft / Kultur	Politik
Kulturförderungskonzept 1990. Kunstverein Baselland zeigt zeitgenössische Kunstwerke 1991. Kulturzentren Marabu Gelterkinden und Untere Fabrik Sissach 1994. Kunsthaus Muttenz; Kulturvertrag 1997. Umfahrungsstrasse Grellingen 1999.	Umweltschutzgesetz 1992. Elsbeth Schneider 1. Regierungsrätin; Beitritt Laufental 1994.
Bericht zum neuen Psychiatriekonzept 1980. T18 bis Aesch; Wakker-Preis Muttenz; Kantonsjubiläum 1982. Radio Raurach 1983. Umwelt-Abonnement 1984. Sportpreis; Sandoz-Katastrophe 1986.	Laufental beschliesst Anschluss an Basel-Landschaft; 1. Energiegesetz 1980. Laufentalvertrag; 1. Laufentalabstimmung 1983. Neue Kantonsverfassung; Laufentaler Bewegung 1984. Verzicht auf Atomkraftwerk Kaiseraugst 1988. 2. Laufentalabstimmung 1989.
Autobahn Augst–Egerkingen und Umfahrungsstrasse Liestal 1970. Kantonsspital Liestal; Biologischer Landbau Ebenrain 1972. Kantonsspital Bruderholz 1973. Universitätsgesetz 1976. Kulturhaus Palazzo Liestal; Schülerstreiks; neues Bildungsgesetz 1979.	Junges Baselbiet aufgelöst; Partnerschaftsinitiative gutgeheissen 1970. 1. Landratswahl mit Frauen; Ölwehrgesetz 1971. Regierungs- und Verwaltungsreform 1972. 1. Lufthygienegesetz; Parlamentsreform 1973. Partnerschaftsartikel 1974. Besetzung Atomkraftwerkgelände Kaiseraugst 1975. Regionalplan Landschaft 1977. Initiative T18 rechts der Birs abgelehnt; Laufentaler Anschlussverfahren 1978.
Technikum beider Basel 1962. 1. Gymnasium Liestal 1963. Lehrerseminar Liestal 1966. Flüchtlinge aus der Tschechoslowakei 1968. Kulturforum Laufen; Kulturpreis; Autobahn Hagnau–Augst 1969.	Wiedervereinigungsartikel angenommen; Verfassungsrat beider Basel 1960. 1. Abfallgesetz 1961. EXPO-Marsch des Jungen Baselbiets; Fraktion Selbständiges Baselbiet 1964. Frauenstimmrecht gutgeheissen 1966. Frauenbewegung zur Erhaltung des selbständigen Baselbiets 1967. 1. Bericht zur Regionalplanung; Leitbild Baselland 1968. Verfassung Kanton Basel in Basel-Stadt angenommen, in Basel-Landschaft verworfen 1969.
Kanton kauft Schloss Ebenrain 1952. Margaretha Schwab-Plüss Literaturpreis 1955. Flüchtlinge aus Ungarn; Wasserfallenbahn 1956. Brandanschlag Wasserfallenbahn 1957. Existentialistenkeller Allschwil ausgehoben 1957.	Freie Politische Vereinigung; Baselbieter Heimatschutz 1950. Aktion Kanton Basel; 2. Boykott Birsigtalbahn 1951. 1. Gesetz über Abwasseranlagen 1952. Aktion Kanton Basel Landratswahlsiegerin 1953. Gesetz Mietzinszuschüsse verworfen 1953. Frauenstimmrecht abgelehnt 1955. Spitalgesetz 1957. 2. Wiedervereinigungsinitiative angenommen 1958.
Flüchtlingslager Bienenberg; 1. Baselbieter Heimatbuch 1942. Kunstverein Baselland 1944. Mittelschulreform 1946.	Ortswehren; Bombardierung Binningen 1940. Landesring der Unabhängigen 1941. Baugesetz mit Planungsartikel 1942. Bombardierung Niederdorf; Säuberungsbewegung; Demokratische Partei 1945. Frauenstimmrecht abgelehnt 1946. Nicht-Gewährleistung der Wiedervereinigungsartikel 1948.
Kunstkredit; Zeppelin in Birsfelden 1930. Kantonsjubiläum; Kantonsgeschichte Baselland 1932. 1. Basellandschaftliche Kunstausstellung 1933. Nordwestschweizerischer Jodlerverband 1935. 1. Baselbieter Heimablätter 1936. Museumsgesellschaft 1938.	«Vorortsfrage» im Landrat 1930. Heimatbund Selbständiges Baselbiet 1932. Wiedervereinigungsverband reicht Initiative ein 1933. NSDAP-Zellen in Liestal und Sissach 1934. Freiwirtschaftsbund 1932. Bund für wirtschaftlichen Aufbau 1935. Wiedervereinigungsinitiative angenommen 1936. Wiedervereinigungsartikel angenommen 1938. Hans Konrad Sonderegger Nationalrat 1939.
Kommission zur Erhaltung von Altertümern; Einweihung Freidorf Muttenz 1921. 1. Ortsmuseum Sissach 1922. Wehrmannsdenkmal Liestal 1923. Elektrifizierung SBB Basel–Olten 1924. Radrennbahn Muttenz 1927. Kantonales Burgenkomitee 1929.	1. Proporzwahl Landrat 1920. Kommunistische Partei; Evangelische Volkspartei 1921. Protest gegen Hochspannungsleitung; Freisinnige Partei 1925. Kommission Heimatschutz; Grütliverein fordert Wiedervereinigung 1924. Initiative gegen Hochspannungsleitung; Auflösung Grütli-Verein; Bauernparteien 1925. Frauenstimmrecht abgelehnt 1926. Vereinigung für das Frauenstimmrecht 1929.
Schaufliegen Liestal 1912. Italiener-Schlägerei in Muttenz; Carl Spitteler: Unser Schweizer Standpunkt 1914. Eröffnung Hauenstein-Basistunnel 1916. Trachtenbewegung Oberbaselbiet; Mieterschutz; Volksküche Allschwil 1918. Stiftung für das Alter 1919.	1. Boykott Birsigtalbahn 1910. Katholische Volkspartei; Sozialdemokratische Partei 1913. Wiedervereinigungsverband 1914. Landwirtschaftliche Winterschule 1917. Einigungsamt 1918. Landratsproporz 1919.
Schmalspurbahn Dornach 1902. Schmalspurbahn Allschwil 1905. Autobusverbindung Liestal–Reigoldswil 1905. Schmalspurbahn Aesch 1907.	Jungfreisinnige Partei; Heimatschutz beider Basel 1905. Karl Adolf Brodtbeck fordert Wiedervereinigung 1906. St. Galler Rede von alt Bundesrat Emil Frey 1908.